普通高等教育旅游管理类专业系列教材

酒店管理概论
第 2 版

主　编　丁　林
副主编　窦梓雯　汤文霞
参　编　黄　敏　刘翔鹤　潘小玲　严艳玲
　　　　陈　燕　杨晓星

机械工业出版社

本书以酒店生产管理过程为基础，设定相关的任务，并以各任务所驱动的知识为载体，对酒店业务运行安排进行介绍，重点介绍了酒店的整体管理。全书共分三篇十三章。其中，上篇酒店产品准备过程的管理包括酒店概述、酒店组织管理、中外酒店经营管理比较三章，中篇酒店产品生产过程的管理包括酒店服务管理、酒店人力资源管理、酒店营销管理、酒店财务管理、酒店物资与设备管理、酒店安全管理、酒店信息管理七章，下篇酒店产品品牌提升的管理包括酒店战略管理、酒店文化建设、酒店品牌打造三章。本书在各章前有"学习目标""案例导入"，在各章末尾安排了"关键概念""课堂讨论""复习思考"等，以方便教师教学及学生理解、掌握所学知识。

本书具有以下特点：

（1）以酒店生产管理过程为基础，设定相关的任务，对酒店业务运行安排及酒店的整体管理做了全面介绍，主次有序，重点突出。

（2）对酒店管理基础知识进行传授，特别强调理论联系实际的教学理念。

（3）注重案例教学，让学生感到酒店管理理论不是空中楼阁，它源于现实生活，能分析和解决实际问题。

（4）为了让学生能够更好地将理论运用于实践，本书采取了与实践技能配套的拓展训练等教学形式，学生从中既能学会酒店管理的基本理论知识，又能锻炼和培养实际动手能力，增强责任观念和忧患意识。

本书可作为高等院校旅游管理类专业教材，也可供酒店从业人员学习和参考。

图书在版编目（CIP）数据

酒店管理概论/丁林主编．—2版．—北京：机械工业出版社，2020.6（2023.6重印）
普通高等教育旅游管理类专业系列教材
ISBN 978-7-111-65276-2

Ⅰ.①酒⋯　Ⅱ.①丁⋯　Ⅲ.①饭店-商业企业管理-高等学校-教材
Ⅳ.①F719.2

中国版本图书馆CIP数据核字（2020）第056953号

机械工业出版社（北京市百万庄大街22号　邮政编码100037）
策划编辑：曹俊玲　　　　　责任编辑：曹俊玲　刘　静
责任校对：张玉静　潘　蕊　封面设计：鞠　杨
责任印制：孙　炜
北京中科印刷有限公司印刷
2023年6月第2版第3次印刷
184mm×260mm・20.25印张・502千字
标准书号：ISBN 978-7-111-65276-2
定价：52.00元

电话服务　　　　　　　　网络服务
客服电话：010-88361066　机　工　官　网：www.cmpbook.com
　　　　　010-88379833　机　工　官　博：weibo.com/cmp1952
　　　　　010-68326294　金　书　网：www.golden-book.com
封底无防伪标均为盗版　　机工教育服务网：www.cmpedu.com

普通高等教育旅游管理类专业系列教材

编 审 委 员 会

主　任：王　琳

副主任（按拼音排序）：

丁　林　　董林峰　　单德朋　　辛建荣

尹正江　　张　侨　　赵志忠

委　员（按拼音排序）：

窦梓雯　付　迎　高蓓蕥　金海龙　李洁琼　李晓东

李雨轩　李　昭　林子昱　刘红霞　罗艳菊　彭　聪

任　云　申琳琳　唐少霞　田言付　田　宇　魏亚平

吴丽娟　谢明山　余珊珊　袁秀芸　张洪双　张　静

张　侨　张　夏　周金泉　朱海冰　朱沁夫

序

　　旅游业是朝阳产业，发展前景广阔，在国民经济中的地位与作用日益显著。旅游管理类专业是随着我国旅游经济和旅游产业的发展而建立的一个新学科。2012年9月，教育部公布了调整后的专业目录，其中旅游管理类专业从工商管理类专业中独立出来，成为与工商管理类专业平级的一级学科，其下包括旅游管理、酒店管理、会展经济与管理三个专业。旅游管理类专业就业前景较好，学生毕业后可以在旅行社、旅游景区、会展公司、邮轮公司、邮轮接待港、酒店、旅游集散中心等相关旅游企业的服务和管理岗位就业，或者在城市公共交通系统、客运站场、航空、高铁等交通企业的服务和管理岗位就业，就业范围很广。

　　近年来，为更好地培养旅游管理高层次应用型人才，旅游管理高等教育不断进行人才培养的改革探索。国内许多高等院校通过校企合作和国际交流，创新旅游管理高等教育的培养模式，在更加明确"理论与实践相结合"的同时，通过"课堂学习＋校内实训＋社会调查＋专业综合实习"的培养方式，越来越突出应用型人才培养的目标。

　　建设一套满足高等院校旅游管理类专业应用型人才培养目标的课程体系和教材体系，是"旅游管理应用型人才培养"教学改革项目的核心内容之一，并成为旅游管理高等教育向应用型方向改革和发展的重要任务。为此，在机械工业出版社的大力支持下，海南大学、吉林大学珠海学院、云南大学旅游文化学院、海口经济学院、三亚学院、海南热带海洋学院、海南师范大学等具有一定旅游管理高等教育基础和规模的院校联合起来，从我国旅游管理高等教育的实际情况出发，共同编写出版了本系列教材。

　　本系列教材以"高等院校应用型人才培养目标"为编写依据，以思想性、科学性、时代性为编写原则，以应用性、复合性、拓展性为编写要求，力求建立合理的教材结构，体现"高等教育"和"应用、实用、适用"的教学要求，培养旅游管理高层次应用型人才的创新精神和实践能力，满足社会对旅游管理人才的需要。

　　本系列教材的特色是特别强调实践性和可操作性，力求做到理论与实践相结合、叙述与评价相结合、论证与个案相结合。具体体现在以下几点：

　　（1）教材内容"本土化"，有意识地把普遍原理与我国的旅游资源相结合，书中案例多采用国内案例。

　　（2）增设有特点的栏目，如"案例导入""小资料""阅读材料"等，以方便学生理解理论知识、拓宽学生的视野，做到知识性和趣味性相结合。

　　（3）加大案例的比例，做到微型案例、中型案例和大型案例三者结合，对案例进行理论分析，有益于教师进行案例教学，方便学生掌握知识并用于指导以后的实际工作。

　　本系列教材可作为高等院校旅游管理类专业的教材，也可供高等院校相关专业师生和从事相关工作的人员进修或自学使用。

普通高等教育旅游管理类专业系列教材编审委员会

第 2 版前言

《酒店管理概论》第 1 版自 2014 年 1 月问世至今，已经六年有余。这期间无论是国内外酒店业的发展还是酒店管理领域的学术研究都出现了一些新的变化，酒店的新业态更是层出不穷。为了能够及时反映这些变化和进展，保持教材的先进性，进一步完善、提高教材的质量，我们在对第 1 版中的内容进行重新推敲的基础上，决定对本书进行全面修订。

本次修订我们遵循的原则是：注意听取兄弟院校在使用第 1 版过程中提出的宝贵意见；补充、更新当今国内外酒店经营管理的新业态、新特点、新案例、新数据；从便于教师与学生的使用和阅读出发，注重现象描述与原理阐释的结合；注重对基本知识的介绍和基本原理的阐释；坚持理论与实践相结合，强调有关知识和理论在现代酒店经营管理实践中的认识意义；注重同国际酒店业经营管理研究的比较和接轨；注意改进全书展开的逻辑性。

本次修订在章节结构上基本未做大的改变，但对案例和重点资料及统计数据都做了更新，各章的内容较第 1 版都有改动、调整和充实，有的章节增加了一些背景知识。

本次修订工作是在第 1 版的基础上进行的，主要由吉林大学珠海学院、许昌学院和云南大学旅游文化学院的教授、副教授完成，其中丁林负责第一、二、三、十三章，窦梓雯负责第七、八、九、十、十一章，汤文霞负责第四、五、六、十二章，由丁林负责最后的修改和定稿。

为方便教学，我们制作了与教材配套的电子课件，凡使用本书作为教材的教师，可登录机械工业出版社教育服务网（www.cmpedu.com）注册后下载。

本次修订得到了很多读者和同行的支持与帮助，在此向他们表示衷心的感谢。

限于我们的认识水平和能力，本书仍可能存在很多不足之处，我们诚恳地欢迎读者批评指正。

编　者

第1版前言

旅游业作为"服务革命"的一个组成部分，正影响着不少地区乃至国家的经济，使全球经济发生着巨大变化，旅游业是世界近几年来持续增长的产业之一，而且国际旅游业的持续发展前景似乎很乐观。许多国家的政府都在更加积极地鼓励国内、国际旅游的发展，并以此作为创造就业机会、增加经济多样性、实现收入再分配以及创汇的方式。

旅游业对世界的贡献不仅在经济方面，同时还提升了教育与媒体的价值，提高了世界许多地区的生活质量。联合国前秘书长加利曾指出："旅游业能加强个体间的相互理解，不仅给人提供更多的世界知识，进而使人们对不同的思维方式和生活模式更为宽容，而且也是保卫和平的关键因素。"

根据联合国世界旅游组织预测，到2015年，中国将成为世界上第一大旅游接待国、第四大旅游客源国和世界上最大的国内旅游市场。届时，我国入境过夜旅游者将达到1亿人次，入境、出境和国内旅游三大市场旅游者总量达30亿人次左右。在这一阶段，人们的休闲度假旅游需求将快速增长，旅游业对基础设施的需求明显增加，对相关行业的依托和促进作用更为明显，对经济社会发展的推动作用也更为突出，这将为酒店业的发展带来巨大的市场空间。

中国旅游研究院发布的《2012年中国旅游经济运行分析与2013年发展预测》（《中国旅游经济蓝皮书（No.5）》）表明，2012年，我国旅游经济继续保持平稳较快增长。2012年全年旅游业总收入为2.59万亿元，同比增长15.1%；国内旅游人数达到30.0亿人次，同比增长13.6%，国内旅游收入达到2.3万亿元，同比增长19.1%；出境旅游人数达到8200万人次，同比增长16.7%，出境旅游花费达到980亿美元，同比增长35.2%；入境旅游人数达到1.33亿人次，同比下降1.7%，入境旅游外汇收入达到483亿美元，同比下降0.3%。旅游产业融合向纵深推进，旅游产业体系更为完善；地方特别是城市发展旅游业的积极性高涨，已经成为旅游业创新发展的重要推动力量；人民群众对旅游业的发展更加满意，2012年全国满意度指数为80.66，首次达到"满意"水平。

我国的酒店业从改革开放以来迅速发展，根据国家旅游局发布的《2012年中国旅游业统计公报》，截至2012年年底，全国纳入星级饭店统计管理系统的星级饭店共计12807家，通过省级行政管理部门审核的有11367家，其中五星级640家，四星级2186家，三星级5379家。酒店业已经成为我国对外开放以来发展最迅速、国际化程度最高的现代朝阳产业。我国的酒店企业管理大致经历了从计划经济时期的外事接待型、引进国外的先进管理经验到结合中国实际努力探索具有中国特色的现代管理方法三个阶段。我国大多数酒店的企业管理水平虽有了很大提高，但还存在管理水平不稳定、缺乏现代管理方法等问题，与国外先进的酒店管理相比较仍有一定的差距。为加快我国酒店业的发展，全面提高我国酒店企业的管理水平，培养具有较高素质的从业人员，旅游业迫切需要具有较高水平的酒店管理教材和有关参考资料。

本书以酒店生产管理过程为基础，设定相关的任务，并以各任务所驱动的知识为载体，对酒店业务运行安排进行了介绍，重点介绍了酒店的整体管理。全书共分三篇十三章。其中，上篇酒店产品准备过程的管理包括酒店概述、酒店组织管理、中外酒店经营管理比较三章，中篇酒店产品生产过程的管理包括酒店服务管理、酒店人力资源管理、酒店营销管理、酒店财务管理、酒店物资与设备管理、酒店安全管理、酒店信息管理七章，下篇酒店产品品牌提升的管理包括酒店战略管理、酒店文化建设、酒店品牌打造三章。本书在各章前有"学习目标""案例导入"，各章末尾安排了"关键概念""课堂讨论""复习思考"等，以方便教师教学及学生理解、掌握所学知识。

本书具有以下特点：

（1）以酒店生产管理过程为基础，设定相关的任务，对酒店业务运行安排及酒店的整体管理做了全面介绍，主次有序，重点突出。

（2）对酒店管理基础知识进行传授，特别强调理论联系实际的教学理念。

（3）在教学中注重案例教学，让学生感到酒店管理理论不是空中楼阁，它源于现实生活，能分析和解决实际问题。

（4）为了让学生能够更好地将理论运用于实践，本书采取了与实践技能配套的拓展训练等教学形式，学生从中既能学会酒店管理的基本理论知识，又可以锻炼和培养实际动手能力，增强责任观念和忧患意识。

本书以云南大学旅游文化学院为主组织编写，丁林担任主编，窦梓雯担任副主编。全书共分十三章。其中，第一、二、三章由丁林编写，第七、十一章由窦梓雯编写，第四章由刘翔鹤编写，第五章由陈燕编写，第六章由潘小玲编写，第八章由杨晓星编写，第九、十章由黄敏编写，第十二、十三章由严艳玲编写。全书最后由丁林、窦梓雯统纂定稿。兄弟旅游院校和酒店业的资深前辈对本书的编写提出了十分精辟和有益的意见和建议，在此表示衷心的感谢。

本书可作为高等院校旅游管理类专业的教材和酒店总经理、部门经理岗位培训的教材，也可供酒店从业人员学习和参考。

本书在编写过程中参考了酒店管理的大量书籍和文献，在此向这些作者以及在本书编写过程中给予支持和帮助的许多同志表示感谢。因水平有限，书中缺点和错误在所难免，恳请读者不吝指正。

编　者

目　　录

序
第 2 版前言
第 1 版前言

上篇　酒店产品准备过程的管理

第一章　酒店概述 ……………………………………………………………… 2
第一节　酒店业与酒店产品 ………………………………………………… 5
第二节　酒店业的产生与发展 ……………………………………………… 8
第三节　酒店的分类与等级 ………………………………………………… 14
第四节　酒店的功能和结构布局 …………………………………………… 25

第二章　酒店组织管理 ………………………………………………………… 35
第一节　酒店组织管理的内容和原则 ……………………………………… 36
第二节　酒店组织的企业制度和管理体制 ………………………………… 41
第三节　酒店组织结构设计和创新 ………………………………………… 46
第四节　酒店非正式组织的管理 …………………………………………… 51

第三章　中外酒店经营管理比较 ……………………………………………… 56
第一节　管理思想与管理文化比较 ………………………………………… 57
第二节　管理方法介绍 ……………………………………………………… 62
第三节　管理模式比较 ……………………………………………………… 65
第四节　酒店业的发展趋势 ………………………………………………… 72

中篇　酒店产品生产过程的管理

第四章　酒店服务管理 ………………………………………………………… 80
第一节　酒店服务管理概述 ………………………………………………… 81
第二节　酒店服务管理的组成 ……………………………………………… 85
第三节　酒店服务蓝图与服务流程设计 …………………………………… 89

第四节	酒店服务质量管理	93
第五节	酒店顾客满意度管理	101
第六节	酒店服务文化管理	107

第五章 酒店人力资源管理 … 114
第一节　酒店人力资源管理概述 …………………………………………… 115
第二节　酒店人力资源计划 ………………………………………………… 118
第三节　酒店员工的招聘 …………………………………………………… 121
第四节　酒店员工的培训 …………………………………………………… 123
第五节　酒店员工的激励 …………………………………………………… 125
第六节　酒店员工的绩效与薪酬管理 ……………………………………… 128

第六章 酒店营销管理 … 133
第一节　酒店营销活动概述 ………………………………………………… 134
第二节　酒店营销组合策略 ………………………………………………… 137
第三节　酒店营销理念与营销技巧 ………………………………………… 149

第七章 酒店财务管理 … 154
第一节　酒店财务管理概述 ………………………………………………… 155
第二节　酒店投资与筹资管理 ……………………………………………… 160
第三节　酒店成本费用管理 ………………………………………………… 163
第四节　酒店营业收入与利润管理 ………………………………………… 168
第五节　酒店财务分析 ……………………………………………………… 172

第八章 酒店物资与设备管理 … 178
第一节　酒店物资与设备管理概述 ………………………………………… 179
第二节　酒店物资定额管理 ………………………………………………… 181
第三节　酒店物资采购、保管与发放管理 ………………………………… 183
第四节　酒店设备管理 ……………………………………………………… 187
第五节　酒店能源管理 ……………………………………………………… 191

第九章 酒店安全管理 … 195
第一节　酒店安全管理概述 ………………………………………………… 196
第二节　酒店安全工作的计划管理 ………………………………………… 198
第三节　酒店安全工作的组织管理 ………………………………………… 204

第十章 酒店信息管理 … 207
第一节　酒店信息管理概述 ………………………………………………… 208

第二节	酒店管理信息系统	220
第三节	酒店网上预订系统	227
第四节	信息系统在酒店中的其他应用	231

下篇　酒店产品品牌提升的管理

第十一章	酒店战略管理	236
第一节	酒店内外部环境分析	238
第二节	酒店经营战略管理	240
第三节	酒店的经营战略	244
第十二章	酒店文化建设	260
第一节	酒店企业文化概述	261
第二节	价值观——企业文化的核心	272
第三节	酒店企业的管理文化与组织文化建设	276
第四节	酒店跨文化管理	280
第十三章	酒店品牌打造	287
第一节	酒店品牌塑造	291
第二节	酒店品牌战略	300

参考文献 313

上篇

酒店产品准备过程的管理

随着社会经济的发展和人们生活水平的不断提高，酒店已经成为人们开展商务、会议展览、社交以及休闲度假等活动不可或缺的重要场所。酒店是旅游服务的重要设施，它与旅行社、旅游交通一起，被称为旅游业的三大支柱，是旅游综合接待能力的重要构成因素，而酒店新业态的不断涌现，使其在旅游业的发展中起着越来越重要的作用。

第二次世界大战以后，世界酒店业得到了迅猛发展，不仅酒店数量剧增，而且在经营模式和管理方法上也不断创新。随着世界著名酒店集团的品牌化战略大获成功，酒店业已经成为第三产业中的佼佼者。

随着改革开放，我国酒店业也已经初具规模。文化和旅游部发布的《2018年度全国星级饭店统计公报》表明，截至2018年年底，全国纳入星级饭店管理系统的星级饭店共计10249家，其中五星级843家，四星级2527家，三星级4965家，二星级1844家，一星级70家。酒店业已经成为我国对外开放以来发展最迅速、国际化程度最高的产业之一。

我国加入世界贸易组织（WTO）带来了进一步扩大开放的环境，和世界的经济交往越来越多，越来越密切，商务客人和观光客人增多，给我国的酒店业创造了又一次发展良机，同时也使我国的酒店业面临国际市场竞争的巨大压力。要真正提高我国酒店业的管理水平，有必要对基本的酒店管理知识有一个全面的了解。

本篇共分三章，包含酒店概述、酒店组织管理以及中外酒店经营管理比较，旨在通过对这三个基础章节的学习，培养学生的自学、创新思考等能力，为以后各篇的学习打好基础。

第一章 酒店概述

[学习目标]

本章重点讨论酒店管理的基本知识。通过对本章的学习，学生要理解现代酒店和酒店产品的概念与特征，了解酒店的产生与酒店业的发展历史，掌握世界酒店的分类与等级的划分标准以及我国现行的酒店星级划分与评定的标准与程序，掌握酒店的功能结构与布局的基本知识。

◆ [案例导入]

2018年第四季度全国星级饭店统计公报

2018年第四季度，全国星级饭店统计管理系统中共有星级饭店10375家，完成填报的为9760家，填报率为94.07%。

一、总体情况

（一）星级规模和结构

2018年第四季度，共有8842家星级饭店通过省级文化和旅游行政部门审核，其中包括一星级54家，二星级1457家，三星级4209家，四星级2315家，五星级807家。

（二）经营情况

全国8842家星级饭店第四季度的营业收入合计525.83亿元，其中餐饮收入为215.70亿元，占营业收入的41.02%；客房收入为232.54亿元，占营业收入的44.22%，见表1-1。

表1-1 2018年第四季度全国星级饭店经营情况统计（按星级分）

项目 星级	数量（家）	营业收入（亿元）	餐饮收入比重（%）	客房收入比重（%）
合计	8842	525.83	41.02	44.22
一星级	54	0.19	52.04	43.06
二星级	1457	15.51	39.24	48.43
三星级	4209	114.43	42.22	43.41
四星级	2315	185.73	40.45	43.01
五星级	807	209.97	41.00	45.43

全国星级饭店第四季度平均房价为 356.34 元/（间夜），同比增长 1.17%；平均出租率为 57.43%，同比下降 0.50%；每间可供出租客房收入为 204.63 元/（间夜），同比增长 0.66%；每间客房平摊营业收入为 38385.26 元/间，同比下降 2.38%。相关情况见表 1-2。

表 1-2 2018 年第四季度全国星级饭店经营情况平均指标统计（按星级分）

项目 星级	平均房价 （元/间夜）	平均出租率 （%）	每间可供出租客房收入 （元/间夜）	每间客房平摊营业收入 （元/间）
合计	**356.34**	**57.43**	**204.63**	**38385.26**
一星级	111.69	45.71	50.15	10390.22
二星级	181.78	52.00	94.47	15263.61
三星级	236.79	53.55	126.79	22474.38
四星级	353.59	58.19	205.76	38284.29
五星级	685.73	62.05	408.77	73102.78

二、全国 50 个重点旅游城市情况

（一）规模结构

全国 50 个重点旅游城市共有 3414 家星级饭店通过省级文化和旅游行政部门数据审核。其中，五星级饭店 563 家，占全国五星级饭店总数的 69.76%；四星级饭店 1050 家，占全国四星级饭店总数的 45.36%；三星级饭店 1388 家，占全国三星级饭店总数的 32.98%；二星级饭店 402 家，占全国二星级饭店总数的 27.59%；一星级饭店 11 家，占全国一星级饭店总数的 20.37%。

（二）经营情况

第四季度全国 50 个重点旅游城市星级饭店营业收入为 349.91 亿元，占全国营业收入的 66.54%。北京、上海、广州、杭州、深圳、南京和苏州 7 个城市的星级饭店营业收入超过了 10 亿元，其中北京营业收入最高，达到 57.07 亿元。

从第四季度各城市经营情况看，平均房价高于全国平均水平 356.34 元/间夜的有 20 个城市，位居前 10 位的分别为上海、北京、三亚、广州、深圳、厦门、南京、苏州、宁波和天津，其中上海的平均房价最高，为 795.64 元/间夜。

平均出租率高于全国平均水平 57.43% 的有 33 个城市，位居前 10 位的分别为南京、三亚、广州、长沙、海口、深圳、珠海、福州、济南和北京，其中南京的平均出租率最高，为 74.73%。

每间可供出租客房收入高于全国平均水平 204.63 元/间夜的有 21 个城市，位居前 10 位的分别为上海、北京、三亚、广州、深圳、南京、厦门、珠海、杭州和武汉，其中北京的每间可供出租客房收入最高，为 535.81 元/间夜。

每间客房平摊营业收入高于全国平均水平 38385.26 元/间的有 28 个城市，位居前 10 位的分别为上海、南京、广州、北京、苏州、无锡、深圳、济南、宁波和杭州，其中上海的每间客房平摊营业收入最高，为 101363.59 元/间。

按星级分，平均房价前 10 位和平均出租率前 10 位的情况见表 1-3 和表 1-4。

表 1-3 2018 年第四季度重点旅游城市星级饭店平均房价前 10 位（按星级分）

（单位：元/间夜）

一星级		二星级		三星级		四星级		五星级	
宁波	164.84	南京	368.16	北京	434.30	上海	562.00	上海	1041.07
—	—	北京	324.09	上海	378.29	北京	528.53	三亚	893.55
—	—	上海	311.11	杭州	337.38	珠海	526.34	济南	880.41
—	—	厦门	272.09	广州	332.78	广州	484.63	广州	872.99
—	—	温州	269.10	深圳	326.18	黄山	475.18	北京	847.52
—	—	苏州	263.41	东莞	325.67	天津	462.33	深圳	741.46
—	—	广州	248.86	拉萨	321.72	深圳	422.25	珠海	676.39
—	—	青岛	237.42	福州	317.78	杭州	408.54	南京	659.86
—	—	郑州	233.44	厦门	288.04	福州	375.82	厦门	656.84
—	—	深圳	228.40	成都	285.40	长沙	375.22	宁波	645.11

表 1-4 2018 年第四季度重点旅游城市星级饭店平均出租率前 10 位（按星级分）（%）

一星级		二星级		三星级		四星级		五星级	
宁波	33.06	长春	94.98	珠海	73.23	南京	81.14	南宁	81.24
—	—	哈尔滨	79.19	海口	73.02	广州	77.51	合肥	77.46
—	—	广州	77.18	长沙	71.13	长沙	74.33	三亚	74.34
—	—	海口	73.79	福州	69.03	珠海	73.26	南京	74.13
—	—	上海	72.69	南京	68.76	三亚	72.85	深圳	74.07
—	—	深圳	69.15	济南	68.17	海口	72.28	广州	72.47
—	—	郑州	68.44	广州	66.85	杭州	70.58	石家庄	71.90
—	—	西安	66.80	北京	65.95	北京	70.46	厦门	70.10
—	—	沈阳	65.29	杭州	65.69	福州	70.29	上海	69.86
—	—	贵阳	64.48	深圳	64.97	济南	70.14	武汉	69.70

三、比较分析

（一）分星级比较

按星级分，2018 年第四季度全国星级饭店经营情况平均指标比较见表 1-5。

表 1-5 2018 年第四季度全国星级饭店经营情况平均指标比较（按星级分）（%）

指标 星级	平均房价比较		平均出租率比较		每间可供出租客房收入比较		每间客房平摊营业收入比较	
	同比	环比	同比	环比	同比	环比	同比	环比
一星级	24.45	-26.99	1.73	-6.93	26.60	-32.05	21.81	4.79
二星级	8.94	0.94	-1.16	-7.32	7.67	-6.45	0.50	-3.29
三星级	5.85	1.11	-0.54	-7.53	5.29	-6.50	-3.81	-3.97
四星级	5.37	7.70	-2.33	-7.13	2.92	0.02	-2.70	4.41
五星级	3.89	13.39	-2.55	-4.25	1.23	8.56	-9.17	9.81

(二) 50个重点旅游城市与上年同期比较

(1) 平均房价。增幅位居前10位的城市为昆明、张家界、宁波、珠海、石家庄、长沙、呼和浩特、兰州、上海和太原,其中昆明增幅最大,增幅为47.64%;降幅位居前10位的城市为宜昌、大连、沈阳、黄山、重庆、福州、长春、无锡、南宁和秦皇岛,其中宜昌降幅最大,降幅为19.71%。

(2) 平均出租率。增幅位居前10位的城市为黄山、沈阳、石家庄、长春、太原、成都、哈尔滨、丽江、洛阳和珠海,其中黄山增幅最大,增幅为14.39%;降幅位居前10位的城市为秦皇岛、西宁、西安、天津、三亚、张家界、厦门、呼和浩特、上海和郑州,其中秦皇岛降幅最大,降幅为30.04%。

(3) 每间可供出租客房收入。增幅位居前10位的城市为昆明、宁波、珠海、石家庄、张家界、太原、济南、青岛、南京和兰州,其中昆明增幅最大,增幅为48.07%;降幅位居前10位的城市为秦皇岛、宜昌、大连、重庆、三亚、福州、温州、南宁、西安和厦门,其中秦皇岛降幅最大,降幅为32.19%。

(4) 每间客房平摊营业收入。增幅位居前10位的城市为丽江、长春、呼和浩特、张家界、珠海、兰州、海口、南京、宁波和太原,其中丽江增幅最大,增幅为26.59%;降幅位居前10位的城市为温州、宜昌、洛阳、秦皇岛、重庆、西安、北京、南昌、大连和三亚,其中温州降幅最大,降幅为31.32%。

2018年第四季度重点旅游城市同比增长前10位见表1-6。

表1-6 2018年第四季度重点旅游城市同比增长前10位(%)

平均房价		平均出租率		每间可供出租客房收入		每间客房平摊营业收入	
昆明	47.64	黄山	14.39	昆明	48.07	丽江	26.59
张家界	25.73	沈阳	9.27	宁波	23.44	长春	24.53
宁波	19.69	石家庄	8.18	珠海	22.26	呼和浩特	20.23
珠海	17.89	长春	7.72	石家庄	19.46	张家界	15.84
石家庄	10.44	太原	5.17	张家界	15.96	珠海	15.13
长沙	9.46	成都	5.14	太原	13.07	兰州	14.95
呼和浩特	9.05	哈尔滨	5.09	济南	10.28	海口	14.65
兰州	8.44	丽江	4.09	青岛	9.13	南京	13.27
上海	7.88	洛阳	3.71	南京	8.77	宁波	11.04
太原	7.51	珠海	3.71	兰州	7.32	太原	10.31

第一节 酒店业与酒店产品

一、旅游业与酒店业

(一) 旅游业

旅游业是指由高度细分的产业部门通过一个复杂的分销链,来销售一系列产品和服务的产业。除了住宿业以外，旅游业通常还包括交通服务（航线、铁路、机动车辆、汽车出租公司、游乐车辆等）、餐饮服务、观光娱乐服务，以及一些零售和金融服务领域。

旅游业作为"服务革命"的一个组成部分，正使全球经济发生着巨变，同样也冲击着当地的经济，乃至国家和地区经济。旅游业是全世界近几年来持续增长的产业之一，而且国际旅游业的持续发展前景似乎很乐观。此外，许多国家的政府都在更加积极地鼓励国内、国际旅游的发展，并以此作为创造就业机会、增加经济多样性、在境内实现收入再分配以及创汇的方式。

世界旅游组织（WTO）发布的报告显示，2018年全球国际旅游出口总额达1.7万亿美元，同比增长4%。旅游出口增长率连续第七年高于商品出口增长率（3%）。国际旅游业的收入占全球服务出口的29%，占商品和服务总出口的7%，在世界五大经济产业领域中，占比仅次于化学制造业和燃料工业，但领先于食品和汽车行业。

（二）酒店业

酒店业从其本质上讲就是异地性的，甚至是国际性的。随着国际贸易和商业的扩展，频繁的国际联系无疑将对酒店业的发展产生积极的促进作用。

酒店一词来源于法语，原指招待贵宾的乡间别墅，后来欧美国家沿用了这一名称。在中文里表示住宿设施的名词有很多，如旅馆、宾馆、饭店等，后来又引进了中国香港、新加坡等地的"酒店"这一名称。这些名称在中文里是可以通用的。随着旅游业的发展，各种类型的酒店应运而生。无论一家酒店的设施是简单还是豪华，它都必须具备提供餐饮和住宿的能力，否则就不能称之为酒店。现代化酒店是由客房、餐厅、宴会厅、多功能厅、酒吧、歌舞厅、商场、通信所、银行、美容美发厅、健身房、游泳池、网球场等组成，能够满足客人吃、住、行、游、购、娱、通信、商务、健身等各种需求的多功能、综合性建筑设施。

根据酒店的这些特性，国外的一些权威辞典对酒店下过这样一些定义：

（1）酒店是装备好的公共住宿设施，它一般都提供膳食、酒类与饮料以及其他服务。

——《美利坚百科全书》

（2）酒店是在商业性的基础上向公众提供住宿，也往往提供膳食的建筑物。

——《大不列颠百科全书》

（3）酒店是提供住宿，也经常提供膳食与某些其他服务的设施，以接待外出旅游者和非永久性居住的人。——《韦伯斯特美国英语新世界辞典》

（4）旅游酒店（Tourist Hotel）是以间（套）夜为单位出租客房，以提供住宿服务为主，并提供商务会议、休闲、度假等相应服务的住宿设施，按不同习惯也可能被称为宾馆、酒店、旅馆、旅社、宾舍、度假村、俱乐部、大厦、中心等。

——《旅游饭店星级的划分与评定》（GB/T 14308—2010）

由以上论述可见，酒店就是以有形的空间、设备、产品和无形的服务效用，为游客提供食、住、行、娱、购等方面综合服务的场所。

二、酒店产品及特征

旅游酒店是旅游业的重要组成部分，是旅游业赖以生存和发展的三大支柱之一。旅游酒店是以大厦或其他建筑设施为凭借，为旅游者的旅行提供住宿、饮食、娱乐、购物或其他服务的企业。它是为满足社会需要，并获得自身盈利而进行自主经营、独立核算，具有法人资格的基本经济组织。

（一）酒店产品

酒店产品，从顾客的角度讲，是一段住宿经历。顾客的这段住宿经历是个组合产品，它由三部分构成：①物质产品，即顾客实际消耗的物质产品，如食品、饮料等。②感觉上的享受，它是通过住宿设施的建筑物、家具、用具等来传递的。顾客通过视觉、听觉、嗅觉领略物质享受。③心理上的感受，即顾客在心理上所感觉到的利益，如地位感、舒适感、满意程度、享受程度等。

顾客在酒店这段住宿经历质量的好坏，主要取决于酒店产品的物质形态，如建筑物、家具、部件、食品、饮料以及其无形形态，即提供的各种服务，也取决于顾客主观的经历和看法。

另外，从酒店的角度讲，酒店产品是酒店有形设施和无形服务的综合。

1. 酒店的位置

酒店的位置是指它与机场、车站的距离，周围的风景及环境，距游览景点和商业中心的远近等。这些都是顾客选择酒店的重要因素。酒店只要能充分利用现有的优势向客人推销，往往就能吸引客人，取得较佳效果。

2. 酒店的设施

酒店的设施是指酒店的建筑规模，酒店的各类客房、商务套间、豪华套间、总统套房，各类别具特色的中餐厅、西餐厅、风味餐厅、快餐厅、面包房、点心房、康乐中心，包括保龄球馆、台球厅、麻将室、歌舞厅、卡拉OK厅、游泳池、商务中心、美容院、按摩室、桑拿浴室、健身房以及公共的休息场所、卫生间等。齐全的设施也是推销酒店产品的重要条件。

3. 酒店的服务

酒店的服务人员包括训练有素、端庄大方、懂得礼仪、恭敬待客的服务员，操作熟练、动作轻盈利落、主动热情、善为客人处理意外情况的现场管理员，以及能讲标准、流利的国际语言，不厌其烦地解答客人的问讯，千方百计为客人排忧解难，使客人感到安全可靠的服务人员。良好的服务，应该说是酒店产品中最为重要的部分。

4. 酒店的气氛

气氛是客人对酒店的一种感受。现代化装饰的豪华设施，中国民族风格（古色古香、园林风格）的酒店建筑，配上不同格调、不同档次的壁画、艺术品，错落有致的花草布置，以及与之相适应的服务人员的传统服饰打扮，对各国客人都将有特殊的吸引力。

5. 酒店的形象

酒店通过销售与公关活动在公众中所形成的良好形象，涉及酒店的历史、知名度、经营思想、经营作风、产品质量与信誉度等诸多因素，是最有影响力的活广告。

6. 酒店的价格

价格也是产品的组成部分之一。

（二）酒店产品的特征

酒店产品与一般商品比较，具有下列特征：

1. 生产与消费的同步性

一般商品由生产到消费要经过商业这个流通环节才能到达消费者手中。商品的生产过程与顾客的消费过程是分离的，顾客看到的和感受到的只是最终产品。所以一般商品是先生产后消费，不受顾客即时需要的限制，工厂能够主动地调整生产的产量、时间和节奏；而酒店出售的产品却不存在这样"独立"的生产过程，它要受顾客即时需要的制约，其生产过程和消费过程几乎是同步进行的。只有当顾客购买并在现场消费时，酒店的服务和设施相结合才能成为酒店产品。

2. 价值的不可储存性

一般商品的买卖活动会发生商品的所有权转让，而酒店出租客房、会议室和其他综合服务设施，同时提供服务，并不发生实物转让。顾客买到的只是某一段时间的使用权，而不是所有权。以每晚租金380元的酒店客房为例，如果此房全天租不出去，那么这380元的价值就无法实现，也就是说，它的价值具有不可储存性，价值实现的机会如果在规定的时间内丧失，便一去不复返。它不像一般的商品那样，一时卖不出去，可以储存起来以后再销售。所以，酒店业的行家把客房比喻为"易坏性最大的商品"，它是只有24小时寿命的商品。这就是酒店业普遍以"顾客第一"为经营信条，并在经营时，有时甚至以低于成本的价格销售酒店产品而不愿让酒店设施闲置的根本原因。

3. 受人的因素影响很大，具有不可捉摸性

首先，酒店服务是无形的，服务质量的好坏不能像其他商品那样用机械或物理的性能指标来衡量。来自不同国家、地区的不同类型的客人，由于他们所处的社会经济环境不同，民族习惯、经历、消费水平和结构不同，对服务接待的要求也不尽相同，因此，客人对服务质量的感受往往带有较大的个人色彩和特点。酒店提供的服务质量的好坏在一定程度上取决于客人各自的需要和自身的特点。酒店的服务人员和管理人员不能忽视这一点，不能以自己的想象或自己的服务质量标准来对待各国旅游者。

其次，一般的商品可以摆在柜台里，让顾客自由选择购买。而酒店产品却具有不可捉摸性。客人在购买前看不见、摸不清酒店产品，通常不可能对这一产品的质量和价值做出准确的判断，往往产生"担风险"的心理，因而不利于酒店产品的销售。酒店服务也不能像其他产品那样，做得不好可以重新返工，酒店的任何一个环节出了问题，对酒店所造成的损失都是难以弥补的。

4. 具有综合性和季节性

首先，现代旅游是一种高级消费形式，酒店必须提供能满足顾客吃、住、行、购、娱等多种要求的产品和服务。酒店产品往往同时具有生存、享受和发展三种功能。酒店产品必须是能够满足顾客多层次消费的综合性商品。

其次，旅游受季节、气候等自然条件和各国休假制度的影响较大。在国际上，各国的休假大多在夏季和秋季，因此酒店产品的销售具有明显的季节性。淡、旺季客人多寡差别很大，造成了住店人数大起大落的差异。

第二节　酒店业的产生与发展

一、世界酒店业的产生与发展

（一）古代客栈时期

千百年以前就出现了客栈和酒店。社会需要它们，因为它们能满足人们的基本需求——

吃、喝、睡的需求。从埃及古墓的图画中，可以看到将游客安顿在现代称之为酒店、宾馆的客栈里的情景。古巴比伦《汉谟拉比法典》对当时巴比伦客栈的质量和管理十分关注，在古老的巴比伦法典中，我们可以找到禁止客栈主在饮料中掺水的严格规定。在意大利南部旅游胜地庞贝，留存着几千年前的客栈遗迹，使我们对古罗马时期客栈、酒店的面貌有一个大概的了解，并由此得知，当时的客栈往往是由奴隶或战俘从事经营和劳作的。古代经商者一般都组成商队，他们沿途住在各地的商队客栈里。

中世纪初，贸易很不发达，因而很少有人旅行。如果要旅行，人们或在野外露营，或寄宿贵族城堡，而教堂和寺院也常以低廉的价格向旅行者提供膳宿服务。1096 年开始的历时约 200 年的十字军东征带来了巨大的社会革命，加强了东西方文化和技术的交流，促进了商业活动的发展。十字军东征间接地恢复了客栈酒店业。意大利北部最早感受到十字军东征所带来的文艺复兴的影响，在那里，客栈业成为一项颇有实力的行业。至中世纪后期，随着商业的发展，旅行和贸易兴起，对客栈的需求量大增。由于当时可供四轮马车行走的驿道不多，农村和城镇相距又远，森林和田野经常有盗匪出没，旅行者往往成群结队地行动，晚间，他们除了需要食物和歇脚场所外，真正需要的是保护。因此，沿途有的住户就向旅行者敞开了家门，这就导致了酒店客栈业的迅速发展。

早期的英国客栈继承了撒克逊人定居英国时的酒店传统。那时的客栈是人们聚会并互相交往、交流信息的地方。随着公共马车的出现，人们可以发现每隔 10～15mile⊖ 的车站旁就有客栈。住宿处往往还提供膳食和啤酒，最早的客栈无非是一幢大房子，内有几间房间，每个房间摆了一些床，旅客们往往挤在一起睡觉。

客栈时期历经的时间很长，总的说来这一时期客栈具有以下特点：

（1）客栈的经营有独立、小规模的性质。

（2）客栈设施简单，除提供基本的睡眠设施和饮食外，对舒适度不予考虑。

（3）客栈主要接待宗教徒和商人，房租低廉，客栈的发展为豪华酒店的出现及旅馆管理的发展提供了经验。

（二）豪华酒店时期

豪华酒店时期大约从 19 世纪中期到 20 世纪初，以法国为代表。19 世纪中期建成的摩纳哥巴黎大酒店是这一阶段的开始，豪华酒店出现后，随着酒店规模的扩大，接待服务活动逐渐形成一种社会化劳动，酒店企业管理工作开始从接待服务中分离出来，形成专门的职能。酒店的营销活动受资本运动规律的支配，成为具有一定独立性的资本运动的经济实体。豪华酒店是一种企业组织，是王侯、贵族阶层生活方式和社交活动商业化的结果。豪华酒店和欧洲中世纪的客栈、旅馆等是有根本区别的。

豪华酒店时期的代表人物是恺撒·里兹（Cesar Ritz）。他 1850 年出生于瑞士，曾当过英国皇太子的侍从，后来在法国一家有名的酒店当服务员。1877 年，他在 27 岁时当上了法国一家规模最大的豪华酒店的支配人，扭转了酒店的长期赤字，成功地使酒店企业成为欧洲上层社会的社交场所。从此，开始了他的酒店企业管理生涯。

豪华酒店时期酒店的主要特点是：

（1）酒店企业规模较大，设备豪华。此时的酒店企业服务设施齐全，室内环境和布局

⊖ 1mile＝1.6093km。

装潢讲求艺术性，生活用品舒适完善，主要接待对象是王公贵族、豪门巨富与社会名流。

（2）管理工作从接待服务中分离出来，逐渐形成专门的职能。随着酒店规模的扩大，企业内部分工较明确，出现了专门的酒店管理机构，形成了酒店经理、服务长、厨师长和其他管理人员的分工合作，从而促进了酒店企业管理的发展。

（3）酒店企业管理理论开始形成。恺撒·里兹首先提出了"顾客志向销售学"的观点，极力倡导以满足顾客欲望和提供优质服务为酒店企业管理的根本出发点，并在实践中加以运用。

（4）讲求服务质量，管理工作要求严格。豪华酒店的接待对象主要是王侯贵族，他们住酒店的目的大多是炫耀自己的显贵豪华，满足奢侈欲望。因此，豪华酒店管理十分重视服务质量。不仅餐具、茶具、服务方式和吃饭的样式十分考究，而且对服务人员的服务技巧、走路的姿势、说话的语言技巧等要求也十分严格。这种注重礼仪、讲求服务质量的经营作风，后来发展成"宾客至上，服务第一"的经营思想。

（5）酒店企业管理尚处于经验管理阶段。此时的酒店企业管理虽有一定的理论指导，但未形成独立的管理科学。管理人员主要凭个人经验和判断进行管理，服务人员也主要凭自己的经验和技能为客人提供服务。管理人员和服务人员的培养还是采用师傅带徒弟的办法。酒店企业管理还没有完全摆脱小生产方式的束缚，没有形成一门专业学科。

（三）商业酒店时期

商业酒店时期大约从19世纪末到20世纪50年代，以美国为代表。19世纪中叶工业革命后，随着商品经济的发展及资本主义制度的确立和扩张，国内和国际市场的开辟，火车、轮船、汽车、飞机等现代交通工具的运用，大批资本家、冒险家、业务推销员、传教士及形形色色的有钱人往来于世界各地，旅行活动的量和质都发生了深刻变化。结果对价格低廉、设备舒适、服务周到的投宿设施的需求量增加，需求对供给形成了新的强大刺激。美国是商业酒店企业最发达的国家，先后建成了很多大中型商业酒店。1908年，世界近代饭店业创始人斯塔特勒（Ellsworth Statler）推出领先的酒店标准，推动了酒店业的革命。他在美国布法罗创建的斯塔特勒酒店（Buffalo Statler），设有单人客房和双人客房，每间客房都设私人浴室、壁橱、24h的冰水供应、电话和门旁电灯开关等，是世界上最具有代表性的商业酒店之一。

商业酒店时期酒店的主要特点是：

（1）酒店企业规模较大、设备舒适完善、服务项目齐全、价格合理。商业酒店以接待商业旅行者为主。由于旅行的量和质发生了深刻变化，因此酒店企业主要建在大城市，规模较大，大多有几百间乃至上千间客房。内部设施舒适完善，一般有几十种综合服务项目。除客房餐厅外，也有商场、展览厅、网球场、运动场、游泳池、夜总会、文艺表演、婴儿看护以及银行、邮电、电传、复印等各种服务设施，俨然一个"小城市""小社会"，能够满足商业旅行者的各种需要，使酒店企业管理具有较强的综合性。

（2）酒店企业经营活动完全商品化，营销活动受资本运动规律支配，以追求利润为主要目的。商业酒店本身是投宿设施商业化的产物。客房、饮食和各种综合服务设施都变成了商品。客房分等论价，有总统套房、豪华客房、标准客房、经济客房等种类。饮食和综合服务设施则根据不同情况制定价格。酒店企业本身改变了中世纪以来投宿设施以生存因素为主的特点，形成享受因素和发展因素大于生存因素、业务经营活动又随市场需要而改变的格局。因此，商业酒店企业管理是受资本运动规律支配、以追求利润为主要目的的，改变了豪华酒店企业以满足上层统治阶级需要为主的特点。

（3）酒店企业竞争激烈，管理工作注重市场研究，逐步形成目标市场。随着商业酒店企业的发展，市场竞争加剧。为了争夺客源，酒店管理十分重视市场研究，宣传、广告、推销制度普遍建立，客房、饮食、宴会、会议的预订业务广泛开展。"费用志向型"成为这一时期酒店企业管理的主要标志。竞争的结果，又使各酒店企业寻求自己的主要目标市场。例如斯塔特勒酒店，以一般出差人员为主要接待对象，结果50%以上的客源是商业旅行者。希尔顿酒店以中上层人士和高级职员为主要市场，结果大获成功。所以，选好目标市场，有针对性地提供优质服务，是酒店企业管理成功的重要途径。

（4）酒店企业管理理论和实践迅速发展起来，促使酒店企业管理工作科学化和效率化。商业酒店时期已经摆脱了传统的经验管理，而进入科学管理阶段。各酒店广泛采用了科学技术的最新成果和先进的企业管理理论来指导业务经营活动。为了培养管理人才，斯塔特勒创立了酒店管理学院，在瑞士成立了洛桑旅馆学校。政治学、社会学、心理学、美学和数理统计学等科学技术的先进成果也广泛运用于酒店企业管理中。因此，酒店企业大大提高了管理水平、服务质量和经济效益，使酒店企业管理以崭新的面貌在投宿产业中出现。

（四）现代酒店时期

现代酒店企业管理阶段，大约从20世纪50年代开始至今。它是社会生产力高度发展、社会消费结构深刻变化、国际旅游活动"大众化""普及化"的必然结果。第二次世界大战以后，国际上出现了科技革命，发达国家广泛采用科学技术的最新成果武装国民经济各部门。航空工业、汽车工业高度发展，通信技术普遍完善，各种服务业迅速发展起来。现代社会，参加旅游活动的人不再仅仅是皇宫贵族、富商大贾和业务推销员了，大批工人、农民、学生、职员、教员，甚至家庭妇女、小孩、退休人员也成了旅游者。旅游活动的大众化、普及化，使旅客类型多样化、市场结构多元化。需求对供给又一次形成了新的强大刺激，现代酒店企业产生了。

现代酒店时期酒店的主要特点是：

（1）需求变化引起酒店企业设施的变化，企业管理更加复杂。现代酒店企业以接待各种类型的旅游者为主。除商业旅行者外，多数旅游者是为了游览观光、娱乐、消遣、考察和度假等。因此，酒店企业的设备不仅继承和发展了商业酒店的特点，而且普遍增加了大量娱乐消遣设施。例如设在蒙特利尔的希亚特酒店，有763间客房、旋转餐厅、11个会议室，舞厅面积8340ft^2 ⊖，剧院可容纳1100人，礼堂可容纳900人，宴会厅有850个座位，还有几十项运动娱乐设施。由于设施类型多样化，囊括了吃、住、行、游、购、娱等各种服务，现代酒店企业综合性更强，内部分工更细，组织更严密，管理工作更加复杂。各种科学管理知识在酒店管理中得到广泛运用。

（2）市场结构多样化带来酒店企业类型多样化，经营方式更加灵活。现代旅游规模庞大，市场结构更加复杂，有观光旅游、商业旅游、会议旅游、汽车旅游、度假旅游等多种形式。这种市场结构的多样化带来酒店企业类型的多样化。有适应大城市特点的商业酒店，有适应著名风景区特色的观光酒店、度假酒店，有设在交通要道的汽车酒店、机场酒店等。酒

⊖ 1ft^2 ≈ 0.093m^2。

店类型不同，客源构成不同，经营方式也不完全相同。为了适应各种客人的需要，不同类型的酒店企业普遍采用了灵活多样的经营方式来招徕顾客，提供优质服务。这是现代酒店结构复杂化、客源竞争激烈的必然结果。

（3）酒店数量的激增加剧了市场竞争，使酒店企业走向连锁经营的道路。随着国际旅游活动的大众化和普及化，全球酒店数量激增，酒店已经成为一类具有很大规模的企业。酒店业的高速增长加剧了酒店企业的市场竞争，使各国企业家和大公司纷纷插手酒店行业。竞争的结果，又使酒店行业走向连锁经营的道路，成立了各种酒店企业联合公司。美国酒店权威杂志《HOTELS》公布的"全球酒店集团325强"的排名（截至2018年12月31日）显示：位居第一位的是万豪国际集团，在全球拥有6906家酒店，超过130万间客房；位居第二位的是我国的锦江国际集团，2018年收购丽笙酒店集团后，拥有8715家酒店，94万多间客房；位居第三位的希尔顿集团拥有5685家酒店，91万多间客房。这些联号酒店集团利用自己的地位和实力，开展市场研究，成立推销系统，利用电子计算机建立大型预订网控制客源，使现代酒店企业呈现出纷繁复杂、竞争激烈的局面。

（4）酒店企业管理日趋科学化和现代化。现代酒店企业是一种高级消费场所，对管理工作和服务工作的要求很高。随着科学技术和管理科学的发展，现代酒店企业管理运用了概率论、运筹学、数理统计等现代自然科学和自动仪器、电子计算机等技术科学成果。社会学、心理学、市场学、行为科学等也被广泛用来解决酒店管理中的问题。同时，特别强调管理关系对酒店企业管理的影响，强调调动人的积极性来提高企业的管理水平、服务质量和经济效益，使酒店企业管理日益科学化和现代化。

二、中国酒店业的产生与发展

（一）中国古代酒店设施

中国古代酒店设施分为官办的驿站和迎宾馆，以及民间的客栈。驿站是中国历史上最古老的一种官办住宿设施。在古代，政府命令的下达、公文的传递以及各地之间的书信往来等，完全依靠专人骑马或乘车传送，驿站就是为这种驿传制度服务而设立，以专门接待往来信使和公差人员并为其提供车、马交通工具的食宿设施。驿传制度始于商代中期，止于清光绪年间"大清邮政"的兴办，世代沿袭3000余年。因而，驿站堪称中国历史上最古老的酒店设施。

中国古代驿站经历了漫长的发展过程。驿站初创时，其目的是专为传递军情和报送政令者提供食宿，因而接待对象局限于信使和邮卒。秦汉以后，驿站的接待对象范围开始扩大，一些过往官吏也可以在驿站食宿。至唐代，驿站已广泛接待过往官员及文人雅士。元代时，一些建筑宏伟、陈设华丽的驿站除接待信使、公差外，还接待过往商旅以及达官贵人。

（二）中国近代酒店

近代酒店阶段大约从19世纪末20世纪初到1949年中华人民共和国成立。鸦片战争后，随着帝国主义的入侵，大批外国的资本家、冒险家、商人、传教士和军人涌入我国。为了适应来华外国人的需要，西方各国在我国各大城市特别是沿海城市，建立了不少酒店企业，如北京的"六国酒店""德国酒店""北京酒店"，上海的"维多利亚酒店""伯林顿酒店"，天津的"皇宫酒店"等。这些酒店的规模庞大、设备豪华，采用西方理论和方法进行管理。到1911年辛亥革命后，中国工商业者在各大城市兴建了酒店企业，如北京的"中国酒店"

"东方酒店"，杭州的"西湖酒店"，上海的"大中华酒店"等，全国达到几百家。这些酒店企业规模较大、设备较舒适、服务项目较多，服务对象是上层统治阶级，酒店学习西方管理的先进技术和方法。

(三) 行政事业单位阶段

我国酒店企业行政事业单位阶段主要是指解放初期到 1978 年党的十一届三中全会之间的阶段。这一阶段是我国酒店管理演变过程中的特殊阶段。这一阶段酒店的基本特点是：

（1）酒店的性质，属于行政事业单位而不是企业组织。酒店管理主要是为政治服务的，为外交政策和侨务政策服务。酒店管理对加强国际交往，促进中外政治、经济和文化交流，提高我国国际地位和国际声誉起到了很好的作用。

（2）酒店的服务对象，以接待国际友好人士、爱国华侨和国内高级会议参加者为主，政治要求高。酒店管理注重服务质量，讲求工作效率，重视思想政治工作，注重发挥酒店职工的主人翁责任感，有民主作风，积累了一定的管理经验。

（3）酒店企业属于全民所有，但由于是行政事业单位，在财务管理上实行实报实销的制度。由于没有实行企业化的经营管理，因此管理落后，缺乏一整套科学的管理制度和经济核算、经济分析制度，损失浪费严重，大多数酒店年年亏损。

（4）酒店管理没有摆脱小生产方式的束缚，处于经验管理阶段。酒店管理没有科学的理论指导，在管理体制、管理方法、接待程序、环境艺术、经营决策等方面都比较落后。

（5）酒店管理不注重市场研究，而是坐店经营。酒店没有预订制度和客源开发机构，在经营方式、接待服务、价格等方面都是固定、僵化的，以不变应万变，使我国酒店管理长期处于落后的局面。

(四) 现代旅游酒店

我国现代旅游酒店业的发展历史不长，但发展速度惊人。自 1978 年我国开始实行改革开放政策以来，我国旅游酒店无论是行业规模或设施质量，还是经营观念或管理水平，都取得了长足发展。在这一时期中，我国旅游酒店业的发展表现出以下特点：

（1）酒店建设投资形式多样化。我国在发展现代旅游酒店业的过程中改变了过去酒店建设完全由国家投资的状况。为了满足不断发展的国际旅游业和大规模经济建设的需要，我国采取多种渠道的集资形式，利用国家资金、集体资金和外资等，改建、扩建和兴建了大批现代化的酒店。

（2）引进外资和外方管理。至 1983 年，我国一批引进外资建造或聘请外方管理的涉外旅游酒店相继开张营业，其中较有影响的，如北京的建国饭店、丽都酒店、长城饭店等。这些酒店在引进外资或引进外方管理中既积极大胆又慎重稳妥，因而一开始就能迅速走上科学管理的轨道。这对我国其他酒店来说，在硬件和软件方面都起了很好的示范作用，特别是合资和外方管理的酒店对我国酒店业形成了有力的冲击，带动了我国旅游酒店业向新的台阶迈进。

（3）事业型向企业型转变，经验管理向科学管理转变。我国的部分旅游酒店是从以前的政府高级招待所转变而来的。招待所的主要特征是：以政治接待为主，以完成接待任务为目标，不搞经济核算，不讲经济效果，实行传统的经验管理。1978 年，我国开始了工作重点转移，大规模的经济建设逐渐起步。党的十一届三中全会以后，我国实行改革开放的政策，经济领域发生了深刻的革命，商品观念开始进入酒店行业。1983 年，国家旅游局向全国旅游酒店推广岗位责任制和浮动工资制后，我国酒店行业实行了第一次重大变革，开始了从经验管理向科学管理、事业单位管理向企业管理的转变。1984年，国务院批准国家旅游局《关于推广北京建国饭店经营管理方法有关事项的请示》，同意国内50家酒店学习建国饭店的经营管理办法。这对我国旅游酒店业又是一次巨大的推动，使旅游酒店业在思想观念和经营管理方面又一次实现飞跃，一大批酒店因此摆脱了往日传统形成的枷锁，以新的姿态和面貌进入了国际市场。

（4）酒店设施和服务日趋完善。为适应现代化旅游多元化的发展，满足多类别的国内外旅游者的需要，我国旅游酒店的建筑和设施引进了先进的硬件标准，质量不断提高。同时，酒店的设施也向着多功能方向发展，现代大型旅游酒店附设了先进的信息传递设施，如国际直拨电话、传真、电传、闭路电视、文字处理机、卫星转播设备、计算机等；康乐设施如桑拿浴室、保龄球馆、健身房、按摩室、歌舞厅等；旅游服务设施如航空公司代理处、服务处、外汇兑换处等；购物设施如经营旅游纪念品、珠宝及用品的商场。这些酒店建筑美观，设施高档，布局合理，功能齐全，不仅能为国家增加收入，而且还美化了市容，成为当地社会环境一项宝贵的资产。为了满足客人的多种需要，酒店的服务项目不断充实，服务质量有了显著的提高。酒店根据本企业的特点，吸取国内外其他酒店之长，经过科学的分析，制定系统的、全面的服务规范和服务标准，并执行严格的监督制度，动员全体职工对酒店服务各环节进行质量控制，使酒店的服务日趋现代化。

（5）酒店经营管理日趋先进。我国旅游酒店业在发展过程中吸取了其他行业和国外酒店管理的先进理论和经验，逐步走上了科学管理的道路。酒店开始讲究组织机构合理化，各酒店都建立了有效的组织机构，明确规定各部门、各岗位的职责和权利，以及人员数量和素质标准。在管理工作中努力提高组织效率、工作效率和会议效率，运用先进的营销、公关等技术，注意开拓市场，增加收入，严格执行成本控制，提高了管理水平，使酒店经济效益有了很大的改善。与此同时，旅游酒店开始重视人员的素质培训和政治思想教育，注意树立企业精神，如广州的白天鹅宾馆以"明确目标、艰苦创业、乐于奉献、善于学习、奋力开拓、走自己的路"的白天鹅精神，使员工确立主人翁感，形成独特的企业风格。

（6）实行多种形式的联合。随着形势的发展，我国旅游酒店业出现了多种形式的联合，通过聘请管理公司等途径，不少旅游酒店成为国际酒店集团的成员，同时，我国也出现了自己的酒店集团。例如，锦江国际集团，在规模上已名列世界第二位，其他酒店集团如华龙、友谊、金陵、白天鹅等。这些集团联合的形式、性质尽管不尽相同，有些尚不成熟，然而，中国的酒店业已经向着集团化迈进。

第三节　酒店的分类与等级

随着现代旅游业的出现，世界各国越来越意识到住宿设施标准和质量控制的必要性。直到国际旅游提升为世界贸易的组成部分之前，人们关注的重点仍然是国内消费者的安全及利益保护。由于这一导向，一些有关安全、卫生和食品安全的法律法规得以通过。随后，又采取了颁发执照的做法，以确保酒店能够达到建筑安全、垃圾处理、环境卫生、食品卫生、工作场所安全以及相关要素方面的最低标准。如今，这些规定在世界各地已被广泛采用。毋庸置疑，正是在过去几十年中旅游业和酒店投资的快速增长，世界范围内新的旅游目的地的不断涌现，以及消费主权主义的兴起，导致了为旅游者和旅游业制定更为确定的划分体系和世界标准理念的产生。尽管至今尚无统一的世界标准，但它确实是必要的。这一趋势，进入20世纪80年代后变得更为明显。

在大众旅游和全球通信技术未出现之前，低劣的酒店设施和服务被人们容忍，但这一状况现已不复存在。在信息时代，酒店业与其他服务业一样，正经历着深刻的转型。由于获取信息更为便捷，且旅游产品品牌覆盖面更广，来自世界主要客源国的旅游者，在进行自身旅行安排和选择酒店时，早已形成了特定的期望。因此，各目的地国家倾向于采用国际通行标准，这不仅有助于满足旅游者的需求，同时也有益于目的地自身的对外促销。

一、酒店分类体系的历史回顾

19世纪后期，欧洲旅游业的发展促使欧洲逐步完善其酒店标准。历史证明，那时极少有酒店能够达到中产阶级期望的标准。能够找到干净、舒适的床位和可口的饭菜，比起设计华丽的建筑来说，是更幸运的事情。因此，诸如泛舟、自行车和摩托车俱乐部成员，在进行郊游时向其成员相互推荐、介绍饭菜的举动便不足为奇了。在英国，自行车旅行俱乐部允许一些路边的小酒店使用俱乐部成员认可的熟悉的标志。在法国，汽车的出现促使米其林轮胎公司于1900年出版了一份面向法国的小册子，这本小册子主要是通过图形符号，介绍能够使酒店提供良好住宿环境的系列服务设施。由于认识到这类册子的商业价值，许多酒店开始主动地寻求加入到这些组织的行列中。最终，另外一些组织开始为非汽车俱乐部成员提供酒店划分指南，其目的在于宣传和销售这类服务。

20世纪60年代，随着大众旅游时代的来临，政府和国家旅游组织也对正式的划分体系产生了兴趣；许多国家相继引入了一些形式的酒店注册或划分体系，至少是将其列入其议事日程。1970年，在全欧洲只有5个国家拥有国家划分体系；然而，到1980年时，这一数字在欧洲增加到22个，在全球达到60个。今天，不同类型的划分体系已被普遍采用，国际和国内旅游者也在很大程度上依赖于这些标准体系。

二、酒店分类的目标与意义

（一）酒店分类的目标

酒店分类可满足不同需求，具体包括以下五大重要目标：

（1）标准化，即建立统一的服务和产品质量体系，以利于买卖双方构建一个有序的旅游市场分销体系。

（2）市场营销，即将其作为目的地促销的工具，以向旅游者提供有关目的地内不同等级和类型的酒店的建议，同时促进健康的竞争环境的形成。

（3）消费者保护，即确保酒店能够满足分等定级所规定的有关住宿设施和服务的最低标准。

（4）带来收益，即通过注册登记、销售指南等带来收入。

（5）控制，即为控制全行业质量提供一套体系。

（二）酒店分类的意义

旅游酒店业由各种类型、各种等级的酒店设施组成。由于旅游者的旅行目的和动机不一，其旅游需求也各不相同。为了满足各类旅游者的需要，出现了不同类别和不同等级的酒店。

酒店分类有两大意义：①有利于推销，能使酒店明确推销对象和所处市场，从而更有效地制订计划，更集中地使用广告宣传费用，同时也能使宾客在选择酒店时有比较明确的目标；②便于比较，一家酒店经营效益的好坏，要与同一类型的酒店相比较才有意义，特别是当酒店企业运用酒店行业的各种统计资料分析市场动向、研究竞争对策和制定经营方针时，与同类酒店的比较就显得格外重要。

三、酒店分类的方法

目前，世界各地的酒店设施根据不同的划分标准可以分成不同的类型。

（一）根据酒店特色及宾客特点划分

1. 商务型酒店

商务型酒店也称暂住型酒店，此类酒店多位于城区，靠近商业中心，以接待商务旅行者为主。商务型酒店不但讲求外观，内部设施也必须富丽堂皇。不仅客房、餐厅要有较高水平，各类服务设施，特别是商务所需的设备设施，也需一应俱全。例如，要设有直拨海外的国际长途电话，互联网及传真设施，投影仪、放映机等，以及各种规模的谈判室和会议室等，商务中心要提供打字、复印文件等服务，另外也要注重建造康乐中心、健身房和游泳池等设施。

2. 度假型酒店

度假型酒店主要是为度假客人提供住宿、饮食、娱乐和各种交际活动的场所。这类酒店一般位于海滨、山区和温泉附近，且交通非常方便。度假型酒店除了提供一般酒店所应有的一切服务项目以外，最突出、最主要的项目是它的康乐中心。康乐中心的设备要齐全、完善，如保龄球馆、网球场、游泳池、酒吧、卡拉OK厅、水上游艇、碰碰船、电子游戏厅等要一应俱全。度假型酒店环境优美，客人不仅可以享受到周到的服务，同时可以尽情欣赏大自然的景色。例如世界最大的度假型海滨酒店——夏威夷希尔顿之村就是典型的度假型酒店。

近年来，在许多酒店业发达的国家，已出现度假型与商务型相结合的酒店，即所谓改良的度假型酒店，被认为是当代酒店设施发展的方向之一。

3. 长住型酒店

长住型酒店主要是接待长住的商务和度假客人。这类酒店要求长住客人先与酒店签订协议或合同，写明居住的时间和服务项目。有的长住型酒店提供正常的客房和餐饮服务。例如，一些商业集团、商业公司，都在酒店租用房间作为办公地点和场所，租用的时间一般在半年或一年以上。另一种长住型酒店只提供住宿，而不提供专门的客房和餐饮服务。这类酒店的客房由几个套房组成，备有生活设施，因不提供日常的酒店服务，收费也较便宜。

4. 公寓酒店

公寓酒店在西方国家也不失为一种较新型的酒店设施。这类酒店内部多采用公寓式布局，配有整套的生活设施及公用的娱乐、健身设施，适宜家庭居住。经营方法采用所谓的时间分享法，即由投资者出资兴建，其他人可任意租用，租期可以为一周、一月、五年或更长时间，同时允许转租他人。

5. 汽车酒店

汽车酒店是设在公路旁，为自备有汽车的旅游者提供食宿等服务的酒店。这种汽车酒店最初建在公路旁边，有明显的标记，旅馆不大，一般有100个房间左右，二层楼居多。二楼做客房、餐厅，一楼做车库，有的还有健身房、游泳池等综合服务设施。随着酒店业的发展，这种汽车酒店还逐渐打入城市周围和市内。它和一般酒店不同的地方在于，建有较大规模的停车场，且价格便宜，一般采用自动化服务，设有商店和餐厅。进入20世纪70年代以来，汽车酒店不仅提供客房和餐饮服务设施，还有洗衣房、会议室、歌舞厅、球场等其他酒店所拥有的综合服务设施。因此，这种新型的酒店很受旅游者的欢迎。

6. BB家庭式酒店

BB家庭式酒店是一种家庭式的可向客人提供住宿和早餐的酒店。"BB"是英文"Bed and Breakfast"的缩写，意为"住宿和早餐"。它最早流行于欧洲，后来逐渐传到美国。目前，美国各地都设有专门从事BB家庭式酒店订房服务的公司，旅游手册上也常有许多这种酒店的名称和电话号码，旅游者可提前三四天预订房间。BB家庭式酒店发展迅速，受到许多旅游者的欢迎，其原因是：①经济实惠，房价较低，还包含较为丰盛的早餐。②自由自在，无拘无束，大饱口福。③不收小费。主人和客人以友情为重，而不是设法向客人索要钱财。

（二）根据酒店的经济类型划分

我国存在着多种经济成分和企业组织形式。我国酒店企业的经济类型可根据国家颁布的有关标准划分。1998年8月28日，国家统计局与国家工商行政管理局联合发布了《关于划分企业登记注册类型的规定》（2011年修订），1998年9月2日，国家统计局制定发布了《关于统计上划分经济成分的规定》，将统计和企业工商登记分开。按照《关于划分企业登记注册类型的规定》，工商行政管理部门对企业登记注册类型分为以下几种：①内资企业，其具体注册类型分为国有企业、集体企业、股份合作企业、联营企业、有限责任公司、股份有限公司、私营企业和其他企业；②港、澳、台商投资企业，其具体注册类型包括合资经营企业（港或澳、台资），合作经营企业（港或澳、台资），港、澳、台商独资经营企业，港、澳、台商投资股份有限公司和其他港、澳、台商投资企业；③外商投资企业，其具体注册类型包括中外合资经营企业、中外合作经营企业、外资企业、外商投资股份有限公司和其他外商投资企业。按照《关于统计上划分经济成分的规定》，统计部门在统计上将经济成分划分为两大类共五种成分类型：①公有经济，包括国有经济和集体经济两种成分类型；②非公有经济，包括私有经济、港澳台经济、外商经济三种成分类型。

（三）根据酒店的计价方式划分

1. 欧式计价酒店

欧式计价酒店是指酒店客房价格仅包括房租，不含食品、饮料等其他费用。世界各地绝大多数酒店均属此类。

2. 美式计价酒店

美式计价酒店的客房价格包括房租以及一日早、午、晚三餐的费用。目前，尚有一些地处僻远的度假型酒店仍属此类。

3. 修正美式计价酒店

修正美式计价酒店的客房价格包括房租和早餐以及晚餐的费用，以便宾客有较大的自由安排白天的活动。

4. 欧陆式计价酒店

欧陆式计价酒店的房价包括房租及一份简单的欧陆式早餐，即咖啡、面包和果汁。此类酒店一般不设餐厅。

5. 百慕大计价酒店

百慕大计价酒店的房价包括房租及美式早餐的费用。

(四) 根据酒店规模划分

根据酒店规模划分，酒店有大型、中型和小型酒店。酒店的规模通常按客房数量来划分。目前国际上划分的标准是：客房在 600 间以上的为大型酒店；客房在 300~600 间的为中型酒店；客房在 300 间以下的为小型酒店。

四、酒店等级的划分

(一) 酒店等级划分的国际标准问题

1. 酒店国际标准现状

有许多国际组织，包括世界旅游组织、欧盟和经济合作与发展组织（OECD），已经开始在全球基础上协调酒店划分体系。这些努力在增进对酒店划分问题的认识及逐步解决这些问题两个方面，都做出了巨大贡献。1989 年，世界旅游组织对其区域性的标准进行了修订，使之保持与世界具有影响力的酒店标准相适应，并考虑酒店新产品开发和顾客需求变化的要求。在区域性模式之后，人们建议采用适合全球的新的划分标准体系。为了推进新体系的采用，世界旅游组织与国际酒店协会（International Hotel & Restauvant Association, IHRA）建立了工作联系，以更好地体现酒店业的看法。但必须指出的是，国际酒店协会至今尚未接受建立一个国际酒店标准体系的观点。

在制定标准时，世界旅游组织建议使用酒店划分体系时应具有灵活性，因为在不同酒店类型中，价格政策和价格比较在不同的国家影响力不尽相同。世界旅游组织还敦促，必须邀请国际酒店和消费者协会参与标准的制定工作，这样便可以在进行划分时，使不同酒店之间的意见分歧降到最低限度。国际协调保证机制，应与那些出于商业目的独立开展酒店划分的国际性私立协会和企业进行磋商。表 1-7 列举了世界旅游组织的"酒店协调性划分标准"所涉及的领域。

表 1-7　世界旅游组织的"酒店协调性划分标准"

目　录	
1. 酒店建筑 　1.1 酒店辖区 　1.2 大门 　1.3 客用和服务楼梯 　1.4 最低客房数 2. 定性和审美要求 3. 供水 4. 电力 5. 热水 　5.1 通风 6. 卫生要求 　6.1 总体 　6.2 垃圾	6.3 昆虫和害虫处理 7. 安全保卫 8. 轮椅使用者设施 9. 技术装备 　9.1 电梯 　　9.1.1 服务电梯 　9.2 电话 　　9.2.1 客房内电话 　　9.2.2 楼层电话 　　9.2.3 靠近公共场所电话 　　9.2.4 公用电话 10. 卧室 　10.1 面积 　10.2 设施、设备

(续)

目 录	
10.3 隔声	14. 与住宿、餐饮、娱乐和保健相关的其他房间和区域
10.4 灯光	
10.5 门	15. 厨房
11. 客房卫生设施	15.1 食品储藏
11.1 卫生间面积	15.2 饮用水
11.2 私人卫生间用品	16. 酒店外区域
12. 公共卫生设施	16.1 停车场/车库设施
12.1 公共浴室	16.2 绿地
12.1.1 数量	17. 服务
12.1.2 设施、设备	18. 员工
12.2 共用卫生间	18.1 资质
12.2.1 数量	18.1.1 员工使用语言
12.2.2 设施、设备	18.2 医疗要求
12.3 公共卫生间	18.3 行为
13. 公共场所	18.4 制服
13.1 走廊	18.5 员工用设施
13.2 接待大厅/休息室/大堂	18.6 员工数

2. 对世界级服务标准的认识

众多酒店如今都渴望达到"世界级"水平。"世界级"是一个非正式的标准，它表明某家酒店所提供产品的豪华程度及服务范围，具备或接近了世界著名酒店集团的经营管理水平。正如酒店划分和定级一样，"世界级"也是一个具有争议的概念。对大多数酒店来说，它代表了一种理想，而非真正可以企及的目标。

在当今国际化的酒店业中，世界级服务，意味着持续不断地满足多元文化下公众的需求和期望；同时能够与服务提供者满足购买者需求和期望的能力和手段相适应。世界级的酒店通常将市场目标锁定在著名的国际旅游者，这些人中有许多人对公众来说具有极高的知名度——他们可以通过自己的声望和特征，为酒店带来荣誉；世界级的酒店往往是那些具有悠久历史的古典酒店，这些酒店多年来维护得当，并不断更新改造；然而，世界各个角落也有许多现代化的世界级酒店，它们来源于规模宏大的投资、计划、运营、市场营销和形象宣传；此外，被合适的指南评定为五星级也有助于酒店树立世界级形象。很多人可能认为，成为世界级酒店意味着在投资、装修方面的花费可能两倍于其他一等酒店。对这一观点也存在不同的看法，因为地点和其他变量同样会对成本产生影响。最为重要的是，世界级酒店强调对人的关注，其结果导致与客人直接交往的员工数的增加。如果做到积极主动与灵活应变，那么世界级酒店便可以在同一个屋顶下，让居住总统套房的显贵和下榻标准间的普通旅游者双方各得其所。从最低限度来说，世界级酒店必须提供适宜的和令人满意的服务；从更高层次来看，它必须让客人真正感到物超所值，所有可以想象到的服务都触手可及；最后，世界级酒店意味着能够提供对世界不同文化极其敏感的精致服务。

尽管并非所有大酒店都能够实现世界级酒店的目标，但对于职业酒店人来说，了解这一概念并为之奋斗是至关重要的。

3. 实现世界级酒店的目标

我们无法用一个简单的数学公式来描绘如何实现世界级酒店的目标。对于想获得这一称号的经营者来说，首先他必须制定战略愿景。诚然，仅仅依靠一个战略并不能实现最终目的，酒店自身必须具备在最高层次上满足划分和定级要求的能力。酒店必须确有特色，至少在竞争对手中能够脱颖而出。下列原则或许能够至少在某种程度上帮助酒店实现这一目标：

（1）在组织内必须对成为伟大的酒店具有共同的愿望。

（2）管理者不能总是照搬书本，他们必须超越常规管理，而不能仅仅局限于不得不做的事情上。

（3）管理者必须懂得如何款待来自世界不同地区、具有不同生活阅历的人。

（4）酒店必须让它所在的社区认识其价值，它应该尽可能为实现社区的社会目标做贡献。

（5）必须了解、尊重不同文化，并将其纳入酒店内部价值体系中。

（6）人力资源必须被视为资产，酒店的政策、条例和运营实践，都必须体现这一哲学。

（7）必须在各个层次开展持续不断的培训，实现完美在于过程，而非终极目标。

（8）沟通不能偶尔为之，它是组织中的有机构成，员工必须能够系统地获取信息。

（9）市场是检验"世界级"的最终裁判。服务提供体系必须兑现市场营销时做出的承诺。顾客的信任和企业的声誉是同一个事物的两个方面。

（10）关注细节。酒店业是一个由细节、态度、承诺和期望构成的行业，它不同于生产性行业，除了在对客人服务层面的质量控制以外，重工业中通行的原则在酒店业无法被采用。

（11）感觉是对存在于外部世界的客观现实的一种反映，因此管理者必须具有测量和评估酒店形象的方法，以寻求持续改进的途径。形象失之容易得之难，维持形象则难上加难。

（二）我国酒店的等级划分

为了规范我国的酒店等级，从 20 世纪 80 年代起，我国旅游酒店就开始实施星级制度，这对我国酒店的发展无疑是一个促进，主要表现在以下几个方面：

1. 促进酒店科学管理，实现酒店现代化

酒店现代化的重要标志是规范。酒店通过评定星级，使酒店的硬件和软件都达到规范的要求，从而使酒店产品也成为优质规范产品，促使酒店达到现代化的目标。由此，酒店在管理中有一个可供依循的标准和目标，以减少管理中的盲目性、主观性，使酒店管理走向科学。

2. 促进酒店的市场推销和广告宣传

酒店评定星级实际上是给酒店产品做出品位、质量的鉴定。一个有明确品位、质量的产品在市场上较易被消费者了解和接受。酒店在宣传时可省去对酒店介绍的繁文缛节，只要推出酒店星级，就等于亮出了自己的品牌。当消费者了解了某一酒店的星级时，他对这个酒店的品位和质量就有了一个大概的了解，对接受这个产品心里较为踏实。

3. 促进国家对酒店业的宏观调控和酒店自身的调控

建设酒店、改造酒店都需要投资。当资金投入酒店行业时，投入量为多少比较合理、投入的资金在各等级的酒店中如何分配都有一个合理比例的问题。酒店的等级有了星级标准后，什么星级的酒店属于什么档次，概念相当清晰。根据市场需求和国家计划，在一个城市里各类酒店各应该有多少座，就有一个明确的量化标准，便于国家宏观控制投资，调节投资方向。对投资者和酒店来说，有了酒店等级的星级标准，就有利于自身的等级定位，便于酒店的自身决策。由于旅游酒店市场正在从以接待境外宾客为主逐步转移到接待内宾量的增加，酒店等级的市场趋势应该是从高档到低档呈金字塔形。为此，国家应以政策来调控，酒店投资者也应实行自控。

4. 促进维护酒店和消费者两者的权益

商品交换要遵循物有所值的规律，要维护消费者的合法权益。酒店等级以星级的形式确定，其实就是酒店向市场表明本身产品的品位和质量。酒店评定星级是对公众的一种广告行为，消费者可以根据自身的消费能力来选择某一星级的酒店。宾客使用酒店就是购买酒店产品，酒店和宾客之间就有了一种权责关系。酒店有责任向宾客提供星级标准规定的各种设施、用品和服务，真正做到物有所值，这是一种法定的义务。同时，宾客必须遵守酒店的各项规定，按星级标准付费，这也是一种法定的义务。酒店星级的确定为酒店和消费者双方的权益和责任提供了一个明确的准绳。

(三) 我国旅游酒店星级的划分与评定简介

(1) 国家旅游局在1988年制定了《中华人民共和国评定旅游涉外饭店星级的规定和标准》。

(2) 国家技术监督局于1993年9月批复正式发布《旅游涉外饭店星级的划分及评定》，我国以此为国家标准来核定酒店星级，我国旅游酒店实行星级制度标志着我国旅游酒店发展到了一个崭新的阶段。

(3) 随着我国酒店业的发展和各种标准规定的具体和规范，1997年国家旅游局修订并颁布了《旅游涉外饭店星级的划分及评定》（GB/T 14308—1997）。

(4) 2003年，随着我国对外开放的深入，特别是酒店业与国际接轨，我国将酒店星级评定标准更名为《旅游饭店星级的划分与评定》（GB/T 14308—2003）。

(5) 2010年10月18日，国家质检总局、国家标准化管理委员会批准发布国家标准《旅游饭店星级的划分与评定》（GB/T 14308—2010），新版国家标准于2011年1月1日起开始实施。

(6) 由于酒店业务具有综合性的特点，以及酒店是服务性行业的属性，酒店的星级评定工作是一个复杂的系统工程。《旅游饭店星级的划分与评定》主要规定了旅游饭店星级的划分条件、服务质量和运营规范要求，适用于正式营业的各种旅游饭店。同时，国家旅游局下发了《〈旅游饭店星级的划分与评定〉（GB/T 14308—2010）实施办法》。

1. 《旅游饭店星级的划分与评定》的规定

(1) 概念及基本要求

1) 旅游饭（酒）店（Tourist Hotel）。旅游饭店是指以间（套）夜为单位出租客房，以住宿服务为主，并提供商务、会议、休闲、度假等相应服务的住宿设施，按不同习惯可能也被称为宾馆、酒店、旅馆、旅社、宾舍、度假村、俱乐部、大厦、中心等。

2) 星级划分及标志。用星的数量和颜色表示旅游酒店的星级。旅游酒店星级分为五个级别，即一星级、二星级、三星级、四星级、五星级（含白金五星级）。最低为一星级，最高为五星级。星级越高，表示饭店的等级越高（为方便行文，"星级旅游饭店"简称为"星级饭店"）。星级标志由长城与五角星图案构成，用一颗五角星表示一星级，两颗五角星表示二星级，三颗五角星表示三星级，四颗五角星表示四星级，五颗五角星表示五星级，五颗白金五角星表示白金五星级。

同时规定，各星级划分的基本条件（见标准附录A），各星级饭店应逐项达标；星级饭店设备设施的位置、结构、数量、面积、功能、材质、设计、装饰等评价标准（见标准附录B）；星级饭店的服务质量、清洁卫生、维护保养等评价标准（见标准附录C）。

一星级、二星级、三星级饭店是有限服务饭店，评定星级时应对饭店住宿产品进行重点评价；四星级和五星级（含白金五星级）饭店是完全服务饭店，评定星级时应对饭店产品进行全面评价。

饭店开业一年后可申请评定星级，经相应星级评定机构评定后，星级标识使用有效期为三年。三年期满后应进行重新评定。

（2）评定条件及标准。星级划分主要由必备条件、设施设备、饭店运营质量三个部分组成。其中，必备条件项目检查表为标准附录A，按星级规定了各星级应具备的硬件设施和服务项目，评定检查时，逐项打"√"，确认达标后，再进入后续打分程序。设施设备要求为标准附录B，饭店运营质量要求为标准附录C，B和C两项总分各600分，计分说明详见表1-8。

表1-8　《旅游饭店星级的划分与评定》（GB/T 14308—2010）设施设备与饭店运营质量计分说明

设施设备计分说明（硬件表B）	饭店运营质量计分说明（软件表C）
一、满分600分	一、满分600分
二、各星级应得的最低分数 　　一星级、二星级不做要求 　　三星级：220分 　　四星级：320分 　　五星级：420分	二、各星级应得的最低分数 　　一星级、二星级不做要求 　　三星级最低得分率：70% 　　四星级最低得分率：80% 　　五星级最低得分率：85%

此外，该标准还在服务质量总体要求、管理要求、安全管理要求等方面做出了规定，提出了倡导绿色设计、清洁生产、节能减排、绿色消费的理念，强调了突发事件处置的应急预案应作为各星级饭店的必备条件。

2. 实施办法的主要内容

（1）星级评定的组织机构和责任。全国旅游星级饭店评定委员会（简称为"全国星评委"）是负责全国星级评定工作的最高机构，统筹负责全国旅游饭店星级评定工作，聘任与管理国家级星评员，组织五星级饭店的评定和复核工作，授权并监管地方旅游饭店星级评定机构开展工作。

各省、自治区、直辖市旅游星级饭店评定委员会（简称为"省级星评委"）报全国星评委备案后，根据全国星评委的授权开展星评和复核工作。实施或组织实施本省四星级饭店的星级评定和复核工作；向全国星评委推荐五星级饭店并严格把关。

副省级城市、地级市（地区、州、盟）旅游星级饭店评定委员会（简称为"地区星评委"），负责本地区星级评定机构的工作；实施或组织实施本地区三星级及以下饭店的星级评定和复核工作，向省级星评委推荐四、五星级饭店。

（2）星级申报及标志使用要求。饭店星级评定遵循企业自愿申报的原则。凡在中华人民共和国境内正式营业一年以上的旅游饭店，均可申请星级评定。经评定达到相应星级标准的饭店，由全国旅游饭店星级评定机构颁发相应的星级证书和标志牌。星级标志的有效期为三年。

饭店星级标志应置于饭店前厅最明显的位置，接受公众监督。饭店星级证书和标志牌由全国星评委统一制作、核发。标志牌工本费按照国家相关部门批准的标准收取。

每块星级标志牌上的编号，与相应的星级饭店证书号一致。每家星级饭店原则上只可申领一块星级标志牌。

（3）星级评定程序和执行。五星级按照申请，推荐，审查与公示，宾客满意度调查，国家级星评员检查、审核、批复、申诉、抽查九个程序评定。一星级到四星级饭店的评定程序，各级星评委应严格按照相应职责和权限，参照五星级饭店评定程序执行。一、二、三星级饭店的评定检查工作应在24h内完成，四星级饭店的评定检查工作应在36h内完成。全国星评委保留对一星级到四星级饭店评定结果的否决权。

（4）星级复核及处理。星级复核是星级评定工作的重要组成部分，其目的是督促已取得星级的饭店持续达标，其组织和责任划分完全依照星级评定的责任分工。星级复核分为年度复核和三年期满的评定性复核。

1）年度复核工作由饭店对照星级标准自查自纠，并将自查结果报告相应级别星评委，相应级别星评委根据自查结果进行抽查。

2）评定性复核工作由各级星评委委派星评员以明察或暗访的方式进行。

对复核结果达不到相应标准的星级饭店，相应级别星评委根据情节轻重给予限期整改、取消星级的处理，并公布处理结果。对于取消星级的饭店，应将其星级证书和星级标志牌收回。

整改期限原则上不能超过一年。被取消星级的饭店，自取消星级之日起一年后，方可重新申请星级评定。

3. 现行《旅游饭店星级的划分与评定》标准（GB/T 14308—2010）的主要变化

2010年版《旅游饭店星级的划分与评定》标准，修改了原标准在使用过程中出现的不足，与时俱进地吸收采纳了我国酒店业发展的新特点，其主要技术内容的变化表现在以下若干方面：

（1）标准的文本结构更为清晰。各星级饭店划分条件包括必备条件（一票否决制）、设施设备和饭店运营质量三部分。"设施设备维修保养及清洁卫生评定检查表"分解后融入饭店运营质量相应部分。删除"星级的评定规则"，保留白金五星级的概念，但其具体标准与评定办法另行制定。

（2）对评价机制做出了较大调整。监督管理司制定标准，旅游饭店协会执行标准进行评定；完善监督机制和退出机制，复评周期缩短，星级标志使用有效期为三年，饭店运营中发生重大安全事故，所属星级将被立即取消。

（3）等级划分与国际接轨。将一、二、三星级饭店定位为有限服务饭店，评定星级时应对饭店住宿产品进行重点评价；四、五星级（含白金五星级）定位为完全服务饭店，评定星级时应对饭店产品进行全面评价。一方面与国际饭店等级划分接轨，另一方面吸引中低档饭店申报星级。

（4）更加注重核心产品，弱化配套设施。客房的安全、卫生、安静、设施可用为基本要素，舒适度为提升要素。2010年版标准注重客房舒适度，并进行了细化考量，分值由以前的10分增加为35分。弱化配套设施主要体现为，对大堂面积未做硬性要求，游泳池不再成为高星级饭店必备项。例外条款中，游泳池从旧版17分降为目前的10分；由于国家政策不鼓励大量建设高尔夫球场，"高尔夫球场"分值大幅下调，从旧版的20分降为现在的5分。对低星级饭店，取消或降低对"餐饮""客房小冰箱""小商店""提供洗衣服务""套房"等方面的要求。但停车场成为三星级以上饭店的必备项。

（5）顺应低碳经济发展趋势，突出绿色环保。2010年版标准倡导绿色设计、清洁生产、节能减排、绿色消费的理念。要求各星级饭店应有与本星级相适应的节能减排方案并付诸实施。在设备设施项中，节能措施与环境管理分值从2分增加到14分，细分项包括是否采用建筑节能设计，新能源的设计与运用，环保设备和用品，节能产品和采取节能及环境保护的有效措施，中水处理系统，污水、废气处理设施，以及垃圾房等。

（6）强化安全与突发事件管理。星级饭店应增强突发事件应急处置能力，突发事件处置的应急预案应作为各星级饭店的必备条件。例如，对四、五星级饭店，要求应有突发事件（包括火灾、自然灾害、饭店建筑物和设备设施事故、公共卫生和伤亡事件、社会治安事件等）处置的应急预案，有年度实施计划，并定期演练。饭店营运中一旦发生重大安全责任事故，星级将被取消。安全设施要求分值由8分提高到16分，新增公共区域和食品安全，如是否有符合规范的逃生通道、安全避难场所及食品留样送检机制等。

（7）提高饭店设备设施和服务质量评价的可操作性。例如，对前厅总机、预订、住宿登记、行李服务、礼宾和问询服务、结账以及前厅维护保养与清洁卫生等，对客房浴缸及淋浴的照明，水龙头出水升温速度及稳定性、水压、水质、下水及安全性等，对床单、被套、枕套、毛巾、浴巾等的纱织规格、含棉量及床垫硬度等，对公共区域与客房区域温差和相对湿度，客房门、墙、窗、天花、卫生间的隔声措施、照明效果等，都进行了细化和量化评价。

（8）鼓励对新技术和新设备的应用。例如，五星级饭店应有运行有效的计算机管理系统，前后台联网，有饭店独立的官方网站或者互联网主页，并能够提供网络预订服务。信息管理系统以前分为"硬件"和"软件"两项进行评价，现从覆盖范围、采取确保酒店信息安全的有效措施和系统供应商三方面进行评价。互联网则从覆盖范围和应用两个大的方面进行衡量。例如，公共系统是否配备先进、有效的火灾报警与消防联动控制系统（含点报警、面报警、消防疏散广播等）；环保节能方面是否采用先进的楼宇自动控制系统，如新风/空调监控、供配电与照明监控、给水排水系统监控等。

（9）注重饭店内外部环境、氛围营造及布局合理。建筑结构及功能布局，旧版强调平均每间客房的建筑面积，新版则强调各功能区位置、分隔合理及方便宾客使用。五星级饭店要求室外环境整洁美观，绿色植物维护良好；饭店后台区域设施完好、卫生整洁、维护良好，前后台的衔接合理，导向清晰。建筑物外观和建筑结构应具有鲜明的豪华饭店的品质，饭店空间布局合理；内外装修应采用高档材料，符合环保要求，工艺精致，整体氛围协调，风格突出；要求客房装修豪华，具有良好的整体氛围，套房布局合理。前厅整体舒适度，从颜色、光线、温度、声音、味道等方面评价。餐饮方面旧版过于强调数量，如餐厅数量、面积，新版更为关注风格、氛围、设计、装饰等。

（10）增加例外条款，引导特色经营。2010年版标准增加特色类别项，对商务会议型和休闲度假型旅游饭店设施分别单独评价。对于以住宿为主营业务，建筑与装修风格独特，拥有独特客户群体，管理和服务特色鲜明，且业内知名度较高的旅游饭店的星级评定，可参照五星级的要求。为主题饭店、精品饭店等新型业态评五星级饭店预留一个口子。

（11）体现以人为本的理念。将"残疾人"改称为"残障人士"，关注对残障人士的服务及设施，门厅及主要公共区域应有残障人士出入的坡道，高星级饭店还要求有残障人士房间。五星级饭店送餐车应有保温设备。关注员工发展，强调员工培训规划和制度及员工培训设施。各星级饭店要求有系统的员工培训规划和制度，五星级还应有专门的教材、专职培训师及专用员工培训教室。

（12）强调饭店设施设备标准的整体性和一致性。评定星级时不应因为某一区域所有权或经营权的分离，或因为建筑物的分隔而区别对待，酒店内所有区域应达到同一星级的质量标准和管理要求。

第四节　酒店的功能和结构布局

建设一个酒店，经营一个酒店，都是为了提供和满足旅游者旅居生活的各种需求。要做到这一点，有赖于酒店功能的发挥。酒店功能是酒店为旅游者旅居服务的各种效用的产生。宾客旅居酒店的需求是多方面的，酒店的功能也是多方面的。酒店满足宾客旅居的功能有些是由某个部门单独产生的，而大多数是由酒店多个部门相互协作共同产生的。

为了产生酒店功能，酒店要设置各个部门、空间、设备设施。设置多少，怎样布局最合理，这就要研究酒店的结构布局。酒店的功能和酒店各部分的结构布局有密切的联系。因而无论是建设、改造酒店，还是调整酒店结构适应市场，决策者们总是把酒店的功能和结构布局结合起来综合研究。

一、酒店功能和结构布局的原则

研究酒店功能和结构布局要基于两个基本点：①充分满足宾客旅居生活的需要，一切都应该以宾客的需求为中心；②充分发挥酒店功能，取得最佳经济效益。基于这两个基本点，确定了酒店功能设计和结构布局设计的原则。

1. 方便宾客和满足需求的原则

（1）方便宾客应从动态和静态两方面着眼。动态方面，以宾客到达，进入酒店直至宾客离开酒店的活动顺序为线索进行研究。静态方面，以宾客要逗留、活动一段时间的空间作为研究对象。研究的中心是方便宾客。

（2）方便宾客满足需求要研究宾客旅居的生活需求和享受需求，在功能和结构布局上满足这些需求。

（3）研究宾客在每一时间段和空间地域的心理状况，根据心理状况去设置功能和结构布局。

（4）从安全、卫生、舒适、方便、快捷、周到的角度来设置功能和结构布局。

（5）根据市场要求和现代旅居生活的需要，依照国家对酒店的星级标准，酒店功能必须齐全，结构布局尽量合理。

2. 效率和效益的原则

（1）功能设置和结构布局设计要保证对宾客服务的效率和质量水准，减少时间的实际耗费和等候。

（2）讲究效益，即酒店功能和结构布局要使空间和设施能最合理地产生效益，同时又能减少活劳动、物化劳动、能源的消耗，减轻员工的劳动强度。

3. 宾客用设施与员工用设施分离的原则

（1）把宾客用的设施、走道和酒店员工工作用的设施与走道分开。酒店员工在工作中要使用很多设施，如备餐间、盥洗室、卫生间、电梯、消毒设施等，员工使用的这些设施在空间上要与宾客使用的设施分开。

（2）酒店内部使用的设施、酒店的供应设施与宾客用的设施和空间分开。例如酒店的员工食堂、员工洗浴室、办公室、仓库、机房等都应与宾客活动场所分开。

4. 酒店功能设计和结构布局规范的原则

（1）酒店功能设计和结构布局必须按照国家有关建筑设计、设备设施、施工安装、装修的各项规范标准进行。

（2）酒店的功能设计和结构布局必须按《旅游饭店星级的划分与评定》项目的要求进行。

（3）酒店的功能设计和结构布局必须按本酒店的决策、特色、业务特点、规范操作。

5. 美感和文化色彩的原则

（1）整体布局。酒店整体布局要给宾客以美感和文化色彩，如酒店建筑造型、外部环境处理等都要注意整体的美感和文化特色。要强调整体的和谐一致。

（2）局部处理。在强调与整体协调的前提下，突出局部的个性美感和文化特色。

二、前台部分的功能和结构布局

酒店从业务性质上来说可以分为两大部分：直接供宾客使用的，对宾客面对面服务的部分称为前台接待部分；不直接接触宾客的，为前台服务提供供应性服务的部分称为后台供应部分。前台部分的功能和结构布局是围绕着宾客的活动来进行的。

（一）朝向

酒店建筑体总有一个朝向。建筑物最大面积立面的朝向，就是酒店的朝向。酒店正门的朝向通常称为酒店正面，反之则为背面，酒店前台部分除了总台外的其他部分都可以沿酒店朝向临窗布局。酒店的背面或侧面设置员工通道、自用车道、团体行李通道。

（二）酒店外环境

1. 酒店建筑造型

酒店建筑造型是千变万化的，该课题由建筑学和建筑美学去做通盘研究。从酒店本身出发，建筑造型要注意以下几点：①建筑造型要适合酒店业务特点、经营和效益的需要；②建筑物要充分考虑内部布局，要和整个周围环境相协调；③建筑物尽量扩大外立面，加大自然采光；④建筑物及外立面造型要和酒店形象识别系统（CIS）相一致；⑤建筑物应有酒店徽标、名称字样。

2. 外环境总体布局

外环境的总体布局要合理配置，有韵律节奏感，形成众星捧月之势。对外环境的绿化带、水池、装饰物、庭院、交通道、停车场等都要因地制宜，合理布局，突出文化性、美感和酒店气氛。

3. 绿化

酒店建筑物与城市道路之间留足消防通道后，用较密集的绿化带做隔离。酒店门厅前及四周可开辟花坛或小庭园，种植常绿植物和地被植物，给酒店以柔情、恬静和生气。

4. 门厅外环境

门厅外环境是宾客首先接触酒店的地方，也是宾客进出酒店的必经之地，又是车辆最繁忙之地（宾客要在这里停车下车由此进入门厅）。门厅外应有一片开阔地或小广场，如用地紧张，至少也应有回车道、人行道、残障人士通道、停车坪、停车场、防雨棚等。为了使车道与人行道有所分隔，门厅外通常布置一些花坛、草地、雕塑、庭园或喷水池做分隔，既增加美观度，又带有自然分隔空间的作用。喷水池还可做消防水源。门厅前停车坪的设置要便于门卫和行李员为宾客提供服务。

5. 停车场

酒店必须有停车场，停车场车位数应是客房数的 1/3 左右。如果酒店餐饮娱乐项目较多，停车场车位数还要增加。停车场一般设置在酒店的侧面、正面两侧或地下。地下停车场应有自动灯指挥装置。车道和停车场应有路标、指示牌。

（三）前厅大堂

前厅大堂是宾客进出酒店的吞吐口和集散地，是宾客办理手续的场所。前厅大堂还要为宾客提供休息场所、综合服务、处理投诉等多项服务，前厅大堂又是酒店的信息中心和业务调度中心。前厅大堂的布局要点为：

（1）前厅大堂要有一个美观大方的大门。大门以双层门为好，双层门一道为自动门，一道为非自动门。宾客出入口通常只有一个。进入正门便是前厅大堂。

（2）前厅大堂要有足够的空间以供宾客集散和通行。大堂面积以不小于 $200m^2$ 和不大于 $1000m^2$ 为宜。有种观点认为，大堂不产生直接效益，空间可以小一点。大堂大小会使其功能发挥和给宾客的总体印象受到很大影响。大堂太大既浪费空间，效果也不好。对大堂的空间要做有机的区分和组合。大堂应有作业空间、服务空间、流动空间、停留空间和休息空间等。大堂也可以布置小庭园、雕塑、绿化或其他设施以自然地分割空间。

（3）前厅大堂的中心部分是总台。总台设置以长条式的为佳。总台应附设总台办公用房、贵重物品寄存室、行李寄存室。与总台业务相关，大堂要设置预订处、行李房、商务中心、大堂经理。根据酒店档次、风格的不同，大堂还可以设置其他一些设施。

（4）大堂布置要有一定的文化气息，应该有风格个性、艺术特色。大堂是宾客进入酒店首先感受的地方，给宾客以第一印象，因此大堂环境氛围显得至关重要。

（5）大堂还要设置大堂酒吧、宾客休息区、宾客用卫生间、公用电话亭、书报阅览架、酒店服务示意图等。电梯是连接前厅大堂和其他客用部分的垂直通道，电梯的一楼梯厅也成为大堂的一个组成部分。

（6）大堂布局的发展趋势是趋向于多功能化，如在大堂设置商务洽谈室、咖啡室、美容室、图书室、花店、商场等。

（四）电梯

电梯是宾客从大堂通向楼层和其他不在一层的公用设施的垂直通道。电梯设置要注意以下几个方面：

1. 电梯的总运载能力

电梯的总运载能力主要包括电梯的数量（即客梯的数量和工作梯的数量）、电梯轿厢容量、电梯速度。电梯运载的总能力由酒店的客房数、建筑物高度和人员流动情况确定。电梯总运载能力的核定要留有充分的余地。

2. 酒店必须有工作梯

客梯只供搭载宾客用，不得他用。工作梯供员工乘用和运载酒店用品，或运载宾客团体的行李，尤其是必须设置工作消防电梯。

3. 客梯的设置

客梯应设置在大堂较显眼处、宾客行走较方便的方位。

(五) 客房

客房是酒店的主体，是酒店存在的基础。客房是宾客在酒店唯一能封闭而单独使用的场所。客房是供宾客休息、工作、梳洗、会客等单独活动的场所。如果宾客把酒店当作家外之家的话，那么这一点在客房表现得最为充分。客房又是酒店收入的主要来源之一，且收入比较稳定。客房的功能结构正趋向于多样化，客房的布局应随之而现代化。

1. 客房布局的要求

客房布局的要求是安全、安静、舒适、温馨、设施齐全和使用方便。客房布局十分讲究"细"，即注重对细部、细节、细微之处的考虑。

2. 客房的总体布局

客房通常是在公用设施的上层，客房的布局呈立体垂直规则排列。即各楼层相同功能的空间都在同一个立面上，由管道井贯通上下。这种布局一方面是由于客房比较规则，另一方面是由于众多客房管道的走向要一致。客房排列在楼面上，一个楼面的客房数以 10~12 的倍数为最理想。楼面客房排列以走道左右两侧排列居多，走道两侧客房相对的房门应错开排列，不宜两两相对排列。客房走道、防火门、消防电梯和扶梯、楼层前室等布局均应符合消防的规范标准。

3. 客房的结构布局

就客房本身来说，各类客房要有一个合理的比例。以往我国酒店或是清一色的标准房，或是标准房占到 90% 以上。根据我国目前的客源市场和各地的不同情况，标准房、单人房、夫妻房、商务房、套房、家庭式套房等各应占多少，对每一个酒店来说，都要有决策和计划。

一个酒店的客房通常也分为几个档次，一般同档次的客房安排在同一个楼面。高档次客房安排在高楼层，低档次客房安排在低楼层。最高档次客房为总统套房。豪华套房等往往安排在顶层。

酒店一般设有会议室。以往我国酒店以会议为主，往往把会议室设于各楼层，会议室是人流较多、较杂的地方，设于各楼层对楼面的安静、安全都不利。现代酒店通常把会议室集中在一个公共区域。会议室也应有多种类型，多种内部布局。多功能厅多数安排在低层公共区域或顶层、顶二层。

4. 客房楼面布局

客房以楼面为单位成为小单元作业区域。楼面为满足客房功能的发挥和便于作业，要安排工作用设施。楼面应安排的工作用设施有：工作间、储藏室（也称楼面小仓库）、开水及消毒间、盥洗室、服务员卫生间、卫生清洁工具室等。当然，每个设施并不要求都有一个单独的空间，有些设施可以合并，或在一个空间内做一些隔断。

5. 客房内布局

客源有多种类型，客房也应有多种布局形式。以标准房为例，客房要有睡眠空间、书写空间、起坐空间、贮藏空间、盥洗空间、行走空间。客房的一般面积尺寸为：$4.7m \times 3.4m$。现代酒店客房及卫生间均有扩大化的趋势，空间一扩大，空间布局就可以多样化、合理化、艺术化，使客房更实用且富有魅力。

卫生间的基本布局是洁具三大件，即抽水恭桶、面盆、淋浴缸。现代酒店的卫生间在洁具三大件的基础上，更讲究舒适和实用，如三大件的洁具造型更讲究，有的卫生间增加到4~6大件，还加上防雾化镜子、具有放大功能的镜子、取暖红外线顶灯等多种设施。客房正在变为一个真正的享乐型的自由天地。

6. 客房布局的其他方面

客房布局应尽可能使较多的客房窗户面临好的景向和朝面，如青岛的海天大酒店、黄海酒店的山景房和海景房、广州白天鹅宾馆、北京香山饭店等是成功的范例。客房布局时应充分利用窗户，扩大窗户面积以增加更多的自然采光。客房设计工艺要充分考虑隔声，使客房噪声降低到最低程度。客房的门、窗、门锁等与安全有关的方面要按标准不折不扣地做好。客房电源布线要合理设计。客房使用电器较多，电源要使用方便，并适合卫生清洁机械方便使用电源。客房最好能采用综合布线系统，使通信线路有多种功用，让宾客在客房能使用计算机、国际互联网及各种自携式通信设备。

（六）餐饮设施

餐饮设施是酒店为宾客提供食品、饮料消费的场所和设施的总称。餐饮设施的功能主要是营造一个环境和一种气氛，满足宾客对食和饮的需求。宾客对食和饮的需求，不仅是满足生理和享受的需要，而且还是对一种文化的探求，在精神上感受一种氛围，因为餐饮本身是一种民族文化的反映。从完整概念上来说，餐饮应包括食品、饮料、餐厅环境、餐饮服务、厨房生产和食品原料等多种因素，所以餐饮的结构布局也要考虑到以下几方面：

1. 酒店餐厅的设置

酒店餐厅往往不是一两个，而是由多个、多种类型组成的。酒店餐厅一般有中式大餐厅、中式小餐厅、宴会厅、西餐厅、自助餐厅、特色餐厅等。有些酒店还有旋转餐厅、烧烤餐厅、各国特色餐厅等。设置什么样的餐厅，设置多少个餐厅，要根据餐厅的客源市场和酒店本身的技术力量而确定。

酒店餐厅的大小和数量由餐位来决定，餐位与床位有很大的关联。从酒店床位确定餐位，以每个餐位占地$1.6m^2$再确定餐厅的大小。

2. 餐厅的布局

餐厅属公用场所，既要接待住宿宾客，也要接待非住宿宾客，同时还要接待外来的大型宴席。餐厅要设置在适中或便于进出的地方，既要方便住宿宾客的出入，也要方便非住宿宾客的出入。餐厅一般设置在建筑物的一、二层。沿街的建筑物可靠街设置餐厅，餐厅门朝街，安在建筑物的外立面上。餐厅和其他公用设施一样在布局形式上呈平面展开。餐厅可连接大堂而安置于一楼，也可和其他公用设施安置于一个楼层，有的酒店把餐厅集中于一个楼层的平面区域或集中在大楼的裙房里的布局也是可取的。高层建筑的顶层用来设置餐厅的布局形式也较普遍，这样便于宾客边用餐边俯瞰大地景色，旋转餐厅必安置在顶层，风味厅、西餐厅、咖啡厅也常置于顶层。有些高层建筑的酒店，餐厅被安排在间距大致相等的两个楼层，以便不同楼层的宾客能较方便地疏散用餐，有些酒店也常把若干个小餐厅集为一个小区域而与大餐厅分开，不安置在同一个大空间里，以便于客流和服务的分流。比较理想的餐厅布局是把至少一个大餐厅安置在一楼，便于食品原料的进出和大量垃圾的清理。与餐厅配套，应配有男女洗手间。

餐厅布局要注意与餐厅气氛相适宜。餐厅宜多采用自然光，餐厅应用尽可能大的透明立面朝向景观、街景、中庭、内庭院等。餐厅内空间的柱子越少越好，单个餐厅面积的大小由市场和酒店的实际情况来决定。

3. 餐厅和厨房

厨房应和餐厅配套，在同一个平面上。餐厅分散在几个楼层，就应该在每个楼层的餐厅都配有厨房。餐厅布局中切忌餐厅分散在不同楼层而共用一个厨房，切忌用升降机运送成品菜食。厨房若分散在几个楼层，有必要用升降机把不在同一楼层的厨房连向一楼总厨房，以便净料的运输。

一个酒店如果餐厅较多且又在同一个平面上，就形成餐厅群（或称餐饮区）。餐厅群可以厨房为中心，形成周围圆形布局，以充分利用厨房空间，作业中能共用厨房的许多机械设备、冰冻设备及人员，以减少空间、能源设备的浪费。同时也有效地缩短出菜、收台的行走路线。

餐厅和厨房面积应该是合比例的。但其比例关系不是固定的。厨房为餐厅配套，厨房面积是根据餐位数所要求的厨房生产能力、厨房设备选型、厨房布局、厨房功能类别等多种因素确定的。确定厨房面积要进行测算，综合各种因素而得出科学的结论。以往有所谓厨房和餐厅的面积比是1：1的规定，并把它作为规范标准，那是完全没有根据的。

餐厅和厨房之间应有一个中间地带，称为备餐间。备餐间的作用是备餐，是餐厅服务的后台准备、菜食的集散地，也用来分隔餐厅和厨房，以防止油腻味、油污和厨房噪声进入餐厅。和厨房配套，应有厨师用的洗手间。

4. 咖啡室、酒吧的布局

咖啡室和酒吧是现代酒店不可缺少的一部分。因为咖啡室和酒吧的主要功能也是提供饮料和食品，业务上和组织上均归属于餐饮部。咖啡室和酒吧是供宾客休闲、憩息、社交、商谈、会友的场所，需营造一种轻松愉快的气氛。

咖啡室的位置布局比较自由，能与景观相连或能观赏景观是最理想的。我国酒店往往把咖啡室和西餐厅合二为一，这是很合理的。咖啡室从其原意来说，应能提供西式菜食，故把休闲和简单用餐这两个功能放于一室合乎规范。咖啡室应配以西式或中西式厨房，以供制作食品。

酒店的酒吧可以是一个，也可以是多个，酒吧一般和大堂、娱乐场所、庭院、游泳池等组合在一起。酒吧应配有制作间。制作间主要用来制作一些饮食品、水果并能作洗涤之用。酒吧的空间面积可大可小，根据需要而因地制宜。

5. 粗加工场地

粗加工是指对未经任何加工的菜食原料的初次加工，如活货、禽类、鱼类等的杀白，蔬菜类的去根、去皮、去壳、去泥等。粗加工的种类比较多，要有许多设施。活禽、活的河海鲜类要放养，粗加工时会产生大量的垃圾以及污秽之物，因而粗加工场地既要有足够大的空间和足够齐全的加工设施，也要有良好的排污设施。粗加工场地应和厨房相连但又和厨房有一定的间隔隔断，粗加工场地还应有净料摆放场地。因粗加工场地的原料、物料进出量大且频繁，粗加工场地往往靠近酒店内部用的出入口处，或有车道通往酒店的自用大门。由于粗加工场地的特殊性，在布局餐饮空间时，往往把它作为一个重要方面给予合理的安排。

6. 餐饮用仓库

餐饮部往往自设仓库，用以储存各种食品原料、成品食品、酒类饮料、调料辅料、餐具量具、物料用品、冰冻鲜货等。餐饮用仓库所储物品储大，难保管，条件复杂，周转快。餐饮用仓库是餐饮布局中的又一方面。餐饮用仓库布局先是核定需要几个仓库，再核定每个仓库所应有的空间面积。餐饮用仓库较为复杂，有的仓库安排在厨房里，如调料仓库、米面主食仓库、干货类仓库等；有的则安排在紧靠餐厅的位置，如餐厅物料仓库；有的则可安排在其他方位，如冰库、餐具器皿仓库、酒类饮料仓库、煤气库等。为餐饮配备足够的仓库是酒店布局中不容忽视的问题。

（七）娱乐、康乐设施

娱乐、康乐设施是现代酒店不可缺少的部分，随着市场对酒店产品多元化需求的增加，随着人们生活方式的改变，酒店变化最明显的部分是娱乐、康乐设施的发展：从单一到多样化，从简单到复杂，所处的地位和份额稳步提高。娱乐、康乐布局也是前台布局的重要组成部分。

1. 娱乐设施

酒店娱乐设施主要是歌舞厅、卡拉 OK 厅、棋牌室、电子游戏厅、影视厅等。娱乐是通过一定的形式，使宾客在参与、活动中得到休息和欢愉。娱乐往往借助于一定的设施，借助声光色等感观效果，给宾客以享受。

娱乐设施通常布局在酒店底层后部、侧面，或安置在裙房里，或安置在公共设施区域。娱乐设施较为理想的布局是自成一个区域，与其他公共设施有一定的分隔。娱乐设施的音响可能造成对酒店其他客用区域的不良影响，在布局时位置选择必须谨慎，而不是拾遗补阙式的。棋牌室也需要一个安静的环境，布局时应把棋牌室放于一个僻静的区域。

娱乐设施中的歌舞厅面积一般不应小于 $250m^2$，歌舞厅附带有舞台、化妆室、音控室、酒吧、制作室、公共卫生间、休息室等。卡拉 OK 厅附属设施与歌舞厅相同。卡拉 OK 包厢也应自成一个区域，和歌舞厅靠得近一点更佳。

2. 康乐设施

酒店康乐设施种类繁多，可分为以下几类：①康体类，如健身房、桑拿浴区、赛车活动场等；②球类，如保龄球场、台球厅、乒乓球厅、壁球厅、网球场等；③戏水类，如游泳池、温泉浴池、戏水乐园等；④休闲类，如高尔夫球场、茶室、垂钓园、树林绿地活动、美容院等。康乐设施占地或大或小，场地或室内或室外，场地的建筑结构或简单或复杂。康乐设施布局也颇费心思。

康乐设施布局首先取决于场地。康乐设施的基本布局为：健身房面积不小于 $50m^2$，设置在公用设施区域较僻静处，用透明的全玻璃与走廊隔断。

（1）桑拿浴区一般由更衣区、淋浴区、干湿蒸区、按摩浴区、休息区、梳理区、洗手间、按摩区等组成。桑拿浴区外设有服务台。桑拿浴区面积应不小于 $100m^2$。桑拿浴区多安置在酒店的后、侧部。桑拿浴区自成区域，与其他公用设施有区域性隔断。

（2）保龄球场要求场地较大，其球道长度约需 30m。保龄球场一般由竖瓶区、球道、助跑区、保龄球台、记分台、球员休息区、更鞋区、小酒吧等组成。保龄球场一般布局在一楼或地下室或裙房,因保龄球滚动时声响较大,故不宜设置在底楼以上楼层。

（3）网球场占地面积较大,约 $250m^2$,并要求空间有一定的高度,网球场一般安置在室外、裙房或屋顶。

（4）游泳池或戏水池大小自由,可安置在室内也可安置在室外。在室内设置游泳池能使池水恒温,利用时间长,但费用支出大。室内游泳池要具备室内空间,以及空调、水加温设备。室外游泳池使用时间短,设备较简单。室外游泳池一般设置在环境幽雅较为空旷的地方,也可设置在裙房屋顶。游泳池都附有水循环净化系统及相应的机房、男女宾更衣室、淋浴室、池边休息区、酒吧、卫生间等。

（5）台球厅和乒乓球厅在酒店比较受欢迎,它所占用的场地也不很大,安置在公用设施区域即可。

（6）高尔夫球场对一般酒店来说是不可能设置的,有的酒店设置模拟的室内高尔夫球场。室内高尔夫球场由于逼真的效果,也能满足人们在此消费支出较少的情况下进行高尔夫球活动。室内高尔夫球场由模拟球区、挥杆练习区、宾客观赏区、果岭练习区、休息区等组成。室内高尔夫球场设置位置不限,一般也可安置在公共设施区域。

酒店其他的康乐设施可根据酒店的实际情况进行选型,在全面规划后,把各种设施合理地安排到各个区域中。

三、后台部分的功能和结构布局

后台部分一般不直接接触宾客,它通过向前台提供各种效用（如电、水、汽、冷暖）和供应性服务而发挥自身的功能。后台部分的功能和结构布局是围绕着为宾客服务、为前台服务而发挥作用的。

1. 洗衣房

洗衣房的功能是洗涤酒店所有客用棉织品、客衣、工作服,并保管棉织品。洗衣房通常由棉织品周转场地、水洗区（有的酒店有甩干区）、烘干区、烫平区、熨烫区、棉织品收发室、棉织品仓库、工作服仓库等功能空间所组成。洗衣房在布局上宜安置在酒店底层的后部、裙房或地下室。洗衣房到主楼各部位的通道尽可能便捷,且都应在室内或不淋雨区,以方便棉织品运输。洗衣房内部布局按工作流程来设计。

2. 锅炉房

锅炉是酒店主要的热能供应设备。锅炉设备所占用的空间统称锅炉房。锅炉要供应酒店宾客生活用和各部门用热水,以及空调用热水,空调、洗衣房、厨房及其他部门所需用蒸汽。锅炉房包括锅炉、锅炉供水设备、供煤和生火设备（燃油锅炉则用储油罐、供油泵输油管道、排风设备）、通风排烟设备、除尘设备、分汽缸等。在安置锅炉房时,应对所有这些设备给予合理安排。锅炉房还应和热交换器配套。热交换器常安放于两个方位:一是安置在建筑物下部,热交换器靠近锅炉房,便于管理;二是安置在建筑物顶部。锅炉房一般放于酒店的后部或裙房。

3. 空调设备

空调包括气温调节和通风两部分。空调系统由空气过滤系统、热水供热系统（主要通过热交换器传热）、冷媒水制冷系统（主要由冷冻机组产生）和通风系统组成。直接向各处送冷暖风的风机盘管一般都被安置在空间吊顶处，不占用建筑物的平面位置。

送风的新风机组一般安置在各需送新风的空间、需占一定的平面位置。热交换器、热水泵、冷冻机组、冷水泵均要占一定的空间位置。这些用房多宜布局在底层后部、裙房、地下室。

4. 供电系统

供电系统的功能是向酒店的用电设备供应电能。酒店的用电设备分散在各场所，供电系统在布局中要留有场地的有变配电间、低压配电屏、机电设备等。供电系统场地多宜靠酒店后部、裙房、地下室。

5. 给水系统

给水系统的功能是供给酒店各部分所备用的冷热水。给水系统一般由泵站、地下蓄水池、泵房、高位蓄水池、供水管网所组成。在酒店布局中要留有场地的供水设施有地下蓄水池、泵房、高位蓄水池等。酒店的生活用水和消防用水是分开的，所以酒店的给水系统往往也分为两个系统。如果高位水箱（或蓄水池）的容量包含生活用水和消防用水的总量，那么地下蓄水池可按生活用水量和消防用水量的总和来设计容量，从而把两个给水系统合为一个给水系统。酒店如有门前或广场喷水池，那么该水池也可用作消防水池，从而不必再另设地下消防水池。

6. 其他工程用房

酒店还有一些其他工程用房，如维修中心、员工用房、木工间、电工间、消防监测中心、监控中心、计算机房等。这些用房都不安置在主楼的主要部门，一般都安置在边角地等位置。

7. 仓库

（1）各种仓库对一个酒店来说不但是必不可少的，而且还应拥有足够的量。仓库的设置常常被一些酒店设计者所忽视。酒店物资种类很多，有些物资周转较快，有些物资周转较慢。各类物资的储存条件和要求也不尽相同。因此，仓库设置在酒店布局上应予以充分重视。

（2）酒店仓库布局应采用有合有分、按需设置的方法。酒店的客用消耗品总仓库、低值易耗品仓库、行政总仓库、棉织品总仓库等宜采用大空间集中设置。各部门专用仓库宜就近该部门设置，但尽量不要占用供营业用的场地。

（3）餐厅、多功能厅、歌舞厅、大会议室等较大空间的功能往往是多用的。在这类大空间应划出紧邻的一定空间做物品仓库，用以储放必要的家具设施及物品。

8. 办公室

（1）各行政办公室多采用集中设置的布局。酒店的行政用房区域一般放于裙房或酒店后部，也可和员工用房合起来另行建房。

（2）各种业务办公室（如总台办公室、公关部办公室、客房中心、预订处、餐务委托等）宜在该部门附近就近设置。

（3）各前台部门和后台部门的员工休息用房及工作间均在该作业区域里设置安排。该类前台用房安排以不妨碍整体美观和宾客活动为原则。

9. 员工用房

员工用房是员工在上班时间的生活用房，主要有员工食堂、浴室、更衣室、活动场所、临时宿舍、员工洗手间等。员工用房在酒店是必需的，也需要有足够的空间。

（1）员工用房设置在酒店后部或裙房，或单独建房设置。员工用房的设置位置要便于员工使用，即员工上班时可不通过客用场所径直到达员工用房洗澡、更衣、用餐等，更衣后能从不淋雨通道通达各工作场所。

（2）员工更衣室集中设置。酒店一般都有这些规定：上岗前集中更衣，下岗后集中更衣然后离店。更衣室和员工浴室应靠近，理想的布局是男女更衣室能分别直接通往男女浴室。

（3）员工临时宿舍是供员工在深夜下班、倒班或其他原因休息睡觉用的地方。面积不宜大，且不宜设置在地下室。

（4）员工洗手间也是必有的，员工不得使用客用洗手间。前台各员工洗手间可按就近方便的原则分散设置。后台和行政用员工洗手间可相对集中，合理布局。

酒店的种类和性质是多种多样的，酒店功能也不尽相同，其结构布局只能遵循一定的原则，而无一个固定的模式。酒店结构要合理科学，有赖于设计者、经营者和业主的默契配合共同设计，也有赖于设计者的智慧和创造能力。设计布局合理的酒店不但会带来方便和美感，更能带来效率和效益。

[关键概念]

旅游业　酒店业　酒店产品的特征　世界酒店业的产生与发展　酒店类型　旅游酒店星级评定　酒店的功能　酒店的结构布局

[课堂讨论]

1. 酒店产品与其他商品相比，其产品特征有何特殊性？
2. 衡量酒店产品优劣的标准有哪些？
3. 制作一份某五星级酒店的星级评定申报书。
4. 拟订一份一家四星级酒店的结构布局计划书。

[复习思考]

1. 简述旅游业与酒店业的关系。
2. 简述酒店产品的构成。
3. 简述酒店产品的特征。
4. 简述世界酒店业的发展历史。
5. 简述酒店分类的目标与意义。
6. 简述酒店分类的方法及酒店的主要类型。
7. 简述《旅游饭店星级的划分与评定》标准的主要内容。
8. 酒店应如何进行功能和结构布局？

[拓展训练]

调查当地任意一家四星级以上酒店的功能和结构布局。

第二章

酒店组织管理

[学习目标]

通过对本章的学习,学生要认识组织职能在酒店管理中的地位以及酒店组织管理对酒店经营的作用,学习管理者如何在执行组织职能时对酒店进行管理,了解酒店组织管理的原则和内容以及组织制度,认识酒店非正式组织对酒店管理的作用,掌握酒店组织的管理体制和酒店组织结构的类型。

◆ [案例导入]

违反酒店制度以后

某酒店是一家开业近半年,按三星级标准建设和管理的旅游酒店。开业前夕,酒店各部门制定了一系列的规章制度,并于开业后正式实施。半年来,酒店管理制度的实施情况不尽如人意,主要问题体现在两个方面:①由于开业准备仓促,酒店的制度基本上是根据国外酒店管理公司管理的一家中外合资酒店的制度制定的,有些条文缺乏实施的客观条件,导致执行上的困难;②由于在制度管理问题上思想认识不一致,导致处理意见上的分歧或感到左右为难,以下三例即属此类。

案例一:一天,值班经理巡查时发现餐厅服务员小李在餐厅吃馒头,值班经理按酒店制度对小李做了处罚,但小李感到非常委屈,有些员工及部分管理人员对此也有些异议。事情是这样的:当天,小李接待一桌重要宴请,由于接到任务较迟,等做好准备工作,已是客人即将到达之际,所以小李只好放弃吃晚饭而饿着肚子为客人服务,一直忙到晚上8:30,客人尽兴而归。但小李已是饿得眼冒金星,收台时,她就顺手往嘴里填了几片刀切馒头,而正好被值班经理看到。

问题思考:如果你是经理,你认为该不该处罚或该如何处罚小李?

案例二:一天,客房值台服务员小张在楼层工作间休息,因客人未能得到及时服务而投诉酒店。据调查,小张前一天晚上患急性肠炎,输液至晚上11:30,医生给小张开了两天病假,但小张考虑到这几天会议团队较多,人手非常紧张,故第二天早上7:00又拖着虚弱的身体前来上班。下午1:00小张觉得两腿发软,感到非常吃力,想到此时客人大都在休息，就暂时到工作间休息片刻，以便下午能有充沛的精力为客人提供服务。谁知没过多久，就有客人来到服务台，因找不到服务员而向大堂副经理投诉。

问题思考：遇到这种情况该如何处理？

案例三：一天，一位酒店管理专家来到酒店，临走时，对酒店的盛情款待表示感谢，并提出了几条建议作为回报，其中提到酒店从管理人员到普通员工，行为举止比较随便，如手插口袋，工作场所拨弄头发，二三人并行等。酒店总经理听后觉得很有道理，当天就布置总经理办公室秘书拟订了一份员工的行为规范，并于第二天下午召开部门经理会布置贯彻执行，第三天下午发到每个员工手中，第四天开始正式执行。为了加强执行的力度，规定凡违反行为规范者，扣发当月奖金。但遗憾的是，行为规范执行的第一天就有相当大一部分人违反了行为规范。

问题思考：遇到这种情况，该如何处理？该不该执行规范？

管理是人类有目的的活动，人类活动总是通过一定的组织来协调，组织是酒店得以正常运转的保证，它对酒店的经营有着根本性的影响，因此，组织理论是管理理论界一直研究的问题。在现代社会中，组织通过管理职能的履行来实现管理目标的作用日益明显，组织方面的才能也成为管理者能力的重要表现方面，在管理理论中，有"组织是管理的心脏"的说法。实现酒店经营活动的计划目标，必须有组织保证。酒店组织既是酒店运转的重要条件，又是酒店管理的载体，因而组织管理对酒店管理具有重要的意义。在酒店管理活动中，组织管理是计划管理的继续。酒店管理的组织职能就是依照酒店发展计划目标的要求，确定酒店管理体制，制定酒店管理规章制度、条例，选配所需的各类人员并规定其职责和权利，提供必要的物资设备条件和资金，使得酒店的人力、物力和财力正确地结合，使酒店各部门之间相互协调。

第一节　酒店组织管理的内容和原则

一、组织的概念

一般说来，组织是指具有共同目标的人群的集合。组织是人类社会生活中最常见、最普遍的社会现象，这个词也经常被我们使用。

管理学意义上的组织有两个方面的含义。首先，它作为一种机构形式，是指通过某种规范的关系联系起来的，并为实现某一共同目标而协作的一个集体。其次，它作为一次活动过程，是指为实现某一目标而协调人群活动的一切工作。前一方面的组织如家庭、学校、企业、机关、医院、军队、国家等，这种组织是促成管理绩效产生的工具，一切协调活动都必须以建立一定的组织结构为前提和基础。后一方面的组织作为一种活动的过程，它的对象是组织内各种可控的资源，组织活动就是为了实现组织的整体目标而有效配置各种资源的过程。

组织必须具备以下三个基本特点：

1. 组织是一个有机的整体

组织是为实现共同目标而在时间上、空间上协调人们劳动分工、协作和有效决策的有机体。

在组织中，全体人员按照不同的分工和职责处于不同的层次。管理者必须从管理学和心理学结合的角度出发，掌握组织设计、组织分工和组织管理工作。可见，组织可以有广义和狭义之分。从广义上说，组织是指由诸多要素按照一定方式相互联系起来的系统。从狭义上说，组织就是指人们为了实现一定的目标，互相协作结合而成的集体或团体，如党团组织、工会组织、企业、军事组织等。

2. 组织是为管理服务的

首先，组织机构必须适应企业的特点，企业的性质不同、规模不同、档次不同，组织机构也应不同。其次，组织内部应该创造一个最适宜的人群关系，使各级成员充分发挥自己的聪明才智。再次，组织管理必须创造一个良好的内部环境，使横向和纵向联系都十分方便，以便发挥群体动力。最后，组织必须适应社会环境，包括市场环境、当地经营环境。

3. 组织过程复杂

组织不但是指组织机构，还包括组织管理过程。

组织管理就是通过制定合理的组织结构，并设立组织的规章制度、行为规范、监督机制等将企业的人力、物力和财力以及各种资源进行有效的整合利用，从而形成一个完整的系统机构，促进组织目标的实现。组织管理活动是运用工具来实现组织目标的过程。

酒店组织管理是指科学地设置酒店管理机构，建立优化的组织系统和劳动组织，把酒店经营活动的各个环节、各个要素有机结合起来，以提高工作效率，实现酒店的经营目标。

二、酒店组织管理的要求和内容

（一）酒店组织管理的要求

酒店组织管理是社会组织形态的一种表现形式，它是为了满足接待活动需要，以一定的管理目标为宗旨，将员工组织起来的一种管理系统。所以，作为酒店组织管理系统，应该具备以下要求：

1. 岗位职责规范制度化

一些酒店管理者感叹"制度管理不如现场管理"。现场管理固然高效，但带来的负面后果是酒店花大量心血建立的管理制度流于形式，酒店的主要管理者因陷于具体琐事脱不开身，最终疏于考虑企业发展大计，在一定程度上导致企业战略性失误。所以，目前国内酒店业通行的做法是基于岗位责任制基础上的制度化管理，破除了传统的以"人治"为主的企业管理的随意性。

2. 产权清晰，组织管理系统化

"产权清晰"就是组织机构的最高层要由投资主体、投资人代表组成，主要起到对重大问题的决策领导和经济监督作用。他们不宜直接从事具体的酒店接待服务和经营管理工作，这些具体的经营管理工作要聘请以总经理为首的职业经理来承担。这样，产权人只维护产权利益，不参与具体经营管理；经营者只关心经营好坏，不拥有企业财产所有权，并根据他们的能力和经营绩效来获得必要的报酬。

"组织管理系统化"就是要从系统观念出发，从整体利益出发，做好酒店组织机构的设计、人员安排、职权分配，制定酒店管理制度、议事规则、各岗人员的职责规范等，使整个酒店的各项管理和服务工作成为一个系统。

3. 等级清楚，管理幅度合理化

一般情况下，酒店组织机构的等级多少要根据企业规模来确定，而且不同等级和同一等级的各岗管理人员的职权划分一定要清楚明确，不能出现权力不清、职权交叉、互相冲突等情况。正常情况下，一个下级只能有一个上级领导，不能出现多头领导、下级无所适从等现象。除此之外，酒店的管理幅度还应根据实际需要来确定。

4. 机构精简，管理工作效率化

精简和效率是现代企业组织管理的基本要求。酒店运用组织机构进行管理时要注意因事设人，保证各岗人员工作量饱满，防止出现人浮于事的现象，否则不但会增加开支和成本，还会影响工作效率。流畅的意见沟通渠道是针对组织机构的信息系统而言的，在酒店管理中，若无内部的信息沟通，管理人员之间必然发生信息阻塞，使得决策失误，管理效率下降，从而严重影响服务质量和经济效益。除此之外，对重要工作和信息传递要规定明确的完成时限，这样才能使各级管理人员树立强烈的时间观念，进而提高工作效率。

5. 有效协调和合作精神

酒店在组织管理的过程中还应该强调有效协调和合作精神。团队精神不仅仅是对员工的要求，更应该是对管理者的要求，它是组织文化的一部分，也是组织管理的有效途径，对管理者实现组织目标起着重要的作用。团队精神的培养，可以使酒店员工齐心协力，拧成一股绳，朝着一个目标努力。团队精神还可以产生控制功能，通过团队内部所形成的观念的力量、氛围的影响，去约束规范、控制职工的个体行为。这种控制可由控制职工的行为转向控制职工的意识，由控制职工的短期行为转向控制其价值观。

（二）酒店组织管理的内容

酒店组织管理活动是一个动态的过程，它以人为中心，其内容包含两个方面：①酒店社会结构的组织。社会结构的组织主要是人们在酒店管理中分工协作和相互管理，它以组织机构的建立、职责权限的划分为中心。②酒店物质结构的组织。物质结构的组织主要是合理配备和使用酒店的物质资源，以降低消耗。物质结构的组织是通过社会结构的组织来实现的。所以，在酒店组织管理中，组织管理的职能关键在人力资源的调配和使用，以充分调动广大管理者和员工的主动性、积极性和创造性。酒店组织管理的具体内容如下：

1. 酒店组织结构

（1）酒店部门设置和层次划分。一般情况下，酒店根据本身的规模情况、酒店的决策，把酒店业务按其内容性质合理地分成几大类，把内容性质相同或相近的业务归为一类，当业务量达到一定程度后就形成部门。部门的形成解决了组织管理中酒店横向结构的问题。组织管理除了横向结构还有纵向结构，纵向结构就是确定各部门的层次划分和组织跨度，每一个跨度形成大小不等的业务范围。由于业务范围的不同，由下到上、由小到大形成了组织管理的各层次。

酒店组织的横向结构和纵向结构便形成酒店的组织结构。酒店组织结构主要有销售部、公关部、前厅部、客房部、餐饮部、娱乐部、康乐部、商品部等前台部门；后台部门有人事部、财务部、工程部、保安部、采供部、办公室等部门。

（2）酒店业务范围归属。酒店的业务种类繁多。当部门和层次确定后，酒店要把所有的业务归属到各部门各业务单元中去，如餐饮、客房、娱乐、商务、公共卫生等。对于可归入这一部门也可以归入那一部门的业务，特别是一些有交叉业务内容的业务，应该根据酒店的决策和业务归属的合理性给予合理安排。

（3）岗位和岗位职责的确定。在部门、层次、业务范围都确定之后，下一步就是确定各岗位和岗位职责，如由什么人，去完成什么工作，要达到什么样的标准等。

酒店的组织结构是由酒店营业部门和酒店职能部门两大块构成的。其中，酒店营业部门主要包括前厅部、客房部、餐饮部、康乐部、商品部、旅游部等，酒店职能部门主要包括人事部、安全部、销售部、财务部和工程部等。

（4）业务的组织联系。当酒店的组织结构基本构成后，组织要运行，运行要有相互间的联系，所以，必须要设计组织纵向和横向的联系，建立信息系统，然后选择信息载体，最后再设计信息传输、信息利用、信息反馈的线路和内容，以形成酒店的业务组织。

2. 人员的配备

酒店管理人员的配备就是组织用人。人员配备是人力资源管理中最困难、最复杂的环节。在酒店管理中，用人的能力是管理者特别是最高层管理者最应具备的能力。

酒店在人员任用中，要坚持"德才兼备，以德为重"的原则，还要做到知人善任，用人不疑，疑人不用。在人员配备过程中，按照人员配备程序操作：①确定候选人名单。②由人事部门和酒店相应层次的管理层对候选人进行考察考核。③根据管辖层次，由相应的管理层通过集体决策的方式确定该管理岗位的管理人员。

3. 任务的分配

任务的分配就是把组织目标的具体任务分解落实到各部门。

（1）建立目标。建立目标是组织管理实施的第一阶段。目标是一个组织各项管理活动所指向的终点，酒店目标是在分析企业外部环境和内部条件的基础上确定的酒店各项活动的发展方向和奋斗目标，是酒店经营思想或宗旨的具体化。建立酒店目标首先要明确酒店的使命宗旨，并结合内外环境决定一定期限内的具体工作目标。

（2）分解指标和分配任务。酒店组织管理要在综合平衡的基础上根据业务决策、业务设计把与指标配套的各部门业务任务分配到各部门。也就是说，把总目标分解成各部门的分目标和个人目标，使所有员工都乐于接受酒店的目标，明确自己应承担的责任。

（3）目标的控制。为保证酒店组织目标的顺利实现，管理者必须进行目标控制，随时了解目标实施情况，及时发现问题并协助解决。必要时，也可以根据环境变化对目标进行一定的修正和变更。

（4）目标的考核。有了任务的分配，必定有对目标和任务的考核。考核是按部门和阶段进行的，考核按各部门不同的考核项目进行，阶段的确定可以是月、季、半年、一年。目标管理注重结果，对部门及个人目标的完成情况必须进行自我评定、群众评议和领导评审。通过评价活动，肯定成绩、发现问题、及时总结目标执行过程中的成绩与不足，以完善下一个目标管理过程。

4. 编制定员

编制定员是核定并配备各岗位、各班组、各部门及全酒店管理人员和服务人员的数量。

（1）编制定员核定。编制定员是个定数，酒店实际用工是个变数，它是围绕编制定员上下浮动的。编制定员核定包括以班组为基础进行人员核定、定量分析、相关因素分析，确定定员。

（2）用工类型。用工类型是指酒店所有员工因与酒店的关系性质不同而形成几种不同的类型。酒店用工类型的不同决定了员工与酒店的所属关系、契约关系、经济关系、劳动关系。

5. 劳动组织

劳动组织是通过一定的形式和方法使人和设施合理结合,组成岗位劳动,使岗位劳动联系成业务流程,使流程相互联系和协作,以便和谐地完成宾客接待的过程。劳动组织有两层含义:一是将单个的劳动组合成集体劳动,形成一个组织;二是纵向形成业务流程,完成酒店特定的接待过程。

(1) 业务流程和协作。组织管理明确了岗位职责以后,要把有前后联系的相关岗位按一定的程序连贯起来形成一个过程,这叫业务流程。业务流程包括时序上的设计、空间上的联系、时空的合理结合。

(2) 排班。排班就是排定班次,是根据各岗位及由岗位组成的班组的业务规律,规定它们的工作时间和时间段,规定它们的作业内容。排班可以按作业时间排成早、中、晚等时间班,也可以按业务内容排成业务班,如客房的卫生班和值台班,前厅的总台班和总机班等。时间班和业务班不是截然分开的,它们是交错联系的。酒店业务内容较多,各业务内容又不相同,酒店各部门的排班也多种多样。排班主要是基层管理者的职责。排班要从实际出发,因事因时而定。

三、酒店组织管理的原则

酒店组织内容颇多,需要有一个准则,这就是酒店组织管理原则。

1. 等级链和统一指挥原则

酒店作为一个组织系统从上到下形成了各管理层次,从最高层次的管理者到最低层次的管理者之间组成了一个链条系统结构,就是酒店组织的等级链。一个好的酒店组织只将命令发布权授予一个人。每个酒店员工应该只有一个上司,只听从一个人的指挥。

2. 目标导向原则

酒店管理的一切都是为了目标,没有目标也就用不着管理,也就不需要组织机构。酒店的目标就是效益,即社会效益和经济效益的统一。

3. 管理幅度与授权原则

管理机构之所以形成某种形式的组织结构,其基本原因在于管理幅度的限制。管理幅度是管理者由于精力、知识结构、时间和经验等方面的原因能够有效领导、监督、直接指挥下属的人数。酒店组织根据管理幅度而分成多个管理层次,每个层次的管理者要对目标、对上司、对下级负责。管理者要管理自己范围内的业务,就要拥有权力,组织管理的原则是对各级管理者进行授权。

4. 权责相当原则

权即职权,是指人们在一定职位上拥有的指挥权、决策权,这是管理者所必需的管理权限;责即职责,是指在权力范围内应该履行的义务和责任,是酒店明确规定的每一位管理者和各个部门的职责范围。职责是义务,职权是履行职责时所运用的力量和工具,所以二者必须协调,只有职责没有权力,将会极大地束缚管理者的积极性,但是拥有权力不履行职责,将会导致权力滥用和瞎指挥,对酒店的发展是极为不利的。所以,权责相当原则要求在酒店中逐级授权、分层管理、权责清晰,充分调动各级管理者的主观能动性。每位管理者和部门在拥有一定的权力同时也必须承担一定的责任，责任更应该落实到相应的个人，坚决杜绝权责分离。

5. 动态平衡原则

酒店的组织机构设置是和酒店的规模、发展水平相联系的。一般说来，在规模较小的酒店管理中，集中的权力可以多一些，在满足经营管理需要的前提下，把人员和机构数量减少到最低限度，使组织机构的规模和所承担的任务相适应；在规模较大的企业中，高层管理者要适度授权，没有必要事必躬亲。但是，高层管理者要对被授权的组织机构有一定的制约作用，以确保各部门相互联系，相互监督。

6. 团结一致原则

组织是一个系统，酒店组织要把系统中的各种资源聚集成一股力量并指向统一的目标，而且酒店目标的实现要靠酒店全体员工的团结一致和万众一心。因此，酒店内部要搞好团结。要使酒店组织能真正团结一致，首先，各级管理人员在组织团结一致方面应起模范表率作用，同时想好消除不团结的隐患的对策，对不团结现象保持高度的警惕性并准备及时纠正。其次，以制度的形式界定破坏团结的范围，并辅之相关的处罚手段。再次，要加强酒店的企业文化建设，使人们从道德观念上建立起人与人之间的正确关系，互相尊重，互相关心，团结一致。

第二节　酒店组织的企业制度和管理体制

一、酒店企业制度的特点

现代企业制度是指以市场经济为前提，以规范和完善的企业法人制度为主体，以有限责任制度为核心，以公司企业为主要形态，以产权明晰、权责明确、政企分开、管理科学为条件的，适应社会化大生产要求的一整套科学的企业组织制度和管理制度。酒店企业制度的特点有以下几个方面：

1. 产权关系清晰

在现代企业制度下，国有资产所有权属于国家，企业拥有包括国家在内的出资者投资形成的全部法人财产权，成为享有民事权利、承担民事责任的法人实体。

"产权清晰"就是酒店组织机构的最高层要由投资主体、投资人代表组成，主要起对重大问题的决策领导和经济监督作用。酒店的设立必须有明确的出资者，必须有法定的资本金。出资者享有酒店的产权，拥有酒店的法人财产权。

2. 政企职责分开

在现代企业制度下，政府和企业的关系体现为法律关系。政府依法管理企业，企业依法经营，不受政府部门的直接干预。政府对企业的管理和调控职能通过金融、税收、财政等经济手段，以及利用一些中间组织的作用等行使。政府对企业的干预主要体现在反垄断、对必不可少的进出口下限额和极少数产品价格的控制，以及监督企业缴纳某些强制性的社会保险和对资源、环境进行保护等。但这些干预必须是严格依法进行的。

酒店要实施政企职责分开。政府不直接参与酒店的生产经营活动，不按行政机构来管理酒店。要明确酒店是经济组织，不应承担政府的行政管理职能，酒店不定行政级别，酒店员工不纳入国家干部序列来进行管理，取消酒店和政府之间的行政隶属关系，酒店摆脱对行政机关的附属地位，不再依赖政府。

3. 法人制度健全

建立现代企业制度应该完善和健全企业的法人制度。在传统的计划经济体制下，国有企业作为国家行政机构的附属物，没有独立的法人地位，国家是唯一的投资主体，也无法形成竞争。国家虽然依法通过立法形式建立企业法人制度，但这是一种不完整的法人制度。

在现代企业制度管理中，酒店拥有法人财产权，通过建立资本金制度和资产经营责任制，使自负盈亏的责任落实到酒店，促使酒店根据市场供求关系和价值规律支配、使用、处理、运作自己的资产，盘活资产存量，实现有效增值。国家掌握所有权，保证财产公有制性质；通过法人财产权的建立，酒店真正成为自主经营、自负盈亏的商品生产者和经营者，塑造了适应市场经济体制运行要求的多元经济主体，有利于市场在国家宏观调配下发挥对资源配置的基础性作用。

二、酒店企业制度的形式和特征

有限责任公司和股份有限责任公司是现代企业制度的两种主要形式，在现代企业制度的建立和运行过程中发挥着重要作用。

（一）国有独资酒店有限责任公司

国有独资公司是《中华人民共和国公司法》（以下简称《公司法》）为适应建立现代企业制度的需要，结合我国的实际情况而制定的。国有独资公司是指由国家授权投资的机构或者国家授权的部门单独出资设立的有限责任公司。国有独资公司是有限责任公司，它符合有限责任公司的一般特征。股东以其出资额为限对公司承担责任，公司以其全部法人财产对公司的债务承担责任。但同时国有独资公司是一种特殊的有限责任公司，其特殊性表现为该有限责任公司的股东只有一个，就是国家。

国有独资酒店有限责任公司的特点是：

（1）由国家授权以国有资产投资设立的公司，非国有资产投资或者混合经济的都不在此列。

（2）只有一个投资主体即单独投资主体，即使都是国有资产投资而有两个以上投资主体的也不在此列。

（3）采用有限责任公司形式，可以对这种形式有特别规定，但是不采用公司形式的，不能作为国有独资公司。

（二）酒店有限责任公司

有限责任公司适合于经营风险较大的公司，市场供求变化剧烈的公司，所需信用程度不是很高的公司，以及股东之间比较亲密和熟悉的公司。有限责任公司特别适合于中小企业和合资经营企业。

酒店有限责任公司的法律特征是：

（1）酒店股东以其出资额为限，对酒店债务负有限清偿责任，酒店以其全部资产对酒店债务承担全部责任。

（2）酒店不得发行股票。酒店股东各自的出资额一般由他们协商确定。在他们各自交付了其应付的股金后，由酒店出具书面的股份证书，作为其在酒店中享有权益的凭证。酒店内部细则禁止酒店邀请公众公开认购其股票，也不允许在证券交易所公开出售。

（3）酒店的股份一般不得任意转让，万一发生特殊情况需要转让，必须经全体股东一致同意。如果某一股东欲转让其股份，其他股东有优先购买权。

（4）股东可以作为酒店雇员直接参与酒店管理。酒店的大部分股东积极地参与酒店管理的业务，他们的股份不仅仅是单纯的投资，在许多情况下是他们生活的主要来源。

（三）酒店股份有限公司

股份有限公司的经营机制和运行规则需要组织机制来保证。在股份有限公司中，股东的权益通过股东大会来保证，并通过由股东大会确定的监事会来监督。公司的拥有者和管理者是相互分离的，负责公司经营管理活动的不是股东，而是由一个专门班子负责。

酒店股份有限公司有以下几个方面的特征：

1. 自负盈亏的产权管理机制

股份有限公司的产权关系是明晰的，界定是清楚的。酒店的投资者即酒店资产所有者，不一定直接参与酒店的经营活动，酒店的经营者即经理人员，也不一定是资产的直接占有者。

2. 自主经营的决策机制

酒店依法经营，按照市场需求进行决策，拥有经营自主权。酒店的经营自主权受到保护，任何部门、单位和个人均不得干预和侵犯。

3. 自我发展的积累机制

酒店依照《公司法》和公司章程进行利润分配。对于公积金的提取、股利的分配和还贷等都按照有关规范进行，从而形成良好的自我发展的积累机制。

4. 自我约束的利益和风险机制

酒店中的股东、董事会、经理乃至职工的利益是一致的。酒店经营的好坏，与他们的利益直接相关，他们一起承担着风险和责任。

三、酒店企业制度的运作方式

1. 董事会对酒店公司的经营决策行使领导职权

股东大会是酒店的最高权力机构，有权选择和罢免董事会和监事会成员，制定和修改酒店章程，审议和批准酒店的财务预决算、投资以及收益分配等重大事项。董事会是酒店的经营决策机构，其职责是执行股东大会的决议，决定酒店的生产经营决策和任免酒店总经理等。其成员由股东代表和其他方面的代表组成。董事长由董事会选举产生，一般为酒店法定代表人。董事会实行集体决策，遵循每人一票和简单多数通过的原则，董事会成员对投票要签字并承担责任。

2. 监事会对酒店公司投资人的资产行使监督职权

监事会是酒店的监督机构，由股东和股东代表按一定比例组成，对股东大会负责。监事会依照酒店章程对董事会和经理行使职权的活动进行监督，防止滥用职权。监事会有权审核酒店的财务状况，保障酒店利益以及酒店业务活动的合法性。监事会可对酒店董事成员、经理的任免、奖惩提出建议。为了保证监督的独立性，监事不得兼任酒店的经营管理职务。

3. 以总经理为首的经理层对酒店公司的经营管理行使组织指挥权

酒店的总经理负责酒店的日常经营管理活动，对酒店的生产经营进行全面领导，依照酒店章程和董事会的授权行使职权，对董事会负责。酒店对总经理实行董事会聘任制，不实行上级任命制。

酒店企业制度的运作方式如图2-1所示。

四、酒店管理体制

（一）酒店管理体制的概念和实质

酒店管理体制有两方面的含义：一是从宏观经济角度，指国家、地方、部门、行业对酒店经济活动的管理规范；二是从微观经济角度，指酒店内部对所属范围经营活动的管理规范，两者相互依存但各有特征。

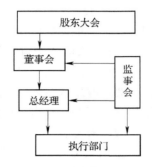

图2-1 酒店企业制度的运作方式

酒店管理体制是指在国民经济有机体系中酒店的组织机构、领导制度和经济管理制度的总称。酒店管理体制的实质是在酒店经营管理过程中，以酒店领导体制为主体，以岗位责任制为基础，由业务、人事、财务、信息、行政等若干活动管理制度组成，为解决领导权力分配、划分、归属和如何行使而形成的一套完整的管理制度。

（二）领导管理体制及其主要制度

酒店领导管理体制反映着酒店资产所有者、经营管理者和生产劳动者在酒店中的权力、地位及相互关系。因此，它是酒店中最根本的制度，其他管理制度必须反映酒店领导体制的要求。酒店领导管理体制主要有以下几种：

1. 总经理负责制

总经理负责制是酒店组织管理中实行的领导制度，是酒店内部实行的最高管理组织形式，是酒店管理体制的最基本方面。总经理负责制是适应酒店现代化管理，适应酒店市场经营和依法治店的一种管理制度。

总经理负责制是指总经理是酒店的法人代表，酒店建立以总经理为首的经营管理系统，总经理在酒店中处于中心地位，根据董事会或投资者的决策，全面负责酒店的经营和业务，并对酒店的发展负有全面责任的一种管理制度。它贯彻执行党和国家的方针政策，执行职工代表大会的决议，坚持酒店经营的社会主义方向；必须遵守相关的经营管理法规，执行上级部门的有关指示，对国家、企业、员工、宾客负经济责任。

2. 酒店经济责任制

酒店经济责任制是社会化大生产和社会主义客观经济规律的体现，是调动酒店部门、员工积极性，实现酒店自我激励的重要手段。酒店经济责任制是酒店组织管理中的又一项重要的基本制度，是酒店各部门以酒店经济效益为目标，在确定了组织目标以后，把组织目标以指标的形式进行分解，层层落实到部门、班组、个人，对自身的经营业务活动负责，实行责、权、利相结合，把酒店的经济责任以合同的形式固定下来的一种经营管理制度。经济责任制有利于打破分配上的平均主义，使职工的经济效益和企业的经济效益挂钩，有利于发挥职工的能动作用，提高企业的经济效益。

酒店的经济责任制是一项细微的工作，从制订计划，到落实分配，到考核业绩都有很细的工作要做；同时，它又是一项政策性很强的工作，每年要制定，而且在实施过程中要根据情况变化做出修订。

3. 酒店岗位责任制

酒店岗位责任制是指在酒店管理中，以岗位为单位，所规定的每个岗位及该岗位人员的职责、工作内容、工作范围、工作量、作业标准、工作权限等责任制度。酒店岗位责任制是一个完整的体系，它包括：酒店领导人的责任制，即总经理责任制；各部门主管和技术人员的岗位责任制；各生产、服务人员的岗位责任制。岗位责任制使每个员工都明白自己所在的岗位要完成哪些工作，什么叫做好本职工作。它是酒店组织管理的基础工作之一，岗位设置合理，就为酒店组织结构、酒店管理体制奠定了基础。

酒店岗位责任制的表现形式是"岗位责任说明书"或"职务说明书"。岗位责任制的内容主要有：明确岗位和岗位名称，该岗位的直接上级（即对谁负责），该岗位的直接下级（即领导谁），岗位的职责和工作内容、工作量、工作质量标准、岗位权限。

4. 员工手册

员工手册是规定全酒店员工共同拥有的权利和义务以及共同遵守的行为规范的条文文件，是酒店又一个极为重要的基本制度，对每个酒店来说都是必备文件，人手一册，是酒店发放面最广的文件。它是酒店的"基本法"，与每个员工都休戚相关，因而它是酒店带有普遍意义、运用最广泛的制度条文。其内容包括序言、总则、组织管理、劳动管理、职工福利、店规、奖惩以及职工上下班交通、子女教育等问题。

一般来说，员工手册的制定有三方面的依据：①依据我国政府有关的人事劳动法规；②依据酒店工作的特点；③依据国际酒店业的惯例。

5. 酒店作业规程

酒店作业规程是酒店进行质量管理的依据和基础，是酒店根据各自的等级而制定的适合本酒店实际情况的服务程序和质量标准，即每做一项工作所要遵循的标准化的工作步骤、要求和所要达到的质量目标。酒店作业规程要依据客源市场需求、本酒店的特点以及国内外酒店管理的最新信息来制定。这些标准必须是可以操作的，必须详细而具体；这些标准与酒店的星级档次必须符合，只能提高，不能降低。制定作业规程都是针对某一特定的服务对象和过程，但是制定服务程序时，又必须考虑服务过程的系统化。

（三）酒店经济管理法规制度

经济管理法规制度是为保证经济活动顺利进行而制定的一系列具有法律效用的行为规范，是经济管理体制的重要内容。由于酒店业的经济性质，与酒店业有关的一切法规制度都直接或间接地与经济活动有关，都可作为经济管理的法律依据。其中直接针对经济活动的顺利开展而制定的经济法规制度更是经济管理的重要依据。

1. 酒店经济管理法规制度的重要性

（1）加强酒店经济管理法规制度建设是社会主义市场经济的要求。

（2）加强酒店经济管理法规制度建设是对旅游市场进行宏观调控的重要手段。

（3）酒店经济管理法规制度为协调酒店经济活动中各方的关系和保证各方的权益提供法律依据。

（4）酒店经济管理法规制度促进酒店改进服务质量和提高经济效益。

2. 健全酒店经济管理法规制度体系

健全酒店经济管理法规制度体系是一个系统工程，包括制定全面严密的法规制度、监督检查措施和对违法行为采取的处罚措施等，它贯穿酒店经济活动的整个过程，为酒店经济活动的健康运行提供全过程、全方位的法制保障。

（1）建立全面的法规体系。法规是以各种酒店关系为调整对象的，而酒店关系涉及的面非常广泛，包括行政管理机构、酒店及消费者等不同因素之间的各种关系。因此，必须建立针对不同因素及其相互关系的全面的法规制度，才能规范酒店经济活动中的各种市场行为。

（2）建立监督检查机制。对酒店的监督检查和对违法违规行为的处罚是健全酒店法规体系不可缺少的重要组成部分，是酒店业健康发展和酒店经济活动顺利运行的坚强后盾和保障。有了健全的法规体系，还必须采取各种措施保证法规的顺利执行，监督检查和处罚制度是必不可少的。这就要求行政部门必须设立专门的监督检查机构，制定严格的检查制度，设立举报中心，采取定期或不定期的检查来保证各项法规的贯彻和实施，还要对检查中出现的违法违规行为做出及时的处理。

第三节　酒店组织结构设计和创新

一、酒店组织结构设置的原则和依据

酒店组织结构是酒店的组织结构和管理体制、各管理层次的职责权限、管理和作业的分工协作以及酒店管理的规章制度等。酒店组织是酒店正常运转的重要条件，又是酒店管理的重要职能。

酒店组织结构设置是对组织活动和组织结构的设计过程，是把任务、权利和责任进行有效组合和协调的活动。组织结构设置的基本功能是协调组织中人员与任务之间的关系，使组织保持灵活性与适应性，从而最有效地实现组织目标。组织结构设置不仅要从组织的战略目标出发，还要和人员相适应，因此，酒店组织结构的设置要遵循一定的原则和依据。

（一）酒店组织结构设置的原则

尽管酒店组织的状况千差万别，管理者的思想观念迥异，酒店的接待对象、规模、经营内容和方式也各不相同，但是，酒店组织结构设置的原则应该是相同的。

1. 组织结构的设置应符合经营的需要

一般来说，酒店组织根据市场需求、决策目标、酒店规模情况，把酒店业务按工作内容、性质分成几大类，并妥善地确定部门的归属。部门的形成构成酒店组织管理中的横向结构。此外，酒店还要按规模来确定各部门层次的划分以及各个层次的组织跨度，这是酒店的纵向结构。酒店的横向结构和纵向结构形成酒店的组织结构。

2. 组织结构的设置应服从效益目标

酒店经营的最大目标是争取经济效益的最大化和资源的优化设置。为达到效益目标，酒店的组织结构设置要以产生最佳效益为目标。为了酒店的效益，酒店在组织结构的设置和组织管理上，应该根据跨度原则和实际需要来确定酒店的组织结构，按需设岗。还应该精兵简政、精简人员，从而使得成本最大限度地降低。尽量选拔那些经过考验的"德才兼备"的人员到管理岗位上来，然后再由人去创造效益。必须克服裙带用人等坏风气，做到"有德有才重用、有德无才小用、无德无才自食其力、无德有才坚决不用"。

3. 组织结构的设置要考虑人的工作效率

人的效率只有在某种限度的工作时间内才是最高的，超过此限度效率就会降低。因此，

组织结构的设置和工作设计要适合人的生理和心理需要，工作和职责的划分应该具有弹性，使员工在工作岗位上有自由发挥才能的机会。

4. 因事设人和因人设事相结合

组织结构的设置应该是"因事设人"和"因人设事"并举，其核心是"因才施用"。因事设人是指根据岗位设定相应的人选，只有这样才能够较好地发挥员工的长处，避开其短处，为员工进一步成才创造充分的条件。因人设事，是围绕酒店的总体目标以及部门的目标，根据人才的特点来设置或提供相应的平台，为员工提供更多的"名利双收"的机会，这样才能较好地达到人尽其才的效果。因事设人，可以使酒店事事有人做，没有空缺的环节。

(二) 酒店组织结构设置的依据和方法

建立高效合理的组织结构有利于酒店工作效率的提高。组织结构是构成体系本身以及经营管理的重要组成部分，是质量体系各个要素彼此之间协调联系的结构纽带和组织手段。组织结构的设置主要取决于组织的规模和组织的质量目标，具体如下：

1. 酒店规模和类型

在酒店管理组织领导体制确定的基础上，其管理组织结构的大小和形式都是由酒店规模档次和接待对象决定的。

酒店规模一般是以酒店的客房和床位的数量多少、餐厅类型、商场分割面积和经营种类、康乐服务项目的多少为依据，酒店床位越多，规模越大。

酒店规模直接决定酒店组织管理的层次多少、管理幅度、机构大小和部门设置、用人多少等各个方面，是酒店组织结构设置的重要依据；酒店类型越多，专业化分工越细，内部人员、部门越多，组织结构的规模就越大。

2. 酒店星级高低

酒店星级越高，设备越豪华，经营管理和服务质量的要求越高、越细致，用人也就相对越多，必然加大酒店组织结构的规模。所以规模相同的酒店，星级高低、豪华程度不同，其组织结构的形式、岗位设置和组织机理均有较大区别。

3. 酒店专业化程度和服务项目的多少

酒店专业化经营是集中经营一种产品，以增强专业运行独立性的方式，强化其经营管理的职能，最大限度地发挥资源的优势作用，实现效能、业绩的最大化。实施专业化经营方式的优势在于便于集中所有人力、物力和财力发展一种产品，所需的资金量相对较少，资金使用效率较高；然而专业化经营也有其局限性，不利于酒店迅速扩大规模，同时如果选择的专业本身市场前景狭窄，实施专业化经营的核心竞争力不够，会严重影响酒店的发展，因此也会影响组织结构的设置。

4. 酒店投资结构和经营市场环境

投资结构是酒店经济性质和产权关系的本质体现，它常常决定酒店组织管理模式和组织结构的形式。特别是投资结构不同，反映投资主体意识和要求的酒店高层管理的人员结构也必然不同，他们必然决定和影响酒店组织结构的设置及其管理工作。所以，投资结构是酒店管理组织结构设置的主要依据之一。

酒店所处发展时期不同，市场环境不同，就会有不同的生存之道和经营战略，也就有不同的组织结构设置。酒店要想获得长远的发展，市场环境的事前预测以及对于其变化进行相应的组织结构调整是必需的。

二、组织结构的类型

1. 直线式组织结构

直线式组织结构（Line System）是最早出现的一种简单的垂直领导的组织结构形式，又称军队式结构或单线制。其特点是从酒店最高层到最低层按自上而下建立起来的垂直系统进行管理，层层节制，一个下属部门只能接受一个上级部门的命令，上下形成一个垂直管理系统，不存在管理的职能分工。这种形式要求各级管理者是一个具备全面知识和才能的人才。这种形式只适用于产品单一、规模较小、业务简单的小型酒店企业，或被现代化大型酒店运用于部门以下的基层管理中，如餐饮部、客房部、商品部等业务经营部门，如图2-2所示。

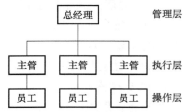

其优点是结构层次比较简单，权力集中，责任分明，命令统一，便于管理。缺点是在组织规模较大的情况下，所有的管理职能都集中由一人承担，往往由于个人的知识及能力有限而感到难于应付，会发生较多失误。就权力分布而言，直线式组织结构是权力高度集中的组织结构。管理事务多，工作难度大。

图2-2 酒店直线式组织结构示意图

2. 职能式组织结构

职能式组织结构（Functional System）是企业中最常见的组织结构形态，它主要是将企业的全部任务分解成多个任务，并交与相应部门完成。当外界环境稳定、技术相对成熟，而不同职能部门间的协调相对不复杂时，这种结构在企业中是最有效的。职能式组织结构的核心优势是专业化分工，如让一组人专注于生产，而另一组人专注于销售的效率，比两者兼做的效率要高很多。这种组织结构，部门岗位名称会非常稳定，很少变动，人员的升迁、调动也是以技术水平为依据的，如图2-3所示。

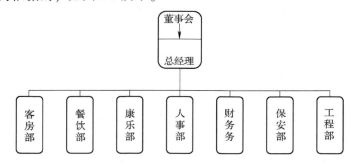

图2-3 酒店职能式组织结构示意图

这样的组织结构存在的最大问题是对外界环境变化的反应太慢，而这种反应又需要跨部门协调。除此之外，该组织结构的企业很难树立起一种崇尚技术的管理文化，企业的产品和服务缺乏技术深度，因此不能发挥提高技术水平的优势。

3. 直线-职能型组织结构

直线-职能型组织结构（Line-Functional System）是目前我国酒店普遍采用的组织结构形

式，是直线式和职能式组织结构的结合，在直线-职能型组织结构形式下，酒店的各部门分为主线部门与职能部门两大类。主线部门是指负责酒店一线经营和接待业务的部门；职能部门不直接参与酒店一线经营和接待活动，是为一线服务，执行某项专门管理职能的部门。它兼有直线式和职能式组织结构的优点。它既可以保持指挥统一的优点，又可以发挥专业管理的长处，如图2-4所示。

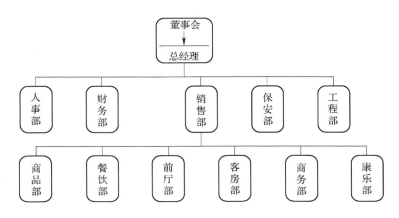

图2-4 酒店直线-职能型组织结构示意图

但是它也存在缺点，就是各职能单位自成体系，部门间容易出现摩擦，还可能增加管理费用，若授权职能部门权力过大，容易干扰直线指挥命令系统；不重视信息的横向沟通，工作易重复，造成效率不高；而且职能部门缺乏弹性，对环境变化的反应较迟钝。

4. 事业部制组织结构

事业部制组织结构（Federal System）是指酒店对于具有独立的产品和市场、实行独立核算、具有独立的责任和利益的部门实行分权管理的一种组织系统形态。事业部制组织结构的优势是能把稳定性和适应性、统一性和灵活性结合起来，集中政策，分散经营、专业化分工，提高生产率，还可以减轻高层管理人员的负担，明确各酒店的利润责任等，如图2-5所示。

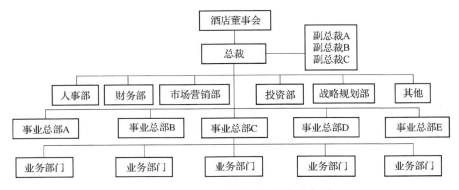

图2-5 酒店事业部制组织结构示意图

但是，该种组织结构的各事业部职能部门重复设置，造成管理费用和经营成本有所增加，事业部间沟通困难，只顾部门利益而忽视全局，会影响整个酒店经营的统一指挥。

5. 区域型组织结构

区域型组织结构（Geographic Structure System）的优点是灵活性较强，能够适应各个地区的竞争情况，从而使各个利润中心得到发展，增进各个地区的营销、财务与生产等活动的有效协调。该组织结构的缺点是保持整个企业目标的一致性比较困难，需要的管理人员多，成本消耗大，以及某些职能的重复设置，导致了开支的巨大浪费。

酒店区域型组织结构示意图如图2-6所示。

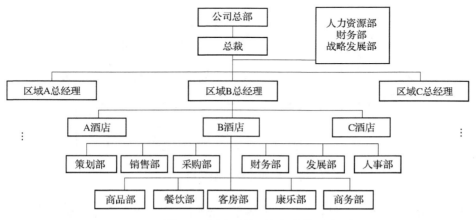

图2-6 酒店区域型组织结构示意图

酒店组织结构类型比较见表2-1。

表2-1 酒店组织结构类型比较

组织结构	优 点	缺 点
直线式	管理结构单一，管理成本低。指挥命令关系清晰、统一，决策迅速，责任明确，反应灵活，组织内部秩序的维护较为容易	要求各级管理者有管理和生产的全面知识，成员和组织单位之间的横向沟通联系较差，专业分工不足，对环境变化反应较慢
职能式	能充分发挥专业管理人才的作用，弥补各行政管理人员在能力上的不足	易形成多头领导，从而相互矛盾，削弱统一指挥
直线-职能型	既利于集中统一指挥，又能发挥专家的专业管理作用	各职能部门自成体系，不注重横向信息沟通，按职能分工的组织弹性不足，对环境反应迟钝，不宜于培养综合管理人才
事业部制	能够确保企业获得稳定的收益，利于调动中层经营管理人员的积极性，各事业部门相对独立，利于培养综合型高级经理人才	职能重复，管理费用上升，各事业部拥有独立的经济利益，会造成资源和市场的不良竞争，由此引起内耗
区域型	灵活性较强，能够适应各地区竞争	职能的重复设置导致了开支的巨大浪费

三、酒店组织结构的创新

酒店的组织结构，是为实现既定的经营目标和战略目标而确立的一种内部权力、责任、控制和协调关系的形式。传统的垂直的、职能化的组织结构，具有鲜明的等级制度，任何一个等级层次上的决策者都可能成为信息进一步交流的障碍；而职能化的部门设置又可能导致不同部门之间各自为政，阻碍相互之间的合作与交流。面对快速变化的市场条件和不断增加的竞争压力，为适应不断变化的外部经营环境，又出现了一系列具有创新性质的组织结构形式，包括三叶草结构型组织、虚拟组织、星形组织、扁平化组织等。这些新型组织结构形式的一个共同特点，是通过酒店的组织重构简化内部组织结构，尤其是正式组织结构，弱化等级制度，促进组织内部信息的交流、知识的分享和每位成员参与决策过程，使得酒店组织对外部环境的变化更敏感、更具灵活性和竞争实力。在这些新型组织结构形式中，三叶草结构型组织和扁平化组织更具代表性。其中，扁平化组织结构的特点如下：

（1）使得酒店内部作业流程缩短，信息沟通畅通有效。机构少一层，效率高一级。对于酒店等级制的金字塔状组织结构，管理学的定律是越往上层其管理难度越大，而管理幅度则越小。

（2）管理人员更贴近员工和顾客，能够根据员工和顾客的要求及时调整经营。

（3）在员工工资水平不降、一线员工不减的情况下，同等薪酬福利水平，劳动生产效率增高，又不会影响对客人的服务。

（4）由于撤销部分管理岗位，节省出来的办公场地可改造成营业场所或商务房，增加收入，还有减少内耗、减少文秘、减少办公费用的效应。

（5）有利于酒店应对多变的市场，能使酒店对市场变化做出快速应变。

组织结构简化后，酒店提高了组织协调能力，降低了管理成本，对外部环境的变化更加敏感，从而增强了竞争实力。然而，在这些创新型组织结构中，精简掉的不仅仅是多余的管理人员或职能部门，还包括酒店中不经常发生、处于非核心地位的管理职能。

第四节　酒店非正式组织的管理

一、酒店非正式组织的特征和作用

（一）酒店非正式组织的概念

非正式组织是指自发的无意识的，行动无规律，仅以感情、习惯、喜爱、相互依赖来满足个人不同的心理需要的群体。酒店正式组织是酒店经过人为设计而建立的权责分配体系，有法定的基础、固定的形式、特定的功能及预期的目标，其人员可以从组织系统中表示出来。酒店非正式组织相对于正式组织而言，是酒店成员在共同工作过程中，由于共同的经历、共同的爱好、共同的禀性、共同的利益而形成的，是自然形成的一种无形组织。

（二）正式组织与非正式组织的特征

1. 正式组织的特征

（1）稳定性。正式组织存在稳定的秩序，人员流动性小，有相对稳定的规章制度体系；专业化分工，分成若干岗位及与之相应的职责；将很多的岗位分工、行为规范、奖惩措施、运营机制、产品范围、行动范围，都以明确的条文确定下来并公布给每个成员，要求他们去遵守，权责结构清晰。

（2）正规性。正式组织的领袖通过任命或选举产生，最高领导人的领导权是由法定的规章制度确定的,并拥有法定的领导权威,可以对员工实施奖惩和发号施令,并强制要求所有成员服从,组织对成员具有社会性的控制作用。

(3) 目的性。正式组织里的每个人、每个部门都有明确的奋斗目标、责任和工作量,能够激发员工为实现目标而努力。

(4) 职位的可取代性。它的职位和职责要求都是脱离个人的,某个人离开,其他人可以在这个岗位上继续工作。

2. 非正式组织的特征

(1) 自发性。非正式组织没有计划,没有共同的、明确的组织目标。非正式组织并不是在完成一定任务的过程中形成的,而是在自然状态下形成的,拥有共同的背景、兴趣、爱好或观点,因此这个群体没有一个共识性的任务前提。

(2) 社会性。非正式组织没有明确的组织制度和规定,它的制度和规定是一些约定俗成的、靠默契和非正式的契约来实现的。因此,非正式组织的领导人是不用任命的,也不用选举,更没有明显的上下级关系,是在人们中间自然出现的,而且拥戴程度比正式组织的高,号召力也更强。

(3) 不稳定性。非正式的组织需要稳定的环境才能生存,一旦环境发生变化,非正式组织便难以适应,便会随之解散,取而代之的是另一个非正式组织。所以,在酒店的非正式组织里,成员和形式很不稳定,经常发生变动。它的边界是不清晰的,人员的进出也是随意的,有时表现为缺乏秩序。

(4) 信息共享性。非正式组织往往比正式组织的沟通渠道更利于情感的交流,更加灵活和富有弹性。通过这些渠道还可以传播一些"小道消息",有些时候这些"小道消息"还比较准确,更能反映员工的情绪和组织的人事关系气氛。所以,管理者应该经常了解这些"小道消息",这样才能知道组织内部的成员在想些什么。非正式组织还可以避免正式组织僵化所导致的信息沟通不畅的情况,消除上级和下级之间的等级鸿沟。

(5) 心理凝聚力和协调性。在非正式组织里,共同的情感是维系群体的纽带,人们彼此的情感较密切,相互依赖、相互信任,有时甚至出现不讲原则的现象。非正式组织的凝聚力往往比正式组织的凝聚力强。由于是在自愿的基础上结合起来的,所以,非正式组织成员对某些问题的看法基本上是一致的。

(三) 酒店非正式组织的作用

1. 积极作用

(1) 有利于促进组织发展。酒店非正式组织可以利用本身的吸引力来提高员工的稳定度,通过非正式组织活动,满足员工对正式组织的需求,消除员工对工作的抵触情绪,从而有利于正式组织的正常运作,保持组织的稳定和发展。

(2) 有利于提高员工满意度。酒店非正式组织有许多独特的优势,特别是组织凝聚力强,这使得组织成员之间相互理解、相互信任,有利于组织成员间的协调与合作,加强集体凝聚力,从而使群体成员对酒店有较高的忠诚度;非正式组织成员之间的感情交流,为员工的情绪宣泄提供了一个安全阀门,使员工有一种归属感,从而提高员工的满意度,降低离职率。

(3) 有利于促进信息沟通。正式组织会导致组织僵化,导致组织内外部信息沟通不顺畅,而非正式组织有利于消除上级和下级之间的等级鸿沟。

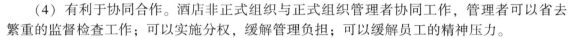

（4）有利于协同合作。酒店非正式组织与正式组织管理者协同工作，管理者可以省去繁重的监督检查工作；可以实施分权，缓解管理负担；可以缓解员工的精神压力。

2. 消极作用

（1）观念差异。非正式组织成员形成的习俗、信仰，与正式组织的目标、行为规范存在差异甚至背道而驰时，将会影响组织运转。而且非正式组织往往形成一种力量，刺激人们产生抵制革新的心理。有些人一旦成了非正式组织的领袖，常常利用其地位，对群众施以压力从中操纵，会对内部管理造成一定程度的压力。

（2）内部冲突。如果各层管理人员不能处理好正式组织与非正式组织的关系，会导致非正式组织成员不愿意听从指挥，甚至故意破坏既定的组织制度。如果非正式组织的目标同正式组织的目标发生冲突，它就会成为影响正式组织目标实现的障碍，它能够降低其内部成员对正式组织目标的认同感，影响他们工作的积极性和责任感。

（3）小团体的松散性。现实酒店中的非正式组织大都是松散的，在正常的状态下，对酒店的管理并不会显示出很大的影响，因此对酒店的高层管理者而言，非正式组织的力量往往容易被忽视。但当酒店发生变革时，利益的驱动会使这种松散的非正式组织迅速紧密化，如果这时候酒店的管理者不能迅速地察觉到这类非正式组织的紧密化现象并采取相对应的措施，那么在变革的进展中，必然会导致管理变革的危机，甚至让酒店为此付出巨大的代价。

二、酒店对非正式组织的管理

（一）识别酒店的非正式组织

认识和理解酒店非正式组织可以从以下五方面入手：

1. 形成条件

酒店非正式组织的形成往往是因为组织成员具有一定的相近性，比如工作性质相近、工作位置相近、作息时间相近、有共同的兴趣、有相似的背景。

2. 组织形式

非正式组织是一种非制度化的、无约束力的组织结构，其成员是相互平等的，没有被赋予恰当而明确的责任和权限，自然也不承担相应的责任。酒店非正式组织自然也没有严密的组织形式，没有共同的纲领和目标，没有严明的纪律，这就带来了组织的多变性，结构比较松散。

3. 组织凝聚力

处于社会生活中的人，都有社会归属感及其他需求，共同的情感是维系群体的纽带。首先，在酒店的非正式组织内部具有很强的内在凝聚力，酒店非正式组织的凝聚力有时甚至超过正式组织的凝聚力。人们彼此的情感较密切，互相依赖，互相信任，是非正式组织最为重要和最具价值的特性。其次，酒店非正式组织的领导人不是由组织任命的，其职权不是正式组织所赋予的，是在组织发展过程中自然涌现出来的，源自个人的魅力和能力。因此，酒店非正式组织领导人拥戴程度比正式组织的领导人高，号召力强，这样的地位保证了组织内部的凝聚力。一旦这个组织的领导人离开或者其自身优势失去时，这个组织就可能解体。

4. 组织行为规范

酒店非正式组织一经形成，即产生各种行为规范。由于有自愿的结合基础，酒店非正式组织成员对某些问题的看法是基本一致的，因而感情融洽，行为协调，行动一致，归属感强。这些行为规范控制成员的行为,它可以促进、也可以抵制甚至破坏正式组织目标的实现。

5. 组织的信息传播

酒店非正式组织信息沟通渠道多,传播快捷,往往是"小道消息""小报告"的传播媒介。酒店非正式组织成员之间感情密切、交往频繁、知无不言,成员对信息反应往往具有很大的相似性。

(二) 酒店非正式组织的管理细则

1. 制定相关的规章制度支持酒店非正式组织的活动

非正式组织在酒店中普遍存在,一旦形成,管理者只能去接受它的存在,不可能拆散这个团体,强硬的改变只会适得其反。当然,对酒店非正式组织的接纳不是无原则的附和,也不仅是对"非正式"群体存在的客观现实的接纳,而应该是通过制定相关的规章制度来支持酒店非正式组织的活动,让它们觉得酒店正式组织机构承认它们的存在,从而积极发挥自身的优势为酒店服务。

2. 与酒店非正式组织合作

聪明的管理者应该明白他们的决策如果没有酒店非正式组织的支持,是不可能达到预想效果的。有些决策可能直接侵犯到酒店中非正式组织的利益,酒店非正式组织的成员可能会以消极怠工、利用政策漏洞钻空子等形式来阻碍决策的实施。管理者应将小团体的可能影响作为考虑问题、制定决策的一个因子,通盘考虑将会使小团体的负面影响降到最低。

酒店中的正式组织与非正式组织最理想的结合是健康发展的非正式系统伴随着占有统治地位的正式系统。后者用以保证目标统一,前者则用以维持凝聚力和团队精神。换句话说,酒店非正式组织可以强大到起支持作用,但绝不能强大到占主导地位。

3. 努力保持与酒店非正式组织领导者之间的良好关系

非正式组织中的领袖人物集中体现了非正式组织成员的共同价值观和共同志趣,他们往往凭借自身的技术专长和个人魅力在非正式组织中具有很高的威望和影响力。有时他们的实际影响力甚至远远超过那些正式组织任命的管理者,他们的思想和行动直接影响着非正式组织的思想和行动。因此,管理者应对非正式组织中的领袖的影响给予高度重视,积极谋求与他们在各个层面上进行有效沟通。

对于抱着极端的个人主义,违背组织原则,严重阻碍组织的发展,或者在组织内传播谣言,煽风点火,蛊惑人心的非正式组织领导人,在劝说无效的情况下,要坚决予以开除。这样不仅可以为组织除患,更多考虑是为了避免引起非正式组织成员的误解,造成人心动荡。

4. 避免或消除非正式组织对酒店和部门管理所造成的不利影响

(1) 调动核心人员的工作岗位。把非正式组织的核心员工调离原来的岗位,减弱非正式组织的影响,使非正式组织由紧密型向松散型演变。

(2) 关注关系相对独立的员工。经常与他们进行交流沟通,听取他们的意见,以保持考核的公正性。

(3) 管理人员成为非正式组织的成员。通过管理人员融入非正式组织中,施展个人影响,逐渐使非正式组织的行为和利益与正式组织管理目标保持一致。

(4) 在正式组织内开展各种活动。通过集体培训、学习讨论等活动,强化正式组织的凝聚力,弱化非正式组织的影响。

5. 迅速建立通畅的正式沟通渠道

非正式沟通往往是在缺乏正式的信息沟通时才进行的。非正式沟通由于其不规范性和非权威性，经常会引起信息的失真。当通过这种非正式的渠道所传递的信息严重失真，并引起组织内部人心涣散、惶恐时，它就会对组织造成极大的危害。当面对危机时，管理者首先应致力于迅速在组织内部建立起权威的、正式的信息沟通渠道。

6. 培养团队协作型文化

非正式组织与正式组织之间的冲突本质上是两种文化之间的冲突，是正式组织的文化与非正式组织的亚文化之间的冲突。因而，从长远来看，要通过培养团队协作型企业文化来引导非正式组织的正确发展方向。培育团队协作型企业文化，是构建基于高度信任的酒店人际关系的关键，酒店应在员工中培育共同的理想和价值观念，从而使员工对酒店有认同感、归属感，增强企业的凝聚力；酒店应通过采取各种激励措施，满足员工的物质和精神心理需要，使员工与酒店之间结成命运共同体；酒店还应加强企业道德建设，并建立和完善酒店内部的各项规章制度，通过酒店道德的力量和制度规范来约束员工的行为，增强员工之间的互信和合作机制，从而建立强文化型企业，加强酒店信息的沟通，使非正式组织的消极作用消弭于无形。

[关键概念]

组织管理　组织结构　组织结构设置

[课堂讨论]

酒店组织结构的发展趋势及其原因。

[复习思考]

1. 简述酒店组织管理的要求和内容。
2. 简述酒店组织管理的原则。
3. 简述酒店管理体制。
4. 酒店组织结构设置的原则和依据是什么？
5. 简述酒店组织结构的类型。
6. 简述酒店非正式组织的特征和作用。
7. 简述酒店对非正式组织的管理。

[拓展训练]

对一家四星级酒店进行实际调研和考察，分析这家酒店组织结构的设置，并分析该酒店的组织管理经验。

第三章 中外酒店经营管理比较

[学习目标]

本章重点讨论中外酒店在经营管理思想、文化、方法、模式上的不同,并对酒店业的前景提出展望。通过对本章的学习,学生要认识中西方企业在社会文化背景下商业运营模式形成差异的原因以及中西方酒店业的发展趋势,了解在企业中不同管理方法的应用,掌握中西方企业从战略、决策到人事、组织这些具体事务的不同运作方式,以及在国际环境里,在互相了解、分析的前提下,中西方经营管理合作、融合的可行性,掌握酒店企业的经营策略和主要方向以及企业的用工制度,尤其是中西结合下的用工制度在企业经营中的具体实施方式。

◆ [案例导入]

锦江提前实现"十三五"规划目标,跻身"全球第二"

经过16年的重组和发展,锦江国际集团2019年10月22日宣布,已提前实现"十三五"规划确定的"10000家酒店、100万间客房"目标,跻身全球酒店300强第二位,布局世界120个国家,"一带一路"沿线700家酒店。同时,由上海城市形象推广中心研发和运营的"游上海"App启动上线试运行。

锦江国际集团党委书记、董事长俞敏亮表示:"锦江在84年品牌积淀的基础上,经过集团重组16年发展,提前实现了'十三五'规划确定的10000家酒店、100万间客房目标,跻身全球酒店300强第二位。我们将立足新起点,以更大力度开放、更高层次创新,打造世界一流酒店集团,参与全球合作竞争,为上海实施'三大任务、一大平台'、建设'五个中心'、打响'四大品牌'、建成世界著名旅游城市做出贡献。"

据悉,锦江国际集团是上海市国资委全资控股的中国规模最大的综合性酒店旅游企业集团之一。该集团拥有酒店、旅游、客运三大核心主业和实业、金融等相关产业及基础产业;控股(或间接控股)"锦江资本"(02006.HK)、"锦江酒店"(600754.SH)、"锦江投资"(600650.SH)和"锦旅B股"(900929.SH)四家上市公司。

第一财经记者了解到，锦江系已进行了一系列的收购和布局，先后收购法国卢浮酒店集团、铂涛集团、维也纳酒店集团、丽笙酒店集团，战略投资法国雅高酒店集团。截至2019年9月底，锦江系投资和管理酒店由2003年的105家发展到10000家、客房数100万间，分布31个省（直辖市、自治区）和世界120多个国家，会员超1.5亿个。拥有和运营"J""岩花园""锦江""昆仑""丽笙Radisson""郁锦香Golden Tulip""锦江都城""康铂Campanile""丽枫""维也纳""白玉兰"等48个高、中端及创新品牌。

谈及未来如何整合，锦江国际集团副董事长陈礼明告诉第一财经记者，目前锦江系75%的酒店项目在国内市场，25%的酒店项目在国际市场，未来会加快推进全球整合，打造世界级国际酒店集团，同时也会在线上平台业务加码，也联动锦江酒店的线上线下资源。具体而言，包括设立全球酒店管理委员会，实体化运作，加快建设全球酒店管理公司，按照"基因不变、后台整合、优势互补、共同发展"十六字方针，推进"锦江""卢浮""铂涛""维也纳""丽笙"等酒店品牌公司整合。

第一财经记者了解到，2019年8月，锦江国际集团确定全球组织架构和全球品牌发展规划，加快实施中国品牌战略引入"丽笙""卢浮"等九大品牌进入中国市场，三年发展1000家酒店。9月，筹建中国区域办公室推动建设中国区域公司，明确"锦江都城""铂涛""维也纳"三年目标任务，加快发展。收购"铂涛"以来，加快品牌转型升级，中端酒店规模数从2015年的244家发展到2019年的2700家，公司净利润从2015年的1.41亿元增长至2018年的4.6亿元。收购"维也纳"以来，其酒店规模从2015年的565家发展到2019年的2800多家，公司净利润从2015年的1.44亿元增长至2019年的3.2亿元。

同时，锦江国际集团还将进一步加快实施品牌战略，提升品牌全球影响力，实施三大品牌战略：①对标国际水平，打造"J""岩花园""锦江""昆仑""Radisson Blu"等高端品牌，推动高端复合品牌境外落地；②适应消费升级，拓展布局中端品牌；③引领行业趋势，研究孵化创新品牌。

第一节 管理思想与管理文化比较

一、管理思想比较

管理根植于不同的文化、社会、传统、风俗、信念及各种制度中，文化背景的差异，决定了不同国家具有不同的管理价值观，最明显的差别是东西方的管理差别。所以，管理的本质是一种文化。

（一）中西文化差异与管理模式

中国式管理模式的根基是中国传统文化，在分析中国式管理模式之前，首先要分析中国文化和其他国家文化的差别。从大的方面分析，东西方文化的发展有着各自的轨迹，西方文化建立在古希腊的传统之上，在思维方式上以亚里士多德的逻辑思维为特征，而以中国为代表的东方文化建立在深受儒教和道教影响的东方传统之上，在思维方式上以辩证思维为主要特征。

因此,中国式管理模式未来的特征可能不只是一种表现方式,但其主要表现方式却肯定有以下三个原理:变化论、矛盾论和中和论。中国式管理模式必须汲取中国传统文化的精华,"以我为主,博采众长"是中国企业最终形成竞争优势之道,以西方制度管理为基础,以中国管理哲学为指导,只有文化的差异化,才是中国企业建立真正差异化竞争优势的根本。

而从管理模式来分析,一方面,从管理科学角度来看,管理是一门科学,它看得见、摸得着、具体明确,无论是哪一个国家,管理的基本职能无非就是计划、组织、实施、控制,这对于任何一个国家的管理定义来说基本都是一样的,全世界对物的管理都是一样的,因为都是运用科学的方法去管理,所以从管理科学角度分析管理在全世界都一样。但另一方面,从管理文化角度来看,不同国家因为文化背景不同又产生了不同的管理模式,民族性不一样,管理哲学就不同,对于同样的管理工具或者管理模式应用起来就不一样,因此表现出来的管理行为也就不同。所以我们知道美国企业、德国企业和日本企业的管理模式就不一样,它们对人的管理就有很大区别,如用管理美国人和日本人的方法来管理中国人多半行不通。总结起来,从管理工具分析,管理没有什么管理模式之分,从管理思维或者说管理文化分析,管理肯定有管理模式的区别,也就是管理之"术"是一样的,但管理之"道"是不一样的,而管理之"道"决定了管理之"术",因此管理是有管理模式区别的。也就是说,中国企业应该具有中国特色的管理模式。

(二) 中西管理思想的优缺点

1. 中国文化下中国管理评述

中国有着博大精深的文化,有着源远流长的历史,其中儒家文化对中华民族的管理文化产生了重要影响。"仁义治天下""克己复礼",强调注重感情投资、道德教化;"不患寡而患不均",推崇采用缩小差距、追求结果平等的分配政策;"修身、齐家、治国、平天下",注重群体力量,强调领导者以身作则等。同时,诸如"按等级观念行事"等思想则造成了上级不善于对下级授权、下属对上级有强烈依附心理的现象。

中国悠久的中央集权历史使得中国人的管理活动也多数以"讲集中、求统一"的整体性的宏观管理为主,管理上更多体现为"人治"而非"法治",所以在具体规章制度的执行过程中往往会因人而异,导致企业工作过程中缺乏统一的规则,标准化程度较低。与此同时,"三面陆路,一面临海"的地理环境,加上很长时间的闭关锁国政策,造成了思想上的保守,缺乏挑战意识。

2. 西方文化下西方管理评述

西方传统文化对其管理文化的影响主要来源于资本主义崇尚的"自由、平等、博爱"的思想。西方的管理文化是在资本主义发展初期的商品经济管理经验的基础上发展起来的,这种历史背景使其具有天生的竞争意识,它围绕着如何使资本家获得更大的利润而展开,它的管理文化风格体现为规范管理、制度管理,即在管理活动中特别依靠法规条例来进行管理。

西方管理思想既有严密的一面又有创新的一面。它一方面要求尽可能把管理活动纳入严格的管理体系中,崇尚管理上的"精耕细作";另一方面,为了适应剧烈变动的经济生活,在不同阶段均有不同管理思想体系出现。因此很难有一个统一的管理思想可以主导整个西方企业的管理活动。这与中国在管理文化方面鲜明的继承性形成了强烈的对比。

中国传统管理思想和西方管理思想有着明显的表层特征区分：西方管理是一种理性化的、操作化的、明确的、定量化的科学式管理，而中国传统管理则是一种整体性的、模糊性的、不确定和非优化的混沌式管理。

3. 中西方管理综述

在中国现代化的进程中，特别在经济全球化的背景下，我们逐渐吸收融合了一些西方有价值的文化，但某些方面还存在比较明显的冲突。例如，西方管理注重规则，中国管理则讲求变化，认为"唯一不变的就是'变'"；西方管理把企业分为管理者和被管理者两大对立阵营，中国文化则讲究"以和为贵"，致力于追求内部的和谐境界；西方注重"结果管理"和实效控制，中国则强调对人的控制，发挥人的弹性；西方观念重环保和相互制约，而东方文化重节约和自我激励。

中国管理思想与西方管理思想是不同的思想体系，不同的思想体系作用于实践，造就了不同的企业管理模式。从传统管理到现代管理本是一个历史发展过程，是伴随着社会生产力的发展而实现的。管理的基础是文化，而文化又具有极强的地域性，如何在中西方管理文化冲突下寻求解决之道，还需要中国企业三思而后行。

二、中西方管理文化介绍

以中国、日本为代表的东方文化是以儒家伦理为基础发展起来的，这是一种以农业社会为主体的农业文化，又是以宗法血缘关系为根基的宗法制度文化；以欧美等国家为代表的西方文化是在古代希腊文化和犹太教、基督教文化基础上发展而来的，是以平民为主体的商业社会文化和市民社会文化。因此，东方文化发展取向是重群体、重道德、重实用，西方文化发展取向则侧重个体、重科学、重思辨。这两类不同性质的文化系统决定了东西方人格特质构造和发展取向的整体差异。

东方人格体现的是长期农业文化积淀而成的人际角色认知、行为模式。它的基本特征是：较强的依附性和内向性；以自然之和谐为真，以人际之和谐为善，以天人之和谐为美；注重行为的节俭、封闭、悠闲；突出以家庭成员为中心。西方人格是在西方宗教文化、商业文明熏陶下形成的价值观、社会心态以及行为模式等性质的综合体。它的基本特征是：具有强烈的自主性和个人主义体验；具有明显的外向开放色彩；体现了社会互动中的平等和民主模式。下面简单介绍一下日本、美国和中国的管理文化。

1. 日本管理文化

日本的企业非常注重整体，不突出个人的作用。它们讲求团队与组织整体的成功，讲究为了组织整体而牺牲个体，这既是日本社会的风气，也是日本企业最核心的企业文化。日本的全面质量管理，就是让每个员工都参与到企业的各方面活动中，参与到所有企业工作环节的改进和提高之中，通过这种方式，让每个员工都加入组织，形成一种整体的配合和协作。正是这种对组织整体的认同，使日本企业在第二次世界大战后能够快速崛起和成功。

2. 美国管理文化

实用主义是美国工业社会竞争哲学的核心。以行动求生存，以效果定优劣，以进取求发展，这是实用主义哲学中的积极内容，也是当代美国社会的主要价值取向，它深刻影响着美国人的价值观；其消极的方面是以极端个人主义和利己主义为核心内容的资产阶级意识形态。[1]在这种独特文化背景下产生的管理文化具有鲜明的特点：①强烈的个人奋斗精神和注重实用的务实精神；②强烈的冒险精神与创新意识；③注重构建企业理念；④具有典型的"契约"文化特征；⑤重视人才。

3. 中国管理文化

中国与前二者最大的区别是黑白中间夹着一大块灰色地带。在是非问题上，首先有"是"，如法律法规、企业制度，也就是原则性。但在"是"之外，不像美国，仅仅是"非"的问题。中国人强调的是原则性与灵活性相结合，但灵活性没有标准，没有可供把握的尺度，因此造成了大量灰色地带，让人看不清楚，这种社会文化投射在企业管理上，也就形成了中国企业管理有别于日本企业、美国企业的特色管理文化。

三、中西方管理文化比较

（一）文化四维度

"文化"一词定义很多，吉尔特·霍夫斯泰德（Geert Hofstede）从管理心理学的角度所下的定义是被管理学界广为接受的一种，他认为文化是一组织成员或者一种区划下的人群在精神气质方面的集体性特征，这种特征使之与其他组织或人群区别开来。跨文化优势来源于不同民族文化的优势，这些优势体现在吉尔特·霍夫斯泰德定义的文化四维模型中，即权力距离、个人主义与集体主义、不确定性规避、男性度。

1. 权力距离

权力距离（Power Distance）维度是测量一个社会对组织机构中权力分配不平等的期望和接受程度。在权力距离大的文化中，人们期望和接受权力集中在少数几个人手中的分等级的组织化的社会体系。而权力距离小的文化里将会是更少的等级层次和更加分散化，个体有更多的机会参与组织的各种活动，能更好地发挥个体的积极性和主观能动性。

2. 个人主义与集体主义

个人主义与集体主义（Individualism Versus Collectivism）维度是测量紧密群体和松散组织个体的重视程度的。个人主义是指一个松散的社会结构，个人只关心自己和最亲密的家庭成员；而集体主义则是一个紧密的社会结构，人们期望自己所在的群体照顾自己，更加重视自己，从而自己更加忠诚于群体或组织。

3. 不确定性规避

不确定性规避（Uncertainty Avoidance Index）是指在任何一个社会中，人们对不确定的、模糊的、前途未卜的情境，都会感到面对的是一种威胁，从而试图保障职业安全，制定更为正式的规则，拒绝越轨的观点和行为，相信绝对忠诚，利用专业知识来规避这种状况。在这种文化里，模糊是能容忍的，作为生活中的一个不确定性特征是被接受的。在相对强的不确定性规避文化里，组织会试图采取某些方法去联合和控制这种不确定性和风险性，以使情况更可预测。

4. 男性度

男性度（Masculinity）是民族文化的第四个维度。这一概念也包括其对立面——女性度

---

[1] 王岩. 从"美国精神"到实用主义——兼论当代美国人的价值观[J]. 南京大学学报（社科版），1998（2）：34-38.

（Feminine Dimensions）。男性度代表在社会中"男性"优势的价值程度，如自信、获得金钱和物质、不关心他人、强调生活质量等，这些价值称为是"男性的"，因为差不多在所有社会中，男性在这些价值的肯定面上比其否定面上（如自信，而不是自信的缺乏）得到更高的分数。

（二）四维度文化比较

（1）依据文化四维度理论，较大的权力距离，在企业当中表现为等级顺序比较严格，不同等级之间存在着事实上的不平等。

大的权力距离容易造成拥有权力者与没有权力者之间潜在的矛盾和冲突，所以也就不利于构建员工与管理者之间的和谐关系。此外，大的权力距离还会造成下属对上级有一种强烈的依附需要，下属对上级唯命是从。因此，大的权力距离使组织缺乏活力，不利于激励员工在工作当中学习和不断进步。

例如，美国是权力距离相对较小的国家，美国员工倾向于不接受管理特权的观念，下级通常认为上级是"和我一样的人"。所以在美国，员工与管理者之间更平等，关系也更融洽，员工也更善于学习、进步和超越自我，实现个人价值。相对而言，中国是权力距离较大的国家，在这里地位象征非常重要，上级所拥有的特权被认为是理所应当的，这种特权有助于上级对下属权力的实施。这些特点显然不利于员工与管理者之间和谐关系的构建和员工在企业中不断学习和进步。因而要在中国的企业当中采纳"构建员工与管理者之间和谐的关系"以及"为员工在工作当中提供学习的机会，使他们不断进步"这两项人本主义政策，管理者有必要在实践当中有意识地缩小企业内部权力之间的距离，只有这样才能实现管理目标。

（2）个人主义与集体主义之间的关系代表一个社会对个人权利的看法。在崇尚集体主义的社会中，员工对于组织怀有忠诚感和效忠心理，工作中倾向于群体的努力和集体的回报。而崇尚个人主义的社会则相反，倾向于个人至高无上的权利。所以，崇尚个人主义的社会更适合采纳基于员工表现的奖励制度。

例如，美国是崇尚个人主义的社会，强调个性自由及个人的成就，因而开展员工之间个人竞争，并对个人表现进行奖励是有效的人本主义激励政策。中国则相反，这种激励手段未必会取得同样的成效，这也与上述论点不谋而合。

在崇尚集体主义的社会中，人们认为归属于组织、取得成员身份是一种美德。所以崇尚集体主义的社会更易于构建员工和管理者之间的融洽关系。

例如，中国和日本都是崇尚集体主义的社会，员工对组织有一种感情依赖，应该容易构建员工和管理者之间的和谐关系。中国和日本都属于权力距离相对较大的国家，有权者与无权者之间存在着潜在的冲突，这又不利于形成员工与管理者之间的融洽关系。

（3）依据文化四维度理论，在不确定性规避程度高的社会，人们通常认为离经叛道的人和思想是危险的，因此强烈要求一致性，相比较带有冒险意味的个人决策，他们更喜欢群体做出决策。所以，不确定性规避程度高的社会更容易动员员工参与到管理当中，也更愿意提供更高的职业稳定性。

例如，日本是不确定性规避程度较高的国家，因而在日本，"全面质量管理"这一员工广泛参与的管理形式取得了极大的成功，"终身雇佣制"也得到了很好的推行。与此相反，美国是不确定性规避程度低的社会，同样的人本主义政策在美国企业中则不一定行得通。例如在日本推行良好的"全面质量管理",在美国却几乎得不到成效。中国与日本相似,也属于不确定性规避程度较高的国家,因而在中国推行员工参与管理和增加职业稳定性的人本主义政策,是适合的并且是有效的。

在不确定性规避程度低的社会,人们较容易接受生活中固有的不确定性,能够接受更多的不同观点,上级对下属的授权被执行得更为彻底,员工倾向于自主管理和独立的工作。而在不确定性规避程度高的社会,上级倾向于对下属进行严格的控制和清晰的指示。所以不确定性规避程度低的社会更适合构建灵活的工作制度。此外,在不确定性规避程度低的社会中,基于员工工作绩效而开展的职业竞争被认为是公平的和合理的,而在不确定性规避程度高的社会,员工会强烈地排斥这种竞争。

例如,美国是不确定性规避程度低的社会,因而灵活的工时制度、弹性工作制等都发源于美国,员工之间的个人竞争也是美国企业取胜的法宝。中国是不确定性规避程度较高的社会,同样的人本主义政策则未必能激发起员工的工作热情。

(4)在男性度较高的社会中,人们倾向于强烈地追求成就感,认为个人决策的质量高于群体决策的质量,决策者之间通常不愿意采取合作的方式。所以,男性度较高的社会不利于员工积极地参与管理。

例如,美国是男性度较高的国家,企业里的重大决策通常由高层做出,员工由于频繁地变换工作,对企业缺乏认同感,因而员工通常不会积极地参与管理。中国是一个女性度较高的社会,注重和谐和道德伦理,崇尚积极入世的精神。正如上面叙述,让员工积极参与管理的人本主义政策在中国是可行的。

受到民族文化的影响,这些因素又以同样的方式影响着企业战略的选择和实施。而作为一个群体,不一致的战略决策方式会造成群体内的个体之间产生争端和矛盾。如果下属人员较多地参与战略制定过程,他们就会更主动地理解和执行这些战略。

第二节 管理方法介绍

一、行政管理法

(一)行政管理的定义

企业行政管理是指依靠企业行政组织、按照行政渠道管理企业的一系列措施和方案。所谓企业行政组织,是指企业的行政组织机构。行政渠道则主要是指企业行政组织机构内上下级的领导与被领导的隶属关系,如总监→经理→主管→领班→员工,或公司总裁→部门经理→项目负责人等的等级系列关系。行政管理的手段通常包括行政命令、指示、规定、奖惩条件等。

在现代经济生活中,随着社会生产力的发展,生产分工日趋专业化,这就要求一个生产流程中各个环节最大可能地协调一致。因此要有效地组织企业生产经营,就必须有具有一定强制力的权威与服从机制,即行政管理;否则,企业的各项生产经营目标就可能因缺乏组织性而不能实现。企业行政管理是通过计划工作、组织工作、指挥工作、控制工作来发挥作用的。

(二)行政管理的意义

企业的行政管理体系,可以说是企业的中枢神经系统。它是以总经理为最高领导,由行政副总分工负责，由专门行政部门组织实施、操作，其触角深入企业的各个部门和分支机构的方方面面的一个完整的系统和网络。

行政管理体系担负着企业的管理工作，企业中除行政管理之外的工作，都是某个方面的"业务"。行政管理体系推动和保证着企业的技术（设计）、生产（施工）、资金（财务）、经营（销售）、发展（开发）几大块业务的顺利、有效进行和相互之间的协调。

二、制度化管理

（一）什么是制度化管理

制度化管理模式按照确定的规则来管理企业，这些规则是当事者都认可的，强调责任和权力的对称。制度化管理模式是成熟企业应采取的管理模式，但在制度中不妨体现一点亲情、友情和温情，以促进企业文化的提升和良好企业氛围的形成。

（二）如何利用制度化管理

企业的发展也像人的生长一样，都会经过创建期、成长期、成熟期等阶段。相应地，企业在发展的各个阶段都有不同的要求。企业发展到一定的程度，就一定会经历一个制度化建设的阶段。首先要对企业目前的状况进行分析，分析企业所处的内外部环境以及企业所具有的资源和企业内部人员的素质，在不同的阶段对不同的人员要采取不同的管理方式，需要制定不同的管理制度。其次，要想建立一个适合企业发展的良好的管理制度，就要借鉴一些外部的成功经验，成功的经验是宝贵的财富。企业也可以引进外部优秀的人才，利用"外脑"来为本企业的制度化建设提供帮助。再次，要想建立一个适合企业的较好的制度，还要考虑外部环境的影响，不能够与外部环境脱节，要与时俱进，因为企业并不是一个孤立的个体，人员也不是在孤岛之上，会时时受到外部环境的影响。

（三）制度化管理优势

企业的制度化管理模式的最大好处有以下几点：①可将优秀人才的智慧转化成为企业众多员工遵守的具体经营管理行为，形成一个统一的、系统的行为体系；②能够发挥企业的整体优势，使企业内外能够更好地配合，可以避免由于企业中的员工能力及特点的差异，使生产经营管理产生波动；③为企业员工能力的发挥搭建了一个公平的平台，不会因为规则的不同、评分标准的不同，对员工努力的评定产生大的误差；④有利于员工更好地了解企业，规范工作流程，员工能够在其中找准自己的位置，有法可依，使工作更顺畅；⑤有利于员工的培训，有利于员工的自我发展，员工由于有统一的标准可供参考，可以自己明了自己工作需要达到的标准，能够对自己的工作有一个明确的度量，自己可以发现差距，有自我培训与发展的动力和标准。

经过实践检验，人性管理和制度约束就像天平上的两个托盘，在企业管理中，应把它们放在一个平稳的尺度与水平上去衡量。要达到这种境界，企业里没有几个管理专家和能人，是无法完成的，这需要企业决策者与管理者不断地去实践与探索，找出企业管理中人性管理与制度制约的那个"黄金交叉点"。

三、表单管理

流程表单是指企业经营运作过程中按预先设定的要求和规定的格式用来记录或备忘经营行为的文字或数据的文件。

表单管理法是指通过表单的设计制作和传递处理，来控制酒店业务经营活动的一种方法。表单管理法的关键是设计一套科学完善的表单体系。酒店的表单一般可分为三大类：第一类是上级部门向下级部门发布的各种业务指令；第二类是各部门之间传递信息的业务表单；第三类是下级向上级部门呈递的各种报表。

表单管理必须遵循实用性、准确性、经济性、时效性的原则，并在以下五个方面做出具体规定：

（1）表单的种类和数量，既要全面反映酒店的业务经营活动，又要简单明了，易于填报分析。

（2）表单的性质，既属于业务指令，又是工作报表。

（3）传递的程序，即向哪些部门传递，怎样传递。

（4）时间要求，即规定什么时候传递，传递所需的时间。

（5）表单资料的处理方法。

随着信息化管理的普及，企业管理实践中已大量采用系统的标准表格方式。标准化表格管理要求管理者与被管理者直接参与填写、核对和确认，因而会使管理更加有效。同时它与信息化管理环环相扣，信息化管理的文件几乎都是以表格形式出现的。另外，标准化的管理表单清晰、简洁，所表达的内容一目了然，是企业管理中简便、高效的文件处理模式。

四、定量管理

定量管理的优点主要表现在：①科学先进，富有时代感。定量管理所涉及的理论、原则和方法，大多是20世纪30年代以来兴起的运筹学、数量经济学、系统论提出的一些数学方法。②高度精确，具体可靠。定量管理由于其理论、原则和方法比较科学且可操作性强，其手段切实可行，能够解决定性管理所不能解决的高难度复杂问题。然而，定性管理与定量管理需要互补整合。任何事物都是质和量的辩证统一，对事物仅仅进行定性分析或定量研究，都不足以反映事物的本来面目，都不能表明事物的全貌，都不可避免地带有形而上学的主观片面性。只有将定性分析与定量研究有机结合起来，才能正确地反映和表明事物的性质与特点。

五、走动式管理

（一）什么是走动式管理

走动式管理（Management by Walking Around）是一种加强机构主管、员工和顾客三方沟通的管理制度。它最早是由管理学大师帕斯卡尔（R. T. Pascale）提出的。根据这一制度，经理们的工作不再局限于办公室里，他们可以到处走动，与员工、顾客进行面对面的沟通，了解工作进度和实际困难、员工能力和顾客意见等，通过随意的交谈来与员工、顾客密切联系，并获得他们的信任与尊重，这也是后来惠普公司"惠普之道"的精华所在。这里可以将其概括为以下几个特征：

（1）经理经常在自己的部门里走动，或能够出现在随意的讨论中。其目的是了解周围发生了什么事情，找出困扰员工问题的症结。

（2）员工在企业里的横向联系频繁，彼此更容易沟通，信息更容易有效传播。

（3）咖啡时间或午餐时间会产生很多聊天的机会，使得管理者的聆听、联系、沟通、灌输和辅导等重要管理活动更容易开展。

（二）从"走动"到"互动"

早在1990年，管理大师彼得·德鲁克（Peter F. Drucker）就在《走动式管理——向外走》这篇文章中提出："走动式管理不再局限于公司内部而是应走向客户，走向投资者，走向政府，甚至走向竞争对手。"企业主管应摒弃传统的上级走向下级、内部走向外部的单一式的走动，创立上下联系、内外结合的互动的管理机制，这样才能真正显示走动式管理的魅力。在企业中，部属协助主管，为主管做事，应将主管视为走动式管理的对象，积极把握主管的意图，从全局的角度考虑部门的战略；顾客为获得高质量的产品应主动反馈售后信息，将销售人员视为走动式管理的对象，把自己作为企业决策制定的一个重要参与者，根据自己对产品的体验与感受适当地向销售人员提供一些改进需求和措施；竞争对手间需要彼此作为参照，而谁先在新的环境中获得信息，谁就有更大的取胜可能，主动地进行走动式管理是他们的最佳选择。

六、感情管理

要创造一个高绩效、高忠诚度的企业，经理人不但要具备科学的经营理念、理性的思维方式，更要学会感情管理，要让员工及顾客被你感动，心甘情愿地投入并付出激情。当今的企业，应该以全新的方式看待员工，视每位员工为具有无限潜力的人才，视顾客为拥有复杂情感的个体。他们不只需要你的产品与服务，也希望与这些产品及服务建立起感情关联。

事实表明，由投入情感的员工所组成的团队，往往能获得杰出的成果。而且，当顾客感到员工用热忱与真诚对待他们时，他们一定也会以相同的情感予以回报。

随着企业结构的日趋扁平化，企业的高绩效主要源于员工的自发进取。因此经理人最重要的责任应该是：帮助员工发挥天赋和潜能，架起员工与工作团队、员工与顾客、员工与企业间的情感桥梁。经理人应该做"情感工程师"，成为促使员工投入情感的动力，并密切观察其成效。

第三节　管理模式比较

管理模式，通俗地讲就是一个企业在管理制度上和其他企业不一样的地方，从制度经济学的角度讲，其包括正式制度和非正式制度两个方面，也就是企业在管理规章制度和企业文化上最基本的不同特征。一般来说，不同国家的企业有不同的管理模式，而且同一企业在不同时期也有不同的管理模式。目前，在理论上比较公认的管理模式有日本管理模式和美国管理模式等。不同管理模式决定其管理特征的差异性，如美国管理模式的特点是鼓励个人英雄主义及以能力为主要考核特征的模式，它在管理上的主要表现就是规范管理、制度管理和条例管理，以法制为主体的科学化管理。而日本管理模式则有以集体主义为核心的年功序列制、禀议决策制等，重视人际关系，集体利益至上，以家族主义等情感管理为主。

一、企业战略

（一）经营目标

以美国企业为代表的西方企业的经营目标是追随短期收益的最大化。由于受个人主义观念的影响，美国企业的管理者和员工并不被认为是一个为共同目标工作和长期分享共同利益的集体。员工可以随时变换工作与供职企业，因此管理者总是想尽快地获得更多的利益作为补偿，然后到其他更有利可图的地方去。同时，美国企业决策机构在很大程度上要受股东的严格监督和控制，所以在制订计划时，首先要考虑股东的利益，把投资利润率作为决策的最高目标。因此，美国企业经营者在制订计划时所重视的是短期利益的增长，而不是企业本身的长远发展。

目前中国企业的主要目标是抢占市场份额，实现盈利，其他目标则强调得少一些。欧美企业的经营目标，除抢占市场份额和盈利外，员工的就业、就业率、薪酬福利等是企业经营中非常重要的问题。在欧美，特别是欧盟，员工的保护势力和工会的势力是非常强大的。

（二）经营策略

为了实现经济目标，适应外部环境的变化，企业需要解决在什么领域发展、如何分配和利用管理资源、怎样创造和获得管理资源等问题。做出这些决定的基本方针被称为企业的经营策略。

西方管理者认为中方管理者：①不做决策。他们认为，在中国，员工把经理看得很高，奉为圣人，所以每件事都要由经理来决策，其他人只是等待指示。②一致决策，他们认为与西方管理者相比，中方管理者更倾向于意见达成一致，倾向于分散决策的责任，而不是勇于承担责任。中方管理者对西方管理者过于专断，不爱听取下级意见的做法也并不欣赏。在企业经营策略上，西方企业的基本方针是在开辟新兴事业时更加重视现有企业的兼并、合并这种外延增长方式，迅速从低收益领域中撤出来，把经营资源集中分配于少数领域，以此同竞争者针锋相对。

1. 中国企业管理决策的特点

（1）不善于对下级进行授权。由于传统等级制度的影响，中国企业形成了上下级之间较大的权力距离，这种较大的权力距离表现为企业里的管理者等级秩序严格，权力较大者拥有相应的特权，下属对上级有强烈的依附心理。在西方人士看来，中国企业里高层与中、低层管理人员的权力距离显著大于西方企业。

（2）决策上的集体主义。由于"以和为贵"思想的影响，中国的管理者通常群众观念较强，形成了群体决策、民主集中的决策风格。中方管理者往往以一致同意做决策，而往往不愿意说"这是我做的决定，我来负责"。事实上，群体决策确有其不足之处，即权力相对分散，责任不易明确，行动比较迟缓，有时候效率较低。但是这种群体决策又有其无可替代的优点，即能够集思广益，在知识、能力结构互补的基础上，充分发挥领导的整体功能和决策能力。

随着现代企业的发展，企业的经营管理目标已不再仅仅是实现利润最大化，而是要达到股东满意、员工满意、顾客满意、社会满意的四满意目标。在这一复杂的决策过程中，个人决策日益体现出其局限性和弊端，而群体决策则充分体现出了其在复杂情况下有助于提高决策质量、有效防止个人或单方专断的作用，有利于保证和维护企业的整体利益。

2. 美国企业管理决策的特点

（1）管理即授权。美国企业相对于中国企业，上下级之间拥有较小的权力距离，下级通常认为上级是"和我一样的人"，美国人在"管理"这一概念的含义中，特别强调"授权"，他们信奉最接近过程的人最了解这个过程和问题，对问题最有发言权。

美国的高层经理通常会给下属制定一个目标,然后就由下属来达到这个目标和成果,高层经理只是以成果来衡量目标,至于中间用什么样的方式去做,他基本上是不会干预的。任何一个阶层的部门经理,都可以在部门的范围之内做决策,大家共同致力于如何把工作做好,只要不违反公司的商业道德即可。

(2) 决策上的个人主义。由于美国文化当中强调个体、重视个体的特点,加之美国企业中的管理者通常拥有管理方面的理论和实践经验,所以他们在决策时比较注意个人的意志,因此主观性比较强。

根据现代管理理论,这种个人决策制有其长处,即权力集中,责任明确,指挥灵敏,行动迅速,工作效率较高,也易于考核领导业绩。但相应也有其不足之处,即受个人能力、知识、精力限制较大,如果监督机制不完备或不得力,容易产生个人专断。

3. 成功的经营策略

经过几十年的发展,中国酒店集团虽然在规模与效益方面都取得了可喜的成绩,但与世界著名酒店集团相比,差距仍然很大。因此,学习借鉴世界著名酒店集团成功的经营管理经验,对于引导我国酒店集团健康、有序、快速地发展意义重大。下面对世界著名酒店集团的一些成功经营管理策略进行简要介绍。

(1) 品牌策略。品牌策略是指企业针对市场需求的基本态势,以企业理念为核心,以品牌为手段,通过品牌营销、品牌推广、品牌资产管理等各种经营方式,实现企业利益最大化的最终目标。

酒店产品是借助于一定的设施向顾客提供的无形服务,它不具备实物产品有形性特征,而顾客对酒店产品的消费是对服务过程的一种体验,它具有多样性特征。由于酒店产品的这种特征以及市场信息不对称现象的存在,造成了顾客在选择酒店产品时随意性大,这对酒店占领目标市场、扩大市场占有率是一个不利的因素。而酒店集团的品牌可以在顾客心目中树立良好的企业与产品形象,增强其对酒店无形产品的认知度,促进顾客对其优先选择购买;一旦顾客认可了某一酒店产品品牌,在下次选择酒店产品时顾客出于降低购买成本与风险考虑会选择同一酒店品牌,而多次的消费经历会形成习惯性消费,使其最终成为这一品牌的忠实顾客。顾客忠诚度的提高将有助于酒店集团吸引回头顾客、提高市场占有率。品牌体现了酒店服务产品的差异与特色,一个品牌所体现的服务个性价值如果被与之身份、情感、喜好相符合的顾客群体所认同,那么他们对这一品牌的忠诚将不可取代。因此,个性化品牌将有助于酒店集团形成差异化的比较竞争优势,从而使其更有效地占领不同细分市场。

酒店集团可以借用成功品牌在顾客心目中的形象、声誉,将原有品牌名称用于新的产品系列或进入新的产业领域,消费者和公众出于对成功品牌的信任与偏好会将这种品牌忠诚延伸到新的产品中去,增加新产品取得市场成功的机会,从而促进酒店集团迅速形成产品多元化或产业多元化经营格局。例如,雅高(Accor)酒店集团面向豪华、中档、经济型等不同的酒店细分市场,在 Accor 品牌下延伸出索菲特(Sofitel)、诺富特(Novotel)、美居(Mercure)、宜必思(Ibis)等多个品牌,达到了明晰产品定位以有效占领不同细分市场的目的。

品牌策略下一般有这样一些经营模式:①单一品牌经营模式;②多品牌组合经营模式,如独立产品品牌组合、分类品牌组合、母子品牌组合等。

(2) 资本运营策略。资本运营作为海外酒店业成功的经营模式引入我国已有 40 多年。我国酒店业在资本运营道路上走过了以单一合资经营形式为特征的萌芽阶段和小范围内少数酒店企业尝试运用多种资本运营方式的起步阶段后，现在的资本运营呈现出多元化特征。

随着全球经济一体化趋势的加强，世界酒店集团以争夺全球市场为核心的新一轮兼并、收购愈演愈烈。纵观世界著名酒店集团的发展历程，它们普遍以兼并、收购、重组等资本运营手段实现了集团迅速跨地域扩张。例如，1953年假日酒店集团创始人凯蒙斯·威尔逊（kemmons Wilson）开创酒店集团"特许经营"先河，至1957年售出特许经营权18个，实现了特许经营在酒店集团扩张中的初步成功；此后希尔顿、喜来登等引入这一方式迅速实现集团低成本、高利润扩张，20世纪60年代，希尔顿集团首创"管理合同"经营方式，1964年它在纽约证券交易所成功上市，成为世界酒店业第一家上市的集团公司，1998年在其年度财务报告中正式提出"公司专心于经营酒店业，通过兼并、购买、连锁经营等方式扩大集团拥有酒店数"；英国福特酒店集团为了进入世界豪华酒店市场，1994年收购艾美酒店集团（Le Meridien），迅速加快了其全球扩张的步伐，1995年为了集中全力经营艾美品牌而卖掉了旅游客栈联号在美国的490家酒店。以上例子说明了一个事实：资本运营是酒店集团优化企业资源配置以实现企业利润最大化或资本增值最大的重要经营方式之一。

资本运营的模式主要有扩张型资本运营方式、稳健型资本运营方式和收缩型资本运营方式。

（3）科技化策略。知识经济时代酒店业面临激烈市场竞争的外在压力以及提高企业生产经营效率的内在动力。运用高科技提高酒店经营管理效率已经成为世界著名酒店集团的普遍选择。

人工智能（AI）正成为酒店科技化的新驱动力。酒店是非常典型的用户交互密集的领域，每年有几十亿人次的消费，从业者上百万人，AI落地服务的潜力巨大，但同时面临着很多挑战。基于AI可实现深层次的人机交互，为酒店企业带来全新的价值。大量高科技设备的普遍运用已经成为国内外酒店集团保持比较竞争优势的重要法宝之一。

假日酒店集团从1965年开始建立自己独立的计算机预订系统Holidex Ⅰ，到70年代又开始了第二代预订系统Holidex Ⅱ，1973年为完善这一通信系统，集团铺设了30万mile电缆并使用卫星传导信息。现在假日酒店集团拥有的Holidex Ⅲ是世界上规模最大的民用电子计算机网络之一，它同时拥有美国最大的私用卫星图像接收网络。先进的计算机预订系统与信息传输技术给假日酒店集团带来的回报体现在：高效、快捷的预订业务方便顾客购买，赢得了全球范围内的忠诚顾客群体；集团内部成员信息、资源共享，不仅降低了信息成本，而且扩大了集团整体客户网络，提高了整体盈利；因为拥有先进的计算机预订系统与庞大的客户关系网，能够在全球范围内吸引更多的酒店加入集团，集团规模的进一步膨胀又扩大了其市场网络，增强了其财政实力用于科技改进，于是使集团走上了一条良性循环的"科技兴店"之路。以上例子说明了这样一个事实：高科技的运用给酒店企业带来的利润回报远大于其投资，它是知识经济时代酒店集团不断提高竞争能力的重要手段。

目前，外国酒店集团普遍运用的高科技主要有四种：①资产管理系统（PMS），它是一种支持饭店统计出租率和顾客信息，支持预订服务、电话记账、能源控制、餐饮销售、房间清理服务等自动化操作的应用软件；②中央预订系统（CRS），它在饭店业中的运用已经很普遍，目前其最大的突破在于CRS和PMS数据交流网络的合并，大幅度降低了系统安装费用和通信费用；③数据信息系统，它包括数据存储库和数据集市（Data Mart），数据存储库是一种数据库管理系统，它帮助饭店处理大量数据信息，如建立数据源，组织、描述、存储数据等，数据集市是专门存储某一类数据信息供某一组人使用的数据库；④后来居上的 Opera PMS 是目前国际上最通用的酒店前台操作系统。作为全球最受欢迎的酒店管理解决方案，Opera PMS 覆盖全球 140 多个国家和地区，目前安装该系统的酒店超过 20000 家，分属于 100 多家声名显赫的国际性酒店连锁集团和近 6000 家独立酒店。主流国际酒店连锁集团如万豪（Marriott）、香格里拉（Shangri-La）、洲际（InterContinental）、凯悦（Hyatt）、雅高（Accor）等均指定采用 Opera PMS 作为酒店前台操作系统。

（4）软件"硬化"策略。中国酒店集团在酒店硬件设施上应该说与国外酒店集团差距并不大，可长期忽视软件投入导致其"软件太软"。而国外酒店集团则是"软硬兼施"，在重视酒店硬件设施建设的同时更加注重软件投入，重视软件"硬"建设，造就出众多世界一流的酒店集团。其软件建设主要体现在文化经营、特色服务以及重视人才三个方面。

1）文化经营。欧洲酒店文化氛围浓厚，它是建立在欧洲深厚的文化积淀基础上的。美国酒店制度色彩很重，井然有序，但是欠缺文化气息。东南亚酒店集中了欧洲酒店和美国酒店的长处，东南亚浓厚的文化氛围加上美国规范化的管理，造就了世界上最好的酒店。泰国曼谷文华东方酒店、新加坡香格里拉酒店、新加坡滨海湾金沙酒店、马来西亚吉隆坡云顶大酒店、印度尼西亚巴厘岛安缦普里酒店和安缦达利酒店等均在全球酒店排名中名列前茅。我国酒店业现在有了标准化、制度化的现代管理制度，但缺少高品位、特色化的文化。因此，中国酒店集团应下大力气在酒店建筑式样、店内装饰、餐厅文化特色与背景、文化产品（如按摩、食疗）等方面体现酒店文化内涵。

2）特色服务。国外著名酒店集团在服务方面一般都推行标准化与特色服务相结合的一流管理模式。坚持规范化、标准化的服务管理标准是西方酒店业控制服务质量的重要原则。在标准化、规范化服务的基础上，国外著名酒店集团针对顾客需求个性化、多样性的特点，推出了各自独具特色的个性化服务模式，既有效地满足了顾客需求，又形成了酒店集团的经营特色。例如，希尔顿酒店的服务特色是"快"，它强调对顾客需求的快速回应与高效率服务；假日酒店集团的服务特色是"热情、舒适、廉价与方便"，它注重产品的质量标准与成本控制；丽思卡尔顿酒店的服务特色是"质量第一"，它注重顾客对服务质量的满意；香格里拉酒店的服务特色是"殷勤好客"，它以亚洲式的殷勤好客让顾客体验"尊重备至、真诚质朴、乐于助人、彬彬有礼、温良谦恭"。

3）重视人才。知识经济时代企业之间已从传统的以物质资源为主的竞争转向了人力资源的竞争。酒店业作为劳动密集型行业，人力资源是其第一要件。世界各酒店集团在其发展过程中都十分重视人力资源的教育与储备。它们在员工教育与培训方面舍得投入大量资金，与大学、专门的培训基地联合培养员工，甚至不惜巨资建立自己的酒店管理学院，如希尔顿酒店就拥有自己的希尔顿酒店管理学院。在人力资源储备方面，酒店为每个员工进行职业生涯设计，定期或不定期地为其提供学习与锻炼的机会，提升内部员工从事管理岗位。

二、决策方式

（一）决策的程序

西方企业的决策程序一般是自上而下地进行的，即由最高管理者主要根据个人判断来决策，然后下达给下属去执行。上级拥有明确定位、做出最后决策的权力，重大决策一经制定就具有了法律效力。这种决策程序能够灵活地适应外部环境的变化，充分发挥企业家的才能。而中国企业的决策倾向于集体决策，但决策主要集中在上层少数领导，基层员工参与决策的机会很少。决策一旦制定，下级就必须严格执行。上下级之间的信息沟通一般以由上而下的命令式沟通为主，双向沟通较少。

（二）决策时延

不同的决策程序决定了在决策时延上的差异。西方企业制定决策速度快，所需时间较少。因为企业决策往往是最高领导者个人做出的，无须与各方进行协商或征求意见。但是决策的实施则需要较长的时间，这是因为在上级制定的决策下达时，通常需要向下级进行较多的说明和解释工作，让他们理解决策的内容和意义；此外，个人决策也往往使下级产生压抑感，难以调动他们执行决策的积极性。因此，决策具体执行时常常会遇到挫折，相对来说，决策的时延反而会更长。某些企业的决策往往是制定慢，执行也较慢。这一方面是由于企业决策机构中各方的权力相互制约关系比较复杂，虽然建立现代企业制度以后，企业的决策制定过程已经大大缩短，但其决策制定速度仍有待提高；另一方面是下级对上级决策的目标与要求不够了解，以致使得整个决策的执行速度减慢。

（三）决策责任

西方企业的决策责任非常明确，谁制定决策，就由谁承担责任。因此，个人的责任感很强，但集体的责任意识比较淡薄。在中国的国有企业中，上层集体决策，因此也就由上级集体承担决策责任。现在已明确企业经营者负主要责任。

三、人事制度与劳资关系

（一）用工制度

西方企业的用工制度是一种纯粹的契约关系。双方在职务契约书上明确地规定短期内相互提供的服务，相互的权利与义务，而这种契约关系可以单方面解除。在这种制度下，企业可根据自身经营活动的需要，在劳动力市场上自由招雇员工；若企业经营遇到困难，则往往通过解雇员工的方法来降低成本以摆脱困境。对于员工来说，完全是根据自己的需要就业，凭自己的技能和劳动换取劳动报酬。如果员工找到更适合自己的工作，就会跳槽。员工对于企业一般没有强烈的依附感，而且也不会以超出企业规定的职业标准主动地采取维护企业利益的行动。因此，美国企业员工流动率很高。

而在中国，原有的国有企业工人是真正的终身制。国有和集体企业无论规模大小，员工皆为终身制。而中国的职工是由国家包下来统一安排的，职工的工作效率不会影响其职位，不会被企业解雇。在中国企业靠行政手段来维持职工队伍的稳定性。现在，中国企业已经对这种终身制度做了根本性的改革，主要推行人员劳动合同制。也就是说，职工与企业之间的结合由行政型结合向契约型结合转变，职工的流动率也在加大。

（二）工资制度

1. 西方企业的工资制度特点

西方企业以职务、责任和工作能力作为评定工作的主要标准，工资与工龄的长短无关，因此，也可称之为"能力主义工资制"。实行这种工资制度，主要是因为很多西方企业的雇佣制是短期雇佣，员工频繁而迅速的流动使企业除了职责和能力外别无其他工资水平标准。同时，西方很多国家崇尚个人主义，强调个人奋斗，它们把报酬看作个人的能力和成功的标志。这也是决定西方企业实行能力主义工资制的一个重要原因。

2. 西方企业薪酬的结构和水平

薪酬的范围十分宽泛,"compensation"的字面意思是关于雇员的全部补偿(收入),这就发展出来薪酬两个层次的含义:①物质性薪酬,包括基本工资,而且包括奖金、福利、持股等;②非物质性薪酬,包括表扬,与董事长合影、一起进餐,营造出来的轻松氛围,对家属的关心慰问等。第一层次的薪酬基本上能够和目前我国国内的企业工资制度对应起来,但第二层次上的薪酬在国内企业被作为企业文化来理解。这也反映了东西方文化的差异。

3. 中国企业的工资制度

中国以前是工龄随人走,可以连续计算,工资级别也随人走,不受调动影响。因此,中国的年工资制对职工队伍的稳定性并无很大影响。现在,中国国有企业的工资制度发生了很大的变化,采取了多种分配形式,如结构工资制、浮动工资制、计件工资制、岗位技能工资制等,已经改变了平均主义工资制度。而民营企业则一开始就广泛地采用能力主义工资制。

中国现行的工资制度主要有四种形式:项目工薪制、岗位职务浮动工资制、动态结构工资制和岗效薪级工资制。

(三) 劳资关系

随着经济全球化的发展和企业社会责任的盛行,国际市场竞争已不再是纯粹的产品市场竞争,还有劳工标准的竞争。实施企业社会责任标准体系,切实保障企业劳工利益,保持稳定和谐的劳资关系,有助于优化企业社会形象,获得公众的尊重和更多的商业机会,并有效地消除劳工贸易壁垒。因此,构建和谐、融洽的劳资关系,为企业员工创造合理的工作条件和环境即将成为一种新的竞争优势。

1. 将企业社会责任纳入劳动法制框架

一方面,中国劳动立法部门要跟踪研究全球企业社会责任运动的发展方向,努力完善劳动法律法规体系,将这一运动涉及的劳工标准本地化和具体化;另一方面,政府劳动部门、工会组织等劳动法律检查监督机构要主动了解企业社会责任的发展动态,主动介入劳工标准的检查和认证,引导这一运动健康、有序地发展。

2. 明确劳资关系主体各方的社会责任

企业作为实现劳资关系和谐发展的直接主体之一,必须遵守国家有关劳动保障的法律、法规和政策,承担维护劳动关系协调的义务;克服聘用员工过程中的歧视思想和行为,签订规范有效的劳动合同,推行科学民主的人力资源管理制度,依法参加并按时足额缴纳各种社会保障费用,按时足额支付劳动报酬;提供安全卫生的工作条件和环境,关心员工的生活和身心健康;创建和谐的企业文化,提升员工的素质和品格。劳动者是构建和谐劳资关系的另一直接主体,其主要责任有:知法、守法,强化工作责任意识;主动学习,提高自己的民主维权意识、职业道德水平;树立自尊、自强、自立思想,关心社会、关心企业、关爱他人,主动消解工作压力产生的心理失衡。

3. 关注企业员工的经济利益和社会心理需求,探索和谐型劳资关系的微观模式

劳资关系是一种特殊的人与人之间的关系,表现为力量与权利、合作与冲突关系的集合,本质上体现的是人们之间的社会、经济利益关系。因此,构建和谐型劳资关系,必须把员工利益置于重要位置,优化企业员工的激励机制:把传统的雇佣与被雇佣的关系,发展成为以股权激励等多种激励形式为纽带的事业共同体关系;把以管理约束为手段维系的劳资关系,发展成为以企业远景激励为手段维系的劳资关系;把以满足基本物质生活需要为主的劳

资关系，发展成为以满足个人发展需要为主的劳资关系。

四、组织原则

1. 劳动分工

对于大多数酒店企业来说，通过内部较为复杂的分工来获得分工产生的专业化经济表现得更为明显。这些分工具体表现为酒店划分为各个职能部门，每个职能部门负责特定的职能运转。但是酒店企业的分工不是没有限度的。当酒店企业分工达到一定程度之后，分工带来的专业化经济开始不足以弥补内部组织成本的增加，酒店企业将无法进一步提高生产效率。而信息技术的应用使得酒店通过网络进行住宿产品交易的费用大幅度降低，酒店企业会发现，如果将部分销售移交给酒店联合体经营，可以使效率更高，因此酒店就会将这部分业务外包。这种行为增加了市场的分工层次，减少了酒店企业内部的分工层次，使得酒店企业可以对依然保留在酒店企业内部的生产过程实行进一步的分工，从而使酒店企业的生产效率得到提高。

2. 权力结构

权力，在政治学教科书里被定义为"对他人的影响力"，它是政治学研究的核心概念。有了这样一个定义，我们就可以看到，"权力结构"不同于企业管理学常常讨论的"决策权分配"。前者是指现实中的影响力，不论发挥影响力的人是否掌握着决策权力。后者则可以是事前规定的决策程序，不论规定的决策者是否能够发挥相应的影响力。设计恰当的权力结构，不但可以激发出蕴含在企业领导人和员工身上的企业家能力，而且可以克制企业领导人的权力膨胀，补偿企业领导人在品质方面的不足。在这一意义上，不妨认为，权力结构是介于企业组织结构和企业文化之间的某种结构。

以美国为代表的西方企业倾向于"集权式"管理，它们认为，真正的职权决定上下级的地位，处于哪一层次，那就对该层次所辖部门拥有决定方针的发言权。它们一般都根据自己的判断来进行决策。在中国的企业中，权利距离比较大，有"集权式"管理倾向。因此，上级对下级"授权"较少。同时企业还出现"反授权"现象，下级常把属于自己职权范围的问题交由上级决定，这说明了下级对权力的行使也缺乏主动性和积极性。在劳动分工方面，美国企业把职工的工作专业化，而个人又把他们的职业专业化，职工严格按岗位责任制行事，相互之间分工非常明确，每个人只干分内之事。而在中国企业的职工分工非常精确，职工从事专业化的工作，一般很少调换工种，而且往往以有"一技之长"为荣。同时职工也富有互助合作的精神。

第四节　酒店业的发展趋势

一、经济全球化，酒店集团化

（一）我国酒店集团化发展现状

综观改革开放以来我国酒店集团化发展的历程，国外的著名酒店集团及管理公司在中国有的获得稳固发展，特别是在高端酒店市场声名鹊起，而我国本土品牌酒店集团也在不断成长壮大，但差异化依然显著。

根据中国旅游饭店业协会发布的《中国饭店管理公司（集团）2018年度发展报告》，截至2018年12月31日，2018年参与统计的68家酒店集团共管理酒店2.96万家，客房321.91万间，酒店集团规模仍保持稳步增长。在"2018年中国饭店集团60强榜单"中，位居前三位的锦江国际、华住、首旅如家均为本土品牌酒店集团，而位居国际酒店集团前三位的温德姆、洲际和万豪国际，在总榜单中分列第五、八、九位。

值得注意的是，报告中显示，从集团全服务酒店和有限服务酒店占比来看，16.4%的集团全部为有限服务酒店，23.9%的集团全部为全服务酒店，而另外59.7%的集团既有全服务酒店也有有限服务酒店。但是在既有全服务酒店又有有限服务酒店的集团中，有限服务酒店数量占了很大部分。剥离掉有限服务酒店，单把全服务酒店按规模进行排名，整个排序发生了很大的变化。报告中列出的2018年酒店集团全服务酒店规模排名，与国际酒店集团不同，之前位居前三位的锦江国际、华住、首旅如家的排序大幅度下降，分别位列第13位、30位、11位，但一些知名度并不是非常高的酒店集团的名次却非常靠前。排在前十位的酒店集团依次是温德姆、万豪国际、洲际、君澜、清沐、山东蓝海、雅高、希尔顿、中州、四川旅投。

由此可见，中国酒店集团的发展已经进入了新时期，需要从多角度去认识集团、解读集团，规模排序已经不是唯一的指标，而品牌价值、成员结构、成长性、盈利能力等显性成果和公司战略、治理结构、系统能力、核心人物等隐形因素是酒店集团价值的重要支撑。

品牌是酒店集团化的黏合剂，品牌价值是酒店集团价值中最重要的组成部分之一。调查数据显示，在酒店集团品牌数量及档次分布上，67家酒店集团约有457个品牌。多数集团选择了品牌多档次的品牌战略。报告中显示，根据51家酒店集团提供的有效调研数据汇总的不同档次酒店2018年的经营情况来看，2018年市场整体表现较好，平均出租率达到了62.9%，各酒店平均房价为376.8元，每间可售房收入约237.2元。2018年，21家上市酒店集团共实现营业总收入7373.31亿元，较2017年增长了31%；21家上市集团实现净利润876.49亿元，较2017年上升32.1%，净利率为11.9%，同比上升0.8%；21家上市集团负债总额为16778.92亿元，资产负债率为82.6%，较2017年上升2.6%。

（二）国外酒店集团的发展趋势

1. 面向全球，品牌化发展

国外酒店集团在市场需求的驱动和经济效益的牵引双重作用下，逐步经历了区域发展阶段、洲际发展阶段和全球发展阶段，酒店集团全球化是品牌化的基础，而品牌化是集团化的目的。酒店集团的品牌化能形成品牌效应，成为酒店集团所独具的品牌资产，酒店集团通过品牌的资产运作即收购兼并、特许经营、委托管理和战略联盟等方式来扩大酒店集团的市场份额，从而进一步促进全球化。国外酒店集团品牌的发展为我国酒店集团品牌的扩张和发展树立了很好的榜样，未来世界酒店业的竞争将更为激烈，品牌化发展将是全球酒店业发展的必然趋势。

2. 立足市场，多元化发展

进入21世纪，消费者的需求发生了质的变化，酒店的标准化和规范化服务已不能满足他们的需求，国外酒店集团在加速全球化的过程中也不断地进行着多元化发展。酒店集团的多元化包括市场定位的多元化和产品功能的多元化。市场定位的多元化是酒店集团在日益激烈的市场环境下为求生存和发展而进行的深度市场细分；产品功能的多元化则是酒店集团为追求更优质的服务、更好地满足市场消费者的需求而进行的酒店产品和服务的创新改造。酒店集团通过多元化发展能够提升酒店的服务质量，增加酒店的经济效益。多元化发展是提升酒店集团竞争能力的重要途径。

3. 科技为先，智能化发展

技术的进步为全球酒店业带来了新的科技革命，国外著名的酒店集团都充分运用现代科学技术，并将其成功地运用到酒店的服务和管理中。酒店管理借助计算机以后，不仅大大提高了工作效率，而且也节约了人力资源，成本大大降低。在信息技术的帮助下，酒店可以随心所欲地为顾客提供人性化的服务，如美国希尔顿酒店管理学院设计的"21世纪酒店客房"拥有虚拟现实、生物测定等先进技术，从而赋予传统酒店客房舒适、安全等标准以全新的含义。科技的发展带动了酒店人性化设计的脚步，是全球酒店业未来发展的必由之路。

4. 节约环保，绿色化发展

随着地球温室效应的日益恶化，生态进一步失衡，"绿色运动"旋风席卷全球。营造绿色酒店、为社会环保做贡献已被所有酒店提上发展的日程。在这方面，国外的酒店集团，尤其是欧美国家已先行一步。营造绿色酒店不论对酒店、对顾客、对社会都具有积极作用。酒店早日实施绿色战略，不仅能节约成本，为酒店创造可观的经济效益，实现可持续发展，而且可迎合现代顾客的"绿色"需求，针对顾客的"绿色偏好"进行绿色生产及营销，形成市场卖点。重视环保，注重生态平衡，倡导绿色消费，开展绿色经营，加强绿色管理，已成为21世纪不可阻挡的洪流。

（三）中外酒店集团化的发展趋势

在未来的十几年乃至几十年里，中外酒店集团化发展的趋势将会呈现以下三大共同特点：

1. 超级化发展趋势

超级化发展趋势即通过不断扩大规模经济效益和范围经济效益来打造既大又强的超级酒店集团的趋势。"世界变得越来越小，集团变得越来越大"就是这一新趋势的真实写照。然而，推行"超级化"战略并不意味着规模越大越好，如果盲目地在同一地区、同一档次、同一范围内进行收购兼并或规模扩张，就难免会出现大而不强、集而不团、有规模无效益型的集团。推行"超级化"战略也并不意味着越全越好，如果一味地在经营范围、经营内容和经营形式上标新立异或盲目扩展，就难免会出现主辅不分、全而不特、有范围无效益型的集团。

2. 国际化发展趋势

国际化发展趋势即通过请进来和走出去的方式来打造既有国内竞争实力又有国际竞争优势的国际化酒店集团的趋势。"全面与国际接轨、做世界村公民"就是这一新趋势的真实写照。然而，推行"国际化"战略，并不意味着全盘西化或牺牲个性，如果只是盲目地开放引进或机械地吸收模仿，就难免会出现水土不服、邯郸学步式的克隆国际集团。伴随着世界一体化和经济全球化格局的形成，将会有越来越多的国际酒店集团涌入中国，同时也将会有越来越多的本土酒店集团走向世界；此间的游戏规则是"国际品牌本土化、国内品牌国际化"。只有那些在形式与内容方面已全方位与国际接轨并在此过程中始终保留个性特点的本土酒店集团才能有望在这场国际竞争国内化、国内竞争国际化的大比拼中永不言败。

3. 信息化发展趋势

信息化发展趋势即通过现代信息技术和互联网平台来打造既能独立运营，又能相辅相成的信息系统的趋势。"资源共享、竞合共赢"就是这一新趋势的真实写照。信息化的酒店集团可通过互联网这个平台为几乎所有的酒店、公司或集团提供网络版的前台运营系统（PMS）、后台管理系统（ERP）、客户关系管理（CRM）系统、供应链管理（SCM）系统、办公室自动化（OA）系统、中央预订系统（CRS）、知识管理系统（KMS）、远程教育/培训系统（E-learning/Training）等集团化服务，经营与管理产品，从而使分散的人力、物力、财力、信息等资源能够得到有效的使用、开发与共享，并通过竞合发展方式最终实现共赢。

二、管理手段向智能化、现代化发展

1. 管理信息化

要提高酒店竞争力，同样需要 IT 系统，甚至连企业文化建设都离不开 IT 系统。IT 正在成为推进酒店发展的原动力。

调查显示，大多数酒店的信息化应用水平还处在建立酒店内部局域网和邮件系统、外部网站等方面，而应用较好的酒店则集中体现在酒店局部的业务和管理环节的应用上，如财务、销售、客户管理、进销存等方面。

酒店要实现信息化，具体可以采用的高科技工具可以分类表述如下：

（1）采用酒店专版的电子网页，可以起到宣传酒店、吸引顾客眼球的作用。

（2）加入全球或全国的客房预订网络，能够让顾客实现即时的在线客房预订。

（3）在酒店接待顾客的区域采用酒店管理系统，可以保证服务质量、管理质量，提高工作效率。

（4）在酒店的内部采用物流、财务、工程、办公自动化等管理系统，可以提高酒店的资金使用效率，保证管理工作的及时性和准确性，保证服务中心部门给予利润中心部门全方位的有效支持。

当代酒店企业内部结构日趋灵活高效，更加强调信息的交流、共享和时效性。环境的复杂多变，要求企业的组织更富有弹性。其弹性主要反映在企业组织内部沟通和组织之间的协调上。信息技术可以通过提高组织的适应能力和反应能力来增强企业组织对外部环境反应的灵敏度，以及组织内部各部门之间沟通和协调的能力。酒店的高层管理者可以通过网络直接了解下情，把握动态，而一线员工也可以将最新的需求信息、服务情况及时向上反映。而且，网络为过去那些缺乏沟通的各部门业务人员提供了快速便捷的交流方式，从而使部门与部门之间可以更加协调、有效地开展工作。酒店营销战略的时效性、灵活性随之增强。

2. 设备智能化

现在的智能建筑管理系统（Intelligent Building Management System，IBMS）体现了当今的技术成就。酒店管理中"开源"与"节流"下的 IBMS 是智能大厦追求的目标，也是智能大厦的核心。这一集成包括系统集成、功能集成、网络集成和软件界面集成等多种集成技术，其目的是通过过程控制、控制管理、部门管理、决策管理的分级控制，达到最优化的管理。智能大厦是从写字楼、办公楼开始的，后来逐渐渗入酒店业。办公楼中的楼宇管理系统（Building Management System，BMS）与酒店管理系统（Hotel Management System，HMS）在管理思想上有着非常大的区别。因而，在对酒店管理一体化进行集成时，提出了"信息共享、分散控制"的要求。酒店在为顾客服务时,各部门要通力合作,对顾客的情况各部门都要了解,也就是要共享顾客的信息。这就是酒店提出的"信息共享"的依据。

三、绿色酒店成为新时尚

(一) 绿色理念

酒店为顾客创造舒适空间需要大量资源、能源,酒店业被认为是"高投入、高产出"的行业。酒店的高投入表现为建造过程中的高额投资,以及酒店在运行中的高成本。但是,酒店能否实现高产出却不是酒店自身能把握的,它依赖市场、依赖经济环境。当酒店不能实现高产出时,它的资源、能源效益就很低,大量的资源、能源被浪费。即使能维持高产出,酒店消耗的能源、资源也大大高于一般的行业,所以,在酒店的生产活动中资源、能源能否得到高效利用是绿色酒店理念的重要内容。

(二) 对绿色酒店的认识

"绿色酒店"至今还没有一个被广泛认同的明确定义。"绿色酒店"可以简单地翻译为"Green Hotel",但国际上又把"绿色酒店"翻译为"Eco-efficient Hotel",意为"生态效益型酒店"。应该说,"绿色酒店"或"Green Hotel"只是一种比喻的说法,用来指导酒店在环境管理方面的发展方向。我们可以将它理解为与可持续发展类似的概念,即指能为社会提供舒适、安全、有利于人体健康的产品,并且在整个经营过程中以一种对社会、对环境负责的态度,坚持合理利用资源,保护生态环境。在现阶段,我国的绿色酒店应尽可能做到:整个酒店的建设对环境的破坏最小,运行过程中资源、能源消耗尽可能低,向顾客提供满足人体健康需求的产品并能积极参与社会的环境保护活动。

1. 将酒店的建设对环境的破坏降到最小

酒店的建设需要使用土地、绿地、森林、水体等资源;同时酒店的建设风格也会影响自然景观、城市景观;酒店的建设和经营产生的废弃物排放将影响酒店周围的生态环境。所以,酒店的建设必须经过科学的论证、合理的规划设计,充分利用自然资源,减少人为的影响和破坏,将周围环境质量损失降到最低点。

2. 将酒店设备的运行对环境的影响降到最小

酒店设备运行对环境的破坏主要表现为两个方面:①设备消耗的能源;②生产过程中产生的"三废"(废水、废气、废渣)污染。酒店所需的燃油、天然气在地球上的储存量是有限的,它们在燃烧的过程中会对大气产生污染。同时酒店有大量的设备是以电力为动力的,电的生产也会对环境造成污染。所以酒店应选择节能设备,减少对能源的使用及由此带来的污染。酒店还应合理操作和配料,采用自动化控制技术,提高设备的运行效率,减少对外界环境的排放。

3. 将酒店的物资消耗降到最低点

酒店的生产经营离不开对各种物资的消耗,客人的消费过程和对客人的服务过程将会大量消耗物资。而物资生产本身又会使用各种资源,生产过程中产生的废弃物其排放会影响环境。由于物资使用的低效率,酒店生产将产生大量的废弃物,而固体废弃物的排放是目前环境治理的一个重要的问题。所以酒店要在内部尽可能实现物资的回收循环利用,提高物资的使用效率,减少浪费,减少固体废弃物的排放,并以此推动全社会对物资回收再利用的实现。

4. 酒店提供满足人体健康的产品

酒店是一个供人们生活、休憩、娱乐的场所，其内部生存空间质量是酒店产品质量的重要组成部分，直接关系到人们的健康。所以，酒店首先要确保室内外环境符合安全卫生的标准，同时应努力开发各种环保型产品、绿色产品以满足人们的需要，如开设绿色客房、无烟餐厅，提供绿色食品，开展保健服务项目等。酒店还需要通过室内外的环境绿化为顾客营造一个良好的自然空间。

5. 酒店积极参与社会的环境保护活动

环境保护工作是一项全社会的工作，每个人、每个企业的存在都不同程度地破坏着环境，所以每个人、每个企业都有义务为环境保护做出贡献。酒店参与社会的环境保护活动表现在以下几个方面：严格执行国家颁布的各项环保法规；积极配合政府进行的各项环境整治工作；主动为社区环境保护做贡献。

（三）绿色酒店的原则

绿色酒店需要有一些基本的原则来指导实际工作以支持它的持续改进和发展。

1. 再思考（Rethinking）——转变观念

环境问题的产生并不是人们故意破坏的结果，而是人们在追求经济发展、提高生产力、提高生活水平的过程中的一个副产品。尤其是20世纪90年代以来变得日益严重的一些环境问题，如固体废弃物的增加等现象，与产品生产者的生产理念、人们的生活理念有密切的关系。所以，酒店要重新思考现行的生产方式、经营方式和服务方式，将环境因素作为一个重要内容来考察现有行为的合理性，然后提出进一步的改进措施。

2. 再循环（Recycling）——节约资源

由于地球上的绝大多数资源都是有限的，因此要提高对它们的利用效率，一个较好的方法是对可循环使用的资源进行再利用。酒店内部首先要努力实现微观再利用，如中水的回用、冷凝水的回用等。但是纸张的宏观再利用，即纸的再生，在酒店内部是无法实现的，此时，酒店的任务是为宏观再利用创造条件，即把废弃的纸张从其他废弃物中分离出来，集中由废品处理站送到造纸厂进行再生。

3. 再减少（Reducing）——降低成本

简化、减少的根本目的是减少浪费、减少废弃物的产生，从而降低经营成本，提高资源效益。在大部分人的观念中，现代酒店就是豪华生活的代名词，所以酒店非常注重"包装"，包括对服务过程、对提供的物品的包装，正是这种包装使得酒店产生大量浪费并产生大量废弃物。典型的例子就是酒店提供的生活用品、卫生用品包装精美，但被顾客打开后就成了废弃物，酒店完全可以实施简化包装，既能节约资金，又可达到保护环境的目的。又如酒店为顾客一天一换床单，为此酒店每日有大量的床单要洗，用水量大大增加，而在不影响卫生标准的情况下，减少床单的更换次数可以减少水电的用量，减少织物、设备的磨损和洗涤工作量。

4. 恢复、补偿（Recovering）——改善环境

酒店存在大量对环境不利的因素，因此需要对这些因素进行改进，减少对环境的破坏；同时酒店要在可能的情况下投入资金，对已经造成破坏的环境进行治理，以使环境得到恢复和补偿。虽然环境在遭受到破坏后很难再恢复原貌，但是对它进行恢复和补偿是必要的，如酒店可以通过种植花草树木的方式来净化空气，补偿绿地的减少。

[关键概念]

文化四维度　表单管理　走动式管理　经营策略　集团化　信息化　智能化　绿色酒店

[课堂讨论]

结合酒店业的发展趋势，讨论哪种策略适用于客栈的发展。

[复习思考]

1. 什么是文化四维度？
2. 论述中国文化和以美国为代表的西方文化在商业管理中引发的差异。
3. 走动式管理在产业发展中需要引入什么样的思维，以对企业综合管理产生积极作用？
4. 无法正确地推行制度化管理可能会出现什么问题？当忽略感情管理因素时会出现什么问题？
5. 在全球化趋势下，国内现有的集团化酒店对于用工制度和工资制度应该有什么样的新举措和调整？
6. 什么是管理信息化？在酒店里的具体运用中怎么体现国际行业标准和企业标准化管理？
7. 讨论绿色酒店的推行以及在运营过程中内部和外部环境可能对其构成的影响。

中篇

酒店产品生产过程的管理

  酒店产品生产过程管理是酒店管理的重要组成部分,要提高酒店的竞争力、提高酒店的经济效益和社会效益就必须加强酒店产品生产过程的管理。围绕酒店市场改变观念、以人为本是实施酒店产品生产过程管理的必由之路。

  我国的酒店行业经历了 20 世纪 80 年代的萌动阶段,90 年代的成长阶段,直到近几年的加速扩张阶段,发展速度惊人。平均来看,最近 20 多年来,我国酒店的数量以每五年超过 50% 的速度增长。酒店业迅速发展的同时也带来了不少问题,过去酒店业的发展主要集中于高档酒店,可近几年的市场需求情况显示,为了适应国内旅游业的发展,满足普通消费者的需求,建设具有国际水平的经济型酒店、特色民宿、智慧酒店成为重要的课题。

  本篇按照酒店产品生产过程中涉及的业务运行部门管理来对教学内容进行安排,包含酒店服务管理、酒店人力资源管理、酒店营销管理、酒店财务管理、酒店物资与设备管理、酒店安全管理、酒店信息管理七章,旨在通过对这七章的学习,让学生掌握酒店各业务运行部门的管理。

第四章 酒店服务管理

[学习目标]

本章重点讨论酒店服务管理的基本知识。通过对本章的学习，学生要认识服务及酒店服务的含义与特性，了解并掌握酒店服务包的内涵、酒店服务管理的组成、酒店服务蓝图及服务流程设计、酒店服务质量控制、酒店顾客满意度管理以及酒店服务中的文化管理等知识和技能。

◆ [案例导入]

东方饭店顾客满意度的管理

于先生因公务经常到泰国出差，并一直下榻在东方饭店，第一次入住时良好的饭店环境和服务就给他留下了深刻的印象，当他第二次入住时酒店服务的几个细节使他对饭店的好感迅速升级。

那天早上，在他走出房门准备去餐厅的时候，楼层服务生恭敬地问候："于先生是要用早餐吗？"于先生很奇怪，反问："你怎么知道我姓于？"服务生说："我们饭店规定，晚上要背熟所有客人的姓名。"这令于先生大吃一惊，因为他频繁往来于世界各地，入住过无数高级酒店，但这种情况还是第一次碰到。

于先生刚走进餐厅，服务小姐微笑着问："于先生还要老位子吗？"于先生的惊讶再次升级，心想："尽管我不是第一次在这里吃饭，但最近的一次也有一年多了，难道这里的服务小姐记忆力那么好？"看到于先生惊讶的目光，服务小姐主动解释说："我刚刚查过电脑记录，您于去年的 6 月 8 日在靠近第二个窗口的位子上用过早餐。"于先生听后兴奋地说："老位子，老位子。"服务小姐接着问："老菜单？一个三明治，一杯咖啡，一个鸡蛋？"现在于先生已经不惊讶了。"老菜单，就要老菜单！"于先生已经兴奋到了极点。

后来由于业务调整的原因，于先生有三年没有到泰国去了，于先生生日的时候，突然收到了一封东方饭店发来的生日贺卡，里面还附了一封短信，内容是："亲爱的于先生，您已经有三年没有来过我们这里了，我们全体人员非常想念您，希望能再次见到您。

今天是您的生日,祝您生日快乐!"于先生当时激动得热泪盈眶,发誓如果再去泰国,绝对不会到其他的任何饭店,一定要住在东方饭店,而且要说服所有的朋友也像他一样选择。于先生看了一下信封,上面贴着一枚6元的邮票,6元钱就这样买到了一颗满意的心!

从上面的案例中可以看到,东方饭店对顾客服务的宗旨就是留住每一位顾客的心。顾客信息及时准确、细微服务温馨到位,让顾客感到意外、惊喜与满意。

第一节 酒店服务管理概述

一、对服务的诠释

对服务的研究起源于经济学领域,最早可以追溯到亚当·斯密时代,在总结国内外学者对服务定义的基础上,我们认为:"服务是发生在特定经济阶段的无形性活动,服务的供需双方通过互动关系得到了各自利益的满足,但总体上不涉及所有权的转移。对服务提供者而言,互动过程的核心内容需要一定的支持设施,服务可能或不可能与物质产品相连,但服务的结果却不可储存。对服务接受者而言,可能并不会得到实体结果,服务更注重心理和精神感受。"在我们的定义中,对服务做了总体的概括,这有助于对服务内涵的全面理解。

1. 反映服务的广义性

服务是经济发展到一定阶段分工进一步细化的产物。随着社会经济的精细化,服务的外延不断拓展,服务的内涵也必然有所反映。服务的定义将随着服务业范围的拓展而不断扩大和充实。

2. 反映服务的基本特性

在服务的定义中,我们总结了与物质产品有本质区别的服务特性。由于服务的抽象性和复杂性,有时用直接的语言往往很难来描述服务的内涵,因此需要借助服务的基本特性来对服务内涵进行说明,以便能把服务的定义阐述得更加清楚和全面。可以用服务的无形性、不可储存性、不可分离性、不可控制性等最基本的特性来辅助说明服务的内涵。

3. 反映服务的系统性

服务系统由四个基本要素构成——支持服务的设施、服务中的实体产品、顾客得到的中心利益、附带利益。服务需要支持设施,同时服务中也可能伴随着实体产品,而且服务互动的结果是顾客得到了利益。对服务系统的把握,可以从总体上系统地掌握服务的定义。

4. 反映服务产生的原因

服务的形成既有社会经济发展所产生的宏观原因,也有服务供需双方的微观因素。服务发生的微观因素基于服务的供需双方,而两者之所以会发生互动是由于交换使双方的利益都得到了满足,实现了社会资源的优化配置。服务产生的原因对于说明服务的内涵同样有重要的意义。

二、服务的特性

1. 不可转移性

服务是发生在特定经济阶段的无形性活动,服务的供需双方通过互动关系得到了各自利益的满足,但总体上不涉及所有权的转移。

2. 不可储存性

对服务提供者而言,互动过程的核心内容需要一定的支持设施,服务可能或不可能与物质产品相连,但服务的结果却不可以储存。

3. 无形性

对服务接受者而言,可能并不会得到实体结果,服务更注重心理和精神感受。

三、对酒店服务的几点解释

酒店服务(Hotel Service)是有形的实物产品和无形的服务活动所构成的集合体,通过人的行为最大限度地满足顾客需求以及由此带来的酒店与顾客双方互动的结果。这里人的行为具体包括:酒店员工与客人的直接接触、酒店员工借助有形的媒介与客人的间接接触以及为实现以上两种接触必需的酒店内部的协调、管理和激励等活动。要满足不同客人的不同需求,需要服务人员从仪容仪表、态度、语言、服务行为等各方面保持最佳的状态。西方酒店界认为,服务就是"SERVICE",每个字母都有着丰富的含义。

S—Smile(微笑):这是一种各国客人都理解的世界性的欢迎语言,是与客人正常友好交流的最基本的手段。

E—Excellent(杰出的):要求我们的员工是最优秀的,我们的服务是最优质的,我们提供的服务产品也是最一流的。

R—Ready(准备):以最佳的、最有效的姿态站立,时刻准备为客人提供服务。

V—Viewing(观察):时刻关注客人,及时发现客人的需求,争取在第一时间为客人提供有效服务。

I—Inviting(诱人的):要求酒店提供的菜品是美味可口的、客房是安全舒适的、娱乐项目是健康刺激的。

C—Creating(创造):因人、因地制宜,提供相应的服务内容,根据客人的个性化需求提供创造性的服务。

E—Eye(眼神):用眼光和客人交流;及时发现客人的困难,主动问询,采取措施进行服务补救。

四、酒店服务的特性

从 20 世纪 70 年代以来,西方营销学家从服务特性的角度出发,来探索服务的本质,并总结出对大多数服务都适用的服务四大特性,即无形性、不可分离性、不可储存性、不可控制性。酒店服务除了具有一般服务的特性外,还有自己独特的属性——不可转移性。

1. 酒店服务的无形性

无形性被认为是服务产品的最基本特征,也是服务最为显著的一个特征。酒店服务的无形性又可以称为抽象性,是指酒店服务与物质产品相比较没有一定的状态,又不可看到和触摸，而且在服务交付之后没有实体结果。虽然酒店服务需要有形设施、设备和辅助物品的支持，但它们只是作为酒店服务生产的条件而存在，顾客真正感觉、评价和衡量的服务质量来自于与服务人员的互动，而且在酒店服务完成之后，顾客没有得到任何实体内容，得到的只是感受和体验。例如，酒店产品需要建筑物、客房、餐饮、娱乐等各种设施设备的支持，但这些实体成分并不是交换的本质，只有前厅服务、客房服务、餐饮服务、娱乐服务才是顾客想得到的交换内容，它们是无形和抽象的，顾客在消费结束后，也没有得到实体内容。

2. 酒店服务的不可分离性

酒店服务的不可分离性是指酒店服务的生产和消费具有不可分离的特性，即酒店服务生产和消费是同时进行的。它不像有形产品，从设计、生产到流通和消费全过程，需要经过一系列中间环节，其生产和消费过程具有明显的时间间隔。酒店服务人员在为顾客提供服务的同时，顾客也在进行着消费。酒店服务的提高必须是以顾客的到来为前提的，没有顾客参与，酒店服务就不可能发生。当顾客消费结束时，酒店服务过程也自然结束。

3. 酒店服务的不可储存性

酒店服务的不可储存性是指服务的即逝性。酒店服务的无形性以及酒店服务的生产和消费同时发生的特点，使酒店服务不可能像有形产品那样储存起来以备将来销售和使用，在某特定时间内没有出售的服务将不复存在。例如酒店的客房、餐厅的位子都有特定的时间价值，如不能在有效的时间内销售出去，则客房、餐位这次的服务价值就不能体现，也不能储存起来。在下个时段客房和餐位有它们属于那个时段的价值，没有实现的价值只能流失了。

4. 酒店服务的不可控制性

酒店服务的不可控制性是指酒店服务的构成成分以及质量水平经常变化，难以统一界定。首先，酒店服务的不可控制性表现为服务提供质量的差异性。不同的员工在服务现场会有不同的服务表现。即使是同一名员工在不同的时间段提供的服务也会不尽相同，这是由组成服务质量的多重属性所决定的。其次，表现为顾客评价的差异性。不同的顾客由于年龄、性别、职业、文化程度、个性偏好以及经历和文化背景的差异，必然造成他们对服务质量期望的差异性。因此，即使酒店提供相同服务标准的服务，不同的顾客也会做出不同的评价。再次，表现为其他顾客对服务评价的影响。顾客在旅游活动中一般都要和其他顾客发生一定程度的接触，其他顾客对服务质量的评价显然会影响顾客的判断和评价，使服务质量更加不可控制。最后，表现为管理者难以有效控制服务质量。由于酒店服务生产与消费的同时性，管理者或质量控制部门很难介入员工和顾客互动的过程，对服务质量进行有效监控，因此，服务现场关键时刻服务质量的输出主要依靠服务人员的表现。

5. 酒店服务的不可转移性

物质产品在生产出来以后，需要经过一定的流通环节才能为消费者所消费，表现为实物形式的流动。由于吸引顾客的旅游吸引物不可能发生空间移动，因此旅游活动主要表现为人的流动。同时，因为酒店服务表现为对一定旅游吸引物的依附性，因此就使酒店服务显现出不可转移性，即通过顾客的空间移动来进行酒店服务消费。另外，酒店服务的不可转移性还表现在顾客在消费服务时，多数物质的所有权不发生变更，这与物质产品交换时伴随着所有权的转移，有着本质的区别。例如，顾客下榻酒店，购买了两天的客房服务，他拥有的只是两天的房间使用权，而不是房间的所有权。同样，到餐厅去用餐，他们获得的是座位的使用权，而不是所有权。

五、酒店服务模式

1. 规范化服务

规范化服务即无差异服务，是对所有客人提供的统一的服务模式。它的实质是标准化服务、程序化服务，规范化服务是保障服务质量的基础。

2. 个性化服务

个性化服务是指在服务规程的基础上，根据宾客的需求特点，提高相应的超越规程的特别服务。它强调客人满意的最大化，即使客人感受到物质上的舒适、方便和精神上的舒心、愉快。个性化服务是相对于规范化、标准化提出来的，又是在规范化服务基础之上应运而生的，是服务范围的扩展和服务品位的提升。个性化服务并非随心所欲、没有标准和程序的服务，而是源于规范服务，高于服务规范，两者之间存在着相互依存、相互促进的关系。如果服务只停留于和满足于规范化、标准化，不向个性化服务方向延伸和扩展，就很难满足宾客千差万别的需要和适应市场激烈竞争的形势。个性化服务的内容和形式一旦被多数宾客接受和称道就有可能被纳入新的规范化服务的范畴，两者之间这样不断创新和转化的过程必然会不断丰富酒店服务的内涵，提升酒店服务的品位。

六、酒店服务包

酒店服务包（Hotel Service Package）是指在某种环境下酒店提供的一系列产品和服务的组合，该组合有以下四个特征：

1. 支持性设施设备

支持性设施设备是指保障酒店服务传递必需的物质性资源，参与了酒店服务的全过程，是酒店和顾客互动过程中的辅助性资源，对服务质量有重要的影响。例如，酒店中的建筑物及装饰装潢、中央空调系统、安全监控系统、视听系统、预订系统等。

2. 辅助性物品

辅助性物品是指顾客在酒店消费过程中购买和消费的物质产品。辅助性物品虽小，却是酒店消费过程中不可缺少的消费内容，也构成了酒店服务质量的一部分。由于辅助性物品是顾客满意度中的期望水平，因此具备这些服务内容，就会让顾客满意。但若是缺少辅助性物品，则不会让顾客满意。例如，酒店客房中的信纸、信封、圆珠笔、衣架、肥皂、浴液、浴巾等。

3. 显性服务

显性服务是指顾客可以用感官觉察到的，构成酒店服务基本或本质特性的利益。显性服务是顾客在酒店服务过程中最直接的服务体验，由于可以直接感觉到，因此顾客可以立刻做出服务质量的评价。例如，酒店前台登记的时间、客房中床的舒适程度、酒店对顾客投诉的反应时间等。

4. 隐性服务

隐性服务是指顾客在酒店服务过程中能模糊感到服务带来的精神上的收获，或服务的非本质特性。例如，酒店大堂的环境气氛和豪华程度，顾客私人空间的保密性和安全性。由于隐性服务具有抽象性的特点，又因为顾客的个体差异性，因此顾客对隐性服务的评价往往带有主观性。酒店服务偏重于给顾客带来精神和心理上的享受，这使酒店更应注意隐性服务。

第二节　酒店服务管理的组成

一、前厅服务管理

酒店前厅是销售酒店产品、组织接待服务、调度经营业务、沟通联系各方面的业务机构，也是酒店服务的窗口和门面。

（一）前厅服务系统

根据顾客在酒店前厅的活动规律可以将前厅的服务系统分为以下几个方面：

1. 售前服务

售前服务包括：①远程咨询服务。顾客在入住酒店之前，会通过各种形式与酒店进行接触，这也是顾客评价酒店服务质量的第一步，如电话咨询、网络咨询等，这一过程的互动质量直接决定交易是否能够完成。②预订服务。预订的形式主要有电话、传真、信函等，顾客也可以通过一般预订系统、中央预订系统（CRS）、全球分配系统（GDS）、订房中心等进行预订。酒店需要根据顾客预订的方式（临时性预订、确认性预订、保证性预订）和酒店客房使用的状况及时给顾客信息反馈。③迎接非住店顾客。酒店前厅是公共活动的空间，不仅供住店顾客停留，也可供非住店顾客活动，对待他们应一视同仁。因为一些非住店顾客可能是酒店潜在的顾客。

2. 售中服务

售中服务是指顾客在抵达酒店、在酒店停留期间以及离开酒店时，酒店前厅为顾客提供的各项服务。它包括：①顾客到达酒店时，门厅提供的迎接服务、行李服务、拉门问候服务等，总服务台提供的登记服务，登记的时间常常是顾客关注的重要质量标准。②顾客逗留期间的问讯服务、委托代办服务（又称金钥匙服务）、总机服务、客账管理服务、商务中心服务等。③顾客离店时，提供的结账服务、寄存行李服务、欢送服务等。

3. 售后服务

售后服务包括两个方面的内容：①建立客史档案，对顾客的地理分布和人口信息进行市场分析，并记录顾客住店期间的活动情况。客史档案可以为酒店有效开展营销活动创造条件，如实施关系营销的个性化服务、有效选择广告方式、潜在客源市场的开发等。②与顾客保持联系，即在顾客离开酒店后，与一些重要顾客或潜在重要顾客保持联系，加强沟通，这有助于获得重要的服务和营销信息，为酒店提供优质服务和开展创新性营销活动创造条件。

（二）前厅优质服务质量标准

在对前厅服务系统了解之后，需要制定质量标准对影响前厅服务质量的各个环节进行有效控制。前厅服务质量标准包含三个方面：前厅硬件标准、软件标准及人员标准。

1. 硬件质量标准

硬件质量标准是指服务发生时物理环境的各个方面，顾客和服务人员的互动在此进行。酒店前厅的硬件质量包括服务设施设备（数量和质量）、大气特征（色彩与照明、背景音乐的音量与音高、气味、空气清新度、温度、湿度、环境的清洁度等）、视觉空间（采光、设施设备的定位与布局、装饰装潢、假山、喷泉、线条、图案等）三个关键因素。

2. 软件质量标准

软件质量标准是指服务发生的程序性和系统性。它包括：①时间概念，即对顾客特别关注的服务环节，通过时间概念来体现高质量的服务，如前厅登记、结账的时间，前厅各岗位接听电话的时间等。②协调性，即前厅各部门之间、前厅与其他部门之间是否保持服务系统的有效衔接，如预订与接待、收银台的相互协调；总服务台与客房对房态的控制等。③弹性，即服务系统是否会根据顾客需求的变化而具有较强的适应性和灵活程度，如旺季散客和团体顾客分开登记可以减少顾客的等待时间。④预见性，即是否能根据顾客的语言、行为、表情等来预见顾客的需求，并在顾客提出之前，提供有针对性的个性化服务。⑤有效沟通，即酒店前厅部与外部顾客以及部门内部进行信息双向交流的过程是否顺畅，如顾客满意度调查、顾客投诉的处理、顾客档案建立等。

3. 人员标准

酒店前厅服务涉及人与人之间的接触，顾客在接触过程中可直接感受到服务人员的礼貌礼节、仪表仪容、服务态度等，并据此判断酒店的服务精神和服务意识等服务质量的软性因素。人员标准包括：①礼貌礼节。酒店业是好客工业，以员工为载体的礼貌礼节就成为服务工作的重要内容。礼貌礼节的标准体现在语言、形体规范（站立、行走、坐姿、接听电话、待人接物）等方面。②仪表仪容。这是酒店有形展示的重要内容。其标准涉及对头发、五官、手、工作装、铭牌、鞋、袜等的具体要求。③服务态度。这是指服务人员对客服务中所体现出的心理倾向性，如是否能全身心地关注顾客的需求，服务技能技巧的运用是否得体，是否能站在顾客的立场上解决问题，是否愿意帮助顾客等。

(三) 制订前厅服务管理计划

前厅服务管理计划是一项系统的工程，涉及服务前的准备、服务提供、服务提供结束后延伸过程等多个方面。因此需要综合考虑，把握关键环节。

1. 员工的参与

员工的参与是做好服务管理计划的前提。一方面，来自不同部门和岗位的员工可以把服务现场获得的顾客信息传递给管理层，其中有价值的信息可通过加工渗透到服务管理计划中去；另一方面，由于员工的参与，服务管理计划具有可操作性，并能得到员工的认同。

2. 前厅服务管理的关键时刻

顾客从入住酒店开始，就会形成在前厅的活动周期，这是前厅制订服务管理计划所要研究的重点内容。在掌握顾客活动周期的基础上，可以提炼出对顾客满意度有重要影响的关键时刻。关键时刻是顾客与酒店前厅接触的各种场合，也是顾客满意度形成的评价点，顾客会根据这种评价的总和，决定是否再次光顾该酒店。

3. 服务人员的管理

服务人员的管理始于员工的招聘，招聘那些在性格、知识能力、态度等方面都与前厅服务工作相适合的员工对于酒店来说十分重要，这关系到是否能输出让顾客满意的服务质量。招聘之后还需要让员工在完善的培训体系中接受知识、技能、态度的进一步熏陶，使他们能更好地以顾客为中心提供服务。最后，在制度和激励方面应给员工在服务现场发挥的空间。有效的人员管理是保证服务管理计划从制订、实施到评价、矫正的最为坚实的基础。

二、客房服务管理

客房是酒店的主要产品，客房服务是酒店服务的重要组成部分，也是构成完整的酒店客房产品的要素。这在很大程度上体现了酒店的整体服务水平及服务质量。

（一）客房部对顾客服务的特点

首先，要体现"家"的环境和氛围。酒店是顾客的"家外之家"，酒店应关注客房的每一个细节，来塑造家的温馨感觉。例如日本东京帝国酒店通过被子的长短来增加季节感，给顾客"家"的感觉。夏天的被子短一些，顾客可以露出脖子；冬天的被子长一些，可以盖住脖子。其次，要体现物有所值。客房应舒适、清洁、安全、新鲜，让顾客感觉这是一个新产品而不是其他顾客使用过的产品。同时，服务应细致周到，让顾客体会付出与得到符合自己的期望。最后，服务形式为"明暗兼顾"。"暗"是指客房产品的生产过程，如做房、做夜床是在幕后完成的。由于顾客得到的是服务结果，因此质量评价较为客观。"明"是指直接与顾客接触，给顾客提供服务的过程，如物品租借服务、访客接待服务等，顾客对服务过程质量的评价往往较为主观。

（二）客房服务管理的主要内容

1. 客房硬件设施

客房硬件设施包括家具设备、电器设备和卫生设备。客房硬件设施的装饰布置应以客源市场顾客的需求为指导，以功能需要为基础，遵循经济美观的原则；并能反映智能化的要求，体现民族和地方特色。

2. 客房接待服务

客房接待服务可以分为四个环节：服务准备、接待服务、日常服务和离店服务。顾客到达前，要检查客房是否达到了质量标准，或根据顾客的个性化需求进行布置安排。顾客到达时，客房服务人员要主动欢迎顾客，热情向他们介绍酒店的服务项目和房间设施设备的使用方法。顾客住宿期间，按操作规程整理房间，更换和补充日用品，提供顾客需要的临时服务。顾客离店时，及时通知收银台核对顾客账单，并检查客房，帮助顾客办理所需手续，欢送顾客再次光临。顾客离开后立即整理客房，准备接待其他顾客。

3. 客房卫生管理

卫生是对客房最基本的要求。客房卫生管理包括房间卫生和公共卫生。房间卫生包括卧室、卫生间和会客室的卫生管理。公共卫生包括酒店的前厅、餐厅、宴会厅、行政办公室、公共卫生间、停车场、楼梯等的卫生。

（三）客房服务质量标准

客房服务质量标准包括硬件标准和软件标准。

1. 硬件标准

酒店硬件标准包括数量和质量两个方面。酒店可以根据自身的档次和等级，参照《旅游饭店星级的划分与评定》（GB/T 14308—2010）来规划硬件，也可以根据酒店的定位，从满足目标顾客需求出发来确定客房硬件的标准。

2. 软件标准

（1）服务程序标准：服务操作环节的时间顺序标准，即服务操作时先做什么、后做什么。

（2）服务效率标准：对顾客服务时的时效标准，如打扫大型双人床客房40min，普通双人床客房30min，单人间20min，套房60min等。

（3）服务状态标准：服务人员言行举止所应达到的标准，如迎接顾客时要站立服务、面带微笑、使用敬语。

（4）服务技能标准：服务人员服务操作水平所应达到的标准，如铺床的标准、做夜床的标准等。

（5）服务规格标准：针对不同类型的顾客所制定的标准，如根据贵宾顾客不同的级别来布置房间，按照长包房顾客的要求来调整房间布置等。

三、餐饮服务管理

优质的餐饮服务是以一流的餐饮管理为基础的，餐饮服务管理是餐饮管理体系的重要组成部分，做好餐饮服务管理是做好酒店餐饮管理的最重要的任务之一。餐饮服务管理的内容主要包括餐饮服务环境的安排、餐饮服务方式的确定、餐饮服务质量的控制等。

（一）营造良好的餐饮服务环境

餐饮服务环境是指就餐者在餐厅等消费场所用餐时周边的境况。这些境况大致包括餐厅面积、空间、档次、风格、光线与色调、温度、湿度、声音等诸多方面。就餐者到酒店就餐，在消费酒店提供的美味佳肴和优良服务的同时，还会从周围的环境中获得相应的感受。因此，搞好餐饮服务管理的第一步，首先应该是向就餐者提供一个舒适、美好的就餐环境。

1. 影响因素分析

影响服务环境布置与安排的因素有：餐饮机构的市场定位、营业场所的建筑结构、餐饮机构所提供的服务类型、餐饮机构的档次和规格、餐饮机构所处的位置、企业的资金能力。其中营业场所的建筑结构、企业的资金能力和餐饮机构的市场定位这三个因素尤为重要。因此，餐饮经理和经营人员要分清主次，做好餐饮服务环境的布置与安排。

2. 餐饮服务场所的设计与布局

餐饮服务场所的设计与布局，应能提高对客人的吸引力，使其产生好感与信任感。在设备上，讲究实用性；在格调上，力求美观脱俗，表现个性与特色。要追求最佳创意效果，应该做到"只此一家，别无分店"。因此，好的餐饮服务场所的设计与布局有利于餐饮产品的服务与销售，能让顾客流连忘返，吸引顾客再次光顾，并能在同行业竞争中立于不败之地。

餐饮服务场所的设计与布局内容包括：餐厅的店面、外表设计；餐饮服务场所内部空间、座位的安排与布局；餐饮服务场所的人员流动线路安排；餐饮服务场所的光线与色调；餐饮服务场所的温度调节；餐饮服务场所的音响调节等。

（二）确定餐饮服务方式

餐饮服务方式是一个地区、一个民族在长期的餐饮发展过程中逐步形成的饮食习惯，并作为约定俗成的相对固定的形式得到人们的普遍承认。确定服务方式的目的，是使酒店餐饮部能够依据不同的服务对象、不同的服务要求等为就餐者提供标准的、规范的服务，这样可使酒店的服务质量相对稳定，还可使服务成本恒定在一个相对固定的水平，顾客花多少钱与获得怎样的享受是对应的。

服务方式大体可以分为中餐和西餐两大类，西餐服务方式还可以细分为法式、俄式和美式。中餐服务方式主要建立在中菜发展的基础上，中餐服务同传统的家庭用餐方式既有区别，又有联系。西餐的服务方式，是西方文明发展进程中的产物，它既反映了西餐进食的要求与特点，又体现了服务过程中对服务对象需要倾注更多的个人照顾与关怀。近年来，中餐借鉴了西餐服务的许多做法，中餐服务更趋于科学化、规格化。规范、长期稳定的餐饮服务方式，可使酒店树立良好的社会形象。

(三) 有效控制餐饮服务质量

餐饮的每一项工作都是围绕着给顾客提供满意的服务进行的，这是进行餐饮服务质量控制的目的。要进行有效的餐饮服务质量控制，必须具备以下三个基本条件：

1. 建立良好的服务规程

为了提高和保证服务质量，应把服务规程视为工作人员应该遵守的规则，视为内部服务工作的法规。服务规程是餐饮服务所应达到的规格、程序和标准。

餐饮服务规程，必须根据住店客人和用餐者的生活水平来制定。另外还要考虑到市场需求、酒店等级和风格、国内外先进水平等因素的影响，结合具体服务项目的目的、内容和服务过程，来制定适合本酒店的标准服务规格和程序。例如，西餐厅的服务规程更应适应欧美顾客的生活习惯。餐厅必须分别对零点、团队餐和宴会、咖啡厅、酒吧等的整个服务过程制定出迎客、引座、点菜、走菜、酒水服务等全套的程序。

2. 广泛收集质量信息

餐厅管理人员应该知道服务结果如何，即顾客是否满意，从而决定是否采取改进服务、提高质量的措施。

应根据餐饮服务的目标和服务规程，通过巡视、定量抽查、统计报表、听取顾客意见等方式来收集服务质量信息。

3. 做好员工培训工作

企业之间服务质量的竞争主要是人才的竞争、员工素质的竞争。很难想象，没有经过良好训练的员工能提供高质量的服务。因此，新员工上岗前，必须对其进行严格的基本功训练和业务知识培训，不允许未经职业培训、没有取得一定资格的人上岗操作。在职员工也必须利用淡季和空闲时间接受培训，以提高业务技术，丰富业务知识。

第三节 酒店服务蓝图与服务流程设计

酒店服务的无形性，使其经常在没有具体说明或者没有正式的、客观的描述下就被交付给顾客，这无疑会加剧顾客购买服务的风险。借鉴工程设计的原理，在规划酒店服务系统之前，可以先设计酒店服务系统的图样——酒店服务蓝图。

一、酒店服务蓝图的概念

(一) 酒店服务蓝图的内涵

酒店服务蓝图是描述酒店服务传递过程的可视技术，是详细描画酒店服务系统的图片或地图。如同技术人员一样，酒店服务过程中的不同人员可以通过酒店服务蓝图理解几个方面的内容：酒店服务的实施过程、酒店服务接待地点、顾客的角色以及服务中的可见要素。

(二) 酒店服务蓝图的构成

酒店服务蓝图的构成要素包括：顾客行为、前台员工行为、后台员工行为以及支持过程。顾客行为是指顾客在购买、消费和评价酒店服务过程中的步骤、选择、行动和互动。例如，在酒店服务中，顾客行为可能包括：决定外出旅游、咨询和预订客房、办理登记手续入住酒店、在酒店中接受服务（住宿、餐饮、娱乐、购物、交通、商务等）、结账离开酒店。前台员工行为是指顾客能看见的服务人员表现出的行为和步骤。例如，顾客入住酒店，可以看到的前台服务人员的服务有门厅的迎接服务、行李服务、总服务台办理住宿登记的服务、客房服务人员的相关服务（迎接、热水、访客接待）、其他服务（餐饮服务、商务中心服务、订票服务等）、总服务台的结账服务等。后台员工行为是指服务人员在顾客视线之外所从事的行为，这些行为将影响前台行为的质量，如前厅服务人员的夜间稽核、前厅接待员分配房间等。支持过程是指内部服务或者支持服务人员履行的服务步骤和互动行为。例如，酒店中的工程维修、保安服务、厨房生产、电话总机、采购工作等是属于支持过程行为的工作。

二、酒店服务蓝图的建立

（一）建立酒店服务蓝图的意义

（1）提供全局性的观点，让员工树立整体性的服务意识，找准自己在蓝图中的位置，并考虑自己能为整体性服务做些什么，从而在员工中树立以顾客为导向的服务意识。

（2）识别服务过程中的薄弱环节，然后确定服务质量改进的目标。

（3）通过服务人员与顾客的接触线，发现顾客在何处感受并评价服务质量，从而促进服务的设计。

（4）通过内部互动线的显示，发现顾客在服务现场的接触点，以促进服务传递质量的持续改进。

（5）通过显示服务过程的构成要素和关系，促进服务战略的形成。

（6）为识别成本、收入以及向不同的服务要素投资提供基础。

（7）为外部营销和内部营销活动提供重要的基础。

（8）提供一种由表及里的提高服务质量的途径。

（二）建立酒店服务蓝图的步骤

建立酒店服务蓝图是一项系统的工程，需要以顾客信息为基础，酒店各职能部门密切配合才能完成。

1. 识别制定酒店服务蓝图的意图

在开发酒店服务蓝图之前，首先需要识别制定蓝图的目的，并就此在旅游企业内部达成共识。酒店服务蓝图可以在不同的层面上开发，既可以在企业整体层面上开发，不涉及具体的服务细节，如酒店的整体服务蓝图，也可以在职能部门的层面上开发，如酒店前厅部服务蓝图，还可以就某一具体业务进行开发，如送餐服务的服务蓝图。另外，还可以基于某些特定的细分市场或者某些服务产品进行服务蓝图设计，如会议产品的服务蓝图、婚宴产品的服务蓝图等。

2. 识别顾客接受服务的经历

任何一家酒店都服务于特定的细分市场，而不同细分市场的顾客需求存在差异，他们对服务质量的期望也不尽相同。因此，酒店需要在选择目标市场的基础上，根据目标市场顾客的需求，确定他们接受服务的经历和过程。例如，酒店中团队观光顾客和商务顾客存在需求上的差别，他们在酒店中的活动规律也存在不同。

3. 从顾客角度描绘服务过程

该步骤是指站在顾客的角度来描绘顾客在咨询、消费以及评价中所经历的选择和行为。如果描述的是内部服务，则顾客就是参与外部顾客服务的员工。从顾客角度认识服务过程，可以将注意力集中在顾客关注的关键性服务环节和关键服务要素上，避免从主观角度认识顾客需求，造成酒店资源的浪费和顾客满意度的下降。

4. 描绘前台和后台员工的行为

首先画出顾客与服务人员的接触线以及区别前台行为和后台行为的可视线。然后从顾客角度和服务人员的角度设计绘制过程，并区分出前台行为和后台行为。若是对现有服务的描述，则可以向一线服务人员征询其行为，以及哪些行为顾客可以看到，哪些行为发生在幕后。

5. 把顾客行为、服务人员行为和支持性行为进行组合

首先画出酒店内部服务的互动线，然后识别出服务人员的行为与内部职能部门的联系以及联系的程度。从中可以发现服务行为的关键性支持因素，也就是说这些因素与顾客满意度的关联性较强，需要引起酒店的高度重视。

6. 在每个顾客行为上加上有形展示

酒店服务蓝图开发的最后一个步骤就是在蓝图上添加有形展示的内容，以此说明顾客在每一个服务经历中所需要的有形物质以及应看到的实体内容。这些物质实体可以通过照片、录像等形式加以反映，以帮助分析有形展示对顾客感知服务质量的影响以及是否与企业的服务战略和服务定位保持一致。

三、酒店服务流程设计

酒店服务流程设计是指以酒店服务蓝图为指导，对服务过程进行综合、全面的安排和策划的过程，它是酒店服务传递系统的重要组成部分，并体现酒店的经营理念和服务战略思想。酒店服务流程受多种因素的影响。因此，其设计既要考虑顾客的需求和竞争因素，又要分析企业的内部资源状况，同时还要用动态的观点来指导设计过程，在实践中不断地改进和完善。首先应根据不同的服务性质来认识酒店服务流程的分类，然后阐述酒店服务流程设计的一般方法，最后分析对酒店服务流程有重要影响的支持性设施的设计。

（一）酒店服务流程的分类

酒店服务流程的分类为进行流程的设计提供了依据。酒店服务流程的分类可以使用三个维度的标准：服务的差异性（标准化服务和个性化服务）、服务的客体（实物、信息和人）以及顾客的参与程度（无参与、间接参与和直接参与）。具体分类见表4-1。

表4-1 酒店服务流程的分类

		低差异性（标准化服务）			高差异性（个性化服务）		
		实物加工	信息处理	人员处理	实物加工	信息处理	人员处理
顾客无参与		干洗衣服 餐具清洗	预订登记 夜间稽核		按照顾客要求的烹饪方法制作菜肴	根据数据库顾客的偏好设计客房	
顾客间接参与			顾客向酒店预订客房				
顾客直接参与	不发生人员交互作用	酒店中的自助早餐	酒店前厅的自动查询系统	顾客自己操作电梯 顾客使用客房设施	酒店的送餐服务	顾客在酒店前厅信息夹上收集酒店信息	顾客使用酒店健身房的设施
	发生人员交互作用	酒店前厅的行李服务 餐厅中的用餐服务	酒店电话总机的叫醒服务	酒店提供的市内交通服务	根据顾客要求提供客房鲜花服务	前厅的问讯服务	酒店美容中心的服务

1. 酒店服务的差异性

低差异性的标准化服务是通过提供数量有限的集中化服务来获得高销售量的服务形式。由于该种服务的附加值较低，竞争优势来源于较低的成本，因此酒店经常提高服务过程的标准化程度，并用技术来代替人力。这样，一方面可以降低服务运营的成本，另一方面可以保持稳定的服务质量。

对高差异性服务而言，则是通过高附加值的服务来获得竞争优势。如果说标准化服务的优势参数是"数量"，个性化服务则是以"质"和"特"来取胜。

2. 酒店服务的客体

酒店服务过程伴随着实物产品的接触，首先要分清服务作用客体的所有权。对服务作用客体所有权属于顾客的，服务过程中不能有任何的差错，如行李员在搬运顾客的行李时，不能损坏或遗失。而对于酒店提供的辅助产品，并将其作为服务包的组成部分时，则必须考虑辅助产品的库存和质量，如酒店客房中使用的低值易耗品。

3. 顾客的参与程度

顾客参与酒店服务传递系统有三种基本的方式：①顾客与服务人员直接参与服务过程，顾客对服务环境和服务过程及结果有详细的了解；②顾客通过电子媒体间接参与服务过程；③服务过程在完全没有顾客参与的条件下独立完成。顾客直接参与又可以分为两种情况：与服务人员无交互作用（自助服务）和与服务人员有交互作用。自助服务对顾客很有吸引力，因为顾客可以通过提高参与服务过程的程度，减少购买服务的成本、节约时间或提高便利程度，如价格降低、等候时间减少等。但当顾客直接参与服务过程时，服务过程变得复杂，酒店需要对服务过程中的设施、设备、人员、服务环境、辅助物品等给予更多的关注。

顾客间接参与或者没有参与服务过程，使服务过程变得较为简单，同时不会受到顾客出现在服务现场带来的诸多问题的限制。由于顾客与酒店服务传递系统隔离开来，因此酒店可以采用制造业的一些方法来管理服务过程，在人员配置、场地选择、工作安排以及员工培训的决策上都可以从效率方面考虑。例如，快餐业的前台主要以顾客的间接参与为主，可以实现顾客与服务传递系统的分离，因此后台作业经常采用工厂型的方式来加工、分配、储存、包装食品和饮料。

（二）酒店服务流程设计的方法

酒店服务流程设计的基本思路是将顾客在服务过程中感知的服务包的四个特征（支持性设施设备、辅助性物品、显性服务、隐性服务）有机结合起来。酒店服务流程设计可以从服务的类型和性质出发，借鉴制造业生产的经验和优势。一种思路是按生产线方式提供服务，保持酒店服务在受控的情况下稳定、高效地运转；另一种思路是把顾客作为服务生产的合作者来对待。

1. 生产线法

制造业采用流水线生产方式给酒店服务的流程设计提供了一种思路，即将服务过程中大量重复性的工作用详细的制度、操作规范和服务标准规定下来，并对员工采用统一的培训，让他们按照标准和规范提供标准化和程序化的服务，以减少服务质量的波动性，同时提高效率，降低成本。例如，麦当劳是将生产线法运用到酒店服务业的典范。原料（如汉堡包调料）在特定的地方经过测量和预包装处理，员工不必为原料的多少、质量和一致性而操心。此外，半成品有专门的储存设施，在服务过程中不需要对酒水饮料和食品提供额外的存放空间。同样，麦当劳的员工也接受统一的培训，知道如何欢迎顾客，如何征询顾客想吃什么，如何把食品放在托盘上，而不需要顾客用手去拿；收款用的单据以及收款的找零程序也都是规范化的。麦当劳的这种生产线法成了快餐业的一种象征。酒店服务流程设计的生产线法保证了生产和服务过程的规范性和高效性。

2. 顾客作为合作生产者

酒店服务的生产和消费的同时性，使顾客不仅是服务的接受者，也成为服务的生产者。首先，可以使用顾客来替代服务人员。一方面可以降低酒店的运营成本，提高服务生产率；另一方面顾客的参与还可以为顾客降低消费成本和为其个性化选择提供了便利。例如，自助餐厅提供的食品品种是有限的，但顾客可以根据自己的偏好，搭配他们最喜欢的菜肴组合，同时价格也较低。其次，酒店可以充分利用顾客的参与性来调控生产能力。由于酒店服务能力具有易逝性的特点，将某些服务活动转移给顾客，可以调整顾客需求与服务供给的矛盾。利用顾客的参与性来理顺服务需求常用的策略包括：①通过预订来减少顾客接受服务时的等候时间；②通过价格策略的调整，在旅游淡季刺激服务消费，而在旅游旺季抑制旅游需求；③通过顾客酒店服务的等待，来"储存"酒店服务生产能力。但是，在顾客等待的过程中，酒店应有针对性地设计修补性程序，才不至于因顾客的等待而降低他们对服务质量的评价。

第四节　酒店服务质量管理

酒店服务质量是旅游业服务管理的重要内容，对酒店服务质量全面、准确的理解，有助于在深层次上把握酒店服务运行的规律，从而在战略高度上认识酒店服务质量的意义。

一、酒店服务质量概述

（一）酒店服务质量的内涵

1. 酒店服务质量的定义

从顾客的角度看，酒店服务质量是指顾客在消费活动中，所体验的服务表现的总和。在消费活动范围之内，顾客会对酒店服务质量进行感知，并做出评价。从酒店角度看，酒店服务质量是酒店提供服务给顾客带来的效用以及对顾客需求满足程度的综合表现。因此，酒店服务质量实际上是从顾客和酒店角度认识服务质量的一种平衡，即二者是否能实现有机统一，而成为一个整体。达到统一的服务质量，既能有效满足顾客的需求，服务提供者又可以实现既定的效益和目标。

2. 酒店服务质量的内容

（1）技术性质量。技术性质量是指酒店服务结果的质量，即酒店提供的服务项目、服务时间、设施设备、服务质量标准、环境气氛等满足顾客需求的程度，如酒店为顾客提供的客房和床位、餐馆为顾客提供的菜肴和酒水。服务结果是顾客服务体验的重要组成部分，顾客对它的评价往往较为客观。

（2）功能性质量。功能性质量是指酒店服务过程的质量。酒店服务具有生产与消费同时性的特征，在服务过程中发生的互动关系，必然会影响顾客感知的服务质量。功能性质量与服务人员的仪表仪容、礼貌礼节、服务态度、服务程序、服务技能技巧等有关，还与顾客的心理特征、知识水平、个人偏好等因素有关，同时，还受到其他外在条件的影响。顾客对功能性质量的评价往往较为主观。

技术性质量和功能性质量相互作用、相互影响，是一个有机的统一体，在二者之间合理配置资源，有助于服务质量的优化。

（二）酒店服务质量的特性

酒店服务所需要的人与人、面对面、随时随地提供服务的特点以及酒店服务质量特殊的构成内容使其质量内涵与其他企业有着极大的差异。为了更好地实施对酒店服务质量的管理，管理者必须正确认识与掌握酒店服务质量的特性。

1. 酒店服务质量构成的综合性

酒店服务质量的构成内容既包括有形的设施设备质量、服务环境质量、实物产品质量，又包括无形的劳务服务质量等多种因素，且每一因素又由许多具体内容构成，贯穿于酒店服务的全过程。其中，设施设备、实物产品是酒店服务质量的基础，服务环境、劳务服务是表现形式，而顾客满意程度则是所有服务质量优劣的最终体现。它既涵盖了衣食住行等人们日常生活的基本内容，也包括办公、通信、娱乐、休闲等更高层面的活动，因此，人们常用"一个独立的小社会"来说明酒店服务质量的构成具有极强的综合性。

酒店服务质量构成的综合性特点要求酒店管理者树立系统的观点，把酒店服务质量管理作为一项系统工程来抓，从而提高酒店的整体服务质量。正如人们平时所说的"木桶理论"，一只由长短不一的木条拼装而成的木桶，它的盛水量取决于最短的那根木条的长度。

2. 酒店服务质量评价的主观性

尽管酒店自身的服务质量水平基本上是一个客观的存在，但由于酒店服务质量的评价是由顾客享受服务后根据其物质和心理满足程度进行的，因而带有很强的个人主观性。顾客的满足程度越高，他对服务质量的评价也就越高，反之亦然。这就要求酒店在服务过程中通过细心观察，了解并掌握顾客的物质和心理需要，不断改善对客人的服务，为客人提供有针对性的个性化服务，并注重服务中的每一个细节，重视每次服务的效果，用符合客人需要的服务本身来提高顾客的满意程度，从而保持并提高酒店服务质量。正如一些酒店管理者所说："我们无法改变客人，那么就根据客人的需求改变自己。"

3. 酒店服务质量的情感性

酒店服务质量还取决于顾客与酒店之间的关系，关系融洽，顾客就比较容易谅解酒店的难处和过错，而关系不和谐，则很容易致使顾客小题大做或借题发挥。因此，酒店与顾客间关系的融洽程度直接影响着顾客对酒店服务质量的评价，这就是酒店服务质量的情感性特点。酒店服务人员通过真诚为顾客考虑的服务赢得顾客，在日常工作中与顾客建立起良好的和谐关系，使顾客最终能够谅解酒店的一些无意的失误。

4. 酒店服务质量显现的短暂性

酒店服务质量是由一次一次的内容不同的具体服务组成的，而每一次具体服务的使用价值均只有短暂的显现时间，即使用价值的一次性，如微笑问好、介绍菜点等。这类具体服务不能储存，一结束，就失去了其使用价值，留下的也只是顾客的感受而非实物。因此，酒店服务质量的显现是短暂的，不像实物产品那样可以返工、返修或退换，如要进行服务后调整，也只能是另一次的具体服务。因此，酒店管理者应督导员工做好每一次服务工作，争取使每一次服务都能让顾客感到非常满意，从而提高酒店整体服务质量。

5. 酒店服务质量对员工素质的依赖性

酒店产品生产、销售、消费同时性的特点决定了酒店服务质量与酒店服务人员表现的直接关联性。酒店服务质量是在有形产品的基础上通过员工的劳动服务创造并表现出来的。这种创造和表现能满足顾客需要的程度取决于服务人员的素质高低和管理者管理水平的高低。所以，酒店服务质量对员工素质有较强的依赖性。酒店管理者应合理配备、培训、激励员工，努力提高他们的素质，发挥他们的服务主动性、积极性和创造性。同时，管理者也要提高自身素质及管理能力，从而创造出满意的员工，而满意的员工是满意的顾客的基础，是不断提高酒店服务质量的前提。

6. 酒店服务质量内容的关联性

顾客对酒店服务质量的印象，是通过他进入酒店直至他离开酒店的全过程而形成的。在此过程中，顾客得到的是各部门员工提供的一次又一次具体的服务活动，但这些具体的服务活动不是孤立的，而是有着密切关联的，因为在连锁式的服务过程中，只要有一个环节的服务质量出问题，就会破坏顾客对酒店的整体印象，进而影响其对整个酒店服务质量的评价。因此，在酒店服务质量管理中有一个流行的公式：100－1＝0，即100次服务中只要有1次服务不能令顾客满意，那么顾客就会全盘否定以前的99次优质服务，还会影响酒店的声誉。这就要求酒店各部门、各服务过程、各服务环节之间协作配合，并做好充分的服务准备，确保每项服务的优质、高效，确保酒店服务全过程和全方位的"零缺点"。

二、酒店服务质量的属性

很多专家和学者对服务质量的属性进行了探讨，其中最有名的理论模型有两个：戈鲁斯服务质量模型和SERVQUAL模型。

1. 戈鲁斯服务质量模型

根据该模型的观点，服务质量有两个维度：技术性质量和功能性质量。一方面，技术性质量是指服务的结果，也可以理解为顾客得到了什么。例如，酒店为顾客提供休息的客房和可口的菜肴等。对于这一方面的服务质量，顾客容易感知，也易于评价，通常包括酒店服务设备、服务项目和服务环境等，这些构成了酒店服务质量的一个基本要素。另一方面，功能性质量指的是服务传递的方式，也可以理解为顾客是怎样得到服务的。由于服务是无形的，在服务过程中，服务人员的服务态度、服务效率、服务方式、服务礼仪等是否满足顾客的需求，与顾客的个性、态度、知识、行为方式等因素有关。功能性质量通常包括员工的服务态度、服务效率、服务程序、服务礼仪与服务技巧等。这些构成了酒店服务质量的主要部分。与技术性质量不同，功能性质量一般是不能用客观标准来衡量的，对它的评价更多地取决于顾客的主观感受。

2. SERVQUAL模型

SERVQUAL理论是20世纪80年代末由美国市场营销学家帕拉休拉曼（A. Parasuraman）、来特汉毛尔（Zeithaml）和白瑞（Berry）依据全面质量管理（Total Quality Management，TQM）理论在服务行业中提出的一种新的服务质量评价体系，其理论核心是"服务质量差距模型"，即服务质量取决于用户所感知的服务水平与用户所期望的服务水平之间的差别程度（因此又称为"期望-感知"模型），用户的期望是开展优质服务的先决条件，提供优质服务的关键就是要超过用户的期望值。其模型为：分数＝实际感受分数－期望分数。该模型包括以下五个维度：
(1) 有形性：有形的设施、设备、人员和沟通材料的外表。
(2) 可靠性：可靠、准确地履行服务承诺的能力。
(3) 响应性：帮助顾客并迅速提供服务的愿望。
(4) 保证性：员工所具有的知识、礼节以及表达出自信与可信的能力。
(5) 移情性：设身处地地为顾客着想和对顾客给予特别的关注的能力。

酒店服务质量的属性是一个综合的体系，顾客会根据以上诸方面对酒店服务质量做出评价，从而形成感知的服务质量。

三、酒店服务质量控制

酒店服务质量是从系统的角度把酒店作为一个整体，以控制酒店服务的全过程，提供最优服务为目标，运用一整套质量管理体系、手段和方法，以服务质量为对象而进行系统的管理活动。酒店内部、酒店与顾客之间对服务质量的认知会存在一定的差距，这会直接影响顾客的满意度，同时也会影响酒店目标的实现。要缩小这种差距，实现酒店既定的目标，必须对服务传递系统的各个阶段进行有效的控制，发现资源配置中的薄弱环节，及时纠正偏差，以保证服务系统输出的效果能符合顾客的需求。

(一) 酒店服务质量相对于管理的特点

酒店服务所需要的人与人、面对面、随时随地提供服务的特点以及酒店服务质量特殊的构成内容使其质量内涵与其他企业有着极大的差别。为了更好地实施对酒店服务质量的管理，酒店管理者必须正确认识与掌握酒店服务质量的特点。

1. 质量构成的综合性

酒店服务质量构成复杂，除从提供给顾客的角度可以分为设施设备质量、环境质量、用品质量、实物产品质量和劳务活动质量外，还可以从质量的形成过程来看服务质量，这时服务质量包括设计阶段的设计质量、建设阶段的建设质量、开业准备阶段的准备质量和营业阶段的服务质量。因此，要提高服务质量，必须实行全员控制、全过程控制和全方位控制。

2. 质量呈现的一次性

虽然酒店服务质量构成是综合性的，但就提供过程而言，是由一次一次的具体服务来完成的。每一次劳动所提供的使用价值，如微笑问好、介绍菜点等，就是一次具体的服务质量。

3. 质量评价的主观性

服务质量的最终检验者是酒店的顾客，因此尽管酒店服务质量有一定的客观标准，但顾客对酒店的评价往往是主观的。所以，要提高服务质量，就必须注意顾客的需要、掌握顾客的心理、理解顾客的心态，以便提供让顾客满意的服务。

4. 对人员素质的依赖性

酒店服务质量的高低，既取决于设施设备、环境、用品、产品等物质因素，也取决于服务态度、服务技巧、服务方式、服务效率等精神因素，而这两种因素均离不开人的因素。

(二) 酒店服务质量管理的基本要求

根据酒店服务质量在管理方面的特点，酒店服务质量管理有以下几个要求：

1. 以人为本，内外结合

酒店的质量管理一方面必须坚持顾客至上，把顾客的需要作为酒店服务质量的基本出发点；另一方面，酒店管理者心中必须装有员工，注重员工的塑造、组织和激励，以提高员工的素质，并使其达到最佳组合，最大限度地发挥积极性，从而为保证质量的稳定提高奠定良好的基础。

2. 全面控制，"硬""软"结合

酒店服务质量构成复杂，要提高服务重量，必须树立系统观念，实行全员、全过程和全方位的管理。既注意硬件设施的建设和完善，更要重视智力投资，抓好软件建设。

3. 科学管理，点面结合

酒店的服务对象是人，来酒店消费的顾客既有共同需求，又有特殊的要求。作为酒店，既有酒店的共性，但同时不同的酒店又有自己的特点。所以，酒店的服务质量，既要注重顾客的共同需求，又要注意照顾顾客的特殊要求；既要坚持贯彻国家的服务标准，抓好面上的管理，又要根据自己的特点，具体情况具体处理，确立具有特色的服务规范和管理办法。

4. 预防为主，防管结合

酒店服务具有生产和消费同一性的特点。所以，要提高服务质量，就必须树立预防为主、事前控制的思想，防患于未然，抓好事前的预测和控制。同时各级管理者要坚持走动式管理，强化服务现场管理，力求把各种不合格的服务消灭在萌芽状态。

（三）酒店服务质量的预控

酒店服务质量的预控是指在酒店服务交付之前，通过服务传递系统的设计、服务设施的规划、服务设备的配备、服务标准的制定、人员的配置和培训制度体系的建立、管理职能的发挥等方面，来保证服务质量能满足顾客期望和需求的控制。酒店服务质量预控的过程也就是构建企业服务质量体系的过程，通过对服务质量的预控可以为服务质量的实现提供基础。

1. 整体服务质量观念

整体服务质量观念是指酒店自上而下、每个部门、每个员工、每个过程都应该树立服务质量的意识，即酒店的每个人都应承担质量责任。在顾客看来，员工的服务表现并不代表个人，而是代表酒店。因此，酒店内部个人之间、部门之间、上级和下级之间只有相互配合、相互协调、相互支持，以整体服务质量为导向来处理问题，才能赢得顾客的满意。丽思卡尔顿酒店就是以整体服务质量而闻名的，在酒店的标准中，强调在遇到顾客投诉时，每个员工必须确保迅速安抚顾客，对顾客的问题做出迅速反应，20min后要电话跟踪，确认顾客的问题得到解决，尽可能不失去一位顾客；另外，在酒店的边缘服务法则中也强调，员工尽可能去满足顾客的需求，如果需要其他部门员工的协助，那么其他部门的员工应立即放下手中的正常工作协助满足顾客需求。这充分体现了整体服务质量的意识，也为酒店树立了良好的服务形象。

2. 管理者的质量职能

（1）服务质量方针是酒店总的质量宗旨和方向，是酒店在服务质量方面总的意图。酒店的最高管理层应高度重视质量方针的制定，并以正式文件的形式予以颁布。同时应采取必要的措施确保质量方针的传播、理解、实施和保持。在服务质量方针中，应明确酒店提供服务的等级、质量形象和信誉、服务质量的目标、保证服务质量实现的措施、全体员工的作用等。以下是丽思卡尔顿酒店的全面质量管理的方针：

1）对质量承担责任：全面质量管理的第一步是最高领导层，特别是公司的总裁、首席执行官要求承担质量管理责任，重视培育质量文化。

2）关注顾客的满意度：成功的全面质量管理公司必须清楚地知道顾客到底需要什么，始终满足和超越顾客的需要与期望。

3）评估组织的文化：从公司各层人员中选出一组人来考察公司的文化行为，集中评估公司文化与全面质量管理文化的适应性。

4）授权给员工和小组：授权给员工和小组解决顾客问题的权力，还要求培训他们能有效地使用好他们的权力。

5）衡量质量管理的业绩和成就：这是全面质量管理方法特别重要的一点。这样，就要求建立质量衡量标准，建立信息收集与分析制度，以便及时发现问题与解决问题。

（2）酒店为了实现服务质量方针，需要识别建立服务质量目标的主要目的。建立服务质量目标的主要目的包括：顾客需求与职业标准相一致，不断改进服务质量，考虑社会和环境方面的要求，提高服务效率等。丽思卡尔顿酒店在服务质量方针的指导下，提出100%满足顾客是酒店高层管理人员承诺的质量目标，并针对这一目标开展了"新成员酒店质量保证活动"，以保证新成员的服务和产品都能满足集团和顾客的要求。

（3）管理者要明确质量的职责和权限，并规定一般的和专门的职责和权限。这些职责和权限包括酒店内部和外部各个接触面上顾客与服务提供者之间的相互关系。在设计和识别质量活动的基础上，按照分解、细化的质量职责，将其一一对应分配到各层次、各部门、各岗位，最终落实到具体的每个员工。同时，管理者还需要对企业的服务质量体系进行正式、定期和独立的评审，以便确定质量体系在实施质量方针和实现质量目标中是否持续和有效。丽思卡尔顿酒店强调质量管理始于公司总裁、首席执行官与其他高级经理，且无论总经理还是普通员工都积极参与服务质量的改进。高层管理者要确保每一位员工都投入这一过程，要把服务质量放在酒店经营的第一位。高层管理人员组成公司的指导委员会和高级质量管理小组。他们每周会晤一次、审核产品和服务质量措施、顾客满意度情况、市场增长率和发展情况、组织指标、利润和竞争情况等，要将其1/4的时间用于与服务质量有关的事务。

3. 酒店服务标准化设计的方法

酒店服务标准化设计方法可以使酒店预先采取措施来提供优质的服务，而不是在服务问题发生之后再采取措施。酒店服务标准化设计的常用方法有两种：田口式模型和Poke-yoke法。

（1）田口式模型。这个模型是以田口玄一的姓命名的，田口认为，"通过对产品的超强设计，以保证在不利的条件下产品具有适当的功能。"对顾客而言，产品质量最有利的证明是当它非正常使用时，产品的功能仍然能够正常。对酒店而言，可以不断提高服务过程的质量标准，使它能超过顾客的期望，也可以在服务的过程中使用标准化的作业程序，来保证对顾客服务的一致性。例如，经济型旅馆可以使用在线计算机自动提醒系统提醒服务人员在顾客没在房间的时候去清扫，让服务人员清楚哪一间客房可以清扫，以避免突然闯入客房所引起的质量问题。

（2）Poke-yoke法。Poke-yoke方法是使用可避免员工出错的检查表或手册。Poke-yoke可以直译为"傻瓜也会做"。通过对服务过程的巧妙设计，在没有丝毫强迫的暗示下规范服务行动，以最大限度地减少员工犯错误的概率，从而在无形中提高顾客感知的服务质量。例如，麦当劳使用的炸薯条的勺可按标准量分配薯条，既保证了卫生，又增加了美感，而且不易出差错。韩国一家公园将所有新员工的裤袋都缝上，防止员工将手插进口袋里，冒犯顾客。由于管理者很难干涉服务过程，同时对服务过程的检查、考核需要承担大量的成本，因此，通过有形的设计或是标准化的程序来限制员工产生错误行为就成为一种重要的策略。

（四）酒店服务质量的过程控制

1. 酒店服务质量过程控制概述

酒店服务传递是一个复杂的过程，对顾客感知的服务质量有很大影响，对它进行有效的控制，可以全面地改善服务质量，提高顾客的满意度。酒店服务生产与消费的同时性，使服务过程的监控变得非常困难，管理者很难介入服务过程对服务质量进行控制，这必然会影响服务质量的输出。酒店服务质量的过程控制一般可以从两个方面展开：①从酒店看，酒店服务质量控制可看成是一种反馈系统，在该系统中，把输出的服务结果与服务标准相比较，发现偏差，找出问题的症结所在，以便及时改进。例如，金陵酒店规定，顾客进店，接待员从开始服务到离开柜台，不得超过 2min；顾客结账，收款员要在 3min 内全部完成；接线员必须在 3 次铃响内做出反应；顾客用餐，从点菜至上菜不得超过 15min。通过细致的服务标准，可以在服务过程中对其进行有效的检查、考核和控制，从而保证服务质量达到顾客的期望。②酒店也可以在服务过程中对顾客的满意度进行评定，以控制服务质量。但是只有 4% 的不满顾客愿意提供对服务质量的看法，而 96% 的不满顾客在不给出允许采取纠正措施的信息之前就停止消费服务。因而，片面依赖顾客对服务质量的评定，可能会导致错误的结论，以致影响酒店的决策。因此，酒店应采取顾客控制和企业控制相结合的方法，保持二者之间的相容性，才能有效控制服务质量。美国的费尔菲尔德旅馆发现放在房间内的顾客意见卡的反馈率只有 1%，难以发挥作用。为此，公司开发出一种"评分卡"，这是一种自动触摸式设施，顾客可以在住店期间或结账时，花费 10min 的时间回答有关旅馆的友好度、清洁度和价值等问题。评分卡的反馈率可以达到 60%，对于衡量服务过程的质量具有足够的可信度。

2. 酒店服务质量过程控制方法

酒店服务过程的质量可以通过服务绩效来衡量，服务绩效可用关键指标来判断。例如，酒店客房服务员的工作绩效可以通过每天清扫客房的合格率来判断，前台服务员的服务绩效可以用办理住宿登记的平均时间来衡量。若服务过程的绩效不能实现预期的目标，通常的办法是运用科学的方法进行调研，探明问题的真正原因，并采取适当的方案进行更正。但是一些随机事件或是不明确的原因可能会干扰对绩效变化的正常判断，因此在质量控制过程中存在两种风险：①认为良好服务系统发生失控，即生产者的风险；②对服务过程失控缺乏认识，即消费者的风险。

（五）酒店服务补救

物质产品出现质量问题，可以通过售后服务进行解决，如退换、维修等。但酒店服务产品出现质量差错，则不能通过退换或维修进行解决。因而，当酒店服务传递系统出现故障时，服务补救（Service Recovery）就显得格外重要。服务过程中的错误是无法避免的，但绝不能让顾客一直不满意。很显然，顾客每一次抱怨都是酒店再一次向顾客承诺和赢得满意的机会。

1. 酒店服务补救的意义

服务补救是服务企业对服务失败或是顾客不满意所采取的应对行动，目的是希望顾客能重新评价服务质量，避免坏的口碑宣传，并留住顾客。服务补救是服务业中新的管理哲学，它把赢得顾客满意从成本层面转变为价值层面。

酒店服务补救，可以消除顾客的不满，再一次与顾客建立良好的关系，改进服务质量，激励员工提供更好的服务。

2. 酒店服务补救策略

（1）第一次做对。酒店在服务质量输出时，最重要的原则就是第一次就把事情做对，这也是顾客衡量服务质量最重要的标准——可靠性。如果达到这种要求，酒店服务补救就失去了意义，酒店可以避免再次服务的成本和补偿的费用，顾客也会满意。

（2）欢迎并鼓励抱怨。酒店要有效实施补救策略，就必须建立聆听机制，欢迎并鼓励顾客的积极抱怨。同时，通过对顾客抱怨的追踪，可以发现服务系统中存在的问题，在全面分析的基础上，进行纠正，以保证不再发生同类的错误。酒店鼓励并追踪顾客抱怨常用的方法包括：顾客满意度调查、重大服务事件的研究、顾客流失分析、一线员工顾客信息反馈制度等。丽思卡尔顿酒店的所有员工都随身带有一种叫作"快速行动表"的服务补救表格，以及时记录服务失误和相应的补救行动。每个员工都拥有对其所遇到的任何抱怨负责到服务补救结束的权力。

（3）快速行动。抱怨的顾客期望得到快速的反应来有效解决他们的问题。因此，酒店需要建立快速的反应系统，来采取必要的补救措施，这需要有适合快速行动的系统和程序，并对员工进行授权。

1）在服务现场解决问题。顾客希望听到其抱怨的人能尽快解决他们的问题，而不是让其进行漫长的等待。因此，许多酒店建立"首问负责制"，以快速解决顾客的抱怨。

2）授权员工。酒店必须对员工进行培训和授权，使他们能对顾客的问题做出迅速反应。丽思卡尔顿酒店的员工被授权可以花费 2000 美元为顾客解决问题，虽然这笔钱很少用到，但公司用它鼓励员工负起责任而不用担心受罚。

3）让顾客参与问题的解决。酒店在采取补救措施时，应引导顾客参与问题的解决，这样不仅可以达到满意的补救效果，而且可以让顾客说出他们的预期，以方便酒店得到有效的顾客信息。

（4）公平地对待顾客。顾客在投诉时，往往希望得到公平的对待。服务补救专家们总结出顾客在投诉后寻求公平的三种类型：结果公平、过程公平和相互对待公平。

1）结果公平。顾客期望结果或赔偿能与其不满意相匹配，这种赔偿可以采取实际货币赔偿、正式道歉、未来免费服务、服务折扣等形式。另外，顾客也期望得到的赔偿与其他顾客经历相同服务失误时得到的一样，最好是有赔偿的选择权。

2）过程公平。除了公平补偿外，顾客也期望抱怨过程的公平，即合适的抱怨政策、规定和时限公平。顾客希望能较为容易地进入投诉过程，并且投诉能被快速处理，最好第一个接触抱怨的员工就能将问题解决。过程公平的特点包括清晰、快速和无争吵。

3）相互对待公平。在服务补救中，顾客还希望能被礼貌、细心和诚实地对待。如果员工态度冷漠，并没有采取措施来解决问题，就会使顾客感到不公平。

（5）从服务补救中学习。酒店服务补救的目的不仅仅在于补救有缺陷的服务，加强与顾客的联系，还有助于改进顾客服务的规范，即发现服务传递系统的缺陷，并加以改进，以赢得顾客持续的满意。通过追踪和分析服务补救的过程，能够获知服务传递系统中需要改进的系统性问题，在对问题加以分析和讨论的基础上，可找出问题的根源，并对服务交付系统进行完善和修复,以彻底消除对服务补救的需要。

(6)从流失顾客中学习。酒店要进行有效的服务补救,还必须从流失的顾客身上学习。酒店可以开展市场调查以发现顾客流失的真正原因,这有助于避免未来的服务失误。通过有针对性的市场调查,可以把握顾客流失的关键原因,从而采取符合实际的解决方案。

第五节　酒店顾客满意度管理

酒店对服务质量进行管理的目的在于赢得顾客的满意,并在顾客满意的基础上形成顾客忠诚,这也是酒店获得持续竞争力的关键所在。

一、顾客满意度的内涵

顾客满意度是营销学中的一个新概念,源自日本企业提出的顾客满意战略。菲利普·科特勒认为:"满意度是指一个人对一个产品和服务的可感知的效果与他的期望相比较所形成的感觉状态。"顾客满意是指一种心理活动,是顾客的需要得到满足后的愉悦感。

对酒店而言,从横向层面上看,顾客满意度包括五个方面的内容:①理念满意:酒店经营理念带给内外顾客的满足状态,包括经营宗旨满意、经营哲学满意、经营价值观满意等。②行为满意:酒店全部的运营状况带给内外顾客的满足状态,包括行为机制满意、行为规则满意、行为模式满意等。③视听满意:酒店具有可视性和可听性的外在形象带给内外顾客的满足状态,包括酒店标志满意、酒店标准字满意、酒店标准色满意等。④产品满意:酒店产品带给内外顾客的满足状态,包括产品质量满意、产品功能满意、产品设计满意、产品包装满意、产品品位满意、产品价格满意等。⑤服务满意:酒店服务带给内外顾客的满足状态,包括服务绩效满意、服务保证体系满意、服务完整性和方便性满意、服务环境满意等。

从纵向层面上看,顾客满意度包括三个层次:①物质满意层次:顾客对酒店产品和服务核心层的满意,如产品和服务的功能、质量、设计等。②精神满意层次:顾客对酒店产品和服务的延伸层的满意,如外观、色彩、品位等。③社会满意层次:顾客对酒店产品和服务的消费过程中所体验到的社会利益维护程度的满意,即顾客对酒店维护社会整体利益的道德观、政治价值观和生态价值观等的满意。

从顾客层面上讲,顾客满意度是顾客对酒店服务的消费经验的情感反应状态,这种满意不仅仅体现在对一项服务的满意上,还体现为对服务系统的整体满意。例如,顾客在酒店进行消费的满意,不仅体现在对行李服务、登记服务、结账服务、问询服务、客房服务、餐饮服务等单项服务的满意,而且体现在对酒店整个服务体系的满意。

从酒店层面上讲,顾客满意度是酒店用以评估和增强企业业绩,以顾客需求为导向的一系列指标体系。它代表了酒店在目标市场中所有购买和消费经验的实际和预期的总体评价,是对酒店服务业绩和经营质量的全面衡量。酒店在管理层面上对顾客满意度的研究,实际上是对目标市场上所有顾客个人满意度的研究与顾客群体行为满足过程研究的综合。

二、顾客满意度的决定因素和影响因素

(一)顾客满意度的决定因素

酒店与顾客互动关系的质量决定了顾客满意度。决定顾客满意度的因素包括:顾客感知

的服务质量、顾客预期的服务质量和顾客的感知价值。

1. 顾客感知的服务质量

顾客感知的服务质量用顾客近期的旅游消费经验的评价来表示，它直接影响顾客满意度。由于顾客感知的服务质量具有很强的主观性，因此，在实际操作中，经常用以下两项指标来衡量顾客感知的服务质量：①酒店服务的个性化程度，即酒店针对顾客的不同选择、不同需求、不同偏好，提供个性化服务的程度；②酒店服务的标准化程度，即酒店提供标准化、程序化、规范化服务的可靠程度，是顾客体验服务质量的基础性要素。标准化服务是个性化服务的基础，个性化服务是标准化服务的延伸和发展。标准化服务和个性化服务共同形成了顾客可感知的服务质量。

2. 顾客预期的服务质量

顾客预期的服务质量是指顾客在以往酒店服务消费经验、各种沟通渠道（服务品牌、广告、口碑）以及自身心理偏好共同作用下，形成的对酒店服务质量的预期。酒店服务质量的预期受顾客通过各种渠道——亲朋好友、邻居同事或关键人物的口碑宣传、酒店的广告、销售促进和公共关系等——所获得信息的影响，还受顾客的个人心理因素影响，是顾客在对酒店服务能力总体评价基础上对服务质量的预测。酒店不仅要引导顾客形成合理的服务预期，还要研究他们的预期，尽力满足甚至超出他们的预期。在服务表现一定的条件下，顾客的服务预期将决定他们的满意度。

3. 顾客感知的价值

顾客感知的价值是指顾客所感受到的价值相对于自己所付出的货币价格的服务质量。将价格概念引入整个框架，使不同价位、不同企业的服务质量之间具有了可比性。对于顾客经历的服务质量，顾客感知的价值与顾客满意度之间呈正相关关系。

以上三项因素决定了酒店顾客满意度的水平。对于特定的酒店服务，顾客满意度水平具有差异性，并导致顾客的不同反应——顾客抱怨和顾客忠诚。当顾客对酒店服务不满时，他们会离开酒店，进行重新选择，或者通过抱怨以获得酒店的补偿。当顾客对酒店服务满意时，表明顾客对酒店服务认可的态度，但这并不意味着顾客的忠诚行为。因此，酒店应采取措施，促进顾客在满意的基础上，向顾客忠诚转化。顾客满意度的决定因素及产生的后果如图4-1所示。

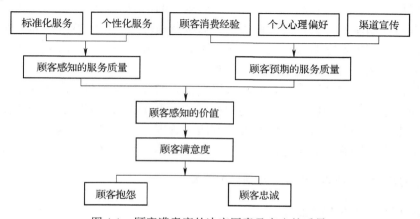

图4-1　顾客满意度的决定因素及产生的后果

(二) 顾客满意度的影响因素

1. 服务特性

顾客对酒店服务的满意状况会受到酒店服务自身特性的影响,尤其是顾客期望中的服务特性,然后顾客通过实际体验,对酒店服务的整体质量做出评价,进而形成顾客的满意度。例如,对于一家度假酒店,顾客关注的服务特性包括游泳池、餐厅、房间的舒适性和私密性、服务人员的帮助和礼貌、房间的价格等。

2. 顾客情感

顾客情感也会影响顾客的满意度,如顾客的情绪状态、思考方式、心情、生活的满意度等。顾客的情感可能是稳定的、事先存在的,如情绪状态;也可能是临时性的、不稳定的,如心情。积极的情感,如幸福、愉快、兴高采烈、温暖人心的感觉会增强顾客对旅行的满意感,而消极的情感,如悲伤、难过、后悔、生气都会减弱顾客对旅行的满意感。总的来说,在旅行过程中,积极的情感比消极的情感具有更强的影响力。

3. 服务成功或失败的归因

当顾客对酒店服务结果感到震惊时,即服务质量比预期好太多或坏太多时,他们就会寻找原因,而顾客对原因的评定会直接影响他们的满意度。由于顾客参与了酒店的服务过程,因此,他们或多或少都会对服务结果承担一定的责任,即使顾客不对结果负责,他们也会受其他因素的影响。

4. 对平等或公正的感觉

顾客的满意度也会受到对平等或公正的感觉的影响,顾客会考虑在服务过程中得到的是否和其他顾客一样,如是否被酒店平等地对待,是否得到更合理的价格,是否得到更优质的服务,花费的钱是否值得等。若顾客感觉他们没有得到平等或公正的对待,即使服务质量再好,顾客的满意度也会较低。

三、顾客满意度理论

在对顾客满意度的决定因素和影响因素深入分析的基础上,可从以下两个角度分析顾客满意度:

(一) 顾客满意的效应分析

从经济学消费者效应的理论出发,通过分析顾客效应的满足情况可以把握顾客对服务的满意度。顾客愿意付出时间、金钱、精力去消费酒店服务,是因为他们预期在酒店服务中能获得总价值大于总成本的结果。因此,顾客满意度可用顾客购买的总价值与总成本之比来表示,即顾客满意度=顾客购买的总价值/顾客购买的总成本,二者的比值越大,则顾客的满意度就越高。

1. 顾客在酒店服务消费中获得的总价值

顾客购买的总价值是指顾客在酒店服务消费中所获得的利益,包括以下四个方面:

(1) 技术性服务价值。技术性服务价值是指顾客消费酒店服务所产生的最终结果,是顾客关注的最基本的服务价值,是顾客进行酒店服务消费的基本依据。例如,顾客选择不同性价比的酒店服务(不同星级酒店的服务和不同档次旅行社的服务)是因为它们带给顾客不同的经历和感受,即服务结果是不同的。

(2) 功能性服务价值。功能性服务价值是指顾客在酒店服务过程中所获得的利益,是构成总价值的关键性因素。在酒店服务过程中，顾客对整体的互动质量会做出评价，以形成最终的顾客满意度。顾客在餐厅用餐，不仅享受了美味，消除了饥饿，而且会对用餐过程中的氛围，服务人员的举止态度、礼貌礼节、服务技能等做出评价，从而形成对餐饮服务消费的整体评价。

（3）员工价值。员工价值是指酒店员工的业务素质、服务效率、应变能力、服务态度、职业道德等所产生的价值，属于技术性服务的附加价值。由于员工在服务中直接与顾客接触，因此，具有丰富的专业知识、态度热情周到、服务技能技巧娴熟、专注于顾客需求的员工可以增加服务的附加值，这有助于提高顾客满意度。

（4）形象价值。形象价值是指技术性服务和功能性服务的延伸部分，是酒店的价值观、经营理念、服务品牌、技术、质量等经过积累后外化为社会公众对其的有形评价。酒店形象是宝贵的无形资产，是顾客从购买酒店服务中得到满足感、荣誉感、尊重感的支持力量，也是吸引顾客消费甚至形成顾客忠诚的内在驱动力。

2. 顾客酒店服务消费的总成本

顾客消费酒店服务具有一定的风险，原因在于购买活动具有一定的成本。顾客购买酒店服务的总成本包括以下几个方面：

（1）货币成本。货币成本是顾客购买酒店服务的货币价格，它是顾客购买服务成本中的基本因素，只有服务的货币成本等于或低于顾客预期的货币成本时，购买行为才可能发生。货币成本是顾客消费的主要因素，但不是唯一因素。因此，酒店应把货币成本与顾客感知的价值结合起来，使货币成本成为提示服务质量的重要线索。

（2）时间成本。时间成本是顾客在酒店服务过程中用于咨询、消费、投诉等花费时间所产生的成本。显然，顾客在服务过程中等待的时间越长，时间成本就越高，顾客感知的价值就越低。因此，酒店应不断提高服务传递系统的效率，方便顾客的进入，并采取有效的补救措施，以降低顾客的时间成本。

（3）信息成本。信息成本是顾客在做出购买决策之前，获取酒店服务信息所付出的金钱和时间成本。酒店应通过各种渠道加强与顾客的沟通，方便顾客信息的获得，以降低顾客的信息成本。

（4）精神和体力的成本。二者均属于非经济性成本，是在酒店服务过程中，伴随着经济性成本所发生的精神和体力的消耗。酒店应在降低顾客货币成本、时间成本、信息成本的同时，降低顾客的精神和体力的成本。

综上所述，要提高顾客的满意效应，必须从提高顾客购买的总价值、降低顾客购买的总成本两个方面入手，而这一切都源于对酒店服务需求和期望的研究和分析。酒店要通过服务创新和服务资源的合理配置，增加顾客购买的总价值，降低购买的总成本。

（二）顾客消费的评价分析

顾客的消费过程可以分为三个阶段：购前阶段、消费阶段、评价阶段。通过对每一个阶段影响顾客满意度因素的分析，可以对顾客满意度有更全面的理解。

1. 购前阶段

购前阶段是指从顾客意识到酒店服务需要开始到购买酒店服务之前的这一时间序列段，包括酒店服务信息的收集、购买风险的判断和选择方案的确定。其中影响顾客满意度的因素包括：

（1）信息的充分性。信息的充分性是指酒店服务信息的可获性和准确性是否可以使顾客做出理性的消费决策。顾客获得信息的渠道包括人际渠道和非人际渠道。对顾客而言，人际渠道比非人际渠道更加可靠。因此，顾客更注重人际渠道获得的信息，如亲朋好友的口碑宣传、专家学者的客观评价等。在信息不充分的条件下，顾客的选择余地就会受到限制，影响他们对服务质量的评价。

（2）决策的风险性。决策的风险性是指顾客做出购买决策造成自己得到不希望得到的或是产生不愉快结果的可能性。顾客决策的风险主要有身体风险、财产风险、精神风险。身体风险是指顾客在酒店服务过程中身体的不适感或是意外伤害。财产风险是指顾客在酒店服务过程中由于意外而造成随身携带财物的损害。精神风险是顾客在酒店服务过程中，由于各方面的原因影响了顾客的美好体验所带来的精神伤害。由于决策具有风险性，因此顾客会选择信誉较好的酒店，并且不会轻易转换服务品牌。

2. 消费阶段

消费阶段是指顾客参与消费酒店服务过程的这一时间序列段。在此过程中，顾客要接触有形的物质实体、服务人员以及其他顾客，他们之间相互作用的质量会影响顾客的满意度。

（1）服务传递的高效性。服务传递的高效性是指服务人员向顾客提供服务的反应性和效率。高效的服务传递系统可以简化服务步骤，缩短顾客等候的时间，对顾客的需求迅速做出反应，并针对顾客的需求提供有针对性的服务，以提高顾客的满意度。

（2）服务沟通的有效性。酒店服务的沟通是双向的，既包括服务人员对顾客的引导、教育和培训，向他们传递可靠的服务信息以及服务理念，也包括顾客向服务人员准确表达他们的需求和期望。有效的服务沟通可以使酒店更好地为顾客提供优质服务，而顾客对酒店的了解，也可以增强他们的主动性，积极配合服务人员完成服务工作。

3. 评价阶段

购后评价是对前面两个阶段服务质量评价的总结，也会对顾客的满意度产生影响。酒店可以通过建立畅通的投诉渠道、及时的售后跟进接触度和积极的口碑宣传激励度来增加顾客满意度，并通过关系营销的策略激励顾客对酒店进行正面的宣传。

四、顾客满意度的测量

顾客满意度是一种很难测量、又易波动的心理状态。对酒店而言，影响顾客满意度的因素是多方面的，既有酒店可以控制的因素，如酒店服务传递系统的设计、有形展示、员工的素质、补救措施、投诉处理等；也有酒店难以控制的因素，如竞争对手的服务质量状况、顾客的口碑宣传等。若要较准确地测量顾客的满意度，要做到以下几点：①需要选择科学的方法；②要准确理解影响顾客满意度的关键因素；③方法需要在实际操作中不断修正。测量顾客满意度是为了研究的需要，对相关群体心理状态的整体把握只能从总体上反映实际情况。测量顾客满意度包括以下几个步骤：

（一）关键测量要素的确定

影响顾客满意度的要素很多，从酒店内部和外部考虑，可以选取以下几个重要的要素，即顾客关注的重要服务要素：

1. 接近顾客的能力

接近顾客的能力是指酒店服务网点的分布、酒店服务的易获性以及与顾客相互沟通的能力。接近顾客的能力反映了酒店了解并满足顾客需求的能力,酒店接近顾客的能力越强,顾客的购买成本会越低,满意度也就越高。

2. 顾客参与服务改进的程度

顾客参与了酒店服务的生产过程,他们对服务满足需求的状况以及服务系统存在的问题有深刻的认识,小酒店应设法引导、激励顾客参与服务的改进。顾客参与服务改进的程度越深,服务系统越能有效满足顾客的需求,顾客的满意度也就越高。

3. 酒店服务竞争力强弱

在同一目标市场上,不同酒店提供的服务存在竞争力的差异,顾客满意状况也各不相同。酒店应将产品特色、服务质量、竞争优势、顾客满意度状况等,与主要竞争对手进行全面的比较,以了解酒店服务的竞争态势——相对优势、势均力敌、相对弱势。

4. 服务措施持续改进的能力

服务措施是酒店制度层面上的影响因素,是酒店服务文化的反映,会直接影响员工的服务表现。服务措施制定的依据是目标市场上顾客的需求和期望,当目标顾客的需求和企业内在条件发生变化时,服务措施应能反映这种变化,否则滞后于需求的服务措施会严重影响顾客的满意度。

5. 酒店内部系统的配合程度

酒店内部系统的配合程度是指酒店的服务文化、战略规划、组织机构的设计、人力资源管理、营销政策、激励措施等方面相互协调、相互促进,使酒店服务资源配置最优化的能力。内部系统的配合是服务组织成功运营的前提,会直接影响顾客对服务质量的评价。

(二) 服务特质(一般测量要素)的确定

每一项关键测量要素都内含具体的服务特质(一般测量要素),确定服务特质对测量顾客满意度有重要价值,常用的方法是问卷调查法,其中有两点需要注意:①问卷的内容设计要合理;②目标市场相关群体的样本选择要合理。这两点决定了服务特质选择的准确性。通过问卷调查,可以确定顾客满意度的一般测量要素,并对它们进行排序,或者将调查结果的排序转化成一定的分值。

(三) 服务特质权重的确定

不同的服务特质在顾客评价服务质量过程中所起的作用不尽相同,对顾客满意度的贡献也不相同。因此,在测量顾客满意度时,需要给每一项服务特质确定一个权重,以表明它对顾客满意度的影响程度。权重的确定以目标市场的问卷调查为主,辅以服务人员和专家学者的调查,将他们的观点进行综合以确定最终的权重。

(四) 公式计算

将一个顾客对不同的服务特质确定的排序或分值乘以权重,然后相加,就得到一个顾客的满意度状况。具体计算公式如下:

$$A_{jk} = \sum_{i=1}^{n} W_{ik} B_{ijk} \qquad (B_{ijk} > I)$$

式中 A_{jk}——顾客 k 对酒店 j 的满意度;

W_{ik}——顾客 k 对服务特质 i 的权重;

B_{ijk}——顾客 k 对酒店 j 所提供的服务特质 i 的排序(或转化成分值);

n——服务特质总数;

I——顾客对服务特质的最低评价水平。

在此基础上，将样本顾客的满意度加权平均，就可以得出酒店顾客满意度的状况。

第六节 酒店服务文化管理

以服务为核心的酒店正面临日趋激烈的竞争，要在竞争中取得优势，酒店服务文化建设必不可少。在酒店内部创建富有特色、以顾客为导向、具有稳定亲和力和持久向心力的酒店服务文化，对酒店制定和实施服务战略、发挥各项管理功能、形成持久的竞争力具有重要的意义。

一、酒店服务文化的内涵

（一）企业文化的内涵

企业文化是在企业中长期形成的共同思想、作风、价值观念和行为准则，是一种具有企业个性的信念和行为方式。企业文化是一种客观存在的文化现象。从广义上说，企业文化是指企业在实践过程中所创造的物质财富与精神财富的总和；从狭义上说，企业文化是指企业在经营管理过程中所形成的独具特色的思想意识、价值观念和行为方式，是以价值观为核心的企业的内在素质及其外在表现。

企业文化由以企业精神文化为内核的三个层次构成。

1. 最外层

最外层，即企业的物质文化层，包括生产、服务经营的物质基础，诸如酒店的建筑外观、装修风格、客房、餐饮、娱乐等硬件设备的整齐、清洁及其技术先进性，菜肴产品等的外观、质量、卫生状况。

2. 中间层

中间层，即企业的制度文化层，包括企业的管理体制、人际关系及其为开展正常生产服务、经营活动所制定的各项规章制度。它是企业物质文化和精神文化的终结，企业精神文化层通过中间层转化为物质文化层。

3. 最内层

最内层，即企业的精神文化层，包括各种行为规范和价值观念、企业哲学、企业的群体意识和职工素质等，是企业文化的核心。

物质文化、制度文化、精神文化三者共同形成各企业间互不相同、各具特色的企业文化。企业文化使企业内部的物质、制度、精神诸要素间保持动态平衡。它的精髓是提高人的文化素质、重视人的社会价值、尊重人的独立人格。

（二）酒店服务文化的含义

酒店服务文化是在酒店文化的基础上，以酒店服务为核心思想，在企业长期经营过程中形成的对服务理念、服务标准、服务规范、服务态度等的共同认识，并以此为基础培育形成全体员工在服务过程中共同遵循的最高目标、价值标准、基本信念以及行为规范，它不仅是一种经济文化、管理文化、组织文化，更是一种关系文化。因此，克里斯琴·格罗路斯（Christian Grönroos）这样来定义服务文化："鼓励优质服务的存在，给予内部和外部最终顾客优质服务，并把这种文化当作自然而然的生活方式和每个人最重要的行为标准。"这是一个十分丰富的定义,对旅游企业的员工具有重要的指导意义。首先,酒店必须提倡优质服务,才能逐渐形成服务文化。它是以一种"潜移默化"的方式让人们知道优质服务受到鼓励和重视,而不是以广告的形式来强调其重要性。其次,优质服务既面向内部顾客,也面向外部顾客。仅仅向外部顾客提供优质服务是不够的,酒店中的所有人都必须得到相同的优质服务。最后,在旅游服务文化中,优质服务是"一种生活方式",表明它是组织中最为重要的标准,而且是自然而然产生,不是强制产生的,强调了服务文化的软性作用。

(三) 酒店服务文化的表现形式

1. 酒店服务文化的外在表现形式

酒店服务文化包含了员工在对服务所持有的共同观念、价值取向基础上,所表现出的仪表仪容、服务行为、服务态度等外在表现形式。这些外在表现形式不仅受到内部服务文化的影响,而且还与政治、经济和社会习俗有关,是通过员工与顾客的关系、社会地位、职业道德、个人与集体的关系等而体现出来的。例如,社会对服务人员社会地位的认识,会影响员工的角色定位,从而影响他们的服务表现。

2. 酒店服务文化的管理观念和管理风格

管理观念渗透在每一个管理者的思想深处,共同形成整体的管理风格,进而构成酒店服务文化的管理氛围。它涉及决策过程、战略的制定与实施、激励方式、信息的传递、服务创新、解决问题的方式以及责任意识等方面。不管是集权制的管理环境,还是民主制的管理环境,都与服务文化倡导的管理理念有关,不同的管理氛围适应不同的酒店,但服务文化最终起决定作用。管理风格能体现管理者的处事方式、管理方法等,当管理风格表现的意义与管理者在企业环境中的行动相一致时,对下属的示范作用就具有正面激励的效果。

3. 酒店服务文化的管理制度和管理方法

酒店的管理制度和管理方法会营造一种体现服务文化的管理氛围,服务文化中关注的事项将在制度和方法中得到体现,有的还会以文字的形式表现出来。例如,酒店服务文化中倡导员工对客服务的礼貌、礼节,这在员工守则和岗位职责中有明确的规定。制度和规范的灵活性也会体现服务文化的精神。例如,当顾客遇到困难时,员工想帮助顾客,但又超出了自己的职责或能力范围时,有的酒店明确规定员工不能做超出自己岗位责任的事情,而有的酒店倡导为满足顾客的合理需求,赢得顾客的满意,可以超出工作范围提供服务,甚至其他部门的员工有责任无条件地配合。

4. 酒店服务文化的书面和非书面形式的标准和规范

酒店服务文化中存在许多书面的服务标准和规范。服务标准和规范是旅游服务文化的制度层表现。例如,在以顾客期望和需求为核心制定标准和规范时,还需要考虑标准和规范是否方便员工的操作,对员工是否安全;在员工与顾客发生冲突时,不仅要考虑顾客的利益,还要兼顾员工的自尊和利益。另外,还有一些服务标准和规范存在于员工的思想和行为中,没有以书面的形式表现出来,但在服务过程中却发挥着重要的作用,如管理人员的管理方式、服务人员的情感付出等。

二、酒店服务文化的意义

对酒店而言,服务文化的存在具有重要的意义,它不仅可以从总体上提高酒店的凝聚力,促进服务战略的实施,而且可以树立良好的对外服务形象。

1. 优质服务氛围塑造的需要

在酒店中,建立强有力的服务文化可以巩固和强化顾客导向,并塑造一种优质服务的氛围。由于酒店服务的不可分离性和不可控制性,酒店服务生产通常无法像生产线那样标准化,这样,人的因素对销售和购买关系就有很大的影响。另外,由于环境的可变性,顾客的行为很难标准化,因此,需要以服务文化为导向,告诉员工如何对新的、无法预知的环境做出反应。在服务现场,顾客可以感知到员工的服务态度和服务业绩。但是,旅游服务的不可控制性使管理人员很难介入顾客和服务人员之间进行控制。因此,旅游企业需要通过服务文化创造优质服务的氛围,发挥服务文化的软约束作用,使服务人员能自觉控制服务质量。当员工在服务现场的自律能力提高后,顾客感知的服务质量水平会明显提高,顾客满意度和酒店的盈利能力之间就会形成良性互动关系。

2. 关系管理的需要

酒店处于一个巨大的关系网络中,这些关系包括顾客、员工、股东、供应商、中间商、社会团体、相关市场(金融市场、人力资源市场等)、政府等。关系之间必然包含各种服务,有的服务是管理人员可以看得到的,如咨询服务等。但是还有很多服务是管理人员无法直接观察到的,他们对顾客而言也是增值服务,如账务处理、投诉处理、回复电话等。若服务文化将处理顾客关系的优先权交给管理人员,则员工就会淡化那些对服务质量有重要贡献但是管理人员不能看到的行为,顾客感知的服务质量就会降低。因此,酒店应倡导在以顾客为核心的服务文化指导下,授权服务人员来处理顾客关系,这样,员工的积极性和潜能就会被调动起来,他们会关注所有对顾客满意度和购买关系有影响的服务环节和服务要素,从而为全面提升服务质量和持续改进服务质量做出贡献。

3. 服务战略的需要

酒店在实施服务战略时,需要所有员工的支持,高层管理者、中层管理人员、一线服务人员、支持人员都要参与其中。要保证所有人员的参与,对优质服务的认同十分重要,服务文化就为这种认同提供了内在的基础。服务是酒店所有活动存在的理由,需要把它上升到战略高度来认识,以形成以顾客为导向的服务战略,但这并不排斥其他价值观的存在,如内部效率、成本控制等。

当员工以顾客为导向提供服务时,服务导向就形成了影响组织成员的共享价值观。在此条件下,员工之间、员工与顾客、员工与其他相关群体的接触就会以服务文化为指导,向对方提供优质的服务。在酒店内部,服务导向可以增强内部的氛围,改善内部服务的质量。从外部来看,服务导向可以为顾客和相关群体创造优质的感知质量,并强化酒店与他们的关系。很明显,服务文化通过优质服务的价值观促进了服务战略的实施,这对酒店盈利能力的提高会产生积极的影响。

4. 共享价值观的需要

酒店中共享的价值观及主流规范是服务文化的基础,它为员工的日常服务提供指导,并对员工的行为起到软约束的作用。具有强有力的共享价值观的旅游企业具有三个明显的特征。

(1) 共享价值观是完成任务最明确的行动指南。

(2) 管理者将大量时间花在开发和强化共享价值观上。

(3) 共享价值观根植于每一个员工的内心深处。以共享价值观为基础形成的服务文化,可以提高旅游企业的整体业绩。

但是，强有力的共享价值观同样也会引发一些问题：①共享价值观过时后，会无法与新的服务战略和服务理念相匹配；②强有力的共享价值观会抵制变革，这会引起酒店无法适应快速变化的环境。

三、塑造酒店服务文化

塑造酒店服务文化是一项艰巨而复杂的系统工程，需要做好充分的准备，采用科学的方法和手段，并遵循特定的文化原则，按照规范的程序进行。

（一）塑造酒店服务文化的程序

1. 酒店服务文化的分析与诊断

酒店服务文化的分析和诊断是指在了解酒店服务文化现状的基础上，做出客观的分析和评价，并明确服务文化的薄弱环节以及加强服务文化的各项措施，从而树立正确的服务价值观和信念，创造良好服务文化氛围的过程。

2. 概括提炼形成酒店服务文化的共享价值观

酒店服务文化的共享价值观是指以顾客为核心、以服务为导向的优质服务的价值取向。共享价值观的形成是在分析酒店服务文化现状的基础上，结合酒店的内外部条件，提炼出共享价值观的实质，并用精确的语言进行概括，使其成为指导服务行为的服务理念的过程。在此过程中，应积极动员全体员工参与，发挥他们的创造性，这也有助于服务文化战略的实施。

3. 酒店服务文化的巩固和强化

酒店服务文化存在的目的就是发挥其特定的效果，因此，在实践中需要采取措施进行巩固和强化。这些措施包括：

（1）建立与服务文化相融合的制度保障体系。

（2）扩大舆论宣传，创造优质服务氛围，让员工在潜移默化中接受服务理念。

（3）酒店管理人员的示范表率作用。

（4）运用评估和激励手段，对为巩固和强化服务文化做出贡献的员工给予表彰，而对与服务文化相背离的各种思想和行为要坚决地予以批评或者进行惩罚。

4. 完善提高，适时发展

酒店服务文化在巩固、强化之后，就已经基本形成。但是，酒店的外部环境和内部条件都处于动态变化之中，为保证酒店服务文化的动态适用性，就需要对酒店服务文化做相应的调整、完善和充实，甚至提出新的内容，推出新的服务文化样式，以便发挥酒店服务文化应有的效用。

（二）塑造酒店服务文化的方法

酒店服务文化属于微观管理文化的范畴，通过文化的精神暗示作用和心理感召力来发挥作用。因此，巧妙运用心理定式、重视心理强化、利用从众心理、培养认同心理、激发模仿心理、化解挫折心理，可以创造多种塑造酒店服务文化的方法。

1. 造就酒店服务标兵和模范人物

酒店服务的标兵和模范人物，既可能产生于高层管理人员，也可能产生于基层服务人员，他们的共同特点就是服务价值观的集中体现。其作用体现在：

（1）榜样作用。标兵和模范人物是酒店服务文化的代表和象征，他们的事迹可以形成巨大的心理刺激，使其他员工由敬佩、爱戴到模仿。

（2）凝聚作用。标兵和模范人物来自员工，其思想和行为产生于具体的服务环境，容易得到其他员工的认同，可增强酒店的凝聚力。

（3）舆论导向作用。标兵和模范人物能引导、控制舆论的导向，对酒店服务理念起到强化的作用，并巩固和强化员工的思想和行为。

（4）调和作用。标兵和模范人物利用在酒店中的声望和地位，可以调节内部的矛盾，疏导关系和冲突，保持酒店内部的稳定性。

2. 创建酒店服务文化仪式

酒店服务文化仪式是服务价值观的外在表现形式，通过有代表性的礼仪活动可以将服务价值观展现出来，这样容易为员工所接受。其形式主要有：

（1）工作性仪式。工作性仪式是指发生在酒店日常经营活动中的常规性仪式，如服务标兵表彰会、例会、班前会等，可以有效强化员工的服务理念，使服务行为模式化和规范化。

（2）纪念性仪式。纪念性仪式是指对酒店具有重要纪念价值的活动，如店庆仪式、酒店获得重要荣誉的仪式等。员工通过此类活动可以产生自豪感、归属感，增进与酒店的感情。

（3）生活惯常仪式。生活惯常仪式是指在服务之余酒店所开展的各种礼仪性活动，如文体活动、联谊会、欢迎会等，这有助于增进员工间的沟通，便于协调酒店内部的人际关系。

酒店服务文化仪式要被赋予明确的指导思想，要把服务价值观融于活动形式之中，要引导员工积极参与。失去员工的支持，仪式活动只能流于形式。

3. 利用内部非正式沟通渠道

酒店服务价值观的传播，需要组织内部成员的沟通，既有上下级之间的沟通，也有不同部门、不同员工之间的沟通。沟通的形式有正式沟通渠道和非正式沟通渠道，酒店可以监控正式沟通渠道，但难以控制非正式沟通渠道。然而，员工真正的感情倾诉又往往依靠非正式渠道进行，因此酒店服务文化的建设要善于利用非正式渠道。具体的做法是：首先，要认识到非正式渠道对塑造酒店服务文化的重要价值。其次，加强与员工的交流，掌握非正式沟通渠道的信息。再次，通过适当的方法影响非正式沟通渠道，使其成为传播酒店服务文化的工具。

4. 营造酒店服务文化氛围

要塑造强有力的酒店服务文化，必须营造良好的优质服务氛围，使员工体会到酒店对服务价值观的追求，进而产生思想上的升华和对服务价值观的认同。酒店服务文化氛围主要包括三个方面的内容：①物质氛围，即旅游企业在服务现场通过物质要素的组合所产生的格调和情趣，有助于提示员工优质服务的输出；②制度氛围，即酒店通过对各项政策、制度、规定的态度所反映出的服务文化情绪；③感情氛围，即通过员工的交往所表现出的气氛和态度。其中感情氛围是核心，能集中体现酒店服务文化的内涵。营造合适的文化氛围就是要加强员工之间的沟通，减少摩擦和冲突，使员工能在和谐、愉快的环境中工作。

[关键概念]

　　服务　酒店服务　酒店服务包　服务管理　酒店服务蓝图　酒店服务流程设计　酒店服务质量管理　酒店服务标准化　酒店服务补救　顾客满意度　酒店服务文化

[课堂讨论]

　　1. 酒店服务蓝图与流程设计的步骤有哪些？
　　2. 衡量酒店服务质量优劣的标准有哪些？
　　3. 谈谈对酒店服务文化的认识。

[复习思考]

　　1. 服务的内涵是什么？
　　2. 简述酒店服务包的组成。
　　3. 酒店服务的特性是什么？
　　4. 简述酒店服务管理的组成。
　　5. 简述酒店服务蓝图的构成及意义。
　　6. 建立酒店服务蓝图的步骤有哪些？
　　7. 酒店服务质量的特性是什么？
　　8. 对酒店服务质量管理的基本要求是什么？
　　9. 谈谈顾客满意度的内涵。
　　10. 顾客满意度的决定因素和影响因素分别是什么？
　　11. 顾客满意度的测量要素有哪些？
　　12. 简述酒店服务文化的含义及表现形式。
　　13. 塑造酒店服务文化的程序是怎样的？

[拓展训练]

　　时间：10~15min。
　　人数：如果时间允许的话可以不限人数。
　　概述：这个游戏可以打破人际交往的坚冰，培养团队精神，使小组充满活力。
　　目的：
　　（1）使小组充满活力。
　　（2）让大家动起来、笑起来。
　　（3）增强团队精神。
　　步骤：
　　（1）让队员们紧密地围成一圈。
　　（2）让大家都举起左手，右手指向圆心。等每个队员都摆好了这个姿势以后，让他们用自己的左手抓住同伴的右手。一旦抓住后就不许松开。
　　（3）现在要大家在不松手的情况下，把自己从"链子"中解开。解开后仍要保持大家站成一个圆圈，面向哪个方向不限。有时会出现这样的情况，大家都把自己解开了，但是却形成了几个小圆圈，而不是仍保持原来的大圆圈。如果你不希望这种情况发生，可以在完成步骤（2）之后做一个闭环测试。随意在圈中选出一个人，让他用自己的右手捏一下同伴的左手；左手被捏的人接着用自己的右手去捏下一个队友的左手；这样继续下去，直到"捏手信号"返回到第一个人的左手上。如果捏手信号传不回来，你就需要重新开始了。你可以根据实际情况，决定是否需要进行闭环测试。

讨论问题示例：
- 你们遇到了什么困难？是如何克服这些困难的？
- 每个人的任务是什么？
- 如何将这个游戏和我们的实际工作联系起来？

为了保证安全，可以告诉队员们，当他们觉得被拉扯和扭曲得很难受的时候，可以暂时松开队友的手，但是必须尽快调整好姿势，重新抓住队友的手。如果队员们身体的柔韧性不好的话，可以适当降低要求，告诉他们在游戏的过程中只需要保持手的接触即可，不必一定要紧握住队友的手。这样可以避免由于手不能自由转动所引起的各种扭曲。

也可以将以上训练做一下变通：蒙上所有队员或一半队员的眼睛。

第五章 酒店人力资源管理

[学习目标]

本章重点讨论酒店人力资源管理工作。通过对本章的学习,学生要掌握酒店人力资源管理的概念,了解酒店人力资源管理的内容和任务,掌握酒店人力资源计划的内容和制订程序,员工招聘的原则和程序,员工培训的内容和方法,员工激励的方式和原则,酒店绩效管理的作用与员工绩效考核的方法以及薪酬管理的原则与内容。

◆ [案例导入]

南京金陵饭店集团人才战略

南京金陵饭店集团是我国酒店行业的佼佼者,我国服务行业质量领军企业,全国百佳质量诚信标杆示范企业,中国上市公司最具核心竞争力百强企业,中国上市公司改革开放四十年杰出企业……至2018年集团旗下高星级连锁酒店达151家,覆盖全国17省77市,管理规模位居"全球酒店集团50强"第37位。

近年来,随着我国酒店业日新月异的发展和国际酒店集团的"抢滩登陆",酒店业的竞争呈现白热化,对酒店管理人才的能力素质提出了更高要求,规模扩张、连锁发展、输出管理等都是以高素质管理人才为基础的。特别是随着酒店版图的不断扩张,和许多国际国内酒店管理集团一样,金陵饭店集团也不可避免地出现核心管理人才匮乏、人才外流、管理人员超期服役及培训工作分散化、碎片化等矛盾和问题,这些现状已经成为制约集团发展的瓶颈。

酒店板块作为核心业务和经营中枢,是金陵饭店集团既有战略、价值和品牌的支柱。为了实现人才战略横向整合、纵向贯通的一体化,让集团系统的人才培育、流动成为新常态,金陵饭店集团实施"金陵优才养成计划",加速建立开放度高、吸引力强的高端人才集聚体系,全力推动人才强企战略的实施。并且集团公司从2017年下半年开始以问题为导向,加强顶层设计和统筹协调,决定在金陵饭店集团层面设立金陵人才发展中心,统筹人力资源战略计划的落实。具体内容如下:

(1)抓实人才引进培养举措。加强招才引智工作,推进员工职业发展规划,建立后备人才梯队计划、人才培养快速通道,加强人才队伍的系统化建设,为促进企业转型升级提供人才支撑。

(2) 推进人才选拔流动机制改革。坚持"三能"制度改革，推行"以业绩论英雄"的赛马机制、管理岗位公开竞聘机制，推动酒店板块内轮岗培训、挂职锻炼和交流任职，并优化管理人员选拔任用和绩效考核机制。

(3) 实施金陵优才养成计划。顺利完成首期高中层管理人员培训班，与南京旅游职业学院等高校合作开办"金陵班"，开发 E-Learning 在线业务培训，通过"师徒制"构建"金陵能手、金陵工匠"专业人才体系，组织实施20个"金陵工匠"科研攻关项目。

(4) 创新以人为本的企业文化。大力培育和弘扬"工匠精神"，加强员工人文关爱，提高员工租房补贴标准，改善职工餐厅环境、提高伙食标准，组织各种丰富多彩的文体活动，打造凝心聚力、奋发进取的企业文化。

随着这些措施的落实，人才战略计划已初见成效，引进了一批中高层次人才，首期中高层管理人员培训班近半数人员已获晋升，培训课程体系日趋完善，师资队伍日益强大。

第一节　酒店人力资源管理概述

人力资源是社会经济发展中最为积极、最为活跃的因素。在酒店的五大资源（人力资源、财力资源、物力资源、时间资源、信息资源）中，人力资源是最为重要、最为宝贵的资源，它控制着酒店的其他资源。现代企业的竞争，归根到底是人才的竞争。人才的优劣，将直接影响企业经营的好坏。酒店作为劳动密集型企业，更是如此。因此人力资源是现代酒店管理的核心，是酒店经营成功的重要保证。

一、酒店人力资源管理的概念

人力资源是经济性资源、战略性资源。人力资源（Human Resource）是指能够推动生产力发展，创造社会财富，能进行智力劳动和体力劳动的人们的总称。酒店人力资源管理是指酒店运用现代化的科学原理和方法，依靠酒店组织结构和组织制度，来获取、整合、开发、保持和有效地利用人力资源，使全体员工正确认识自己在组织中应担负的责任和任务，并最大限度地调动员工的积极性，发挥员工的潜能，从而实现酒店的经济效益和社会效益。由定义可知，酒店人力资源管理既包括对个体资源的开发又包括对群体资源的管理，是一种微观与宏观相统一的管理活动，也应是全员性管理、科学化管理和动态管理的过程。

二、酒店人力资源管理的特点

酒店人力资源管理主要是从酒店组织、酒店整体的角度，研究如何对人力资源进行规划、选拔录用、培训开发、考核、薪酬激励等开发工作，以使人尽其才，才尽其用，从而达到人力资源的优化配置。

人力资源作为一种资源形式，其载体是人，人力资源的本质是人所具有的脑力和体力的总和。它与物力资源相比，具有再生性、时效性、能动性、社会性、两重性和成长性六大特征。而酒店人力资源管理就是对这种具有诸多特征的人力资源进行开发和管理，因此它具有以下特点：

1. 涉及面广

首先，酒店人力资源管理作为一门学科，它不仅要研究管理中的政治、经济、文化、心理、生理等因素，而且还涉及心理学、社会学、管理心理学、人才学和管理学等多门科学。其次，从人力开发与管理的对象上看，所涉及的是酒店每位管理人员和全体员工。再次，从人力资源管理的具体工作内容来看，包括构建组织结构，建立职位体系、培训开发体系、绩效管理体系、薪酬管理体系，规划员工职业生涯，建设企业文化，引入人力资源管理信息系统，规范人力资源管理工作等内容。所以，酒店人力资源管理是一项极其复杂、涉及面比较广的工作。

2. 政策性比较强

酒店人力资源管理必须遵守国家和地方政府有关劳动关系的法律和法规，正确处理酒店内劳动报酬，工作时间与休息时间，劳动安全卫生，职业培训，劳动纪律，社会保险和福利，劳动争议，劳动产生、变更和消灭等方面的关系。这些工作无不是在国家和地方政府的法律、法规的指导下进行的。因此，酒店人力资源管理是一项政策性比较强的工作。

3. 感情色彩比较重

酒店人力资源管理的对象是人，而人的需要正如马斯洛需求层次理论所体现的生理需求、安全需求、社交需求、尊重需求、自我实现需求。因此，酒店人力资源管理工作应首先认识到员工是自然人，有基本的生理生存需要。其次，应认识到员工是社会人，有被尊重，需要关心、爱护的需要。再次，应认识到员工是职业人，有自我价值实现和发展的需要。这些需要不单单是通过酒店各项规章制度来实现，更要通过关心、爱护来实现，要重视思想工作，调动员工的积极性。因此，酒店人力资源管理是一项感情色彩比较重的工作。

4. 综合性比较强

酒店人力资源管理是一项综合性的工作，人员的招聘、培训、使用、考核、奖惩等工作覆盖了酒店的各级和各部门，贯穿于各部门的业务之中，因此，酒店人力资源管理是一项综合性比较强的工作。

三、酒店人力资源管理的内容

酒店人力资源管理工作大致可分为两个方面：一方面是事务性的，另一方面是战略性的。其中事务性的工作主要有考勤、人事档案管理、绩效考评、薪金福利等行政性和总务性的工作；战略性的工作主要有酒店人力资源的战略规划、政策的制定和执行、员工的培训、员工职业生涯的规划等。具体内容如下：

1. 制订酒店的人力资源计划

根据酒店的经营管理目标和组织结构的需要，对酒店的各项工作性质、岗位职责及素质要求进行分析，确定酒店员工的需求量、需求标准，做好酒店人力资源数量和质量的预测。

2. 招聘录用员工

按照酒店的人力资源计划，依据科学的标准，结合酒店的实际情况，制定出相应的用人政策、遴选办法及录用程序，在科学计算、预估工作量和定员的基础上，招聘合格的员工。

3. 教育培训

酒店员工素质的提高主要是依靠有计划的教育培训，由于员工级别、所在部门和工作内容不同，酒店应采取不同的培训方式和培训内容。对操作层员工的培训应注重技能和职业素养的培训，对管理层的员工应进行分析问题和解决问题等管理能力的培训。培训一般分为在岗培训和脱产培训等。

4. 建立完整的考核体系和奖惩制度

酒店通过考核员工的工作绩效，及时进行反馈，奖优惩劣。科学的考核、奖惩体系能给员工指引方向，调动员工的积极性，提高工作效率，从而实现酒店的整体效益。

5. 建立良好的薪酬福利制度

薪酬福利制度是酒店人力资源管理的重要内容。薪酬是指员工因为受雇用而获得的各种形式的报偿，其核心部分是工资、奖金和福利。酒店应根据自身的特点选用合适的工资形式，建立合理的奖励和津贴制度，为员工提供劳动保险等福利待遇，从而最大限度地发挥员工的潜能，调动员工的积极性。

6. 培养高素质的管理人员

酒店管理者素质的高低对酒店员工积极性的调动有重要影响。高素质的管理者能够运用有效的领导方式和沟通技巧达到激发员工潜能、培养企业文化、增强酒店凝聚力、提高酒店社会效益和经济效益的目的。

四、酒店人力资源管理的任务

1. 科学客观地了解和评价人

酒店的经营运转需要各种各样的人才，培养和使用优秀人才的前提是科学地了解和评价人才。酒店应该从社会学和心理学的角度对不同的人的特征进行研究，研究人的个性特征、人的需求、人的优点和缺点，从而对人有一个全面、客观的了解和评价。只有每个个体的状态和发展趋势得到全面客观的反映和评价，造就人才、开发人才才具有一个坚实的基础。

2. 积极造就及合理使用人

酒店人员工作的特点是手工技能性强、独立性强。因此酒店要结合员工的特点对其进行专业训练和素质塑造，使其具备酒店专业业务能力。

合理使用人主要包括四点：①酒店应根据个人的兴趣、爱好和志愿，把员工安排在合适的岗位。②酒店管理者应该根据具体的工作内容，对员工加以指导和引导，而不是干预。③酒店应根据员工工作的情况进行考评，使员工的才能得到恰当的发挥。④把使用和造就结合起来，有使用也要有造就。

3. 优化组合各类人力资源

一支员工队伍要通过科学配置才能达到最优组合。因此，在酒店经营管理中，要做到职责分明、人尽其才、才尽其用，形成精干、有序、高效的酒店组织。

4. 处理好人才流动问题

酒店人才的流动是不可避免的，人才流动对酒店来说有利有弊，适度的人才流动，可以给企业注入新的血液，可以改善员工的队伍素质，实现人力资源的最优配置。而过度的人才流动，会影响酒店的服务质量，会增加酒店的人力资源成本。因此，要保持员工的合理适度流动。酒店人才流动的目标是淘汰不适合酒店职业的员工，留住称职优秀的员工并达到结构优化。为此，企业必须建立完善的员工使用办法和相应的淘汰约束机制。

5. 建立酒店人力资源开发利用体系

科学的酒店人力资源开发体系包括：①建立一套科学的招聘标准、程序和方法；②建立一套科学的培训制度和方法；③进行科学的定岗定员和结构优化；④创造一个良好的工作环境。

第二节　酒店人力资源计划

酒店人力资源计划，是人力资源管理部门的一项非常重要的工作，是酒店人力资源企业发展战略的重要组成部分，是人力资源管理各项工作的起点和依据。目前我国大多数的酒店，基本上都有酒店发展的整体经营规划，而没有人力资源计划。如果说有也只是做一些人力资源计划中的短期人数预测方面的工作而已，这不能满足酒店的长期发展的需要。在激烈的市场竞争中，酒店要实现经营目标，就必须对人力资源进行科学的预测和计划，以保证酒店在未来特定的时间、特定的岗位上能及时得到合适的人员。

一、酒店人力资源计划的含义和内容

（一）酒店人力资源计划的含义

酒店人力资源计划是在现有人力资源的存量分析的基础上，对未来人力资源供求情况进行科学的预测，制定必要的政策和措施，以保证满足酒店未来人力资源需求的过程。

要更好地理解酒店人力资源计划的含义，还必须了解以下几个要点：

（1）酒店环境的变化会带来酒店对人力资源供给和需求的动态变化。

（2）酒店人力资源计划的主要工作是制定必要的人力资源政策和措施，以保证酒店对人力资源需求的满足。

（3）酒店人力资源计划是以酒店的战略目标为基础的，若战略目标变化，则人力资源计划也应随之变化。

（4）酒店人力资源计划的最终目标是使组织和个人的长期利益都能够得到有效的实现。

（二）酒店人力资源计划的作用

人力资源计划是酒店人力资源管理工作的起点，是管理工作的统筹阶段，对酒店战略目标和战术目标的实现有重要的作用。具体内容如下：

（1）使酒店适应内外环境的变化，确保酒店对人力资源的需求。

（2）有利于酒店合理地利用人力资源，降低人工成本。

（3）有利于减少人力资源流动带来的不利影响。

（4）有利于发挥人力资源个体的能力，调动员工的积极性。

（5）有利于酒店制定战略目标和发展计划。

（三）酒店人力资源计划的内容

人力资源计划从用途和时间可分为战略性的长期计划、策略性的中期计划和作业性的短期计划。

人力资源计划从层次上可分为战略层次上的总体计划和战术层次上的业务计划。业务计划是指各项人力资源管理职能活动的具体计划，主要包括：

(1) 岗位职务计划。岗位职务计划的主要内容有确定组织框架、制定岗位职务标准、进行定员定编。

(2) 人员补充计划。人员补充计划是人事政策的具体体现，目的是合理填补酒店中长期内可能产生的职位空缺。

(3) 人员调配计划。人员调配计划是酒店内人力结构和人员配置的调整，包括酒店内职务调配、员工工作调动、岗位轮换等。

(4) 人员接替及晋升计划。人员接替及晋升计划是指酒店根据人事测评、员工培训、绩效考核的结果，来确定各个职位晋升人员的次序。

(5) 退休解聘计划。退休解聘计划实质是酒店的淘汰机制，酒店应在一定时期内有计划地裁减冗员。

(6) 教育培训计划。教育培训计划是指酒店有计划、有步骤地对现有人员进行分门别类的培训，充分挖掘现有人力资源的潜力，培训出酒店发展所需要的合格人才。

(7) 职业生涯计划。职业生涯计划是指酒店对员工的使用、培养和职业发展等方面做出系统的、特殊的安排，将员工的个人成长、发展与酒店的需求、发展相结合的计划。

二、酒店人力资源计划编制

在编制人力资源计划时，人力资源管理员需要确定完成酒店组织目标所需要的人员数量和类型，因而需要收集和分析各种信息并且预测人力资源的有效供给和未来的需求。在确定所需人员类型和数量以后，就可以着手制订战略计划和采取各种措施，以获得所需要的人力资源。

（一）影响酒店人力资源计划的因素

影响酒店人力资源计划的因素是多方面的，大致可以分为两类：①酒店外部环境因素；②酒店内部环境因素。

1. 酒店外部环境因素

酒店外部环境因素包括宏观经济发展趋势，人力资源市场的供求状况，人们的择业偏好，国家和政府的法律、法规、政策，教育水平和科学技术的发展等。

2. 酒店内部环境因素

酒店内部环境因素包括酒店的发展目标、酒店的经营规模、酒店的组织结构、酒店的企业文化、人力资源部门人员的素质等。

（二）制订酒店人力资源计划的程序

(1) 根据酒店的经营环境、战略目标对现有人力资源进行盘点，对人力资源需求和供给进行预测。

(2) 确立人力资源计划的目标与政策。

(3) 制订人力资源计划方案。

(4) 对各项人力资源计划实施情况进行控制、评价和调整。

（三）人力资源需求预测

酒店人力资源需求预测是酒店为实现既定目标对所需员工的数量、质量和结构进行科学估算的过程。人力资源需求预测要以酒店的战略目标和发展计划以及工作任务为依据。其主要影响因素有：

(1) 酒店规模、等级、档次的变化。
(2) 酒店组织形式与组织结构的变革。
(3) 酒店经营项目和产品结构的调整。
(4) 酒店的接待能力，现有员工的工作情况、定额和工作负荷情况。
(5) 酒店员工的流动率，即由辞职、解聘、退休等引起的职位空缺情况。
(6) 酒店的财务资源对人力资源需求的约束，根据未来人力资源总成本可以推算人力资源的最大需求量。
(7) 社会科学技术的进步。

（四）人力资源供给预测

酒店人力资源需求预测是对酒店内部人力资源需求量的预测，是人力资源计划的一个方面。酒店还必须了解通过哪些渠道能够获得多少所需的人力资源。这是酒店人力资源供给预测所要解决的问题。酒店人力资源供给预测是酒店为了实现既定目标，对未来一段时间内可获得的人力资源状况做出预测，包括对酒店内部和外部的人力资源的数量、质量、结构等进行预测。

1. 人力资源供给预测的内容

(1) 分析酒店目前的员工状况，包括酒店员工部门的分布、技能知识水平、年龄构成等。
(2) 分析目前酒店员工流动情况及其原因，预测将来员工流动的态势，从而采取相应措施避免不必要的流动，或及时补充人才。
(3) 掌握酒店员工提拔和内部调动情况，确保工作和职务的连续性。
(4) 分析工作条件（如作息制度、轮班制度等）的改变和出勤率的变动对员工供给的影响。
(5) 掌握酒店人才的供给来源和渠道，人才可以来源于公司内部，也可以来自公司外部。
(6) 根据预测得到的员工数量、规模、经验、能力、人工成本等各个方面的综合汇总，得出酒店人力资源的供给预测。

2. 人力资源供给预测的影响因素

(1) 地区性的影响因素：酒店所在地的经济发展水平；酒店所在地人口总量与人力资源率；酒店所在地的人力资源整体状况；酒店所在地的地理位置；酒店所在地的教育水平；酒店所在地的就业水平和就业观念；酒店薪酬、福利对就业人的吸引程度；酒店本身对就业人的吸引程度。
(2) 全国性的影响因素：全国劳动人口的增长趋势；全国相关专业的大学生毕业人数及分配情况；全国酒店从业人员的薪酬水平和差异；教育制度变革的影响。

（五）酒店人力资源计划

酒店在完成人力资源供需预测以后，就可以确定对劳动力的净需求，而在确定了净需求后，就可以制定相应的人力资源政策，以保持人力资源的平衡。这是酒店人力资源计划工作的核心和目的所在。通常情况下，酒店规模扩大、业务量增加、接待能力提高、工作效率下降，都会引起人力资源需求的增加；而酒店规模缩小、业务量减少、接待能力下降、工作效率提高，都会引起人力资源需求的减少，甚至是人力资源过剩。另外，酒店外部人力资源供给的多少，也会直接影响到酒店人力资源的充足或短缺。

酒店人力资源的供需平衡不仅包括人员供需总量上的平衡，而且包括员工年龄、性别、素质、类别、层次上的平衡。因此，酒店在制订人力资源计划时，不仅要保证数量上的平衡，而且还要保证质量、结构上的平衡。

针对酒店人力资源供求不平衡的不同状况，可以采取不同的调整方法。下面介绍一些常用的方法和措施。

1. 人力资源缺乏时的政策

（1）通过内部招聘、内部调整、内部晋升的办法把人员补充到空缺岗位上。

（2）对员工进行培训，提高员工的劳动效率。

（3）引进先进的管理方法和设备来提高员工的工作效率。

（4）将部分经营项目和业务以合理的方式外包。

（5）招聘正式工、临时工和兼职人员。

2. 人力资源过剩时的政策

（1）适当地扩大酒店规模、增加新的经营项目、拓展新的市场。

（2）减少人员补充。当员工退休、离职时，对空闲的岗位不进行人员补充。

（3）对富余员工进行新岗位知识技能培训，通过换岗来减缓员工过剩问题。

第三节　酒店员工的招聘

员工的招聘能给酒店注入新鲜的血液，能使企业获得优秀的人才，能增强企业核心竞争力。在整个人力资源管理工作中，招聘工作是一项基础性的工作，酒店管理的所有工作都是建立在招聘基础上的。酒店如果没有员工，其他管理工作将无法进行，并且酒店发展的好坏，很大程度上取决于是否能招聘到适合酒店运行和发展的合格员工。因此，有效的招聘工作是保证酒店正常运转的重要前提。

一、酒店员工招聘的原则

酒店员工招聘，应坚持"公开招聘，自愿报名，全面考核，择优录取"的原则，人力资源部主管要严格把好质量关，在实际招聘工作中必须遵循公正公开原则、平等竞争原则、效率优先原则、全面原则和择优录取原则。

二、酒店员工招聘的程序

酒店员工招聘的程序主要有四个阶段：一是制订招聘计划；二是确定招聘途径；三是招聘工作实施；四是招聘工作评估。

1. 制订招聘计划

招聘计划应在人力资源计划的基础上产生。具体内容包括：确定本次招聘的目的、描述应聘职务和人员的标准和条件、明确招聘对象的来源、确定发布招聘信息的方式、确定招聘组织人员、确定参与面试人员、确定招聘的时间和新员工进入酒店的时间、确定招聘经费预算等。

2. 确定招聘途径

（1）内部招聘。内部招聘就是从酒店内部发现和挖掘人才，主要有职工提升、平级调动、工作轮换、原有员工重新聘用等途径。

（2）外部招聘。外部招聘的主要途径有报纸广告招聘、校园招聘、现场招聘会、网络招聘、职介机构、猎头公司等。

3. 招聘工作实施

（1）发布招聘信息。酒店根据所聘的岗位特点选择适合的招聘途径将招聘信息发布出去。

（2）填写求职申请书。对酒店招聘工作或岗位感兴趣的应聘者递交个人简历，填写求职申请书。

（3）审核应聘者资料。酒店招聘人员对应聘者递交的材料进行审阅，判断应聘者的情况是否真实可信。通过审阅，淘汰一部分情况不符合酒店要求的员工，在此基础上，确定参加面谈的人选。

（4）初次面谈。酒店通过与应聘者面对面的交谈，确定应聘者的仪容仪表、语言表达等能力是否符合酒店的要求，同时应聘者也能对酒店的待遇和工作环境等方面有一个大致的了解。

（5）能力和技能测试。能力和技能测试是指酒店采用不同的考核方式对应聘者的知识、能力等综合素质进行测试、评估，为录用提供依据。

（6）任用面谈。基本确定录用人选后，在任用之前要进行面谈，进一步了解应聘者的详细情况，了解应聘者是否愿意长期工作等情况。

（7）体格检查。体格检查是酒店招聘录用工作不可缺少的一个环节。酒店是服务性行业，对拟录用的人员进行体格检查可以保证客人及其他人员的健康。

（8）办理录用手续。在确定合格的录用人选之后要发出录取通知书，通知书以书面形式为宜。

（9）岗前培训。对录用的员工就酒店的组织结构和工作环境、岗位知识和技能等方面进行培训，为日后上岗就业打下基础。

（10）上岗试用。酒店对新员工进行3~6个月的试用。试用期合格者将与酒店签订正式的劳动合同。

4. 招聘工作评估

招聘工作评估是招聘工作的最后一个环节，很多酒店以前对这个环节不太重视。对招聘效果进行评估，可以发现招聘过程中存在的问题，为以后的招聘工作提供依据。对招聘效果评估一般可以从以下几个方面进行：

（1）招聘成本。招聘费用越低，录取人数越多，说明招聘的成本越低。反之，招聘成本越高。

（2）应聘比率。这是对招聘数量方面的评估。应聘比率=（应聘人数/计划招聘人数）×100%。在其他条件相同时，应聘的比率越高，说明招聘的效果越好。

（3）录用比率。这是对招聘效果质量方面的评估。录用比率=（录用人数/应聘人数）×100%。在其他条件相同时，录用的比率越高，说明招聘的效果越好。

第四节　酒店员工的培训

一、酒店员工培训的意义

酒店员工培训是酒店人力资源开发和管理的重要内容，是酒店经营发展、提高员工素质、激发员工潜能的重要方法。只有重视对人才的培养，加强对员工的培训，才能提高酒店的生产和服务效率，提高酒店的经营效益。员工培训的具体意义如下：

1. 适应市场环境的变化，增强酒店的竞争能力

经济和科学技术的发展，使酒店处在瞬息万变的经营环境中，使人力资源管理面临着日益更新的知识经济，面临着日新月异的顾客需求。如果酒店不加强对员工的培训，终将被市场所淘汰。因此，不断地对员工进行培训，才能适应市场环境，才能增强酒店竞争力。

2. 有利于提高员工的素质和酒店的服务质量

迅速发展的酒店业对员工的素质要求越来越高，员工要能够掌握现代化的管理方法和服务技巧，熟悉现代化设备的使用，员工要能够针对不同顾客需求采取不同的服务方式。因此，只有对员工进行各种各样的培训，提高员工的职业道德素质、文化素质、管理技能素质，进而提高员工的综合素质，才能提高酒店的服务质量，才能适应现代化酒店业发展的需要。

3. 有利于提高酒店的劳动生产率，节省劳动力成本

酒店的劳动生产率主要体现在工程部和各个部门对设施设备的使用上，以及餐饮和客房等部门的服务技巧上。酒店通过对员工的培训，可以使员工严格地执行操作标准和服务规程，员工可以在最短的时间内高质量地完成劳动服务任务，从而提高劳动生产率，节省劳动力成本。

4. 有利于降低酒店的损耗和经营成本

酒店是一个综合的服务性行业，服务项目和服务内容很多，导致酒店工作中存在着许多浪费和消耗。例如，客房中一次性消耗品，餐饮中的原材料，各个部门水、电、燃气等能源的消耗。这些浪费和消耗大都是因员工未经培训造成的，因此酒店对员工的培训，可以增强员工的节约意识，可以提高员工的操作技能，从而减少酒店的损耗。另外，通过培训可以防止事故的发生，保证员工、顾客人身和酒店财产安全，进而节省酒店的经营成本。

5. 有利于员工的晋升和发展

培训可使员工扩大知识面和扩展工作领域，获得先进的管理知识和技能，为以后晋升创造必要条件。而且不断的培训会使员工承担具有挑战性工作的能力越来越强，使员工在培训与工作的交替中成长起来，使其自我价值得到实现。

二、酒店员工培训的内容与类型

（一）酒店员工培训的内容

培训内容是培训的核心，对象不同，培训内容也不相同。酒店员工培训内容总体上可以分为以下三个方面：

（1）知识性培训。知识性培训是指对员工进行完成本岗位所必须掌握的基本知识的培

训,如对酒店的规章制度、基本情况等的培训。

(2) 技能性培训。技能性培训是指对员工进行完成本岗位所必须掌握的业务技能的培训,如对操作技能、应变能力、沟通能力等的培训。

(3) 态度性培训。态度性培训是指对员工进行完成本岗位所必须具备的工作态度的培训,如对认真、耐心、热情、礼貌的服务态度的培训。

(二) 酒店员工培训的类型

酒店员工培训的类型因人、因时而有所不同。具体分类如下:

1. 按培训对象的不同层次分类

(1) 决策层培训。酒店的决策层人员主要有酒店经理、总监、部门经理。对他们的培训内容主要有:市场观念和竞争观念的树立,酒店经营发展战略的确定,营销策略的制定等。

(2) 督导层培训。酒店的督导层人员主要有主管、领班等。对他们的培训内容主要有:管理能力的提高、专业知识的加强、人际关系的处理、领导员工能力的提升。

(3) 操作层培训。酒店的操作层人员主要有对客服务的一线员工,后台的技术、勤杂员工等。对他们的培训内容主要有:专业知识的掌握、业务技能的熟练、工作态度的端正等。

2. 按实施培训的不同阶段分类

(1) 职前培训。职前培训也称就业培训,是员工上岗前的培训,可分为一般性的培训和专业性的培训。

(2) 在职培训。在职培训是对员工在岗时所需知识技能的培训,如对外语会话能力、计算机操作技能、服务操作技能等的培训。在职培训贯穿于酒店每一个员工就业时期的全过程。

(3) 职外培训。职外培训是指受训员工暂时脱离岗位或部分时间脱离岗位参加学习或接受某种专门训练。根据受训时间安排和受训员工脱产时间的长短,职外培训可分为全日式培训、间日式培训、兼时式培训三种。

三、酒店员工的培训方法

培训方法直接关系到培训对象的接受程度和培训效果,组织者应该根据酒店的特点和不同的对象,选择不同的培训方法。酒店常用的培训方法有以下几种:

1. 讲授法

讲授法是人们最熟悉的培训方法,是由培训者向受训者讲授知识,是最传统的培训方式。讲授法最大的优点就是可以系统地将知识在短时间内教给员工。缺点是单向信息传递,反馈效果差。该法常被用于一些理念性知识的培训。

2. 讨论法

讨论法属于培训中集体互动的一种方式。一般先设定一个讨论的题目,然后由受训者进行分组讨论。

讨论法的优点是信息交流方式为多向传递,员工参与程度高,多用于巩固知识,训练员工分析、解决问题与人际交往的能力,但运用时对培训者的要求较高。

3. 案例研讨法

案例研讨法是培训者通过引入案例，让受训者分析问题，并提出解决方案的培训方法。该法的优点是注重分析一些实际问题，以此培养受训者分析问题和解决问题的能力，并且通过相互交流，可以激发受训者的灵感。缺点是由于案例不存在唯一的正确答案，也没有评价方案优劣的标准，并且也看不到方案真实的效果，因此很大程度上依赖于培训者和受训者自身的素质。案例研讨法一般适用于中层以上的管理者。

4. 角色扮演法

角色扮演法是设计一个接近真实情况的场景，指定受训者扮演特定的角色，借助角色的演练来体验该角色，从而提高解决该类问题的能力。其特点是人与人之间直接交流，有利于培养人际关系方面的技能，因此，培训酒店公关人员、销售人员常常采用这种方法。

5. 视听技术法

视听技术法是利用幻灯片、电影、录像、录音等视听材料对员工进行培训的方法。该法的优点是运用视觉与听觉直观鲜明的感知方式，促进学习效果。缺点是员工的反馈与实践情况较差，且制作和购买的成本高，内容易过时。它多用于酒店概况、专业技能等培训内容，也可用于知识性的培训。

6. 操作示范法

操作示范法是酒店员工入职之前操作技能训练采用最广泛的一种方法，是酒店技术能手对员工讲授理论和技能操作规范，然后进行标准的示范表演，受训者反复模仿、操练的培训。这种方法虽然枯燥，但在技能培训中是非常必要的。这种方法主要适用于操作技能比较强的工种，比如餐厅摆台、酒吧服务员调酒、客房服务员做房等。

7. 远程培训法

远程培训法是通过计算机、远程会议等辅助手段使受训者在不同时间、不同地点获得有计划、有目的的训练的方法。远程培训法适合于多地点经营的酒店集团和连锁酒店。

第五节 酒店员工的激励

激励是现代酒店管理中最重要的职能，激励影响着酒店经营目标的实现。判断酒店人力资源管理是否科学和有效，主要看其是否发挥了对员工的有效激励。酒店人力资源开发和管理所追求的目标是，用各种各样合适的、恰当的激励方法充分调动员工的积极性，最大限度地挖掘人的潜力，为酒店创造出最优的经济效益和社会效益。

一、酒店员工激励的概念与意义

（一）酒店员工激励的概念

激励，顾名思义就是激发和鼓励。从心理学角度讲，激励是指激发人的行为动机的心理过程，是一个不断朝着期望的目标前进的动态过程。简言之，就是在工作中调动人的积极性的过程。激励是对人的一种刺激，是促进和改变人的行为的一种有效手段。激励的过程就是管理者引导并促进工作群体或个人产生有利于管理目标行为的过程。每一个人都需要激励，在一般情况下，激励表现为外界所施加的推动力或吸引力转化为自身的动力，使得组织的目标变为个人的行为目标。

酒店员工激励是指酒店管理者通过各种内外部有效的措施和方法，发现和引导员工的内心需要，最大限度地激发员工的积极性、主动性和创造性，从而有效地实现酒店经营目标和满足个人需要的过程。

(二) 酒店员工激励的意义

酒店人力资源管理的永恒主题是调动员工的积极性，正确运用各种激励方法和手段对提高酒店组织的工作效率和经营效益有重要意义。

1. 通过激励可以调动员工的积极性，激发员工的潜能

对酒店来说，如果员工没有干劲，没有工作激情，会使酒店失去活力，会使工作缺乏效率，终将无法实现酒店的目标。因此必须运用激励手段，调动员工的积极性，提高工作的绩效，实现酒店的目标。

人的潜能是难以估量的，很多潜能连自己也没有意识到，只有在特定环境中，使用有效的激励措施才能将其激发出来。美国哈佛大学教授威廉·詹姆斯（William James）通过研究发现，在计时工资制度下，一个人如果没有受到激励，仅能发挥其能力的20%~30%，如果受到正确充分的激励，就能发挥其能力的80%~90%，甚至更高。可见，激励对激发人的潜能有重要作用和意义。

2. 通过激励可以提高员工的工作效率

工作效率的高低通常取决于两个因素：一是能力；二是意愿。前者是指胜任某项工作的能力；后者是指从事某项工作意愿、干劲的大小，也就是工作积极性的问题。在很多情况下，酒店工作的重复性和复杂性，会使有能力的员工失去主动性和积极性。因此，强化激励手段，充分调动员工的积极性对提高劳动生产率有重要意义。

3. 通过激励可以提高员工的素质

从组织行为的角度讲，提高酒店员工的素质有两个途径：一是培训；二是激励。在酒店人力资源开发和管理中，之所以对员工进行奖励，是因为员工素质优异的表现；反之，对员工的惩罚，则是因为员工行为素质下降的表现，通过惩罚纠正员工的行为，提高员工的素质。因此，激励对提高员工的素质有重要作用和意义。

4. 通过激励可以吸引人才、留住人才

在现代酒店人力资源开发和管理中，酒店业的自身特点和其他原因，使得酒店员工的流动性比较强。任何酒店的稳定，都离不开稳定的优秀的员工队伍，要想吸引人才、留住人才，就必须采取十分有效的手段。例如，一个工资高、福利好、发展空间大、公平程度高的酒店，自然会吸引更多人才加入该酒店，自然会留住更多的优秀人才。因此，有效的激励对吸引人才、留住人才有重要意义。

二、酒店员工激励的原则

众所周知，激励对酒店有着非常重要的意义，那么要想使激励的作用发挥得恰到好处，管理者必须在实际工作中正确运用各种激励方法，而在运用激励方法之前，有必要先了解各种激励原则。酒店员工激励的原则主要有以下几点：

1. 整体需求原则

在酒店内部：从组织结构上看，存在不同层次、不同部门、不同岗位的员工；从员工结构比例上看，存在不同级别、不同年龄、不同性别的员工。对这些员工，是否都给予激励，

采取什么样的激励方式，管理者不仅要区别对待，而且必须从酒店的实际经营情况和整体需求出发，所以，运用激励职能，调动员工的积极性，必须坚持整体需求原则。

2. 目标一致原则

在酒店的激励过程中，设置目标并且目标一致是一个关键性的环节。员工只有确立了目标，才会有动力。因此，酒店人力资源部的管理人员在激励过程中，首先让员工树立目标，然后使员工、班组、部门的目标与酒店的经营目标保持一致，只有这样才能取得良好的激励效果。

3. 积极引导原则

酒店在实施具体的激励方法时，会设定目标让员工去实现，而员工在为实现目标付诸行动时，其行为有时可能会违背酒店管理者使用激励手段的初衷，因此，在激励过程中，酒店管理者要对员工给予积极的、及时的、多方面的指导，这样才能达到激励的目的。

4. 自我激励原则

酒店人力资源管理的核心就是调动员工的积极性，激发员工的潜能。往往潜能的开发者和拥有者都没有意识到潜能的力量之大。苏联心理学家曾对人的大脑潜能进行过研究，结果表明：一般人只使用了它思维能力的很小一部分。如果一个人能使大脑发挥一半的能力，他就能迅速学会40种语言，熟记《苏联大百科全书》的所有条目内容，并学完10所大学的课程。在体力方面，研究表明：人体器官和结构能够经受10倍于日常生活中的负荷。因此员工的潜能是酒店的一笔巨大财富，而这笔财富就掌握在酒店管理者手中。要运用这笔财富并使其发挥更大的作用，就要求管理者首先使员工意识到自己的能力所在，其次让员工感觉到勤奋努力地工作才可以实现自己的需求。所以，在激励过程中，管理者必须运用自我激励原则，来激发员工的潜能，调动员工的积极性。

三、激励的基本方式

在酒店管理实践中，激励的方法和手段颇多，酒店的管理者在遵循激励基本原则的基础上，应根据具体情况对不同的员工采取不同的激励方式。下面介绍几种基本的激励方式。

1. 需求激励

需求激励是酒店管理中最常用的一种激励方式。员工的工作表现主要是由动机所支配的，而动机是由需要产生的。根据美国心理学家马斯洛需求层次理论可知，员工有生理需求、安全需求、社交需求、尊重需求、自我实现需求。因此，酒店的管理者应针对员工不同层次的需求采取不同的激励方式。

2. 目标激励

所谓目标激励，就是给员工确定一定的目标，以目标为诱因驱使员工去努力工作，以实现自己的目标。任何组织的发展都需要有自己的目标，任何个人在自己需要的驱使下也会有个人的目标。目标激励必须以组织的目标为基础，必须把组织的目标与员工的个人目标结合起来，使组织目标和员工目标相一致。

目标的激励作用＝目标价值×期望概率，因此，管理者在确定目标时，不能太高也不能太低，要结合员工的能力和实际情况，定一个员工通过努力就能够实现的目标。对按时实现目标的员工要给予适当的鼓励和表扬。

3. 情感激励

人是有情感的，情感因素对员工工作的积极性有重大影响。情感激励是管理者加强与员工感情上的沟通，尊重员工、关心员工，与员工建立平等和亲切的感情关系。情感激励的关键是，管理者必须以自己的真诚去打动和征服员工，以情动人，切忌采用命令的方式。另外，采取这种方式并不意味着无时无刻都充满感情，有时"雪中送炭"所带来的情感震撼是不可估量的。

4. 信任激励

信任激励是指酒店的管理者充分信任员工并对员工抱有较高的期望，这样员工会充满信心，产生荣誉感，增强责任感和事业心。酒店管理者的责任是在帮助员工认识和重视自己的责任的同时交给员工能力相当或稍大于其能力的责任，这样既能使员工感到被重视，也会使其体会到工作的意义。

5. 榜样激励

榜样的力量是巨大的。榜样激励是指通过酒店树立榜样，使目标形象化，号召员工向榜样学习，来激发员工的力量从而提高员工的工作效率。这种方式是在酒店中树立真人榜样，给人以鼓舞和鞭策，激发员工学习和赶超的愿望。榜样激励的具体实施步骤是：①要树立榜样；②要对榜样的事迹广为宣传；③给榜样以明显的使人羡慕的奖酬。这样才能提高榜样的效价，使员工增加向榜样学习的动力。

6. 惩罚激励

惩罚激励是对斯金纳（B. F. Skinner）的强化理论的运用。惩罚激励是负强化，属于间接激励，其心理机制是人的羞怯、过失心理，不愿受到名誉或经济损失。惩罚激励是管理者利用自己的权力和职务对员工的某种行为予以否定或批评，使员工消除这种行为。如果惩罚得当，不仅能消除人的不良行为，而且能化消极因素为积极因素。酒店管理者在运用惩罚激励时，要注意批评惩罚不是目的，只是一种手段而已，并且在运用的过程中，要具体问题具体分析。这种激励方式一般不单独使用，要与其他激励方式配合使用。

以上是常用的激励方式，除此之外，还有很多激励方式，如晋升激励、荣誉激励、竞争激励、学习激励、工作激励等。在实际工作中，酒店对人力资源进行管理，应该坚持激励的基本原则，只有针对不同的情况综合运用各种激励手段，才能收到事半功倍的效果。

第六节 酒店员工的绩效与薪酬管理

一、酒店员工的绩效管理

（一）酒店绩效管理概述

1. 酒店绩效管理的定义

酒店绩效管理是指酒店管理者和员工为实现组织目标而共同参与的绩效计划制订、绩效考核评价、绩效目标提升的持续循环过程。绩效管理的目的是持续增加个人贡献、提升各部门与酒店的工作效率。绩效管理通过评估和反馈价值，充分提高员工的业绩，达到改善酒店整体绩效的目的，从而确保酒店战略目标的实现。

2. 酒店绩效管理的作用

（1）对酒店的作用。酒店管理者会将战略目标分解到各个部门去执行，因此绩效的完成程度代表了酒店战略执行的程度，对绩效的有效管理就是对酒店战略的管理。一方面，绩效管理可以凝聚员工，培养员工良好的服务意识；另一方面，可以将员工的个人目标与集体目标联系起来。同时，绩效管理能够有效地促进酒店实现短期战略目标，并对长期目标及时做出修正和调整。总之，有效的绩效管理有利于提升酒店的竞争优势，增强酒店的竞争力。

（2）对酒店员工的作用。现代企业管理需以"人本管理"的思想为基础，企业要更多关注员工的发展。所以在酒店绩效管理的过程中，应充分关注员工意愿，根据考核结果为各级员工制订发展计划，促进员工个人发展。绩效管理对酒店员工个人发展有导向作用，能更有效地规划员工的职业生涯，在满足酒店发展的同时可以提高员工的素养与技能，从而使员工个人发展与企业发展紧密地联系在一起。

（3）对酒店管理者的作用。对酒店管理者而言，绩效管理是实现组织管理目标的重要过程。在绩效管理的环境下，管理者需要根据业务的特点培养新人，客观、真实、准确地评价组织成员；不断改进团队表现，充分挖掘团队的创新力量，从而达到帮助管理者实现管理目标、提高管理者管理水平的目的。

（二）酒店员工绩效考核的方法

酒店员工绩效考核的方法是针对酒店中每个员工所承担的工作，运用各种科学的定性和定量方法，对员工工作的实际效果及其对企业的贡献进行考核和评价。它是酒店人力资源管理的重要内容，其目的是通过考核提高每个员工的效率，最终实现酒店的目标。

1. 尺度考评法

尺度考评法是最简单且运用最普遍的工作绩效考核方法之一，是指在绩效考核表中列出与绩效相关的各种因素，如工作态度、业务能力、工作效果等，并根据绩效等级评价说明，依据每一个因素对下属员工进行相应评分，最后将所有分值相加，从而得到员工最终的工作绩效考核结果。

2. 目标管理法

目标管理法最早由美国管理学家德鲁克在1954年提出，它是将酒店的整体目标转换成酒店各部门目标和每个成员目标，其核心是考核者与被考核者共同讨论和制定员工在一定考核期内所要实现的绩效目标，同时还需要确定实现这些目标的方法与步骤。目标管理的优势在于它体现了人本管理思想，通过与员工持续交流与沟通，酒店能够在帮助员工实现目标的同时实现自我发展，从而达到酒店与员工双赢的目的。

3. 关键绩效指标法

关键绩效指标法是用于考核和管理员工绩效的定量化或行为化的标准体系，它将酒店的宏观战略目标经过层层分解，产生可操作、可量化的关键性指标，使员工个体绩效与酒店组织目标相联系，如餐饮部的营业额、原材料成本、毛利率、新菜肴开发、上菜速度等。关键绩效指标法符合"二八"管理原理，即80%的工作任务是由20%的关键行为完成的，因此，管理者必须抓住20%的关键行为，对其进行衡量。常用的关键绩效指标主要有数量、质量、成本和时限。其最大的优点是能从众多的绩效指标中提炼出少数的关键指标，大大降低了绩效考核的成本，有利于提高酒店的核心竞争力。

4. 360°反馈法

传统的绩效考核主要由被考核者的上级对其进行评价，往往这种考核不够客观。为了得到最客观的考核结果，考核者应尽可能结合来自包括上司、同事、员工自己、宾客等各方面的信息。360°反馈法是由与被考核者密切关系的人分别匿名对其进行评价，被考核者也要对自己进行评价，然后将两者的评价进行对比分析，其结果反馈给被考核者，以帮助其提高能力和业绩。360°反馈法可以弥补单纯由上级对下属进行考核的局限性，防止出现"一言堂"，使考核结果更加客观公正。

二、酒店员工的薪酬管理

（一）薪酬管理概述

1. 薪酬的概念

从经济学角度来看，在市场经济条件下，薪酬是劳动力价值或价格的转化形式，它是劳动力这一特殊商品的价值的货币表现。从形式上看，薪酬是员工付出劳动以后得到的以货币和其他物质形式为主的利益回报。

2. 薪酬的构成

从薪酬的货币支付形式区分，薪酬可以分成直接货币薪酬和间接货币薪酬。直接货币薪酬又称直接经济薪酬，是酒店以工资、奖金、佣金和股票分红等名义，采用现金形式支付给员工的薪酬部分；间接货币薪酬又称间接经济薪酬，是酒店以各种以非现金形式支付给员工的劳动补偿及回报，如各类保险、住房公积金和带薪休假，以及其他可以使员工节省开支的措施等。

从薪酬管理的角度来考察，员工的薪酬可以包括固定薪酬和浮动薪酬，其中固定薪酬是指在法律的保障范围内，依靠劳资双方达成的契约，劳动者明确可知的、固定获得的劳动回报。固定薪酬通常按月发放，并根据员工的职位等级与职位类别确定具体的发放标准，具体包括基本工资、岗位津贴和福利待遇等。浮动薪酬是非固定的和不可预知的，是相对于固定薪酬来讲具有风险性的劳动回报。它与员工的具体工作表现和所取得的绩效正相关，主要包括员工可能获得的奖金、佣金和分红等形式的即期货币回报，以及年金、股票期权等延期回报。

（二）酒店薪酬管理的原则

1. 公平性原则

酒店员工薪酬发放是否公平是设计薪酬制度和进行薪酬管理首要考虑的因素。有三种表现形式：①同一行业或同一地区同类型酒店类似岗位薪酬应当基本相同；②酒店内部不同岗位所获得薪酬应当与各自贡献成正比；③同一酒店相同岗位的员工因不同劳动贡献薪酬也应有所区别。

2. 外部竞争性原则

在社会和人才市场中，酒店的薪酬标准应具有吸引力，具有优势的薪酬水平才能招到并留住酒店所需要的人才。酒店薪酬水平的确定一方面要依据当地市场行情，另外还要考虑酒店的财力、拟录用人才可获得性等具体条件。

3. 内部一致性原则

内部一致性的表现，一方面是横向公平，即酒店内所有岗位的薪酬应该采用统一的标准进行设计,在员工面前做到起点公平,过程公开,避免追求结果公平;另一方面是纵向公平,即酒店设计薪酬时必须考虑到薪酬的历史延续性,一个员工过去的投入产出比与现在甚至将来都应该是基本一致的,且要有所增长。

4. 激励性原则

酒店在制定薪酬水平时,需要在考虑各级岗位的基础上适当拉开差距,调动员工的积极性,激发员工的潜能,避免平均主义的"大锅饭"分配制度带来的危害。

5. 经济性原则

酒店薪酬激励性原则不可避免地会导致人工成本的上升,因此在设计薪酬时必须充分考虑酒店自身发展的特点与支付能力,使酒店保持可持续发展。

6. 合法性原则

酒店的薪酬制度须符合国家及地方有关劳动法律规范,尊重劳动者,避免不应有的歧视。例如为员工提供婚假、产假、各类社会保险,以及执行相关省市区的"最低工资标准"等。

(三) 酒店薪酬管理的内容

1. 薪酬目标的管理

任何酒店的薪酬目标是为酒店的战略目标服务的,其直接目的是最大限度地调动员工的积极性,发挥员工的最大潜能与持续创造力,因此薪酬目标的管理具有十分重要的意义。

2. 薪酬水平的管理

酒店薪酬要满足内部一致性和外部竞争性的要求,并根据员工绩效、能力特征和工作表现进行动态调整,包括确定各级管理人员、一线员工及二线员工的薪酬构成与水平,确定突出贡献或稀缺人才的薪酬水平等。

3. 薪酬体系的管理

酒店薪酬体系的管理不仅包括基本工资、绩效工资、期权期股的管理,还包括如何给员工提供个人成长、工作成就感、良好的职业预期和就业能力的管理等。

4. 薪酬结构的管理

根据各自的工作岗位评价,每位员工可以获得各岗位薪酬数额,因此酒店就有若干个薪酬等级,所有薪酬等级就构成了酒店的薪酬结构。薪酬结构的管理包括正确划分合理的薪级和级差,确定合理的薪酬范围,以及确定薪酬等级线(反映某项工作内部劳动的差别程度)等。

5. 薪酬制度的管理

薪酬制度的管理包括薪酬决策的程序化、薪酬管理的预算、薪酬管理的审计与控制、薪酬内容的设计及薪酬的动态管理等。

[关键概念]

酒店人力资源管理　酒店人力资源计划　酒店员工招聘　酒店员工培训　酒店员工激励　酒店绩效管理　酒店薪酬管理

[课堂讨论]

1. 运用本章的相关理论谈谈如何有效地开展酒店员工的培训工作。

2. 结合实际谈谈如何调动员工的积极性。
3. 结合实际谈谈如何做到酒店薪酬管理的公平性。

[复习思考]

1. 简述酒店人力资源管理的任务和特点。
2. 简述制订酒店人力资源计划编制的程序。
3. 简述酒店员工招聘的程序。
4. 酒店员工培训的类型和方法有哪些？
5. 酒店员工激励的原则和方式有哪些？
6. 酒店员工绩效考核的方法有哪些？
7. 简述酒店薪酬管理的原则和内容。

[拓展训练]

与当地酒店人力资源部门员工座谈，了解酒店人力资源管理部门在酒店管理中的地位、作用以及主要工作内容和程序。

第六章 酒店营销管理

[学习目标]

本章介绍了酒店营销管理知识，总结了酒店营销理念的发展变化，对酒店市场营销组合——酒店产品、价格、促销和销售渠道策略进行了全面系统的阐述。通过对本章的学习，学生要掌握酒店营销理念的发展变化，能运用酒店营销组合策略的相关理论对具体案例进行分析，深刻体会、理解市场营销管理在酒店管理体系中的地位和作用。

◆ [案例导入]

格林豪泰酒店的亲民营销

格林豪泰酒店是格林酒店集团优质酒店品牌之一，共拥有2400多家门店，在我国已经覆盖31个省、市、自治区。近年来格林豪泰发展态势很好，这与其多样化的营销方式密切相关，取其中两种来介绍。

(1) 社区营销。酒店为周边邻居服务，尤其是服务于周边3~5km的邻居们。酒店掌握其周边社区、商户、写字楼、景区等潜在客户信息，并对这些信息长期做好动态跟踪。在这个基础上，酒店分析不同时期出租率、收益、房型房价和客源结构等数据，及时做好价格调整，并引导社区客户选择多样化的房型。

酒店日常与周边邻居也有很多互动：酒店员工不定期带礼物进社区看望孤寡老人，并参与社区活动；春节前在社区写春联、赠送集团新年福字贴；有条件时免费提供社区酒店餐厅或会议室等场地，作为社区活动场所等。

(2) 会员营销。格林豪泰酒店现在有超过2400万个会员。酒店通过App、官网、小程序等线上平台，不但为会员提供了先一步的预订功能，更是提供了购票、外卖、打车、天气查询等功能，多元化解决会员住宿以外的需求；旅行、出差、闲暇时，还可以在这里玩游戏，赚积分；会员每一日签到、每一次入住都会有惊喜礼物；每位会员可分享入住体验、赢取延时退房、收获不定期的惊喜，形成会员互动圈；还有生日福利、推荐入住优惠……格林豪泰用心从小事入手，把每一位会员都服务好，等待每一位客人加入，每一位会员回来。

第一节　酒店营销活动概述

一、营销及营销管理

（一）营销

国内外专家学者对营销的定义很多，概括地讲，营销的概念有以下几层含义：

（1）营销就是通过研究商品供求规律和产销依存关系来探索、追求企业生产和销售的最佳形式及最合理的途径，最大限度地满足消费者的需求，同时实现企业预期利润目标的一切活动。

（2）营销是企业市场经营的系统管理方法。

（3）营销是企业整个市场经营管理的全过程。

（4）营销是商品生产者与市场之间不断发生物质、信息交换的过程。

营销与销售在出发点、方式及目标上存在明显的区别：销售以现有产品和服务为出发点，而营销则以顾客需求为出发点；销售以广告和推销为活动方式，而营销则以产品、价格、销售渠道、促销等整体组合策略为活动方式；销售以增加销售量为目标，而营销则以提高顾客满意度为目标。

（二）营销管理

营销管理是指企业通过研究市场供求关系，以满足消费者需求为中心，为顾客开发并提供适销对路的产品，让顾客满意，使企业获得最大的社会、经济效益的经营管理活动。

二、酒店营销活动的特点及对策

酒店营销是市场营销的一种，也是酒店经营活动的重要组成部分。它始于酒店提供产品和服务之前，主要研究宾客的需要和促进酒店客源增长的方法，致力于开发酒店市场的潜力，增进酒店的收益。市场营销涉及满足宾客的需求产品，贯穿于从酒店流通到宾客的一切业务活动，最终使酒店实现其预设的经营目标。

由于酒店产品的特殊性，酒店营销活动有着许多与其他企业不一样的地方，针对这些特点，酒店企业应采取相应的对策，以取得良好的营销效果。

1. 脆弱性及对策

酒店产品的无形性使酒店营销活动带上了脆弱性的特点。针对这一特点，酒店在营销"无形的服务"时，应巧妙地利用各种有形的证据来吸引顾客的心，让顾客眼见为实。这些有形的证据包括设施设备、环境布置、人员形象等；同时，酒店企业还应借助良好的品牌形象树立品牌认知、品牌偏爱和品牌忠诚，使品牌成为顾客购买的吸引物。

2. 艰巨性及对策

酒店产品的不可储存性使酒店的营销活动具有了艰巨性的特点。针对这一特点，酒店在提供产品时，要掌握恰当的时机，提高产品的时间效用，在恰当的时间提供恰当的产品，尽量实现酒店产品的使用价值而降低损失率。在开展营销活动时，可通过协调供给与需求的关系来减少产品的"报废率"；采用分时计价的方式来增强酒店产品的价格弹性；采用不同的计量单位以适应不同的消费需求；增加酒店的服务方式以灵活调整酒店人手和场地的相对固定性。

3. 无灵活性及对策

酒店产品的不可转移性使酒店营销活动丧失了一定的灵活性。酒店产品是固定在酒店内的，顾客消费产品是在酒店内进行的，顾客离店时带走的只是一种无形的感受而不能带走具体的服务产品，这就给营销活动增加了一定的难度。酒店间的合作有助于解决营销活动无灵活性的问题。

4. 无规模效应及对策

酒店产品的大规模生产和销售的限制性使酒店营销活动的规模效应减少。酒店产品的不可储存性和不可转移性等特点，决定了它不能像别的产品那样可以集中生产、集中销售，或是淡季多生产、旺季多销售。为了弥补这方面的缺陷，酒店可以通过建立酒店联号、实行连锁经营、组建酒店联盟、进行团队促销等方式统一服务标准、服务程序、服务风格，来达到酒店产品的规模生产和规模销售。

5. 消费欲望性及对策

酒店产品消费的随意性使营销活动必须着眼于刺激顾客的消费欲望。酒店的大部分顾客是旅游者，而旅游不像柴米油盐酱醋茶那样属于生活必需品，而是人们生活水平提高后出现的一种休闲活动。因此，酒店产品消费具有很强的随意性，在消费能力许可的条件下也容易受情感、兴趣、动机等心理因素的影响。这就要求酒店掌握顾客的消费心理，进行有针对性的促销，以激发顾客更多的消费行为。

6. 整体性及对策

酒店产品的综合性使得酒店营销活动应树立整体营销意识。酒店产品是一个复杂的构成体，它由酒店服务员、设施设备以及顾客三要素共同组成，既包括有形产品，又包括无形产品，且顾客在消费过程中随时可能衍生一些附加需求。酒店产品包括了饮食产品、客房产品、娱乐产品、信息产品等。为造就满意的顾客，酒店尤其应注重整体营销意识及全员营销意识，前、后台工作人员应发挥团队精神，相互配合，部门之间应保持强烈的补位意识，真正使服务和营销成为一门艺术，提升酒店营销绩效。

7. 独特性和新颖性及对策

酒店产品的非专利性要求酒店营销讲究独特性和新颖性。酒店产品具有非专利性的特点，即酒店不能为自己的客房装饰、菜肴糕点、服务方式等申请专利，唯一能申请专利的是名称与标志。由此导致的直接后果是一旦酒店在菜式创新、客房布置等方面摸索出比较成功的经验，很容易被诸多竞争对手所模仿，追求"人无我有"就成为酒店经营者苦心研究的永恒主题。因此，酒店营销要具有创新意识，在创新产品成为大众产品之前，及时做好产品的更新换代工作，并借助其他各种营销策略，使酒店产品永葆新意。

三、酒店营销活动的基础环节

酒店营销活动分为营销调研、市场细分、市场选择、市场定位四个基础环节，首先是通过营销调研对酒店企业所面临的市场环境进行了解，其次是对市场进行划分，再次是选择合适的目标市场，最后是找准酒店的企业及产品定位。四个环节相辅相成，缺一不可。

（一）营销调研

1. 宏观环境调研

国家大政方针、经济社会状况、地理自然状况以及科技发展水平等都是酒店企业所面临的宏观环境，全面科学地分析这些环境有助于酒店企业从大方向上把握局面。

2. 市场调研

从大方向上把握局面之后，酒店企业需洞察市场特性、市场需求以及市场动向等。市场调研的准确性直接关系到市场细分和市场定位的思路，因而在调研过程中一定要非常科学、严谨。

3. 竞争者调研

知己知彼才能百战不殆，因此酒店企业必须深入了解竞争者，主要包括竞争对象、竞争范围、规模实力、竞争手段以及竞争程度等。竞争者状况是酒店企业营销决策的重要依据。

4. 消费者调研

营销以顾客需要为出发点，顾客就是酒店企业的"上帝"，因此要充分了解顾客结构、需求、购买动机和态度以及购买行为和习惯等。只有这样，才能提高顾客满意度，从而实现营销的目标。

（二）市场细分

市场细分是营销者通过市场调研，依据顾客的需要和欲望、购买行为和购买习惯等方面的差异，把酒店产品的市场整体划分为若干顾客群的市场分类过程。每一个顾客群就是一个细分市场，每一个细分市场都是具有类似需求倾向的顾客构成的群体。细分市场有不同的标准和变量，见表6-1，酒店企业应根据实际需要进行综合细分。

表6-1 市场细分标准和变量

细分标准	细分变量
地理因素	地理位置、城镇大小、地形、地貌、气候、交通状况、人口密集度
人口因素	年龄、性别、职业、收入、民族、宗教、受教育程度、家庭人口、家庭生命周期
心理因素	生活方式、性格、购买动机、态度
行为因素	购买时间、数量、频率、习惯，对服务、价格、渠道、广告的敏感程度等

（三）市场选择

市场选择是指估计每个细分市场的吸引力程度，并选择进入一个或多个细分市场，其选择策略有无差异营销策略、差异性营销策略以及集中性营销策略等。无差异营销策略把整个市场作为一个大目标开展营销，强调顾客的共同需要，忽视其差异性。采用这一策略能节约营销费用，但不能适应竞争激烈的市场环境。差异性营销策略是把整个市场划分为若干细分市场作为其目标市场，针对不同目标市场的特点，分别制订出不同的营销计划，按计划生产目标市场所需要的商品，满足不同顾客的需要。采用这一策略能提高市场竞争力、降低风险，但会增加营销费用。这种策略适用于实力雄厚的大型酒店。集中性营销策略选择一个专门市场作为营销目标，集中企业的优势力量，对某细分市场采取攻势营销战略，以取得市场上的优势地位。采用这一策略能提高资源利用率，但风险较大，适用于实力有限的中小型酒店。

（四）市场定位

酒店根据竞争者现有产品在市场上所处的位置，针对顾客对该类产品某些特征或属性的重视程度，为本酒店产品塑造与众不同、给人鲜明印象的形象，并将这种形象生动地传递给顾客，从而给该产品在市场上确定适当的位置。市场定位可从企业定位和产品定位两方面入手。

第二节　酒店营销组合策略

一、酒店传统营销组合策略

酒店营销组合是指企业为取得最佳的经济效益,针对产品、价格、销售渠道以及促销四个因素进行组合,使之互相配合综合性地发挥作用的整体营销策略。酒店营销组合是这四个因素的整体化和实效化的组合,是酒店营销工作顺利进行的重要保证。

由于市场销售因素多种多样,为了便于分析,市场学家又提出了很多的分类方法,其中麦卡锡分类法最具代表性,它把市场营销组合概括为"4P"组合。

1. 产品

产品(Product)是为目标市场而开发的有形物质产品和各种相关服务的统一体。产品关键是要符合顾客的需要,包括品种、质量、特性、牌号以及新产品开发和产品的市场生命周期。

2. 价格

产品定价必须考虑到目标市场上的竞争状况、法律政策、顾客的承受能力,同时也要考虑折扣、让价、支付的期限、信用条件等相关问题。价格(Price)得不到顾客的认可,市场营销组合的各种努力势必是徒劳的。

3. 销售渠道

销售渠道(Place)是指产品从进入目标市场到送达顾客手中所经过的渠道,大量的市场销售职能是在市场营销的渠道中完成的。在销售渠道领域,需要考虑产品在什么地点、什么时候销售以及由谁提供销售。

4. 促销

促销(Promotion)是指企业在市场、社会上广泛宣传自己商品的优点,并开展促进销售的种种活动,包括广告、人员推销、营业推广等。企业要把合适的产品在适当的地点按适当的价格出售的信息,通过促销活动传递给消费者。

二、酒店产品策略

(一)酒店产品的概念

酒店在市场上所销售的满足旅游者需要的产品就是酒店产品。酒店产品包括物质产品和服务产品。物质产品就是酒店产品的有形特征,即产品的物质因素和物理特点。服务产品是指酒店的非物化特征,即依托于一定的酒店设施、设备、环境等条件,向旅游者提供的服务产品,表现为面对面的人际交往活动。

酒店产品具有综合性、无形性、不可储存性、服务差异性、生产与销售的同时性及滞后性等特点。

(二)酒店产品的生命周期

酒店产品的生命周期是指酒店产品在市场经营活动中的市场寿命,即酒店产品从开始设计、开发上市直至最终被市场淘汰为止的整个时期。这一时期反映在酒店产品的销售和利润上,也是由弱到强又由盛转衰的过程。

一般来说,一个完整的酒店产品生命周期可以分为四个阶段,即导入阶段、成长阶段、成熟阶段和衰退阶段。四个阶段各有其特点，应针对各自的特点采取相应的营销策略。

1. 导入阶段

在酒店产品的导入阶段，消费者还不知道产品的存在，更不了解其优点和特点，市场内无论是酒店消费者或中间商对产品都存有戒心。针对这一阶段的特点，酒店最重要的任务就是为产品创造知名度，缩短产品的导入阶段。

2. 成长阶段

经过了导入阶段，消费者对产品已经有所了解，开始有需求，这时产品进入成长阶段。其主要特点是：消费者对新产品有所了解，并开始购买，销售量迅速增加，企业利润增长很快，竞争者也随之增加，同时由于竞争加剧，市场开始细分，销售网点也在增加，因此，酒店营销活动要考虑竞争因素。

为了保证自己的产品能从增长阶段顺利地过渡到成熟阶段，就必须维护自己产品的质量，保证酒店产品组合中的服务质量是维护产品信誉的关键所在。

在成长阶段，市场营销策略的重点应放在增加市场深度上，进一步明确目标市场，此时销售渠道基本定型，应对中间商给予适当优惠。

3. 成熟阶段

当酒店产品的销售增长率达到某一点后将放慢步伐，这标志着该产品投放市场已进入相对稳定的成熟阶段。

这一阶段的特点是：销售量虽然仍有增长，但已趋向饱和程度，增长率递增缓慢，竞争十分激烈，竞争者之间的产品价格趋于一致，市场上不断出现同类产品和仿制品，企业利润率开始下降。这一阶段不宜采用防守性策略，而应全面进攻。

4. 衰退阶段

这一阶段的特点是：销售量由缓慢下降变为急剧下降，利润低微甚至等于零。对产品是否进入衰退阶段要进行认真的市场调查，要注意可能存在的一些假象，根据具体情况判断是继续保留产品还是加速淘汰产品。

（三）两种产品策略

产品组合是酒店产品花色品种的配备，包括所有的产品和产品项目，它们是一组密切相关的产品。酒店产品组合包括酒店地理位置、酒店设施、产品的形象部分和服务部分以及产品价格，涉及住宿、餐饮、交通、购物、娱乐等众多方面。酒店必须抓好产品组合的每一个环节，同时对产品组合的各方面都进行科学合理的选择与配备，最大限度地满足消费者的需求，使酒店实现营销目标。

1. 酒店产品组合的一般策略

（1）扩展策略。这是酒店为扩展经营范围，扩大产品组合广度而采用的策略。它有利于充分利用酒店资源，适应多样化和多层次的旅游需求，提高和扩大市场面，并为企业分散经营风险。

（2）简化策略。这是酒店要缩小产品组合广度的策略。当酒店产品处于饱和或市场竞争激烈的状态时，为发挥企业资源的最大效用，企业可放弃获利少的产品系列而集中精力于少数获利多的产品系列。这样可使酒店集中力量经营少数产品，减少资金占用，提高资金利用率，及时向市场提供适销对路的产品。

（3）改进策略。酒店对现有产品加以改进完善，可节约开发全新产品的投资，减少风险，增加细分市场，吸引更多顾客。

（4）价格策略

1）高档产品组合策略：增加高档产品项目，有利于提高现有产品档次，增加声望，促进销售。

2）低档产品组合策略：在高档产品系列中，增加廉价产品项目，借高档产品声望吸引消费者，满足中低档消费者的需求，提高市场占有率，增加销售额。

2. 酒店产品组合特殊策略

近几年来，为了挖掘酒店产品的潜力，增加产品的吸引力，酒店已开始进行各种特殊的产品组合以满足消费者越来越多样化的需求。常见的组合有以下几种：

（1）公务客人组合产品。公务客人组合产品往往需要一些特殊的服务，如计算机终端、通信等。酒店可将一般酒店产品与这些特殊服务结合起来，作为包价产品提供给公务客人。

（2）会议组合产品。会议组合产品一般包括会议厅，会议休息期间供应点心、咖啡，提供会议设备如投影仪等，以及会议期间食宿。

（3）家庭住宿组合产品。这一产品组合强调经济实惠，以适应旅游者全家出游的需要。

（4）婚礼组合产品。酒店可针对当地居民市场提供这类产品。婚礼需要提供一系列配套服务，若形成包价产品，则可为新人省去很多麻烦且节省费用。

（5）周末组合产品。为适应双休日度假休闲的需要，酒店可为客人提供休息娱乐的产品组合，将较为适宜的食宿产品加上一些娱乐性活动包价出售。

（6）淡季度假组合产品。为使酒店"淡季不淡"，保证客源，以一周、十天住宿加膳食以包价形式提供给消费者。同时，酒店可给予较大优惠以吸引消费者。

三、酒店价格策略

（一）酒店价格决策的影响因素

酒店产品价格的高低取决于酒店产品的价值高低。酒店经营者对酒店产品价值的评价以货币形式表现出来成为供给价格，供给价格由酒店产品平均消耗的劳动量决定，同时还受酒店自身的社会价值等因素的影响。而酒店消费者对酒店产品的价值以货币形式表现出来，即需求价格，是消费者愿意购买的产品价格。酒店产品在旅游市场中最终实现的价格既不是供给价格也不是需求价格，而是当酒店经营者和酒店消费者对酒店产品价值的评价一致时，即当供给价格和需求价格相等时，酒店产品的销售价格，即市场成交价格。这个价格有一个变动区间，下限是酒店经营者为保本盈利所能承受的最低价格，上限是对该酒店产品效用评价最高的消费者所愿意出的价格。酒店产品价格在这个区间内变动，其高低取决于产品的价值、市场供求关系、竞争状况、国家币值与汇率变化、国家政策等因素。

（二）酒店定价目标

所谓定价目标，就是产品的价格在实现之后应达到的目的。酒店定价目标是酒店营销目标的基础，是酒店选择定价策略和定价方法的依据。

1. 以维持基本生存为定价目标

这是酒店经营的最低目标，企业定价趋于保本点。采用这一价格将使企业处于不亏不盈的状态。但由于酒店产品具有不可储存性，因此，酒店产品不存在最低价格。例如，房价为100元/天，保本点为60元/天，降价为50元/天，卖不出去每天亏60元，卖出去每天只亏

10元。于是在产品供过于求时,许多酒店采取这种方式,削价竞争。

2. 以一定的投资利润率为定价目标

这是指企业把通过定价使价格有利于在一定期间内实现企业的投资,且能够达到一定的投资报酬作为定价目标。企业一般是根据投资额,把期望得到一定百分比的纯利或毛利作为目标,将产品的成本加上预期的利润,作为产品的价格。采用这种定价目标应注意确定合理的利润率。

3. 以追求最大利润为定价目标

这是指企业通过高价以获取最大利润或投资收益,它并不等于追求最高价格,而是追求长期最高利润。采用这种定价目标的企业,其产品多处于绝对有利的地位。但使用这种定价目标应注意,由于消费者的拒绝、竞争者的增加、替代品的产生等因素,企业的有利地位不会保持很久,因此,尽管是以追求最大利润为目标,其价格的高低还是应当适中,要着眼于长期最高总利润。为实现这个目标,企业应不断改善经营管理,提高服务质量。若企业只顾眼前利益,将产品价格定得过高,不仅风险过大,还易损害企业形象,失去客源市场。

4. 以维持或提高市场占有率为定价目标

企业采用这种定价目标是从占领市场的角度来考虑产品价格的。一般来说,在市场占有率一定的前提下,要提高或维持市场占有率要采用低价格策略。市场占有率高,则可取得规模效益,降低成本,增加盈利。企业以低价渗透来获取较高的市场占有率,是以降低产品利润为代价的,因此,选择这一定价目标,企业需具备不断扩大再生产的物质条件,以保证企业大量生产。

5. 以稳定的市场价格为定价目标

为了避免不必要的价格竞争,增加市场的稳定性,拥有充分后备资源且打算长期经营的企业,在市场竞争和供求关系较为正常的情况下,往往将价格稳定在一定水平上,不轻易变动。只要同一行业中举足轻重的几家主要企业达成默契,采用较为稳定的价格,则可实现"和平共处",避免在激烈的价格战中"两败俱伤"。

酒店对上述定价目标进行选择时,还应考虑酒店产品和市场特点,对需求弹性大的产品不宜用低价政策,对价格敏感性高的顾客,不宜使用高价政策。另外,产品价值的实现,除了产品本身的条件外,还要依靠企业的促销活动或销售网点渠道的畅通。因此,酒店定价目标应有利于各营销因素的配合,从市场营销的整体出发,以优质优价、质优价廉的策略赢得顾客。

(三) 酒店定价方法

酒店为了在自己的目标市场上实现自己的定价目标,就要确定适当的定价方法,给自己的产品销售制定一个基本的价格幅度,并对价格变化做出事先的计划。酒店在定价时应对市场需求、产品成本和竞争状况进行研究,但都会有所侧重。因此,定价方法可大致分为以成本为中心、以利润为中心、以市场需求为中心和以竞争为中心四类。

1. 以成本为中心定价

(1) 成本加成定价法。此法较适用于酒店餐饮定价。它通常是算出产品成本后再确定一个能收回成本并包含一定利润的加成百分比,然后定出产品的价格。这里以成本系数定价法为例做简要说明。

1) 算出产品成本。

2) 估计产品成本加成百分比(成本加成百分比是由经营人员根据过去的经验,结合直觉判断而确定的)。

3)用100%除以成本加成百分比得出成本系数。

4)用产品成本乘上成本系数,算出价格。

[例6-1] 某菜肴的原成本为2.32元,餐饮部经理确定的成本加成百分比为40%。那么,该菜肴的成本系数为100%÷40%=2.5,因此,该菜肴的价格为2.32元×2.5=5.80元。

(2)保本点定价法。保本点定价法是指酒店定价人员通过对总收入与总成本两者之间关系的分析来确定酒店的产品保本点价格,也叫盈亏平衡点价格。在使用保本定价法时,定价人员要计算出变动成本,同时估计产品的销售量。产品销售收入公式为

$$TR = PQ$$

式中,TR是总销售额;P为单价;Q为销售量。

当酒店产品成本TC=TR时,酒店不盈不亏,而TC=FC+VC,其中,FC是产品的总固定成本,VC是产品的总变动成本,VC=销售量×单位变动成本。

由TR=TC,即PQ=FC+VC,得

$$PQ = FC + Q \times 单位变动成本$$

所以

$$Q = \frac{PQ - FC}{单位变动成本}$$

$$P = \frac{FC}{Q} + 单位变动成本$$

[例6-2] 某种酒店产品单位变动成本为2美元,总固定成本为6500美元,如果该产品销售量为406单位,该产品单价应定为多少,酒店才能保本?

根据公式可得

$$P = 18 \text{ 美元}$$

(3)投资回收定价法。投资回收定价法即酒店为了确保投资按期收回,并获得利润,根据投资生产产品的成本费用及预期的生产产品的数量,确保能实现营销价格目标的定价方法。

酒店开发产品或增加服务项目总要投入一笔数目较大的资金,且在投资决策时总有一个预期的投资回收期。为确保投资按期收回并获得利润,企业要根据产品成本和预期的产品数量,确定一个能实现市场营销目标的价格,这个价格不仅包括投资回收期内单位产品应摊销投资额,也包括单位产品的成本费用。

[例6-3] 某酒店建设投资1000万元,酒店建成后有客房200间,预期回收期5年,5年中,年均客房使用率为60%,每间客房分摊的服务管理费为1000元。计算能使酒店按期回收投资的房价。

$$单位客房年经营费用 = \frac{投资总费用}{客房数 \times 回收期} + 单位客房年服务管理费$$

$$= \frac{10\ 000\ 000\ 元}{200 \times 5} + 1000\ 元 = 11\ 000\ 元$$

$$单位客房日收入 = \frac{单位客房年经营费用}{年日历数 \times 客房平均利用率}$$

$$= \frac{11\ 000\ 元}{365 \times 60\%} = 50.23\ 元$$

于是,可将房价定为51元,下面验证一下:

$$客房年总收入 = 51 元 \times 200 \times 365 \times 60\%$$
$$= 2\ 233\ 800 元$$

客房年净收入 $= 2\ 233\ 800 元 - 1000 元 \times 200 = 2\ 033\ 800 元$

客房 5 年内净收入 $= 2\ 033\ 800 元 \times 5 = 10\ 169\ 000 元$

因为客房 5 年内净收入 1016.9 万元，大于投资 1000 万元，所以该酒店单位客房日收费平均标准为 51 元，即可保证如期收回投资。

利用投资回收定价法必须注意产品销售量或服务设施利用率。

2. 以利润为中心定价

（1）千分之一法。千分之一法也称千分之一法则，由于酒店建筑投资通常要占投资额的 70% 左右，因此，多数酒店经营者认为酒店建筑投资与酒店房价有直接联系，酒店要盈利，其房价应占造价的千分之一。这种方法可使销售人员迅速做出价格决策，但由于它未考虑当前的各项费用和其他影响定价的因素，因此此法一般只供参考。

（2）目标收益定价法。目标收益定价法是根据总成本和预计的总销售量，确定企业应达到的目标收益，从而确定价格。其计算公式如下：

$$P = \frac{TC + PA}{Q} + V \text{ 或 } P = \frac{FC + PA + VQ}{Q}$$

式中，FC 为总固定成本；V 为单位变动成本；Q 为销售量；PA 为目标利润；TC 为总成本；P 为商品价格。

[例 6-4] 某酒店有客房 500 间，其年总固定成本为 500 万元，单位变动成本为 25 元/（间·天），预期使用率为 65%，年目标利润为 200 万元。试计算房价。

$$P = \frac{5\ 000\ 000 元 + 2\ 000\ 000 元 + 25 元/(间 \cdot 天) \times 500 间 \times 65\% \times 365 天}{500 间 \times 365 天 \times 65\%} = 84 元/(间 \cdot 天)$$

（3）赫伯特法。这种方法是以目标收益率为定价出发点，预测酒店经营的各项收入和费用，测算客房平均价格的方法。具体步骤如下：

① 计算总投资额。
② 在正常情况下确定目标收益率，并计算目标收益。
③ 估计折旧、税金和保险费，估计行政管理、营销水电、维修等费用。
④ 计算酒店经营收入（②+③）。
⑤ 计算酒店除客房外各部门的利润，在总经营收入中扣除后即为客房年利润。
⑥ 估计客房经营费用。
⑦ 计算客房所得收入（⑤+⑥），客房所得收入即客房应得收入：

客房应得收入 = 目标收益 + 酒店管理费用 - 其他部门利润 + 客房经营费用

⑧ 估计客房年出租间天数。
⑨ 计算平均房价（⑦/⑧），即

$$平均房价 = \frac{客房所得收入}{日供出租房间数 \times 365 \times 平均出租率}$$

3. 以市场需求为中心定价

以市场需求为中心定价是根据旅游者对酒店商品价值的认识和需求程度，而不是根据成本来定价的一种方法。通常分为以下几种：

（1）理解价值定价法。这是以旅游者对酒店产品的认识程度为依据而制定价格的方法。其特点是根据旅游者对产品或服务项目价值的感觉而不是根据成本来制定价格。运用这种定价方法，要求酒店必须准确测定产品在旅游者心目中的价值水平。因此酒店必须利用市场营销组合中的非价格因素如产品质量、服务水准、广告宣传等来影响消费者，使他们对产品的功能、质量、档次有大致的"定位"，然后定价。如果酒店开发的产品是高质量、豪华型的，只要通过促销宣传使消费者意识到这是一种高档消费产品，即使酒店定价很高还是能吸引消费者。利用这种定价方法，需对市场进行深入细致的调查研究，以正确判断市场的理解价值。

（2）区分需求定价法。这是指同一酒店产品，对于需求不同的消费者，采用不同的价格。一般以该产品的历史价格为基础，根据市场需求变化情况，在一定幅度内变动价格。

1）区分不同对象，如酒店对于散客、团队分别采取不同的价格。

2）区分不同时间，如酒店分别在淡、平、旺季采用不同价格。

3）区分不同地点，如旅游热点、冷点、温点的酒店分别制定不同的价格，以调节旅游者的流向和流量。

4）区分不同等级，一星级到五星级酒店价格各不相同。

4. 以竞争为中心定价

以竞争为中心定价是指酒店在制定价格时，主要以竞争对手的价格为基础，以应付和避免竞争为要求制定价格。

（1）率先定价法。一些酒店经营者认为应有率先定价的魄力，为其他酒店树立榜样。在竞争激烈的市场环境中，谁先提出具有竞争性的价格谁就拥有占领市场的优先权，若价格符合市场供求需要，即使竞争激烈也可获取较大收益。

（2）随行就市定价法。这是一种旨在避免竞争的定价方法。酒店根据同一行业的平均价格或其直接竞争对手的平均价格来制定自己的价格。在竞争对手众多的酒店产品市场，价格稍有出入，顾客便会涌向廉价酒店，因此，随行就市定价法在竞争态势不明朗、酒店缺乏较强竞争力的情况下易于避免竞争，帮助酒店保持市场份额。

（3）追随核心定价法。假定市场上有起核心作用或主导地位的企业，其他企业需跟随这个核心制定大致相仿的价格并随其价格变化而调整。

酒店应根据自身产品特点和市场供求状况，灵活选择运用定价方法，同时注意与其他非价格竞争手段的协调配合。

(四) 四类价格策略

价格策略是企业进行价格决策的指导思想或定价准则，又是价格竞争的方式。价格策略为企业实现定价目标提供了手段，不同的价格目标决定了要采用不同的价格策略。酒店产品的价格策略必须服从服务于酒店产品的定价目标。

1. 差别价格策略

差别价格策略是指相同的旅游产品以不同的价格出售的策略，其目的是形成若干个局部市场，以扩大销售，增加利润。

（1）地理差价策略。各地旅游资源丰度不同，吸引力大小不同，可进入性强度不同，旅游服务水准不同，造成旅游者对不同地区的旅游需求也不尽相同，因此，出现了旅游热区、热点、热线和冷区、冷点、冷线以及温点。酒店应根据所处地区的不同，采用地理差价策略，以吸引旅游者，保证客源市场。

（2）时间差价策略。时间差价策略，即对相同的产品，按需求的时间不同制定不同的价格。旅游活动有较强的季节性，旅游旺季旅游者大量涌入，对酒店产品需求量大，造成产品供不应求。而旅游淡季由于旅游者大幅度减少，酒店产品出现供过于求的情况。根据淡季、平季、旺季分别采取不同的时间差价，有利于调节旅游者的流量和流向，降低酒店经济损失。旅游季节差价一般可控制在20%~30%之间，幅度大小也可视产品特点和市场需求而定。

（3）质量差价策略。高质量的产品，包含着较多的社会必要劳动，实行优质优价策略。旅游产品构成中无论是有形的物质性产品还是无形的服务，在质量上都存在很大差异。在现实的旅游市场营销中，需使产品质量为广大旅游者认识和承认，成为一种被消费者偏爱的产品，才能产生质量差价。

旅游酒店根据质量标准不同被划分为五个星级。不同星级酒店服务设施的现代化程度，酒店的环境、气氛、管理经营水平、服务水准、服务项目等均不相同，因此，在价格上也有很大差别。通过质量差价可将不同质量的产品分别供给具有不同需求的市场，供求双方各取所需，既能满足不同层次消费者的利益，又能满足企业的利益。

（4）批零差价策略。批零差价策略，即同种旅游产品，由于销售方式不同所引起的价格差别。对于大多数旅游酒店而言，主要的客源来自于旅行社的团队。对团队和散客实行差别价格，有利于搞好同旅行社的关系，形成长期稳定的客源市场，同时吸引潜在客源，以使酒店获得较好的经济利益。

2. 新产品价格策略

酒店新产品是否能在市场上站住脚，并给企业带来预期效益，定价起着十分重要的作用。

（1）撇奶油价格策略。这种价格策略即在新产品投入市场之初，以高价在短期内获得较大利润。这种价格策略恰似从牛奶表面撇取其精华——奶油，因此而得名。

撇奶油价格策略不仅能在短期内为酒店新产品赢得利润，而且还便于在竞争加剧时采取降价手段。但该价格策略容易引发竞争。它价格高，利润大，会引起大量竞争者涌入市场。

（2）渗透价格策略。这是一种低价策略，即在新产品投入市场时，以较低价格吸引消费者，从而迅速在市场上站稳脚跟。这种价格策略恰似将水倒入泥土中一样，层层渗透，因此而得名。

渗透价格策略以低价渗透市场，有利于增加销售量，尽快获得市场占有率。同时也便于阻止竞争对手进入，有利于控制市场，但若产品不能迅速打开市场或者遇到强有力的竞争对手，便会造成重大损失。

3. 心理价格策略

心理价格策略是指运用心理学原理，根据不同类型的消费者购买旅游产品的心理动机来制定价格，刺激其购买行为发生的策略。

（1）尾数定价策略。尾数定价策略是指保留价格尾数，采用零头标价，以满足消费者廉价消费心理。又由于尾数标价精确给人以信赖感，对于需求价格弹性较强的商品，尾数定价策略可大大增加销售量。酒店中餐饮等产品可用尾数定价策略。

（2）整数定价策略。酒店在定价时，采用合零凑数的方法，制定整数价格。这是针对消费者心态对高档消费品采用的定价策略。消费者往往是通过价格来辨别产品的质量，而整数价格又能提高身价，使旅游者产生"一分钱一分货"的想法，因此，酒店中客房和娱乐健身产品多采用整数定价策略。

（3）声望定价策略。针对消费者"价高质必优"的心理，对在消费者心目中享有声望、具有信誉的产品制定较高价格。价格档次被当作商品质量最直观的反映，因此，酒店，尤其是一定区域声望高、信誉好的酒店，为了保持和提高自己的声望，可为产品制定较高的价格。

（4）招徕定价策略。利用旅游者廉价消费的心理，对酒店产品以低价或降价的办法吸引消费者，借机扩大销售，打开销路，这种定价策略以酒店的整体利益为目标，而不是以个别产品的收益为目标。例如，有的酒店对餐饮定价采取招徕定价策略，牺牲部分餐饮收益而确保客房、娱乐等部门的高收益，最终实现整个酒店的总收益。

（5）分级定价策略。这即把同类产品的价格有意识地分档形成价格系列。针对消费者比较价格的心理，价格制定者应使消费者明显感到这是产品高低档次的差别，便于消费者按自己习惯的档次选择购买。

4. 折扣价格策略

这是一种在交易过程中，把一部分价格空间转让给购买者以此争取更多顾客的价格策略。酒店采用折扣价格策略，应先确定酒店产品的基本价格和一系列具体的折扣办法。

四、酒店销售渠道策略

（一）酒店销售渠道的种类

由于酒店销售渠道有长短宽窄之分，因此，基本类型也多种多样，主要包括直接销售渠道和间接销售渠道。

1. 直接销售渠道

酒店——最终消费者，这是最古老的销售方式，在旅游市场竞争激烈的今天仍显得非常必要。尤其是酒店，可直接到机场、车站、码头拉客，顾客也可以直接进入酒店购买产品，这称为直接销售渠道和无渠道销售，这种销售渠道可针对个别零星散客使用。

使用这种经营渠道，酒店与消费者直接交往：有利于直接取得消费者的信息；有助于提高旅游产品的质量，控制酒店产品的成熟过程和成熟程度；有利于改善酒店的形象。在酒店客源量大且较为稳定的条件下，使用直接销售渠道可为酒店省去中间商的销售费用。如果不具备上述条件采用直接销售渠道，则成本高，收益小。因此，酒店采用直接销售渠道应慎重行事。

2. 间接销售渠道

间接销售渠道的表现形式为：酒店——中间商——消费者。酒店通过两个或两个以上中间商向消费者推销酒店产品。它是酒店产品的主要销售渠道。渠道越长，酒店产品市场扩展的可能性就越大，但酒店对产品销售的控制能力和信息反馈的清晰程度就越差。

3. 单渠道和多渠道

酒店采用的销售渠道类型较为单一，如所有产品均由批发商经销，称为单渠道销售。酒店根据不同层次或地区消费者的不同情况而采用不同的销售渠道，如在当地采用直接销售渠道而在外地采用间接销售渠道，称为多渠道。酒店规模小、经营能力较弱时，可采用单渠道销售酒店产品；反之，则可采用多渠道，以扩大产品覆盖面。

（二）酒店销售渠道选择策略

酒店产品销售渠道的选择策略就是解决酒店在营销过程中选择何种营销方式的问题。是以直接销售渠道为主还是以间接销售渠道为主，如何选择不同长度和宽度的销售渠道，酒店一般应考虑以下因素：

1. 产品因素

这主要是考虑产品的质量。例如，一些质高价优的产品往往被少部分富有的购买者重复购买，因此，在销售这类产品时，宜采用直接销售渠道或窄短的销售渠道。相反，一些大众化的产品由于购买对象复杂、分布较广，宜采用宽长的销售渠道。同时还要考虑该产品的性质，如是新产品，由于知名度较低，在争取中间商时往往要费较多的口舌，不如采用直接销售渠道。

2. 酒店自身因素

酒店的经济实力、营销管理能力都是应该考虑的因素。若酒店的资金实力雄厚，则可以自己组建营销队伍，或用较高的佣金吸引更多、更好的中间商队伍。若酒店的营销管理能力较强，可以利用自己的营销队伍来打开市场，反之，则必须以中间商来做营销工作。

3. 营销对象因素

营销对象的人数、分布情况、购买习惯等都会影响酒店企业的销售渠道的选择。一般来说，若酒店的营销对象数量大且分布广，酒店宜采用长宽的销售渠道；反之则可采用直接销售渠道。

五、酒店促销策略

酒店促销实际上是一个信息沟通的过程，通过与市场进行信息沟通，来赢得酒店顾客的注意、了解和购买兴趣，树立一个酒店企业及其产品的良好形象，从而促进酒店销售。酒店促销可通过广告、公共关系、人员推销、营业推广四方面进行。

（一）广告

广告是由特定的主办人发起的（针对目标受众），对构思、商品或服务所做出的有偿展示和促销。广告能树立酒店、产品形象，促进酒店信息的快速传递和产品销售，帮助消费者获得信息，以影响购买行为。酒店广告有以下几种主要类型：

（1）通知性广告：主要用于一种产品的开拓阶段，其目的在于促发初级需求。

（2）说服性广告：在竞争阶段十分重要，目的在于建立对某一特定品牌的选择性需求。大多数广告属于这一类型。

（3）提醒性广告：在产品的成熟期十分重要，目的是保持顾客对该产品的记忆。

酒店广告管理的五个阶段是：找准所要触及的受众（描述细分市场的特征）、确定并创作具体的广告信息（以符合既定的广告目标）、挑选最有效的媒体触及受众、决定广告预算、衡量广告结果。

（二）公共关系

从静态角度看，酒店公共关系是指酒店与公众之间关系的亲疏、好坏程度。

从动态角度看，酒店公共关系是指酒店为了树立良好形象、建立良好公众关系而开展的一系列专题性或日常活动。良好的公共关系对于促进酒店产品的销售有着举足轻重的作用。典型的公关活动类型有发新闻稿、新闻发布会、招待会、名人到场、产品参观、参加举办各种学术活动、支持公益事业、节日慰问等。

公共关系的核心活动之一是企业形象识别系统（CIS）的设计。CIS以企业形象为中心，站在企业经营与国际接轨的高度，注重从企业的理念、行为、视觉、听觉等方面进行全方位的形象设计,从而为企业构建一套新颖、独特的形象标志系统。CIS 的终极目标与公共关系所追求的美誉目标不谋而合,因而 CIS 被认为是公关活动的延伸和发展。CIS 在形象设计上所提出的基本思路,对现代酒店有着重要的启发意义。CIS 由以下三大要素构成:理念识别系统(Mind Identity System,MIS)、行为识别系统(Behavior Identity System,BIS)和视觉识别系统(Visual Identity System,VIS)。三者有机结合、互相作用,带动酒店的经营,塑造酒店特殊的形象。CIS 构建的核心就是通过"突出 VIS、强化 MIS、规范 BIS"的整体传播手段塑造企业在市场竞争中个性鲜明的整体形象,与企业的关系者(员工、社会大众和政府机关团体)建立良好的沟通和信赖,最终推动企业产品销售,获得良好的经营业绩。

1. 理念识别系统

酒店理念识别系统是酒店 CIS 战略的灵魂和种子。只有建立正确的酒店经营理念并顽强执着地执行它,才能使酒店的 BIS 和 VIS 有明确的方向和目标,酒店的 CIS 战略才能开花结果。酒店的经营理念和方针,是酒店形象的精神所在。

对酒店企业而言,其理念识别系统主要包括以下三方面的内容:

(1)战略目标。战略目标即酒店在较长时间内指导全局的总方针、总计划。它要求酒店企业以全局为对象,综合考虑供应、生产、技术、销售、服务、财务、人事等多方面因素,根据社会、企业、人才的总体发展需求来制定企业经营活动的行动纲领和奋斗目标。这是一种面向未来向前看的目标系统。它包括酒店企业的人才目标、市场目标、服务目标、销售利润目标、社会贡献目标、品牌建设目标等。

(2)经营哲学。经营哲学是酒店运作的基本特色,是决定酒店个性的重要组成因素。对于酒店而言,经营哲学的生命力在于"以特取胜"。当今世界上诸多著名酒店,都具有各自独特的经营理念,如喜来登酒店联号以"物有所值"赢得宾客的好感,希尔顿酒店联号以"快"著称于世,而香港的文华东方酒店以"情"感动宾客。酒店要根据自身所拥有的地理条件、硬件条件等来确定经营理念,不可一味地模仿他人。

一般来说,酒店总的经营哲学就是扬长避短、发挥优势,以优质的服务和设施设备满足公众的要求,取得最佳的经济效益、社会效益和环境效益。具体而言,经营哲学反映在酒店各种观念上,如市场观念、效益观念、人才观念、服务观念、政策观念等。

(3)企业文化。企业文化是社会文化的一个分支,属于亚文化,它同时也是一种管理文化、经营文化。因而,企业文化既带有一般社会文化的特征,又带有管理文化、经营文化的特性。它要求酒店企业在发展过程中,充分考虑人的建设、经济的建设和文化的建设,三者相互渗透、互相贯通,有机统一,促进人、经济、文化的协调发展。酒店本身就是文化色彩非常浓厚的一种企业,宾客购买酒店的产品,本身寻求的就是一种精神上、文化上的愉悦与享受。因而,现代酒店注重在发展过程中突出文化色彩,并将其贯穿到企业管理、服务的各个环节中。

值得注意的是,酒店在培植企业文化过程中,应坚持如下基本原则:人本原则、继承原则、创新原则和独特原则等。

2. 行为识别系统

酒店行为识别系统是酒店在经营过程中采取的种种活动的总称,它是理念识别系统的具体体现。行为识别系统通过开展形形色色的活动,把酒店抽象的理念外化、动化,让公众真切地体会到"内在思想和外在行动"的有机统一。酒店行为识别的要素构成了酒店 CIS 战略的核心内容,是酒店服务和管理的主要内容。酒店的 BIS 是整个酒店 CIS 战略和 MIS 及 VIS 牢固的基础。

3. 视觉识别系统

酒店视觉识别系统是酒店静态的识别系统,它通过各种符号传递酒店的理念和活动,是酒店 CIS 中最具传播力和感染力的要素。在酒店的 CIS 组成中,VIS 部门是最外在、最直观的部分,成为酒店信息传达的最佳手段。以假日酒店集团为例,其酒店标志是类似手书并极富品位的"Holiday inn"字母,字母上方加一个星形。这一标志设计极富个性,又极具艺术感染力,使人联想到高雅、文明和一流的服务水平,给人与众不同的感受。假日酒店集团在世界的 3000 多家连锁店中推行这一视觉识别系统,使人们无论在哪里,只要走进假日酒店就能享受到同样的服务。

CIS 的三大组成部分是一个有机的整体,三者缺一不可,必须保持和谐统一、高度一致。MIS 是 CIS 的策略面,是企业的"心",看不见却统率一切,它指导 BIS 和 VIS;BIS 是 VIS 的执行面,是企业的"手";VIS 是 CIS 的展开面,是企业的"脸"。BIS 和 VIS 共同将 MIS 具体化和可见化。

CIS 的设计需遵循一定的原则,应当以形象作为突破口,以提升形象力为目标,其实质是一种差异化、风格化、个性化的企业形象战略体系。它将企业的各种要素简单地浓缩成一个简洁的视觉符号、一种鲜明的色彩基调、一句有凝聚力的企业口号、一系列丰富的企业行为、一整套独特的价值文化体系……因此在进行酒店 CIS 设计时,应遵循战略性和系统化相结合的原则、民族化和个性化相结合的原则、创新性和统一性相结合的原则、可操作性和可传播性的原则。

(三) 人员推销

人员推销是指推销人员通过面对面地洽谈业务,向顾客提供信息,劝说顾客购买本酒店产品和服务的过程。

其优点是:

(1) 能够完成销售。
(2) 能够抓住客户的注意力。
(3) 立即反馈和双向沟通。
(4) 能够促进与顾客之间的关系。

人员推销有以下几种基本策略:

(1) "刺激——反应"策略(试探性策略)。
(2) "配方——成交"策略(针对性策略)。
(3) "诱发——满足"策略(诱导性策略)。

(四) 营业推广

营业推广是指企业通过暂时性的奖励和展示在短期内刺激消费者进行购买,并提高经销商和销售队伍的绩效,强调短期性、非常规性和奖励性的活动。

针对不同的推广对象,营业推广有不同的方法。

1. 顾客

(1) 降价或廉价出售。
(2) 折扣券或优惠券。

（3）隐形降价。
（4）附赠产品。
（5）免费礼品。
（6）竞赛。
（7）常客通行证方案。
（8）抽奖。

2．分销网络
（1）额外的佣金和超额奖励。
（2）抽奖。
（3）竞赛。
（4）免费礼品。
（5）社交集会或招待会。

3．销售队伍
（1）奖金和其他。
（2）货币或奖励。
（3）礼品奖励。
（4）旅行奖励。
（5）抽奖。

第三节　酒店营销理念与营销技巧

一、酒店市场营销理念

（一）酒店市场营销理念的发展

根据市场营销的概念，可以知道酒店市场营销就是通过研究酒店市场的供求变化，以满足顾客需求为中心，为顾客提供并开发适销对路的酒店产品，使顾客满意，使酒店获得最大的社会效益、经济效益的经营管理活动。

1．酒店市场营销观念

（1）以顾客为导向。这是指酒店所有的营销活动都必须围绕顾客而展开，即以顾客为中心。它要求酒店首先要对市场需求进行调研，选择合适的目标市场，了解这些目标市场中顾客的需求，然后根据他们的需求来设计和提供产品和服务。

（2）不断地使顾客满意。酒店顾客的需求会随着时代的不同而发生变化，当酒店原有的产品和服务不能满足顾客不断变化的需求时，就要求酒店根据顾客需求的变化来改进和更新酒店的设施，完善酒店的服务。因此，酒店营销人员要不断地研究顾客的需求，随着顾客需求的变化而改进酒店的设施和服务。

（3）实现酒店营销目标。酒店市场营销观念强调在使顾客满意的前提下，实现酒店的营销目标。假如酒店只注重满足顾客的需求，而不同时考虑酒店自身营销目标的实现，那么，这样的酒店是不会长期生存下去的。酒店利润增长、市场占有率提高、销售量增加等都可作为营销目标。酒店必须通过顾客的满意来实现这些营销目标。酒店既要重视顾客需求的满足，又要强调自己营销目标的实现，两者不可分割开来，要做到顾客满意，酒店受益。

2. 酒店市场营销观念的演变和发展

与一般的市场营销一样，酒店市场营销观念的演变大致经历了五个阶段：生产导向、产品导向、销售导向、营销导向、社会营销导向。决定这一发展演变过程的主要因素有技术进步、生产效率提高、竞争加剧、管理现代化及社会价值观的变化等。

（1）生产导向阶段。在生产导向阶段，酒店以生产观念作为指导思想。生产观念是指酒店所有的经营活动都围绕生产而进行，强调酒店产品的生产，至于顾客的需求和要求则无暇顾及。简言之，生产观念就是一种"我生产什么，就卖什么"的观念。

在我国直至20世纪80年代，虽然国门骤然打开，海外游客蜂拥而来，但我国的接待能力很有限，仍处于卖方市场，只是扩建酒店，提高接待能力，酒店仍是以生产观念为指导。

（2）产品导向阶段。它也是一种古老的经营思想，与生产观念并行。这种经营思想看重产品，以为只要产品好，质高价廉，又有特色，就一定可以卖得出去，不需要考虑推销等活动。如果说生产观念重生产量，只想"以量取胜"，那么产品观念则是强调"以质取胜"。这种观念显然使市场上同类产品有了竞争，各自都想以自己优质的、有特色的产品取得优势。

（3）销售导向阶段。随着旅游业的不断发展，酒店业的市场形态由原来的卖方市场向买方市场转化，顾客开始有了选择酒店的机会。形势的变化迫使酒店经营者不能守在酒店等待顾客上门登记，而要采取积极主动的推销手段招徕客人。酒店的工作重点开始从产品生产向产品销售转化，进入了以销售为导向的营销阶段。

在销售导向阶段，酒店以销售观念作为经营指导思想。销售观念就是一种"我卖什么，你就买什么"的观念。在这种观念的指导下，酒店纷纷组织销售队伍，使用各种强有力的推销手段，特别是广告和价格手段，进行酒店产品的销售。虽然，这种观念对酒店产品的销售和酒店经营起到很大的作用，但这种观念与生产观念、产品观念一样忽略了市场需求的变化，都是以产品的生产为导向的，都未超出"以产定销"的经营思想范围。

（4）营销导向阶段。营销导向也可称为顾客导向，是指酒店所有的营销都必须围绕着顾客需求进行，以顾客为中心。

当代，各国之间政治、经济往来日益频繁，旅游活动越来越普及，大众化旅游产生，这使酒店业的需求类型增多、数量增加。多种类型的酒店，如豪华宾馆、度假村、经济型酒店等纷纷建造起来，顾客选择酒店的机会越来越多，顾客的需求也日益复杂。为了使酒店产品能较持久地适应市场需求，酒店经营者必须以营销观念作为经营指导思想，根据顾客的需求，系统地研究酒店整体营销活动和营销计划，使酒店的产品、价格等都适应顾客的需求。营销观念要求酒店与市场不断相互进行信息交流，并根据市场新的需求去改善酒店的产品。它还要求酒店进行市场细分，寻找目标市场，针对目标市场中顾客的需求来确定酒店营销计划和策略。酒店通过其产品为一个或几个目标市场服务，而不是没有目标地招徕顾客。这一阶段的核心观念是"顾客需要什么就生产什么、销售什么"，企业的经营思想开始发生从"以产定销"到"以销定产、适销对路、产销结合"的根本性转变。

世界上许多酒店经营者纷纷以营销观念作为酒店的经营指导思想。在这种新型的经营思想的指导下，经营者改变了传统的经营方式和经营态度，并对酒店的组织机构进行重大调整。随着新的经营思想和经营方式得到应用，酒店经营也就从销售导向阶段向营销导向阶段转化,这是酒店经营史上的一次伟大变革。

(5) 社会营销导向阶段。社会营销导向的观念是在20世纪70年代出现的。人口无计划生育,资源过分利用,生态环境恶化,使人们越来越清楚地认识到环境与资源保护的重要性。社会营销导向主要是在这种背景下提出的。这一观念认为,置身于社会整体中的酒店和其他任何企业一样,不能孤立地寻求一己的利益,而必须使自己的行为符合整个社会与经济发展的需要,力求在创造酒店或企业的经济效益的同时,为整个社会的发展做出贡献,创造社会效益。一些国际连锁酒店在这方面已经开始做出值得赞赏的努力。例如,为了减少森林砍伐,它们提供的卫生纸是用再生纸做的;办公室的一些非正式文件使用电传纸的反面;在客房里放置小册子,宣传保护环境与资源的日常方法等。

以上介绍了酒店市场营销观念的变化。从整体而言,世界酒店业已经广泛地接受了营销导向和社会营销导向这两种比较先进、科学的市场营销观念。我国一些管理出色的酒店或酒店集团也实施了营销导向或社会营销导向,并取得了一定的成绩。

(二) 现代酒店营销管理的新理念

随着酒店市场的日益成熟,竞争日趋国际化、全球化。在这种形势下,出现了一些新型的营销理念。这些营销理念丰富了酒店营销管理的内容,推动酒店营销活动走上了一条全新的道路。

1. 主题营销

酒店市场供过于求、宾客讲求个性消费已经成为一个不争的事实。面对这一压力,"如何脱颖而出"成为酒店营销研究的重点。时下,主题营销成为这种市场态势下一种有效的营销策略。它以差异性、文化性作为酒店企业的经营卖点,成为酒店营销的新策略。

主题营销就是酒店企业在组织开展各种营销活动时,根据消费时尚、酒店特色、时令季节、客源需求、社会热点等因素,选定一个或多个历史或其他主题为吸引标志,向宾客宣传酒店形象,吸引公众的关注并令其产生购买行为。它的最大特点是赋予一般的营销活动以某种主题,围绕既定的主题来营造酒店的经营氛围。

酒店企业在组织策划各项主题活动时,应根据自身的特色、消费的时尚、对手的表现,因地、因时、因人,选择不同的主题。这些主题包括民族地理类主题、历史故事类主题、影视歌舞类主题、运动休闲类主题、文学艺术类主题等。酒店可采用不同的方式实践主题营销这一理念。

2. 服务营销

从20世纪末开始,以知识为基础的服务经济在社会经济生活中起着越来越大的作用,服务业开始成为当今社会的主导产业。并且,由于科技进步,以硬件为手段的竞争在市场竞争中收效不大,且容易被对手轻易效仿,因此,企业之间的竞争转向以服务为基础的软性竞争,服务营销的理念应运而生。

传统的营销观念认为,营销就是吸引宾客。它侧重于销售产品,注重占领和扩大市场份额,将服务与营销视为两个相对独立的领域和工作。这种传统的营销观念将服务和营销割裂,不利于造就满意的宾客,也不利于保留老宾客。

服务营销理念认为,营销不仅是吸引宾客,而且还要拥有宾客、留住宾客。要实现此目的,就必须以市场为导向,把服务质量和营销理念有机结合起来。服务营销注重的是提高宾客的满意度和忠诚度,注重追求企业的长期利益,注重与宾客建立良好的关系。它要求酒店明确，任何一个酒店内部只有两种人：一种是专职销售员，另一种是非专职销售员。这即要求酒店树立全员营销理念，注重抓住各种服务机会恰到好处地开展各种营销活动。

服务营销的核心是服务质量。在一个有关质量、市场份额与利润率之间的相关性的定量研究中发现，质量要比市场份额更重要。很高的市场份额和出色的质量的结合能产生较高的利润回报，很高的市场份额与相对较低的质量的结合只能产生较低的利润回报。由此可见，产品和服务质量对企业的经营成败有很大的影响。

3. 网络营销

随着计算机技术和网络通信技术的发展和广泛运用，网络正以革命性的力量改变着人们的生活方式。对于酒店企业而言，网络营销蕴藏着无限的潜力，它将为酒店营销带来新的思路。积极建设信息网络，重视网络营销，利用信息网络来开展营销工作，是酒店业面临的新课题。

网络营销的英文为"Cyber Marketing"或"Online Marketing"。它是指以互联网为传播手段，通过对市场的循环营销传播，达到满足消费者需求和商家需求的过程。网络营销的价值在于可使生产者与消费者之间的价值交换更便利、更充分、更有效率。

酒店可以通过官方网站、网络调研、网络广告等形式积极开展网络营销，特别是手机App、官方微博、微信公众号、微信小程序、抖音号等新媒体形式，面向中青年目标市场的宣传效果很好。

4. 分时营销

分时营销自20世纪60年代问世以来，已在世界范围内得到迅速发展，成为风靡世界的一种酒店营销模式。随着消费者度假观念的成熟和国家相关政策的支持，分时营销将会逐渐深入人心，成为现代酒店主要的营销方式之一。

分时营销的英文为"Time Share Marketing"，也有学者将其译作"泰慕赛尔"。它是指将酒店客房的使用权分时段卖给顾客，即不同的消费者购买客房不同时段的使用权，共同分时维护、使用客房，并且可以通过交换网络与其他消费者交换不同酒店的客房使用权。

分时营销把酒店客房的使用权按时段分割开来，运用时序性这一特点，成功地引入了分时共享和分时交换这两大消费理念，从而实现了客房价值的最大化。消费者可以每年在特定时段来享用该酒店的客房，也可以用自己的时段去"交换"同属于一个交换服务网络中的任何一家酒店的另一个时段，还可以享有时段权益的转让、馈赠、继承等系列权益以及对公共配套设施的优惠使用权。按照国际通用的惯例，一般将酒店客房（也包括各种别墅公寓）每年的使用权分为52周，将52周的51周分时销售给顾客，剩下的1周用于维修保养。

二、酒店市场营销技巧

（一）市场营销机会分析的重要性

酒店的成长和发育除了依靠自身的努力外，还极大地受制于当地的政治、经济、文化、治安等因素，因而人们将其称为机会行业。对酒店而言，要善于开展机会营销，只有寻找机会、把握机会、创造机会、利用机会，才能在市场经济条件下取得市场营销的成功。

市场营销机会，就是与企业内部条件（资金能力、技术能力、生产能力、销售能力、管理能力等）相适应，能实现最佳营销因素组合策略和营销目标，享有竞争优势和获得局部或全局的差别利益,并能促成企业自身发展的环境机会。

酒店市场营销机会分析主要包括酒店市场营销环境分析、酒店消费者行为分析、酒店市场竞争者分析、酒店市场分析、酒店产品和服务分析。

(二) 如何分析市场营销机会,把握营销技巧

机会营销是以"尚未得到满足的或尚未完全满足的消费需求"为研究对象,因而,酒店企业应精于捕捉和利用机会。信息的海洋中往往蕴藏着巨大的营销机会。酒店可从信息中判断机会的有无,要有目的、有计划地通过报纸、杂志、网络等途径,收集各种信息,尤其是与本行业有关的信息,并加以分析、筛选、分类、利用。社会潮流也往往预示着巨大的营销机会。酒店应注重观察各种消费潮流,并准确预测未来的消费潮流,如环保潮流、休闲潮流、科技潮流、健康潮流、社交潮流、文化潮流等;也可以借助各种国内外大事"因事造势";还可利用知识经济开展营销创新。

酒店还可以借助外力开展机会营销,包括借名人之力、借活动之力、借同行之力、借员工之力、借宾客之力、借媒介之力、借会展之力、借关键人物之力等。酒店在运用借力术时,要遵循可能性原则、时机原则和创新原则,关键在于在借的基础上有所发展、有所创新。

[关键概念]

营销　酒店营销　酒店营销组合　酒店产品的生命周期　酒店产品策略　酒店价格策略　酒店销售渠道策略　酒店促销策略　酒店市场营销理念　酒店市场营销技巧

[课堂讨论]

1. 试论述酒店市场营销理念的发展与变化。
2. 试论述酒店营销组合"4P"的营销策略。
3. 试论述酒店营销管理的新观念。

[复习思考]

1. 什么叫酒店营销?
2. 酒店营销活动的特点是什么?
3. 酒店营销活动的基础环节包括哪些?
4. 酒店营销组合策略有哪些?
5. 酒店市场营销观念的演变经历了哪几个阶段?
6. 现代酒店营销管理的新理念有哪些?
7. 如何把握酒店的市场营销技巧?

[拓展训练]

请从CIS的三大构成要素来谈谈如家快捷酒店的企业形象。

第七章 酒店财务管理

[学习目标]

本章对酒店的成本费用管理、营业收入与利润管理进行了阐述。通过对本章的学习,学生要掌握酒店成本费用的概念、内容和分类,以及酒店成本费用控制的方法,了解酒店成本费用考核的指标,以及酒店营业收入与利润的管理,并掌握财务分析指标。

◆ [案例导入]

"卖卖卖"成了2017年酒店行业热门词,资本运作将迎新风口?

2017年,在高端酒店行业有一个词频繁出现,那就是"转卖"。山西太原希尔顿酒店,于2018年1月2日在平台拍卖。这也是继2017年10月底北京W酒店被转卖后,又一引人注目的消息。

据酒店产权网的统计,截至2017年12月20日,2017年被拍卖的酒店数量超过130家,创下了历史新高。众多酒店资产变动的案例实际上反映出酒店资本运作的多样性和复杂性。

公开资料显示,太原希尔顿酒店于2006年开始筹建,由希尔顿酒店管理公司和山西晋豪国际大酒店有限公司(以下简称晋豪国际)合作开发,是山西省级的重点项目。两家公司曾在2006年7月召开了隆重的签约仪式,致力打造"山西省首家商务五星级酒店",并计划在2008年北京奥运会开幕前开始试营业。

不过太原希尔顿酒店不仅没有如期开业,施工也一直在拖延。2010年7月,太原希尔顿酒店主体工程施工完成,按照当时的预计,酒店2011年可以正式开业。但出人意料的是,第二次开业承诺依然没有兑现。随着开发商晋豪国际资金链断裂,不久后太原希尔顿酒店工程停摆,山西省首个商务五星级酒店烂尾了。

2017年12月8日,大悦城发布公告称,以19.84亿元现金款总额,将中粮酒店(北京)全部股权出售给天府基金管理有限责任公司。中粮酒店(北京)旗下主要资产为北京长安街W酒店,此次19.84亿元的出售价格,包含13.6亿元的代价、89.56万元股东贷款及6.23亿元集团贷款。

北京长安街 W 酒店 2014 年开业，截至 2017 年 9 月 30 日，入住率为 69%，相比 2016 年提升 12%。尽管入住率有所提升，但相比北京其他五星级酒店，北京长安街 W 酒店在人员配置和房型上的消耗均超出平均水平，因此导致盈利不佳。有业内人士透露，收购方天府基金管理有限责任公司将针对 W 酒店进行部分功能改造，将部分面积作为写字楼用途，以提高整座大楼的收益率。

实际上，酒店资本及股权被抛售的原因有很多种，包括扭转亏损业绩、战略调整或利用优良资产套现，这三大原因基本上可以概括现有的酒店资本变更思路。

另外，2017 年 4 月国务院办公厅转发《国务院国资委以管资本为主推进职能转变方案》文件，对国有控股酒店企业做出政策指引。有业内人士透露，这一文件的下达也让部分企业专注主营业务，将非主营业务逐渐剥离。不难猜测，转让酒店，除了亏损外，也受到了一些政策影响。

外资酒店集团在华的投资方和开发商寻找之路也并不顺利。2011 年 10 月，曾由贵州宏立城房地产开发有限公司高调引进的贵阳希尔顿酒店项目，由于开发商在宏观政策调控中的资金链出现问题而中断。近年来，包括山西太原、贵州贵阳、安徽安庆、湖北宜昌、广西桂林等地也有希尔顿酒店停工的消息出现。2017 年三亚 One&Only 唯逸度假酒店的遭遇也同样说明了好的业主难寻。放大到行业内来看，高端酒店当下遭遇的变局，也让未来有了更多"看点"。

第一节　酒店财务管理概述

一、酒店财务管理的含义

财务管理（Financial Management）是有关资金的获得和有效使用的管理工作。作为一门独立性、专业性很强的、与社会实践密切相关的经济管理学科，财务管理最初产生于 17 世纪末，发展于 20 世纪。尤其是第二次世界大战后，随着企业生产经营规模的不断扩大和金融证券市场的日益繁荣，筹资越来越不容易，风险也逐渐加大，人们越来越认识到财务管理的重要性，其理论与方法由此得到不断发展，并逐渐形成了完整的体系。

酒店财务管理就是对酒店的资金进行规划和控制的管理活动，即对酒店各种财产物资的取得、置配、耗用、回收、分配等活动进行综合性的管理。

酒店经营离不开人和物，即活劳动和物化劳动两大因素。这两大因素在酒店产品的生产和销售过程中统一表现为价值，即酒店资金。为了保证酒店业务经营活动的正常进行，首先要筹集一定数额的资金，有了资金后，还要对资金进行部门的分配和资金形态的分配，如对储备资金、管理资金、货币资金比例的分配。酒店经营业务活动发生资金的使用耗费，使用耗费的资金要通过货币的形式予以收回。资金从被占有到以货币形式被重新收回，这个活动过程以会计形式表现，构成酒店财务。财务管理贯穿于酒店经营业务活动的全过程及各个方面，既要全面反映酒店的经营业务状况，又要利用本身的特有手段促进或制约酒店的经济活动，保证酒店取得预期的效益。

酒店资金的循环运动必然要体现酒店与有关利益各方的经济关系。这些关系主要有：酒店与投资者的财务关系；酒店与债权人、债务人及资金往来客户的财务关系；酒店与税务机关的税收关系；酒店内部各部门之间的财务关系；酒店与员工之间的财务关系等。在处理所有的经济关系时，酒店财务都实行计价、记账、付款、结算，目的是使酒店的经济活动能按规律正常进行。同时，酒店通过记账、核算、分析、决策来控制酒店的成本、价格、利润和分配，目的是提升酒店的经济效益。可见，酒店只要存在着经济活动和经济关系，酒店财务就有其特殊的作用。

二、酒店财务管理的特点

作为价值管理的酒店财务管理，当然是财务管理的一个分支，其基本原理与方法没有本质的差别。但是，由于酒店企业自身的生产经营特点与其他企业有所不同，这就决定了酒店财务管理有其自身的特点，主要表现为以下几个方面：

1. 现金流量的季节性

消费者对旅游产品的需求具有很强的季节性。季节性特征主要是由气候引起的，但也受学校假期、节日和传统旅游方式的影响。旅游产品需求的季节性导致了酒店现金流入和流出的季节性。现金的增加和减少有一定的季节性，在年度的某一特定时期（如旅游旺季），会有大量的现金余额可用于投资；而到了淡季，如果没有足够的现金来支付应付的款项和其他支出，那么酒店将会面临严重的现金流量问题。因此，酒店的财务管理必须进行详细的现金流量分析，并考虑如何缓解现金流量紧张的问题。

2. 涉外业务的风险性

与规模相当的其他行业内的公司（如制造企业）相比，大部分涉外酒店的经营活动更容易受外汇汇率变化的影响。因此，能否有效地管理汇率风险，将直接关系到酒店的盈利水平。任何一个涉外酒店，要想提高其盈利水平，就必须对外汇汇率变动带来的风险有正确的认识，并适当地对其进行管理。如果酒店能够对未来的汇率变动进行正确预测，那么可以使风险降到最小，但是要做到这一点并不容易。

3. 内部控制的严密性

内部控制适用于各行各业，但酒店业尤其需要极为完善、严密的内部控制，其原因主要有以下几个方面：

（1）酒店属于与客人直接接触的服务行业，酒店员工的一举一动直接在客人的注视之下，直接影响着酒店的声誉和业务。为了在激烈的竞争中始终保持较高的服务质量和服务水准，酒店必须提高内部管理水平，实行完善的内部控制。

（2）随着酒店规模不断扩大，营业项目日趋繁多，由此带来的收入和支出的环节也越来越多。要保证营业收入的安全、完整，保证营业支出的合理、正确，酒店就需要实行完善的内部控制。

4. 更新改造的紧迫性

与一般的商品不同，酒店本身的建筑物既是固定资产，又是出租商品。正由于酒店的资产设备具有商品的特性，酒店设施、设备新颖与否，对营业状况有很大的影响。因此，为适应酒店经营业务发展变化的需要，需要经常对各项设施、设备进行装修、改造和更新，以保持酒店的全新状况，保证客人在任何时候购买的都是新的商品。

三、酒店财务管理目标

酒店财务管理目标（Goals of Financial Management）是指酒店进行财务活动、处理财务关系所要实现的目标。财务管理目标决定了财务管理的基本方向，只有目标明确，管理者才能进行有效的财务管理。

（一）总体目标

1. 利润最大化

利润最大化是指酒店的管理者把酒店在比较短的时期里获得最大的利润作为财务管理的目标。利润反映了经济效益的高低，是资本报酬的主要来源。利润越多，意味着实现的劳动价值越多，职工报酬也越高；利润代表着剩余产品的价值，剩余产品越多，社会财富也越多。因此利润最大化意味着社会财富的最大化。

以利润最大化作为财务管理目标，也存在着一些不足。例如，没有考虑到资金的时间价值，无法反映收益的时间性或连续性，也就无法反映投资风险的大小。片面追求利润最大化，往往使酒店财务决策带有短期行为倾向。为了追求利润最大化，管理者有时会采取不分配或少分配股息的方法来避免利润的减少，而这种做法往往会引起投资者对酒店的不满。

2. 财富最大化

以投资者财富最大化作为酒店财务管理的目标，是对经济效益深层次的认识。财富最大化即采用最优的财务政策，在考虑资金的时间价值和投资风险价值的前提条件下不断增加所有者的财富，使酒店的总价值达到最大。在股份制酒店企业中，投资者个人财产与酒店相关的部分就是对股票的投资。因此，投资者财富最大化可以表现为股票价格的提高。

以财富最大化为财务管理目标，弥补了以利润最大化为财务管理目标的不足。

（1）以财富最大化作为酒店财务管理目标避免了由于追求利润最大化而产生的短期行为，使投资者不单纯重视当前利润的获得，而且将更为关注预期利润的变动。

（2）投资者财富最大化目标考虑了资金的时间价值和投资风险价值，能够避免不顾风险的大小，只片面追求利润最大化的短期行为倾向，使投资者资产能够充分保值增值。

（3）财富最大化也能使社会效益最大化，实现社会资源的最合理分配。社会资源通常向价值最大化或股东财富最大化的企业或行业流动，当各个酒店企业都追求财富最大化时，在国家宏观调控和法律约束下，整个社会财富会得到增加，从而有利于实现社会效益最大化，最终满足人民日益增长的美好生活需要。

（4）财富最大化的目标满足了国家、职工、股东等利益集团共同的目标，财富最大化使各方利益均得以实现，不仅反映了股东的愿望，也反映了整个社会的经济目标。

3. 社会责任

企业应该承担对社会应尽的义务，如果每一个酒店都能够积极承担一定的社会责任，如保护消费者权益，合理雇用员工，为酒店员工提供培训和深造的机会，消除环境污染，保护环境等，这将会为整个社会的繁荣和发展做出积极的贡献。

酒店在追求利润及财富最大化时，往往与一些社会利益产生矛盾。过多承担社会义务会影响酒店的收益和利润的增加，如酒店进行环境保护的投资和由于保护生态环境而带来的收入的减少等。但是，酒店在承担这一社会责任的同时，也保持和改善了酒店在公众心目中的形象，提高了酒店在公众心目中的地位，从而获得长远的社会效益和经济效益。

（二）具体目标

酒店财务管理的具体目标，体现在酒店财务活动的全过程中，即筹资、投资、分配等方面。

1. 筹资财务管理目标

筹资财务管理目标是以较少的筹资成本和较低的筹资风险获得更多的资金支持。财务管理的目标在筹资活动中的具体体现就是：以较低的筹资成本和较小的筹资风险，获取同样多的或者更多的资金。

2. 投资财务管理目标

投资就是资金的投放和使用，包括对自身经营活动所进行的投资和对外投资两个方面。一般情况下，投资收益和投资风险是并存的，这就要求酒店在财务管理目标中力求达到投资收益最大化、投资风险最小化。

3. 分配财务管理目标

分配是指酒店要将取得的收入和利润在酒店的相关利益主体之间进行分配。这种分配不仅涉及各利益主体的经济利益，还涉及酒店的现金流出量，从而影响财务的稳定性和安全性，以及酒店市场价值的变化。要在这两者之间进行权衡，选择适当的分配标准和分配方式，既能提高酒店的即期市场价值及财务的稳定性和安全性，又能使酒店的未来收入或利润不断增加，满足多方利益集团的利益，从而使酒店的市场价值不断上升。

四、酒店财务管理组织

建立健全酒店财务管理组织，是有效开展财务活动、调节财务关系、实现财务管理目标的重要条件。

酒店财务管理组织的机构设置一般有以下三种类型：

1. 以会计为核心的财务管理机构

这种机构的特点是会计核算职能和财务管理职能不分，同时具备两种职能。在这种机构内部，是以会计核算职能为核心来划分内部职责的，设有存货、长期资产、结算、出纳、成本、收入、报表等部门。这种机构适用于中小型酒店。

2. 与会计机构并行的财务机构

这种机构的特点是会计核算与财务管理职能分离，财务管理职能由独立于会计机构以外的财务管理机构履行。财务管理机构专门负责筹资、投资和分配工作，组织资金运动。这种财务管理机构适用于大型酒店。

3. 公司型的财务管理机构

这种机构的特点是其本身是一个独立的公司法人，能够独立对外从事财务活动。在公司内部，除了设置从事财务活动的业务部门以外，还设有一般的行政部门，其主要职责是负责酒店集团公司或跨国酒店企业的整体财务管理和各个成员之间的财务协调。这种财务机构通常又称为财务公司。采用法人形式的财务公司，有利于其对外履行筹资和投资的职能。这种财务管理机构适用于一些大型酒店集团。

五、酒店财务管理的基本职能和主要内容

（一）酒店财务管理的基本职能

1. 财务预算

财务预算是一系列专门反映酒店未来一定期限内预计财务状况和经营成果，以及现金收支等价值指标的各种预算的总称。具体包括反映现金收支活动的现金预算、反映酒店财务状况的预计资产负债表、反映酒店财务成果的预计利润表和预计现金流量表等内容。

财务预算是企业全面预算体系中的组成部分，它在全面预算体系中有以下重要作用：

（1）财务预算使决策目标具体化、系统化和定量化。在现代酒店财务管理中，财务预算能全面、综合地协调、规划酒店内部各部门、各层次的经济关系与职能，使之统一服从于未来经营总体目标的要求；同时，财务预算又能使决策目标具体化、系统化和定量化，能够明确规定酒店有关生产经营人员各自的职责及相应的奋斗目标，做到人人事先心中有数。

财务预算作为全面预算体系中的最后环节，可以从价值方面总括地反映经营期各种决策预算与业务预算的结果，使预算执行情况一目了然。

（2）财务预算有助于财务目标的顺利实现。通过财务预算，可以建立评价酒店财务状况的标准。将实际数与预算数进行对比，可以及时发现问题和调整偏差，使酒店的经济活动按预定的目标进行，从而实现酒店的财务目标。

2. 财务控制

财务控制是指酒店财务人员（部门）通过财务法规、财务制度、财务定额、财务计划目标等对酒店资金运动（或日常财务活动、现金流转）进行指导、组织督促和约束，确保财务计划（目标）实现的管理活动。

财务控制必须以确保酒店经营的效率性和效果性、资产的安全性、经济信息和财务报告的可靠性为目的。财务控制的作用主要有以下三个方面：①有助于实现酒店经营方针和目标，它既是工作中的实时监控手段，也是评价标准；②保护酒店各项资产的安全和完整，防止资产流失；③保证酒店业务经营信息和财务会计资料的真实性和完整性。

3. 财务分析

酒店财务分析是以酒店财务报告及其他相关资料为基础，采用一系列的财务指标，对酒店的财务状况和经营成果进行比较和分析。

酒店财务分析的目的是评价和判断酒店财务和经营状况，向相关利益方提供对决策有用的会计信息，并以此为依据预测酒店未来的财务状况和发展前景。

酒店财务分析在酒店经营管理过程中起着重要的作用。通过分析酒店的财务状况和经营成果：确定酒店的偿债能力，揭示酒店的财务风险；确定酒店的营运能力，评价酒店的管理效率；确定酒店的盈利能力，评价酒店的经营业绩和发展前景。总之，通过酒店财务分析透析酒店的各项经济活动，促使经营者采取措施改善经营管理，合理有效地配置各项资源，提高酒店的经济效益。

（二）酒店财务管理的主要内容

酒店的财务活动表现为酒店再生产过程中周而复始、循环往复的资金运动。酒店资金运动从经济内容上观察，可以划分为筹资活动、投资活动和分配活动等环节。因此，酒店财务管理的内容主要包括投资管理、筹资管理、成本费用管理、营业收入与利润管理等。

第二节　酒店投资与筹资管理

酒店无论是维持简单再生产还是实现扩大再生产，都需要一定投资活动的支持。酒店投资关系到酒店的生存和发展，是酒店经营战略的重要组成部分。筹集资金既是酒店经营运作的起点，又是决定资金流动规模和经营发展程度的重要环节。

一、酒店投资的分类

酒店投资是指酒店为在未来一定时期内获得经济利益而投入一定资产或让渡一定资产的经济行为。

为加强投资管理，需要对投资进行科学的分类。按不同的标准，投资有不同的分类。

（1）按投资与生产经营的关系划分，可以分为直接投资和间接投资。
（2）按投资时间的长短划分，可以分为短期投资和长期投资。
（3）按投资方向的不同划分，可以分为对内投资和对外投资。
（4）按投资在再生产过程中的作用划分，可以分为初创投资和后续投资。

二、酒店投资管理的主要内容

1. 投资方向的决策

投资是酒店为了获取经济资源的增值而将资金投放于各种资产形态上的经济行为。依据投资的形式可将投资分为实物投资与金融投资。实物投资是对酒店生产经营实际应用的实物资产进行的投资，如购置与更新设备，兼并酒店进行生产经营规模的扩充，对新的投资项目进行投资，以及对营运资本进行投资等；金融投资是对金融性资产所进行的投资，如购买股票、债券等。酒店财务管理的任务之一就是合理确定投资方向，合理搭配不同类型的投资。

2. 投资项目的评价

由于酒店拥有的经济资源具有稀缺性，有效投资、提高投资的效率，就成为投资决策首先应解决的问题。酒店财务管理的任务就是通过对投资项目的财务可行性的评价，为酒店投资决策提供技术和方法上的支持，最大限度地保证投资决策的科学性。

确定一个投资项目财务可行性的重要标准是看该投资项目是否拥有正的净现值，只有投资项目能够带来正的净现值，才能够增加酒店的经济价值，该投资项目才具备财务上的可行性。酒店对投资可行性的评价都是以净现值为依据的。

3. 资产结构的决策

投资决策首先要考虑的问题是如何合理确定酒店资产的结构，即酒店资产负债表左方所显示的货币资金、应收账款、存货、固定资产等构成比例以及各投资项目的构成比例。

酒店的获利能力及由此相伴的风险程度是由酒店的投资结构所决定的。例如，不动产、固定设施等占较高比重的酒店，必须注意其资产的流动性和偿债能力的大小。因此，酒店投资结构应该是能够创造最大经济价值的资产结构，要么是在既定风险下带来最大收益，要么是在既定收益水平下承担最小的风险。收益与风险相均衡，是进行酒店投资决策所必须遵循的重要原则。

三、酒店投资的管理程序

酒店投资决策须按特定的程序，运用科学的方法进行可行性分析，以选择最有利的投资方案。对酒店投资方案的评价，一般包括以下几个基本步骤：

1. 提出投资方案

酒店的各级领导、各部门都可以提出投资方案。通常，战略性的投资项目由高层领导提出，战术性的投资方案由基层或中层领导提出，新产品方案通常来自营销部门，设备更新的建议来自生产部门。

2. 评价投资方案

对所提出的投资方案进行评价，主要包括：计算各方案的预计收入和成本，预测投资方案的现金流量；计算各项投资方案的价值指标，如净现值、内含报酬率等；将各投资方案的价值指标与可接受指标进行比较。

3. 选择投资方案

根据投资方案评价结果进行决策，选择最有利的方案。投资方案的最终结果一般分为三种：①接受这个方案，可以进行投资；②拒绝这个方案，不能进行投资；③方案存在不足，改进后再重新评价。

4. 执行投资方案

决定对某方案进行投资后，要积极筹措资金，实现投资。在执行投资方案的过程中要进行实时控制，以确保投资方案的顺利进行。

5. 对已接受的方案进行再评价

对方案的事后评价可以检验原来做出的决策是否合理、正确。出现新情况时，要根据变化的情况做出新的评价。

四、酒店筹资决策

酒店筹资是指酒店企业根据其生产经营、对外投资，调整资金结构和其他需要，通过合理的渠道，采用适当的方式，获得所需资金的财务活动。

（一）酒店筹资的意义

资金是酒店进行生产经营活动不可或缺的因素。酒店从创建时起，购置设备、材料等生产要素，支付种种费用，都需要一定数量的生产经营资金；扩大经营规模，开发新服务，革新技术，更要追加投资。筹集资金既是酒店经营运作的起点，又是决定资金流动规模和经营发展程度的重要环节。合理地选择资金的筹集方式，采用正确的来源渠道，保证资金供应，满足酒店需要，是现代财务管理的一项重要内容。

（二）酒店筹资决策的核心

投资决策一经做出，酒店就必须为筹集投资所需资金而进行投资决策。筹资决策表现为对酒店资金需要量的确定、对筹资方式的选择、对酒店权益资本与长期负债比例的规划等方面。

筹资决策的核心问题是确定酒店的资本结构。资本结构是指权益资本与长期负债二者之间的比例关系。由于资本来源中的短期负债属于酒店财务管理的日常营运资本的管理范畴，对酒店不形成长期影响，因此资本结构中不含短期债务资本。资本结构中的长期负债以及权益资本均属酒店的长期资本，在未来一定时期其比例关系相对稳定，对酒店未来的发展具有重要的、战略意义的影响，因此，资本结构决策对于酒店意义重大。

资本结构决策的首要问题是确定酒店资产负债率的高低，即在酒店资本总额中安排多高比例的负债。确定酒店的股权结构也是酒店资本结构决策的一个重要问题。

五、酒店资金筹集的方式

按照资金权益特征不同，可将酒店资金筹集划分为权益资金筹集和负债资金筹集两大类。

（一）权益资金筹集

所有者权益是指所有者在酒店资产中享有的经济利益，包括投资者投入酒店的资本及持续经营中形成的经营积累。

权益资金的主要来源有国家投资、社会集资、发行股票、企业之间的兼并和重组等。所有者权益一般不用还本，因而称其为自有资本。采用吸收权益资本的方式融通资金，财务风险较小，但付出的资本成本较高。

1. 酒店吸收直接投资

吸收直接投资是指酒店按照共同投资、共同经营、共担风险、共享利润的原则，直接吸收资金的一种融资方式。这种方式运行手续较为简单，出资者都是企业所有者，共享经营管理权。

（1）吸收国家投资。其特点是：产权归属国家；资金的运用和处置受国家的约束比较大；在国有企业当中运用比较广泛。

（2）吸收法人投资。其特点是：发生在法人单位之间；以参与企业利润分配为目的；出资方式灵活多样。

（3）吸收个人投资。其特点是：参与投资的人员较多；每人投资的数额相对较小；以参与企业利润分配为目的。

吸收法人投资和吸收个人投资之间的共同特点是：以参与企业利润分配为目的。

2. 发行股票

股票是股份有限公司制企业发给股东，以证明其进行投资并拥有对公司所有者权益的有价证券。

股票具有法定性、收益性、风险性、参与性、无限期性、可转让性和价格波动性等特点。发行股票既可以为酒店筹集资本，也可以通过股票的上市提高酒店的声誉，分散酒店经营的风险。

3. 酒店内部筹资

对股份制酒店企业来说，年终均要分红，这是对股东投资的回报。若酒店发展平衡，股东也就希望有一个稳定的分红。但若是酒店发展迅速，资金缺口大，酒店可以考虑减少分红，把该支出的股利转为留存收益，这就叫酒店内部筹资。

（二）负债资金筹集

负债资金筹集是指酒店通过向金融机构借款、发行债券、融资租赁等负债筹集资金。几乎没有一个企业只靠自有资本而不运用负债就能满足其对资金的需要。负债筹资到期要归还本金和利息，因而又称为借入资本或债务资本。采用负债的方式筹集资金，一般会承担较大的财务风险，但相对而言，付出资本的成本较低。

1. 债券筹资

企业债券是发行者为筹集资金，按法定程序发行的约定在一定时期还本付息的有价证券。发行债券是一种社会集资方式。

2. 长期借款筹资

长期借款是指企业向银行或非银行金融机构以及向其他单位借入的、期限在一年以上的各种借款，主要用于酒店小额的固定资产投资和流动资产的长期占用。

取得长期借款是酒店筹集长期资金必不可少的方式。提供长期借款的国际、国内金融机构一般多为一些商业银行、政策性银行、人寿保险公司、各种财务机构和基金会等。

六、酒店资金筹集的渠道

酒店资金筹集的渠道是指酒店融通资金的来源与渠道。不同渠道的资金有不同的特点，不同的投资人也有不同的偏好。酒店资金筹集的渠道主要包括以下几种：

（一）银行资金

银行资金是企业的一项重要资金来源，在金融市场不发达的国家，这种资金渠道尤为重要。

（二）非银行金融机构的资金

非银行金融机构主要是指信托投资公司、保险公司、租赁公司、证券公司、集团公司所属的财务公司等。这些公司提供各种金融服务，如信贷资金投放、物资融通、设备租赁、为公司承销证券等。

（三）其他资金来源

1. 国家财政资金

国家直接投资是国有酒店企业主要的资金来源。观察现有国有酒店的资本结构，会发现其资本大多是国家财政以直接拨款的方式形成的，有些还是国家"税前还贷"或减免各种税款形成的。

2. 企业内部积累

它是指酒店企业内部形成的资金，也称留存收益，主要包括提取法定盈余公积金、任意公积金和未分配利润等。这些资金无须企业通过一定的方法筹集，直接通过内部生成或转移。

3. 其他企业的资金

企业也是金融市场上重要的资金供应者。无论是何种企业，由于收支的时间差异都会有一部分资金处于暂时闲置的状态，这些闲置资金常常成为其他企业短期资金的重要来源。

4. 社会公众个人资金

企业职工和居民个人的结余资金，作为银行和非银行金融机构以外的游离资金，可用于对酒店企业的投资，形成民间资金来源渠道。

第三节 酒店成本费用管理

成本费用管理是酒店财务管理的重要组成部分。成本费用是经营耗费补偿的最低界限，是制定价格的基础，也是检验经营质量的重要指标。

一、酒店成本费用的内容

成本费用是指酒店在一定时期的经营过程中为宾客提供服务所发生的各项费用之和。成本是指购进商品和雇用劳动力时发生的支出，如经营过程中购买的各种原材料、商品等的支出；费用是指某个时期为获取收入而发生的耗费。

按照我国现行成本管理制度的规定，酒店各项业务成本费用如下：

（一）营业成本

营业成本是指在经营服务过程中所发生的各项直接支出。营业项目少的酒店，其营业成本主要包括餐饮原材料成本和其他商品进价成本等；营业项目多的酒店，其营业成本还包括其他营业项目所耗费的原材料成本。

1. 餐饮成本

餐饮成本是指餐饮部制作食品菜肴和饮料使用的原材料、配料、调料的进价成本。

2. 商品成本

商品成本是指已经销售的商品的进价。

3. 洗涤成本

洗涤成本是指洗衣部洗涤衣物时使用的用品用料的支出。

4. 其他成本

其他成本是指其他营业项目所支付的直接成本，如复印项目的复印纸成本等。

酒店成本与一般企业成本的差别，主要在于酒店的人工费用一般不计入营业成本，而计入营业费用。人工费用是指酒店职工的工资以及按工资一定比例计提的职工福利费。酒店主要是以提供服务为主的，服务往往是综合性的，各项服务花费了多少人工费用，应负担多少工资，没有一个合理的标准和分摊依据。因此，酒店的人工费用一般直接计入营业费用，而不是直接计入营业成本。

（二）期间费用

期间费用是指酒店在一定会计期间发生的，与该会计期间的经营管理有关的费用。期间费用应从企业的营业收入中得到补偿，直接计入当期损益。期间费用一般划分为营业费用、管理费用和财务费用。

1. 营业费用

营业费用是指各营业部门在经营过程中发生的各项费用。营业费用包括：运输费、装卸费、包装费、保管费、保险费、燃料费、水电费、展览费、广告宣传费、邮电费、差旅费、洗涤费、清洁卫生费、经营人员工资、职工福利费、工作餐费、服装费以及其他营业费用等。

2. 管理费用

管理费用是指酒店行政管理部门为管理生产经营活动而发生的费用以及由酒店统一负担的费用。管理费用包括：公司经费、工会经费、职工教育经费、劳动保险费、待业保险费、董事会费、外事费、租赁费、咨询费、审计费、诉讼费、排污费、绿化费、土地使用费、土地损失补偿费、技术转让费、研究开发费、无形资产摊销、业务招待费、坏账损失、存货盘亏及毁损、上缴管理费及其他管理费用。

3. 财务费用

财务费用是指酒店为筹集经营所需资金等发生的费用。财务费用包括：酒店经营期间的利息净支出、汇兑净损失、金融机构手续费、加息及筹资发生的其他费用。

酒店在筹建期间、清算期间若发生一些筹资费用，应计入筹建期间的开办费或清算损益，不计入财务费用。

二、酒店成本费用的分类

为了正确计算成本费用，寻求降低成本费用的途径，加强对成本费用的管理，需要对酒店的成本费用进行必要的分类。

（一）根据成本与产品的关系划分

根据成本与产品的关系划分，可将成本分为直接成本和间接成本。直接成本是指酒店经营中发生的能直接认定到某一核算对象中的成本，如食品原材料成本等；间接成本则是指不能直接认定的成本，如水费、电费等。

（二）按照成本费用与经营业务量大小的关系划分

1. 固定成本

固定成本是指在较短的时间内（如一年），其总额不随酒店经营业务量的增减而变动的成本。例如，客房的折旧费不会因为出租客房数量增多（减少）而增加（降低）。但在较长的时间内，所有成本都是会发生变动的。

虽然固定成本的总额不随经营业务量的增减而变动，但单位固定成本却随业务量的增加（减少）而减少（增加）。例如，某一时期固定成本总额为15万元，而该时期内出租房间3000间，则每出租一间客房平均分摊固定成本50元；但若该时期出租客房1500间，则每出租一间客房平均分摊固定成本就增加到100元。

2. 变动成本

变动成本是指其总额随着经营业务量的变化而成比例变化的成本。例如，客房的出租率越高，出租房间的数量越多，则客房用品的消耗会随之增加。

3. 混合成本

混合成本是指其总额中既包含变动成本也包含固定成本。其成本总额随着经营业务量的变化而变化，但却并不呈现正比例关系，如水电费、电话费等都属于混合成本。在实际工作中，为了使信息更有价值，往往需要把混合成本中的固定成本和变动成本两大部分分解开，分别归入固定成本和变动成本。

（三）按照管理责任划分

1. 可控成本

可控成本是指在会计期间由一个责任单位有权确定开支的成本费用。例如，公关销售部经理可以决定一定时期的广告宣传费，因此广告宣传费对于公关销售部经理来说就是可控的成本。

2. 不可控成本

不可控成本是指在一定期间内责任单位对成本费用的发生无法控制的成本费用。例如，客房部经理无法控制客房部的折旧费，那么折旧费对于客房部经理来说就是不可控的成本。

一般来说，成本都是可控的。有些成本从短期来看是不可控的，但从长期来看是可控的；有些成本对某一责任单位来说是不可控的，对另一责任单位来说则是可控的。划分可控成本与不可控成本是相对于一定时间和空间而言的。

三、成本费用控制的程序

成本费用管理是财务管理的重要组成部分。开展成本费用控制，可以事先限制各项费用和消耗的支出，有计划地控制成本费用，减少资金占用量，提高资金的使用效益，达到降低成本、提高经济效益的目的，从而增强竞争力，改善经营管理。

成本控制可按发生时间先后划分为事前控制、事中控制和事后控制三个阶段。

1. 事前控制

事前控制即设计阶段，主要进行的工作有：对影响成本的经营活动进行预测、规划、审核和监督；建立健全成本责任制，实行归口管理。具体内容有：制定成本费用控制标准，如标准成本、成本预算指标、物资消耗定额等；建立健全成本费用控制责任制及各项控制制度。

2. 事中控制

事中控制即执行阶段，主要用依据现实制定的控制标准及控制责任制在实际发生成本费用过程中对成本形成全过程进行监控，并预测今后的发展趋势。

3. 事后控制

事后控制即考核分析阶段，在成本费用形成之后进行综合分析和考核，将实际成本费用与标准进行比较，查明形成成本差异的原因，确定责任归属，提出改进措施和修改成本费用控制标准。

通过以上三个阶段各项工作的进行，成本费用控制形成一个控制循环体系。这种控制程序是一个成本费用的全过程控制，是一个不断往复、不断改进的循环控制体系。

四、成本费用控制的常用方法

（一）定额控制和比率控制

1. 定额控制

定额成本是以现行消耗定额为依据的成本，它既反映现有经营条件下应达到的成本水平，又是衡量成本节约或超支的尺度。定额成本制定应依据上级管理部门规定的开支标准，如各种劳动保护费用，不得自行扩大发放范围和提高开支标准。有一些费用，如办公费，虽然上级管理部门没有规定统一开支标准，但可根据工作性质，对每个办公人员规定一定的每月办公金额作为控制依据。

2. 比率控制

比率控制是选择某一指标作为基数，按照这一指标一定比例来控制这些费用的限额。例如，职工福利费、工会经费和职工教育经费要分别按照职工工资总额的一定比例提取；又如，保险费要按照保险资产账面价值和保险费费率计算。企业可通过提取率、保险费费率等比率，控制各种费用。

（二）预算控制和主要消耗指标控制

1. 预算控制

费用预算是费用支出的限额指标。在不能准确预测业务量的情况下，根据量本利之间有规律的数量关系，按照一系列项目分析制定预算指标数。只要这些数量关系不变，预算就不必每月重复编制。制定预算时要选择一个最能代表本部门生产经营活动水平的费用标准，以报告期实际发生的各项费用总额及单项发生额与相应的预算数据相比较，费用一般不应超过预算。但是，考虑到现实的情况与预算数据可能不一致，应该事先制定预算费用的可能范围。

2. 主要消耗指标控制

在费用支出项目中，有的支出金额大，有的支出金额小，那些支出金额大的项目对费用预算起着决定作用。在进行成本费用控制时，应把注意力集中于那些主要的消耗指标，对成本细微尾数、数额很小的费用项目和无关大局的成本费用项目可以从略，实行重点控制主要消耗项目的策略。例如，在费用控制中，客房部的针棉织品、餐饮部的餐具、商品的包装物消耗等即为主要消耗项目，应重点加以控制。

（三）实施费用支出的内部控制制度

1. 费用预算制度

为加强对费用的管理和控制，使日常的各项费用开支控制在费用控制定额之内，必须在每一年度编制费用预算，并形成制度。

2. 定期分析检查制度

在编制费用预算并以此作为控制费用支出依据的同时，还应在执行过程中不断对预算执行情况进行检查，以达到控制费用支出的目的。为使预算检查制度化，应对预算检查的时间、方法、参加人员等做出规定，并把预算结果列入每个月末、季末或月初、季初经营例会的讨论内容。

财务部门在日常核算中必须以费用预算为依据，认真审核费用支出凭证。要严把费用预算关，及时揭露和反映超过、违背预算的费用支出。由财务部门召集财务预算分析会，把各项费用的实际执行结果与预算数据进行逐项对比分析，有关部门要对差异做出解释，找出费用支出控制的重点和方向，为下一时期的预算提供依据。

3. 费用支出审批制度

这一制度对费用支出的程序和审批权限做出了明确的规定，其主要内容包括以下几个方面：

（1）日常开支的内容均应纳入预算范围。

（2）预算内的费用开支，由经手人填单，经主管人员审批，由财务部门审核后方可开支报销。

（3）预算外的费用开支，经主管经理批准后，由财务部门审核，提出意见，报总经理或其授权人批准。

（4）公关应酬费、广告宣传费等费用的支出直接由总经理或其授权人负责审批控制。

五、成本费用考核的指标

成本费用考核是对成本费用预算执行结果的评价。正确进行成本费用考核可以促使酒店改善经营管理，加强经济核算，努力降低成本费用水平，增加盈利。

进行成本费用考核的主要指标有：成本率和费用率。

1. 成本率

成本率是指一定时期直接成本占营业收入的百分比。可以利用成本率指标，通过实际成本与标准成本的比较对餐饮部、商品部、洗涤部等部门耗费的直接成本水平进行考核。

例如，如果直接采用实际食品成本与标准食品成本比较，可能会由于二者所对应的营业收入不同，失去比较的意义。因此，一般用实际食品成本率与标准食品成本率相比较。食品成本率的计算公式为

$$食品成本率 = \frac{食品成本}{营业收入} \times 100\%$$

应根据具体的情况，对实际食品成本率与标准食品成本率之间的差异进行分析。一般来说，差异可以分为合理差异和不合理差异两大类。合理差异有：销售品种构成发生变化所引起的差异；食品原料价格突然大幅度变化引起的差异；酒店改变会计核算程序、报表编报方法、收款方法等引起的差异等。不合理差异有原材料进货过多、原材料保管不妥、不按标准配方进行生产等引起的差异。

2. 费用率

费用率是指一定时期内费用额占营业收入的百分比。在考核过程中，通常把本期的费用率与预算或去年同期的费用率相比较，计算费用率变化的绝对数和相对程度，来了解费用的节约或浪费情况。

除了对营业费用进行考核之外，还可以对管理费用进行考核，主要考核管理费用总额及结构的变化，找出各个项目增减变动的原因，消除不利因素的影响，以求降低费用，增加利润。

第四节　酒店营业收入与利润管理

酒店主要通过销售商品、提供劳务取得营业收入，实现商品和劳务的价值及使用价值。及时取得营业收入是保证酒店再生产过程不断进行的重要条件，是酒店实现利润的重要前提，也是酒店加速资金周转的重要环节。

一、营业收入的内容及确认

收入是指酒店在生产经营过程中，由于销售商品、提供劳务等取得的各项回报，是酒店业务经营成果的货币表现。

（一）酒店收入的内容

按各项经营业务活动与业务经营的关系，可将收入划分为营业收入、投资收益和营业外收入。其中，营业收入是收入的主要构成部分。

1. 营业收入

营业收入是业务经营活动的直接成果，包括主营业务收入和其他业务收入。主营业务收入是营业收入中的主要部分，如客房收入、餐饮收入、洗涤收入、美容收入、车队收入、康乐收入、商品收入等。其他业务收入是指主营业务以外不单独核算的其他业务，是营业收入中的次要部分，且不十分稳定，如固定资产出租、无形资产转让和包装物出租等收入。

2. 投资收益

投资收益是指对外投资取得的收益,包括对外投资分得的利润、股利和债务利息等。

3. 营业外收入

营业外收入是指与业务经营无直接关系的各项收入。其具体内容包括固定资产盘盈、处理固定资产净收益、变卖的净收益、罚没款收入、因债权人原因确已无法支付而按规定程序转入营业外收入的应付款项、礼品折价收入等。

(二) 营业收入的确认

按照现行制度规定,应当在发出商品、提供劳务,并收讫或者取得索取价款的凭据时,确认营业收入。由此可以看出,确认营业收入有以下两个标志:

(1) 商品、产品已经发出或者是劳务已经提供。

(2) 价款已经收到或者得到了收取价款的凭据。

二、酒店营业收入的结算方式

酒店营业收入的结算,不外乎预收结算、现收结算和事后结算三种方式。

1. 预收结算

预收是指在向客人提供服务之前,预先收取全部或部分费用,也称押金。例如,一般酒店在客房预订确认后,会向客户收取一部分预订金。在客人(尤其是随身只带小件行李者)登记入住时,酒店一般会要求预收以后住店期间的全部房费。

2. 现收结算

现收是指酒店在向客人提供服务的同时收取费用。例如,餐厅、商场在向客人提供服务和销售商品的同时当场收取服务和商品销售收入的款项。

3. 事后结算

事后结算是指酒店在向客人提供服务或销售商品以后,定期或最后一次性地向客人收取费用。例如,酒店和信誉良好的旅行社之间大多采用这种事后结算的方式。一般酒店对住店的常客也会采取这种事后结算的方式,在客人离店时收取全部费用,或定期收取已消费的一部分费用。

三、营业收入管理的内容

归纳起来,营业收入管理主要包括以下几个方面的内容:

1. 合理定价

价格是酒店为顾客提供各项服务的收费标准,也是计算营业收入的依据之一。营业收入的计量,是根据酒店向顾客提供的服务量和收费标准来进行的。酒店通过合理定价,向社会提供一定的商品和劳务之后,能保证取得合理的营业收入;同时,价格又是酒店之间竞争的一个重要手段。对于顾客来讲,在相同的商品和劳务面前,自然购买价格偏低的。所以合理制定价格有利于提高酒店的竞争力,扩大营业量,实现营业收入的最大化。

2. 做好营业收入标准控制

做好营业收入标准控制,包括营业收入预测、决策和预算。应通过营业收入预测了解和掌握旅游市场供求关系变化和价格的变化规律,努力运用自己的设施和人力资源去适应市场的需要,千方百计地增加营业收入,降低成本费用并通过营业收入预算,调动各个部门、每一个员工的积极性去完成预算任务。只有做好营业收入标准控制，才能使酒店拥有良好的环境去增加营业收入。

3. 做好营业收入日常控制

现代酒店往往为顾客提供多项服务。应收账款在酒店营业收入中所占的比重较大。应收账款如不能及时收回，将占用过多的资金，甚至会造成呆账损失。只有收回现金，才算营业收入的真正实现。所以，做好营业收入日常控制，就是要做好营业收入结算和应收账款的控制，努力减少营业收入损失，尤其是坏账损失，保证营业收入真正收回。

四、利润的内容

利润是酒店生产经营的最终财务成果，是考核经营效果的一项综合性经济指标。酒店在增加服务量、提高质量、降低成本、增加营业收入及提高管理水平等方面所取得的成绩，都会综合地表现在利润这项指标上。利润是一定时期内酒店实现的财务成果，是营业收入减去营业成本和费用，并缴税后的余额，包括营业利润、投资净收益和营业外收支净额等几部分。其计算公式为

$$利润总额 = 营业利润 + 投资净收益 + 营业外收支净额$$

1. 营业利润

营业利润是酒店正常业务活动所取得的利润，是利润的主要组成部分。一定时期的营业利润等于同期经营利润减去管理费用和财务费用的余额。其计算公式为

$$营业利润 = 经营利润 - 管理费用 - 财务费用$$
$$经营利润 = 营业收入 - 营业成本 - 营业费用 - 税金及附加$$

以上计算公式中，营业收入是指酒店的各项经营业务的收入；营业成本是酒店经营部门发生的直接成本；营业费用是指酒店经营过程中各营业部门发生的各种经营费用；税金及附加是指与酒店营业收入有关的，由各项经营业务负担的各项税金及附加。

2. 投资净收益

投资净收益是酒店对外进行的股票投资、债券投资及其他投资所取得的净收益，等于投资收益扣除投资损失后的数额。

3. 营业外收支净额

营业外收支净额是指营业外收入减营业外支出的净额。营业外支出主要包括固定资产盘亏、处置固定资产净损失、处置无形资产净损失、债务重组损失、计提的无形资产减值准备金、计提的固定资产减值准备金、计提的在建工程减值准备金、赔偿金、违约金、罚息、公益救助性捐款等。

五、利润管理的控制要点

影响酒店利润的因素是多方面的。结合影响酒店利润的多方面因素，利润控制应包括以下几个方面的内容：

1. 决策正确

决策正确控制即要求各项决策达到预期的资金利润率。

2. 计划平衡

计划平衡控制即按照预期的资金利润率进行指标分解，反复进行综合平衡。

3. 财务责任

财务责任控制即按照各项任务、财务指标和收支预算实行归口管理,如营销部门对营业收入负责,营业部门对营业费用负责,各管理部门对管理费用负责,采供部门对储备资金负责。

4. 责任中心

责任中心控制即在建立财务责任制的基础上,划分利润中心、费用中心和收入中心,规定其考核办法。

5. 预算

预算控制即对资产与负债、收入与支出、收益及分配等认真编制并严格执行预算。

6. 核算反映

核算反映控制即认真搞好会计、统计、业务核算,准确、及时、全面、系统地反映酒店的经济活动。

7. 检查分析

检查分析控制即严格、仔细地检查生产经营活动的合法性、合理性并分析其原因。

8. 考核成果

考核成果即按照既定的考核办法,对各部门财务任务的完成情况进行考核,并对有关人员进行奖励或惩罚。

六、利润分配程序

利润分配一般按下列程序进行:

1. 弥补上年亏损

发生年度亏损,可用下一年度的利润弥补;下一年度不够弥补的,可以在五年内延续弥补;延续五年仍未弥补完的亏损,用所得税后利润弥补。

2. 缴纳所得税

利润按国家规定做相应调整后,依法缴纳所得税。

3. 弥补以前年度亏损

五年以前年度(不包括去年)积累的亏损,用所得税后利润弥补。

4. 提取法定盈余公积金

法定盈余公积金是从酒店的净利润中提取形成的,是利润分配的重要形式。盈余公积金可用于弥补酒店亏损、扩大酒店经营或者转为增加酒店资本,也可用于支付股利。盈余公积金按税后利润的10%提取。法定盈余公积金已达注册资本的50%时,可不再提取。

5. 向投资者分配利润

以前未向投资者分配的利润,可以并入本年度分配。股份制酒店企业在提取公益金后按照下列顺序向投资者分配利润:

(1) 支付优先股股利。优先股股利即酒店按照利润分配方案分配给优先股股东的股利。

(2) 提取任意盈余公积金。酒店可按规定提取。

(3) 支付普通股股利。普通股股利即酒店按照利润分配方案分配给普通股股东的股利,包括酒店分配给投资者的利润。如当年无利润时,经股东特别会议,可以按照不超过股票面值6%的比率用盈余公积金分配股利。在分配股利后,法定盈余公积金不得低于注册资本的5%。

第五节 酒店财务分析

财务分析是财务管理的一个重要方法。它是运用酒店的有关财务报表及有关财务资料,通过与一定的财务指标进行对比,以评价酒店的财务状况及经营成果,并揭示其未来财务活动趋势及规律的一种方法。它所提供的财务分析信息,不仅能说明目前的财务状况和经营业绩,更重要的是能为未来的财务决策和财务预算提供重要的依据。所以,无论是管理部门还是主管部门、投资者、债权人,都需要对酒店进行财务分析。

一、财务分析的目的

在市场竞争的环境中,与利益相关的主体有所有者、经营者、债权人、职工、客户、竞争者等。其财务分析的目的概括起来有以下两个方面:

1. 反映经营状况和财务状况

这是进行财务分析的直接目的。在竞争日益激烈、供求关系急剧变化的市场经济条件下,分析自身的经营状况和财务状况,总结财务管理的工作经验,并依此调整其市场定位和行为目标,对于酒店的经营管理来讲显得尤为重要。因此财务指标的定位和分析,必须首先满足内部管理决策的需要,并通过这种财务信息的分析与披露,树立酒店的市场形象。

2. 促进财富最大化目标的实现

财务指标的设置与分析,应在揭示与披露经营状况的基础上,进一步发挥促使酒店财富最大化的作用。财务指标的设置与分析,有利于揭示经营理财的成绩与问题,以及时采取措施、克服短期行为,引导和促进经营理财活动沿着财富最大化的目标运行。通过财务分析,检查财务规章制度的执行情况,促进酒店正确处理与其他各方面的财务关系,维护投资者、债权人、协作单位的合法权益。

二、财务分析的内容

由财务分析的目的所决定,财务分析的内容主要包括以下几个方面:

1. 偿债能力分析

偿债能力是指偿还到期债务的能力,包括对短期债务的偿还能力和对长期债务的偿还能力。分析指标包括资产负债率、流动比率、速动比率等。通过偿债能力分析,可以判断酒店的财务和经营状况,分析酒店对债务资金的利用程度,从而为制订筹资计划提供依据,同时也为债权人进行债权投资决策提供依据。

2. 盈利能力及社会贡献能力分析

盈利能力是获取利润的能力,社会贡献能力是为国家和社会做出贡献和提供积累的能力。分析指标包括销售利润率、总资产报酬率、资本收益率、资本保值增值率、社会贡献率、社会积累率等。通过盈利能力及社会贡献能力分析,可将酒店的资产、负债、所有者权益、营业收入、成本费用、税金及利润分析有机地结合起来,从不同角度判断酒店的盈利能力和社会贡献能力的大小,从而为未来酒店的盈利预测、业绩评价提供依据。

3. 营运能力分析

营运能力分析是对酒店各项资产的周转情况进行的全面分析。分析指标包括应收账款周转率、存货周转率等。通过营运能力分析，可以判断各项资产的周转速度，衡量资金利用效率和经营管理人员的水平，从而为酒店制定投资决策和改善经营管理提供依据。

4. 发展能力和其他财务指标分析

发展能力是酒店的生命力所在，是偿债能力、盈利能力、社会贡献能力和营运能力的综合体现。通过发展能力分析，可以展望酒店的未来，对酒店的经营决策具有重要的意义。

三、财务分析的方法

对酒店的财务报告进行财务分析，必须借助一定的指标与分析方法。财务分析的方法主要有比较分析法、比率分析法、因素分析法、趋势分析法等。

1. 比较分析法

比较分析法就是将同一个财务指标在不同时期或不同情况的执行结果进行对比，从而分析差异的一种方法。经济指标存在着某种数量关系，能反映生产经营的一定状况，往往说明了酒店在经营过程中的一些问题，经过进一步的对比分析，找出其中存在的问题，进行适当调整，改善生产经营状况。

根据分析的目的和要求，常用的比较标准有以下几种，比较结果有绝对数分析与相对数分析两种形式。

（1）实际指标与计划（定额）指标对比。根据实际与计划（或定额）指标之间的差异，了解该指标计划或定额的完成情况。

（2）本期指标与上期指标或历史最高水平等指标进行对比。确定该指标的变动情况，了解本酒店生产经营的发展趋势。

（3）本酒店指标与同行业先进水平或平均水平等指标进行对比。通过对比找出本酒店与先进企业之间的差距，了解本酒店在行业中所处的位置，推动酒店改善经营管理，提高经济效益。

2. 比率分析法

比率分析法是财务分析方法中应用最为广泛的方法。比率分析法是指将两个或两个以上的相关指标进行对比，得到一定的财务比率指标，通过一系列的财务比率来分析评价酒店的财务状况与经营成果的一种分析方法。

比率分析法所用的指标很多，大体分成变现能力比率、偿债能力比率、获利能力比率、资产管理能力比率、市场比率等。

3. 因素分析法

因素分析法是把由多个因素组成的综合指标分解为各个因素，并确定各个因素变动对综合指标的影响程度。

此方法是：首先将综合指标分解为多个因素，每次顺序替代一个因素，然后将替代结果与前一结果相比较，依次计算出每一因素对总指标的影响。通过分析各因素变动对总指标的影响，有针对性地采取相应的措施解决生产经营过程中存在的问题。

因素分析法的具体应用有不同的形式，其中，差额计算是较常见的一种。它利用各个因素实际数与标准数之间的差异，来计算各因素变动所产生的影响。因素分析法在财务分析中的应用很广，既可做全面分析，也可分析各因素对某一经济指标的影响。

4. 趋势分析法

趋势分析法是指通过比较连续数期财务报表有关项目的金额，以揭示其财务状况和经营成果变动趋势的一种分析方法。它从动态的角度反映酒店的财务状况即经营成果，揭示各财务指标的变化及发展趋势，有利于对酒店未来的经营状态做出准确的预测。

根据比较指标的不同，趋势分析法可分为绝对数趋势分析和相对数趋势分析两种方法。

（1）绝对数趋势分析法。绝对数趋势分析法是指将同一指标的数据按时间先后顺序排列，据此计算逐期的增减量，反映逐期财务指标的增减变动的分析方法。

（2）相对数趋势分析法。相对数趋势分析法是将同一指标连续数期的指标数值与基期对比，计算增减速度，以观察指标的增减变化及趋势的分析方法。

四、酒店财务分析指标

酒店财务分析需依据会计报表计算有关的会计指标。考核和评价酒店财务状况和经营成果的财务分析指标很多，下面介绍其中一些比较重要的指标。

（一）反映短期偿债能力的比率

1. 流动比率

流动比率是指流动资产与流动负债之比。该指标用以衡量酒店流动资产在短期债务到期以前可以变为现金用于偿还流动负债的能力。其计算公式为

$$流动比率 = \frac{流动资产}{流动负债} \times 100\%$$

一般情况下，酒店的流动比率越高，短期还款能力就越强。经验数据表明，企业的流动比率为 2 左右为最佳。如果该比率过低，酒店在偿付流动负债时就可能会遇到困难。就债权人角度而言，流动比率越高越好；但就酒店本身而言，流动比率过高，就表明酒店流动资产大量闲置或存货结构存在问题，以致流动资产无法得到充分利用。

［例 7-1］某酒店 2019 年年末的流动资产为 6 689 142.46 元，流动负债为 2 293 387.96 元，则该酒店的流动比率为

$$流动比率 = \frac{6\ 689\ 142.46\ 元}{2\ 293\ 387.96\ 元} \times 100\% = 292\%$$

计算结果说明，该酒店 2019 年年末每 1 元流动负债就有 2.92 元的流动资产做还款保证，反映该酒店具有较强的短期偿债能力。

2. 速动比率

速动比率是指速动资产与流动负债之比。速动资产是指流动资产中易变现的那一部分资产，用流动资产扣除存货即为速动资产。该指标用以衡量酒店期末运用随时可变现的资产偿还短期负债的能力。其计算公式为

$$速动比率 = \frac{流动资产 - 存货}{流动负债} \times 100\%$$

［例 7-2］某酒店 2019 年年末的流动资产为 6 689 142.46 元，流动负债为 2 293 387.96 元，存货为 2 446 700 元，则该酒店的速动比率为

$$速动比率 = \frac{6\ 689\ 142.46\ 元 - 2\ 446\ 700\ 元}{2\ 293\ 387.96\ 元} \times 100\% = 185\%$$

计算结果说明，2019 年年末该酒店每 1 元的流动负债就有 1.85 元的速动资产做还款保证。

计算速动比率时将存货从流动资产中剔除，主要原因是：①流动资产中存货的变现速度慢；②由于某些原因，部分存货可能已经过时、损毁，但还未做报废处理；③存货的账面价值可能与市场价值相差悬殊。基于以上原因，将存货从流动资产中扣除，速动比率更能反映资产的流动性。

通常情况下，酒店的速动比率为 1 是较正常的，它表明酒店每 1 元的流动负债就有 1 元的易于变现的资产来偿还。如果酒店的速动比率低于 1，则表明酒店的短期偿债能力比较弱，酒店可能面临财务风险；如果酒店的速动比率高于 1，则表明酒店的短期偿债能力比较强，但是这可能是酒店以放弃一些有利的投资机会作为牺牲得到的，这就增加了酒店的机会成本。

（二）反映长期偿债能力的比率

长期偿债能力是指偿还长期债务的能力。分析评价酒店的长期偿债能力，可以观察资金结构是否合理，资金是否稳定，通过盈利偿还债务是否有保证。长期偿债能力分析主要使用的指标有资产负债率、负债权益比率、已获利息倍数等。

1. 资产负债率

资产负债率是指负债总额与资产总额之比。该指标用以衡量酒店的负债水平，表明酒店偿还债务的总能力。其计算公式为

$$资产负债率 = \frac{负债总额}{资产总额} \times 100\%$$

资产负债率低，说明债务较少，投资者可因为少支付利息而多获得收益，债权人承担风险也较小。

2. 负债权益比率

负债权益比率又称产权比率，是负债总额与所有者权益总额之比，反映举债取得的资金和投资者投资形成的资金之间的关系。其计算公式为

$$负债权益比率 = \frac{负债总额}{所有者权益总额} \times 100\%$$

负债权益比率越小，说明长期偿债能力越强，债权人的安全感就越大；反之，该比率越大，说明长期偿债能力越低，债权人的安全感就越小。一般认为，负债权益比率小于 1 为好。在这种比率下，资金结构比较稳定。

3. 已获利息倍数

已获利息倍数是指净利润与利息支出之比。该指标反映现有的收益能满足利息支出的程度，同时也说明了债权人投资的风险程度。其计算公式为

$$已获利息倍数 = \frac{净利润}{利息支出}$$

（三）反映获利能力的比率

1. 营业净利率

营业净利率是指净利润与营业收入净额的比率。其计算公式为

$$营业净利率 = \frac{净利润}{营业收入净额} \times 100\%$$

营业净利率体现了酒店的收益水平，这一指标越高，说明酒店的获利能力越强。

2. 投资报酬率

投资报酬率又叫资产净利率，是净利润与平均资产占用额之比。其计算公式为

$$投资报酬率 = \frac{净利润}{平均资产占用额} \times 100\%$$

其中，平均资产占用额 =（期初资产占用额 + 期末资产占用额）/2。

该指标反映酒店投入的全部资金的盈利能力。指标数值越高，说明资产的利用效果越好，较好地实现了酒店的经营目的。

3. 权益资本报酬率

权益资本报酬率是净利润与所有者权益平均占用额的比率。其计算公式为

$$权益资本报酬率 = \frac{净利润}{所有者权益平均占用额} \times 100\%$$

其中，所有者权益平均占用额 =（期初所有者权益 + 期末所有者权益）/2。

所有者权益报酬率反映了股东财富的增长速度，是投资者极为关注的一个重要指标。

（四）反映资产管理能力的指标

资产管理比率是用来衡量资产管理效率的财务比率，主要包括存货周转率、应收账款周转率、平均收账期间、总资产周转率和固定资产周转率等。

1. 存货周转率

存货周转率是指营业成本与存货平均占用额之比。该指标用以衡量酒店在一定时期内存货的周转速度。其计算公式为

$$存货周转率 = \frac{营业成本}{存货平均占用额} \times 100\%$$

2. 应收账款周转率

应收账款周转率是指净赊销额与应收账款平均余额之比。该指标反映酒店在一定时期内应收账款的周转速度，说明酒店的营运能力及偿债能力。其计算公式为

$$应收账款周转率 = \frac{净赊销额}{应收账款平均余额} \times 100\%$$

3. 总资产周转率

总资产周转率是营业收入与平均总资产占用额之比。该指标用来衡量酒店在一定时期内资产的周转速度。该指标数值越大，说明资产总额的周转速度越快，资产在总体上的利用效果越好。其计算公式为

$$总资产周转率 = \frac{营业收入}{平均总资产占用额} \times 100\%$$

（五）市场比率

市场比率是反映上市酒店企业财务状况、股票价格和盈利能力的重要指标，主要包括每股收益额、每股股利、股利支付比率、股利报酬率等指标。

1. 每股收益额

每股收益额是指酒店股份有限公司普通股每股的收益额，是公司净利润扣除优先股股利后的余额，按普通股发行总股数平均计算的每股收益额。每股收益额越高越好。每股收益额越高，表明公司盈利能力越强，股东投资效益越好。其计算公式为

$$每股收益额 = \frac{净利润 - 优先股股利}{普通股股数}$$

2. 每股股利

每股股利是指酒店股份有限公司流通在外的普通股每股所获取的现金股利。每股股利越高，说明每一普通股获取的现金股利越多，股利获利能力越强。其计算公式为

$$每股股利 = \frac{普通股股利总额}{流通在外的普通股股数}$$

3. 股利支付比率

股利支付比率是指酒店股份有限公司每股股利与每股收益额之比。该指标反映酒店股份有限公司实现的净利润中直接支付给普通股股东现金股利的多少，其水平高低一般取决于酒店股份有限公司的股利分配政策。其计算公式为

$$股利支付率 = \frac{每股股利}{每股收益额} \times 100\%$$

4. 股利报酬率

股利报酬率是指酒店股份有限公司普通股每股股利与每股市价之比。该指标反映酒店股份有限公司按股市价格计算的股票投资获利水平，即股票投资者可以获得股票投资的实际报酬率。其计算公式为

$$股利报酬率 = \frac{每股股利}{每股市价} \times 100\%$$

[关键概念]

酒店财务管理　投资　筹资　成本费用管理　营业收入　利润管理　财务分析

[课堂讨论]

1. 酒店如何协调、处理好与有关利益各方之间的经济关系？
2. 试对酒店利润分配的程序展开讨论。
3. 结合获利能力的比率指标讨论酒店如何提高获利能力。
4. 酒店应该如何加强客房、餐饮等一级部门的财务控制工作？

[复习思考]

1. 酒店财务管理的特点有哪些？
2. 酒店财务管理的目标是什么？
3. 酒店财务管理组织的机构设置一般有哪三种类型？
4. 酒店财务管理的基本职能是什么？
5. 按不同的标准划分，投资有哪些不同的分类？
6. 酒店资金筹集的方式和渠道分别有哪些？
7. 营业成本和期间费用分别包括哪些内容？
8. 酒店成本控制可按发生时间先后划分为哪几个阶段？
9. 成本费用控制的常用方法有哪些？
10. 酒店营业收入的结算有哪几种方式？
11. 试对利润的主要构成进行分析。
12. 常见的酒店财务分析的重要指标有哪些？

第八章 酒店物资与设备管理

[学习目标]

通过对本章的学习,学生要了解酒店物资管理的基本内容,掌握酒店物资管理的要点,认识酒店物资管理是酒店经营管理不可缺少的重要组成部分,理解加强物资管理是提高酒店经济效益的重要途径,了解酒店设备的类型及其管理特点,从而掌握酒店设备管理的理论依据、管理的内容和方法。

◆ [案例导入]

扫一扫查询酒店床单是否更换 西安超50家酒店成首批试点

2018年8月24日,"酒店干净住,就扫净放芯"中国绿色饭店-净放芯项目启动仪式在西安举行,"净放芯"正式落地实施,并与美团酒店及西安超过50家酒店达成合作。消费者可以随时通过美团酒店查询和预订带有"一客一换"专属标识的"净放芯"合作酒店,入住后用手机扫描"净放芯"智能芯片,即可知道床单等酒店布草用品的洗涤和更换状态。

1. 手机扫一扫即知床单换没换

据悉,"净放芯"实现了酒店布草的智能管理,通过将物联网技术的射频识别(RFID)芯片与移动互联网的二维码相整合,形成了两网合一、两码合一的一体化智能芯片,并与云端平台数据相连接,让每一件酒店布草都有了唯一的"身份标识"。

按照"净放芯"项目标准,新的酒店布草在使用前将嵌入专属的"净放芯"智能芯片,并通过"净放芯"信息管理系统录入布草信息,相关人员即可跟踪布草从酒店到水洗厂再回到酒店的全流程。

"净放芯"布草经水洗厂完成洗涤后,相应状态将在云端平台被更新为"已清洗",而后配送回各大酒店供工作人员更换至每一个房间。

消费者入住后,扫描布草上"净放芯"智能芯片上的二维码,即可查询云端的布草信息,包括第几次扫描等。看到手机提示后,即可放心使用。

消费者退房后,酒店将整理和收集布草送往水洗厂,此时云端平台会将布草状态更新为"待清洗",一直到洗涤、熨烫等环节完成后,再恢复到"可使用"状态。

2. "净放芯"率先落地西安,已与超50家酒店达成合作

据了解,"中国绿色饭店-净放芯项目组"由中国饭店协会和上海别样红信息技术有限公司共同发起,旨在以技术创新提升酒店服务品质,为消费者提供更加安全放心的住宿体验。

中国饭店协会副秘书长、住宿业事业部主任丁志刚表示,以智能芯片让"一客一换"透明化,是一次"布草革命",更是一场真正意义上的"酒店革命",中国饭店协会将助力"净放芯"落地3万家酒店。

目前,"中国绿色饭店-净放芯项目组"已经启动中国首个酒店布草管理国家标准的申请。

本次"净放芯"率先落地西安,已经与包括H连锁酒店、加利利连锁酒店、万爱酒店、小憩驿站等在内的超过50家酒店,以及西安巨峰水洗厂、云之鹤水洗厂、亚泰水洗厂等达成合作。这些酒店与水洗厂将共同率先执行"净放芯"标准中对于布草洗涤和更换的规范要求,为消费者打造放心客房。

同时,美团酒店成为"净放芯"唯一授权合作的酒店预订平台。美团App将为"净放芯"合作酒店提供"一客一换"专属标识,方便消费者选择并预订。

有业内专家认为,"净放芯"将改变以往消费者对酒店布草洗涤标准和"一客一换"制度的认知情况,满足"住得放心"这一酒店住宿本质需求。同时,"净放芯"还将帮助提升酒店行业内部的信息化程度,实现"一客一换"等酒店服务的制度化、规范化、透明化,并让消费者切实体验到干净、放心的住宿新体验。

第一节　酒店物资与设备管理概述

酒店的物资与设备管理是对酒店物资与设备进行计划、采购、保管、使用和回收,以使它们有效地发挥应有的使用价值和经济效用的一系列组织和管理活动的总称。

一、酒店物资管理

(一)酒店物资用品分类

通常,按照不同的标准,可将酒店物资分成以下几类:

(1) 按物资的价值分,可分为低值易耗品(如客用一次性物品)、物料用品(餐厅食品原料等)、大件物资(电器、家具、酒店配套设施等)。

(2) 按物资的使用方向分,可分为客用物资(毛巾、客房电器等)、客服用品(托盘、餐车等)、食品原料、办公用品等。

(3) 按物资的自然属性分,可分为棉织品、玻璃制品、木制品、印刷品等。

酒店通常需储备下列物资:

(1) 布草:纸品、布件、餐巾纸、桌布、餐巾以及其他物品。

(2) 餐具与炊具:瓷器、玻璃器皿、刀叉、筷子及各种锅、勺、铲等。

(3) 洗涤用品：清洁剂、清洁用品和用具。
(4) 食品、原料等。

（二）酒店物资管理的特点

1. 社会消费性强

进入 21 世纪，随着社会消费大背景的变化，我国酒店接待业市场面临着新的机遇和挑战，传统的物资管理显然不足以应对目前激烈的市场竞争，需要有符合未来发展趋势的新营销理念或营销哲学对企业的物资管理工作给予指导，使其获取良好的社会效益和经济效益，以帮助我国酒店在竞争中取得稳定持续的发展。

2. 品种繁多

酒店物资管理涉及的物资品种繁多，类别难以简单划一。前厅、餐饮、客房等各个部门的物资品种也不尽相同，因此酒店在满足日常物资供应充足的同时，也面临着物资种类繁多、部门分散管理的状况。

3. 管理构成复杂

酒店物资进入不同的服务部门，发挥的作用是千差万别的，加之物资种类、功能各异，因此在管理方式、方法上也呈复杂化、多样化。

4. 方法灵活多样

酒店物资种类的多样性，决定了物资存储方式和管理方法的灵活多样。

（三）酒店物资管理的任务

（1）核定酒店各种物资的需求量，编制与执行物资供应计划，并根据市场情况、酒店业务情况的新变化不断修正供应计划，提高物资供应的科学性。

（2）全面了解酒店所需的各种物资的特性，深入研究适合各种物资的保管、储藏方法，使物资安全度过采购到使用之间的过渡期。

（3）编制科学、严密的物资管理制度。制定酒店各类物资的流通程序，设计物资流转过程的管理方法和严格的规章制度。

（4）核定酒店各类物资的消耗定额，监督各类物资的使用过程，核算其使用效率，使所有物资在酒店的业务过程中充分发挥其应有的使用价值和经济效用。

（5）用各种方法回收酒店各种尚有利用价值的报废物资并设法使其再生，再次为酒店经营做出贡献，达到物尽其用、节约经营成本的目的。

二、酒店设备管理

酒店设备管理是指围绕着设备的运动形态和效用性能的变化而进行的选择、购置、安装、维修保养和更新改造等管理工作。

酒店是一个由多部门组成的综合服务系统，酒店设备是酒店对客服务的硬件基础，离开了必要的设施与设备，酒店服务便成了无源之水、无本之木。功能各异、种类繁多的设施设备分布于酒店系统的各个相关部门，通过服务人员对设备的操作和使用发挥着服务功能。

（一）酒店设备的分类

酒店为了达到不同的星级标准，必须具备一定的硬件设施和设备条件。从硬件设备配置的角度出发，星级酒店是最具有代表性的，不同等级的酒店在硬件设施和设备配置方面具有较大差别，但基本可以分为以下七大类别：①空间配套系统设备；②前厅设施设备；③客房设施及设备；④餐厅及酒吧设施设备；⑤厨房设施及设备；⑥公共区域设施及设备；⑦可选择性设备。

（二）现代酒店设备管理的现状

设备的正确使用和维护，在很大程度上决定了设备的完好程度，并能延长使用寿命。目前，许多酒店的设备管理处于一种无序的管理状态：一方面，酒店各部对设备管理不力，员工不按照正确的方法使用和维护设备，造成设备故障频发；另一方面，为了能保证酒店的正常经营，工程部不得不投入许多人力和时间到一线抢修设备，使本部所管辖的重要设备，如锅炉、制冷机、水泵和管道设施等得不到有效的维护和保养，造成设备系统的故障率提高，而这些设备系统的故障往往影响到酒店的经营和成本的控制，从而形成恶性循环。

改变上述状况的关键在于每一个员工都正确使用和精心维护所使用的设备，减少设备的故障，减少设备的应急维修量，工程部则要着重做好重要设备的计划维修，使酒店的设备管理实现科学化管理。保证设备正确使用和精心维护的主要措施是制定并严格执行有关的制度，强化员工的设备管理意识，对员工进行设备操作和使用的培训，加强对设备使用和维护的检查。

另外，要更加注重酒店设备系统的配套建设和管理。现代科学为酒店提供的最新设备设施，已经成为酒店为客人提供豪华、舒适和一流服务的物质基础，而完善的设备系统加良好的服务可以让酒店产生更好的经济效益。事实证明，国内外成功的酒店经营者都非常重视对酒店设备系统的配套建设和管理。

第二节 酒店物资定额管理

一、酒店物资定额管理的含义

酒店物资定额管理是指酒店管理人员通过量化分析，确定一定时期、一定接待能力条件下，酒店所需物资的数量和额度的过程。宏观上，酒店物资定额管理关系到社会物资的供求平衡及合理配置；微观上，酒店物资定额管理直接影响酒店的整个经营管理工作。

二、酒店物资定额管理原则

酒店物资管理属于定量分析的范畴，要求酒店管理人员通过量化分析，确定一定时期、一定接待能力条件下，酒店所需物资的数量和额度。酒店物资定额管理须遵循如下原则：

1. 立足实际

不同的酒店，在档次、规模、客源、经营重心、服务水准等多方面都是不同的。这就要求酒店在进行物资定额管理时，着眼于自身，认真剖析本酒店的基本状况，借鉴其他酒店在物资管理方面的可取之处，实事求是地进行本酒店的物资定额管理。

2. 统筹兼顾

这一原则要求酒店在对物资进行定额管理时，根据物资对酒店经营所起的不同作用，合理安排管理的重点，做到兼顾一般，保证重点。

3. 动态管理

客观环境的改变、经营活动的变化，使得物资定额管理也要遵循动态管理原则。酒店要适时适量地调整酒店物资定额的额度，使其适应变化。

4. 小处着手，全面管理

物资定额管理的对象虽多、杂，但应保证凡是物资都应进行定额管理。某些低值品单价虽低，但在酒店经营过程中用量很大，而且十分重要，不能忽略对其进行定额管理。

5. 依法管理

酒店物资定额管理是需要酒店全体工作人员参加的长期性、日常性的管理，对这种内容庞杂、时日持久的管理工作，必须用制度来保证，如制定定额领料与发料制度、仓储管理制度、超额惩罚制度等。

三、酒店物资消耗定额和仓储定额管理

（一）消耗定额

酒店物资消耗定额是指酒店在一定时期、一定的生产技术水平下，为完成某项任务或制造单位产品所必须消耗的物资数量标准。

1. 确定酒店物资消耗定额的工作程序

（1）考虑到各个部门的具体情况，酒店首先将物资消耗定额的任务下达到各个部门，并详细说明物资消耗定额的意义和内涵，以及各部门进行物资消耗定额的工作要求和物资消耗定额的标准。

（2）各部门根据自己的特点详细制定单位产品或单位接待能力所需的物资配备表，注意区别一次性消耗物品和多次性消耗物品。

（3）确定客用一次性消耗物品单位时间或单位产品的消耗定额。

（4）确定客用多次性消耗物品在寿命周期内的损耗率或一段时间内的更新率。

（5）综合汇总。

2. 确定酒店物资消耗定额的方法

（1）经验估算法。这种方法是根据技术人员和生产工人的实际经验，参考有关技术文件和产品实物，通过估算制定物资消耗定额。

这种方法简单易行，但由于受主观因素的影响，准确性较差，一般是在缺乏必要的技术资料和统计资料时采用。

（2）统计分析法。这种方法是在对实际消耗物资的历史统计资料进行加工整理和分析研究的基础上，并考虑计划期内生产技术等因素，经过对比、分析、计算来确定物资消耗定额。

这种方法简单易行，但必须有齐全的统计资料为依据，否则会影响定额的准确性，一般是在有比较齐全的统计资料的情况下采用此方法。

（3）实物实验法。这种方法又称写实法，是指运用现场称、量和计算等方式，对服务员操作时的物资实耗数量进行测定，通过分析研究来制定物资消耗定额。这种方法测定的准确程度取决于测定的次数和测定的条件。

这种方法切实可靠，但受生产技术和操作水平以及测定人员的影响，一般是在工艺简单、物资采购批量大的情况下采用。

（4）技术分析法。这种方法也称技术计算法，是根据产品设计和工艺的需要，按照构成定额的组成部分和影响定额的各种因素，在充分考虑先进技术和先进经验的基础上，通过科学分析和技术计算，制定出经济合理的物资消耗定额。

采用这种方法制定的物资消耗定额较准确，但工作量较大，一般是在产品定型、技术资料较全的情况下采用。

（二）仓储定额

仓储定额，简单地说就是酒店规定的各类物资的仓储限额，即在一定的经营条件下，酒店为保证接待服务质量，保证服务活动不间断地顺利进行所必需的、合理的物资用品储备数量。酒店物资仓储定额可分成不同的种类。各类仓储定额的确定方法如下：

1. 经常仓储定额

经常仓储定额是指为满足酒店日常业务需要而建立的物资储备量。影响经常仓储定额的因素是该类物资平均每天的需要量和两次进货时间的间隔期。其计算公式为

$$经常仓储定额 = 物资日消耗定额 \times 两次进货间隔天数$$

2. 保险仓储定额

保险仓储定额是一种后备性的仓储，是为了防止某些物资因运送受阻、交货误期、规格品种不符合要求等原因造成的供需脱节而建立的物资仓储定额。其计算公式为

$$保险仓储定额 = 物资的日消耗定额 \times 保险储备天数$$

3. 季节仓储定额

季节仓储定额是为了克服某些物资因季节变动导致供需脱节而建立的物资仓储定额。其计算公式为

$$季节仓储定额 = 平均每天需要量 \times 中断天数$$

4. 订货点库存定额

为了保证酒店业务不间断地顺利进行，酒店不能等到库存量下降到保险仓储定额再订货，而应该在经常储备中确定一个物资储备点，当某物资的库存量降至这个点时，就必须订货。这个点就是订货点库存定额。其计算公式为

$$订货点库存定额 = 备运时间 \times 物资日消耗定额 + 保险仓储量$$

公式中的备运时间指的是订货周期，即从办理订货手续直到物资进店的全过程时间，是从发出订单、办理订货手续、运货和进店验收等时间的总和。

5. 经济仓储定额

确定经济仓储定额的目的是通过计算经济订货批量，确定仓储管理总成本最低时的仓储数量。经济订货批量是指在仓储管理上所花费的总成本最低时的仓储数量，其成本只包括那些与储存量或订货次数有关的费用。但是，仓储费用和订货费用是相矛盾的，因为每次订货的批量越大，存储的费用就越高，同时，每次订货的批量越大，就意味着全年订货的次数就越少，相应地，订货费用就会越少。因此，经济仓储定额就是要均衡调节它们之间的矛盾，确定最经济的订货批量。

第三节 酒店物资采购、保管与发放管理

一、酒店物资采购管理及验收管理

（一）酒店物资采购管理

1. 采购的重要作用

采购部是酒店采购工作的专业部门。酒店所需物品原则上均由其统一购买。采购部要起

到一个连接内外的作用。对内要主动与部门保持密切联系，树立服务意识，熟知酒店物品的标准和使用情况；对外要做好市场调查研究，掌握市场信息，积极主动向使用部门推荐适销产品及质优价廉的替代品，积极主动地向酒店提供市场情况及购买策略。

2. 采购管理的主要内容

（1）认真分析酒店所有业务活动的物资需要，依据市场近况，科学合理地确定采购物资的种类与数量。

（2）根据酒店各业务部门对物资的质量需求与价格需求，选择最为合适的供货商，并及时订货或直接采购。

（3）控制采购活动全过程，堵塞每个环节中可能存在的管理漏洞，使物资采购按质、按价、按时到位。

（4）制定采购各种物资的严密程序、手续和制度，使控制工作环环有效。

（5）制作并妥善保管与供货商之间的交易合同，保证合同合法、有效并对酒店有利。

（6）协助财务部门做好酒店对供货商的贷款清算工作。

3. 采购程序

（1）确定采购计划。采购计划是采购工作的核心之一，酒店应根据自身的实际情况及酒店所在地的市场供应情况制订一个有效的采购计划方案。

（2）选择采购方法。及时筹措、适量供给各类合格物资，是酒店进行正常运营、提供优质服务所必需的前提条件。物资采购的方式多种多样，物资供货市场纷繁复杂，究竟确定何种采购方式并没有固定的模式。选择何种采购方法适宜，关键在于酒店规模和当地物资市场的情况。

（3）合理选择供货商。为确保物资品质，酒店应重视供货商的选择工作，特别是在采购大宗物品时，宜采取公开招标的方式，增加采购的透明度。酒店在对供货商进行评价时，尤其要重视供货商资信程度的高低，一般应选择资信程度高的供货商或专业生产厂家。特别是当伪劣商品充斥市场时，供货商的资信程度从某种意义上讲就意味着商品的品质。例如酒店中常用的洋酒、香烟等物资，为防止购进伪劣商品，酒店可到总代理销售点或烟草总公司直接进货，减少中间流转环节。此外，酒店还应审核供货商所供货物的标准化程度，应尽量选用标准化产品。标准化的含义一是指物品的质量、规格、档次要符合对应的星级评定标准及行业标准；二是指符合各类工业生产标准，一旦需要补充同类物资，标准化的物资容易获得。

（4）采购谈判。采购谈判是采购的关键环节，若酒店采购涉及的金额大，为保证其自身权益，最好聘请专职律师介入采购谈判。一方面可借助律师的专业知识对供货商的资质进行审核，包括供货商的营业执照、税务登记证、资信等级等；另一方面需请律师对供货合同进行审核，着重审核违约责任，以确保酒店利益。

（5）加强采购凭证管理。对采购凭证进行保管，要求做到既保证采购凭证的安全和完整，又便于事后稽核。因此，采购部门要注意采购凭证的归档和保管。

4. 采购方法

（1）竞争价格采购。竞争价格采购是指采购单位先针对每一种采购物资至少取得三个供货单位的报价，随后酒店财务、采购等部门再根据市场调查的价格，选择其中质量最合适、价格最优惠的供货单位进行采购。

（2）成本加价采购。当某种原料的价格涨落变化较大或很难确定合适的价格时，人们往往会使用成本加价法，即在供货商收购价的基础上，加上一定的百分比，作为酒店的买入价。

（3）归类采购。归类采购，即对于属于同一类的物资、原料等，采购部门向同一个供货单位购买。这样，采购部门每次只需向供货单位开出一张订单，接受一次送货，处理一张发票，将大大节省人力和时间。

（4）集中采购。大型酒店或集团公司往往建立地区性的采购办公室为本公司在该地区的各酒店企业采购各种物资。具体办法是各酒店将各自所需的原料及数量定期上报给采购办公室，采购办公室汇总以后进行集中采购。此法的优点在于大批量购买，往往可以享受优惠价格。

（二）酒店物资验收管理

采购部门购回物品必须首先与库房联系，由库房根据采购申请表验收货物，对于不符合采购申请表的采购，库管员有权拒收。供应商或采购人员办理入库验收手续后，库管员应开立入库单，并将入库单客户联交采购员或供应商办理结算。

库房在验货过程中如有对物资质量、规格等难以确认的情况，应主动请使用部门一起验收。在验收过程中库房或使用部门有权对不符合要求的物品提出退货要求，经确认实属不符的由采购人员或供应商办理退货。购买、收货和使用三个环节上的相关人员要相互监督、相互合作，共同做好工作，而对于有争议的问题应各自向上级报告，协调解决。

1. 验收的内容

（1）检验。验收人员要负责核实送验物资是否符合订货单上所规定品种及规格质量要求，对符合品种和规格质量要求的原料要及时进行其他方面的检验，如不符合要求则拒收。

（2）收货。验收合格的物资，验收员应做详细记录，填写验收单及进货日报表，并将这些物资分类后及时入库或发放给相关的使用部门。

2. 验收的程序

验收必须严格按照标准程序进行。

（1）前期准备工作。验收管理人员应在物资到达验收点前督促下属安排好相应的物资验收地点和具体的验收人员，检查验收人员是否已准备好订货单，以便与到店物资进行核对，同时准备好各类验收设备工具、验收场地，确定验收范围。

（2）验收操作，物资入库。当物资到店后，验收人员要根据订货单或订货合同的内容点数货物的件数，逐个检查密封容器是否有启封的痕迹，逐个称量货物的重量，特别是要检查袋装物品的内容、重量是否和袋上印刷的相一致，以防名实不符。对完全符合要求的货物要尽快选择仓储位置或发放给使用部门使用，不要让货物在验收地点长时间存放，这可能导致由于验收地点不具备必需的储存条件而影响物资质量，而且也不安全。

（3）记录验收结果。验收人员最终以书面的形式阐述验收情况，包括签填验收单据和形成验收报告及进货日报表。

3. 拒收

拒收是指物资验收人员在验收过程中，对照有关标准，发现有严重出入时，拒绝物资入库或进入生产领域。

二、酒店物资仓储管理

(一) 仓储管理的对象

仓储管理的对象是所有购入后未马上投入使用的在库物资及与其相关的凭证和信息资料。

酒店所需的鲜活类物资，酒店每日所需但需求量无法准确估计的新鲜食品，业务部门在经营过程中随市场新形势而产生的新的物资需求，供应暂时间断对经营活动的正常进行影响不大而货源又不十分难寻的物资等可由供货商不经过仓库直接送到使用部门，以保证物资的鲜活度。

(二) 仓储管理的任务

仓库管理的任务是为酒店经营活动的正常运转提供可靠的物资供应，保证物资不短缺，不积压，不破损，不变质。

(三) 仓储管理的工作内容

(1) 组织物资验收入库工作。
(2) 组织物资发放工作。
(3) 组织物资的维护保养工作。
(4) 组织废料的回收和利用工作。
(5) 及时处理呆滞积压的物资。
(6) 通过物料台账及其他统计分析资料掌握库存物资的动态。

(四) 仓储管理工作程序

仓储管理工作程序如图 8-1 所示。

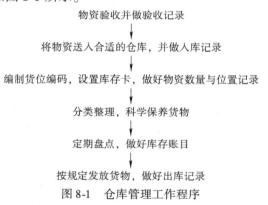

图 8-1　仓库管理工作程序

三、酒店物资发放管理

酒店物资发放管理是指物资购入酒店后或直接拨给使用部门，或经仓储后在部门领用时发放给它们，使物资真正应用于酒店的生产经营，实现价值转移或最终体现其价值。

(一) 物资发放管理的意义

(1) 物资发放管理是酒店各项业务顺利运转的直接保证。
(2) 物资发放管理是控制酒店业务成本的重要手段。
(3) 物资发放管理是有效堵塞各种管理漏洞的重要手段。

(4) 物资发放管理为酒店的各项经营管理工作提供可靠的依据。

(二) 物资发放的原则和要求

1. 物资发放的原则

为确保物资发放过程的严谨性，在发放物资时应遵循先进先出、保证经营的原则，并坚持补料审批、退库核错、以旧换新制度。

2. 物资发放的基本要求

物品发放要做到定时发放、履行必要手续和正确计价。仓库管理员必须在当日发货后逐一为领料单计价，并将其及时转交给相关物资成本控制人员，以保证库中物资原料与账卡相符。

(三) 物资发放程序

酒店在发放各类物资时，应遵循以下基本程序：①点交；②清理；③复核；④原料计价。

(四) 物资数量短缺问题

这是物资管理的常见问题，也是最令物资管理人员棘手的事情，常采用以下方法避免：制定合理的、有区别的损耗率，在订购物资时就将损耗考虑在内。

（1）餐具、器具、厨具的损耗率控制在营业额的 0.3%。
（2）洗涤用品控制在营业额的 0.25%。
（3）低值易耗品控制在营业额的 0.38%。
（4）布草的损耗控制在营业额的 0.05%。
（5）物品的采购控制在营业额的 3%。
（6）电力、燃料、水的费用控制在营业额的 10%。
（7）干货、调料、食品消耗控制在营业额的 8%。
（8）厨房原料（海鲜、鸡肉鱼类、蔬菜等）消耗控制在营业额的 18%。
（9）办公用品消耗控制在营业额的 0.05%。

第四节　酒店设备管理

一、酒店设备的主要类型

1. 酒店系统配套设施设备

酒店常见的系统配套设施设备包括电梯设备（如升降客梯、自动扶梯、餐梯等）、电动旋转门、光电感应门、中央空调系统设备、热能系统设备、给水排水系统设备、停车库系统设备等。

2. 酒店管理系统设备

常见的酒店管理系统设备包括计算机信息系统设备，酒店中央管理系统设备，前厅、餐饮、客房和康乐中心等各部门管理系统设备，人事管理系统设备，工程管理系统设备等。

3. 酒店厨房与餐饮设施设备

酒店厨房与餐饮设施设备所包含的种类最为繁杂，可大体分为料理厨具、燃气具、烘烤设备、冷藏设备、食品加工设备、洗碗消毒设备、橱柜层架等。

4. 酒店康乐设施设备

康乐设施设备包括健身器械、健身按摩设备、运动与休闲设备等。

5. 酒店大堂系列设施

常用的大堂系列设施包括指示牌、告示牌、服务台、世界钟、雨伞架、书报架、大堂灯饰、观赏饰品等。

6. 酒店客房电器设备

客房常见的电器设备包括电视机、电话机、电冰箱、保险柜等。

7. 酒店通信系统设备

酒店常见的通信系统设备包括呼叫分配器、计算机电话综合控制系统设备、交互式语音应答设备、网络通信设备等。

8. 酒店小型运输设备

酒店常见的小型运输设备主要是小车类，包括食品服务车、保温车、酒水车、餐具用品车、清洁车、布草车、煮餐车等。

9. 酒店闭路电视监控设备

电梯、走廊、大堂等公共区域安装有闭路电视监控设备。

10. 酒店综合设备

酒店综合设备包括清洁卫生设备、办公设备、会议系统设备等。

二、酒店设备的磨损规律及其使用寿命周期

设备的磨损理论和设备综合管理理论是揭示设备运动规律和设备管理的基本理论。

（一）设备磨损规律

在设备正常使用的情况下，设备的有形磨损是有规律可循的。其磨损过程大体可分为以下三个阶段：

第一阶段——初始磨损阶段。在设备磨损的初始阶段，会在较短时间内造成较大的磨损。

第二阶段——正常磨损阶段。在设备的正常磨损阶段，设备的磨损基本上随时间匀速缓慢增加。

第三阶段——急剧磨损阶段。在这一阶段，磨损量随使用时间的延续急剧上升，导致设备精度、性能和生产效率的迅速下降。

针对上述磨损规律，在正常磨损阶段，应加强设备的合理使用、维护和保养，尽量延长设备完好技术状态的时间。

（二）酒店设备寿命

设备的寿命由物质寿命（自然寿命）、技术寿命、经济寿命（价值寿命）、折旧年限四个方面构成。

三、酒店设备综合管理含义及其特点

（一）设备综合管理的含义

设备综合管理是指以酒店的经营目标为依据，运用各种组织的、经济的和技术的措施，对设备从规划决策、安装使用、维修改造到报废为止的运动过程进行综合管理，以追求最经

济的设备周期费用和最高的设备综合效率。同时，要尽量减少设备在运行过程中对环境的影响。

设备综合管理的主要内容包括：①设备投资的决策应当以酒店的经营目标为依据；②按照系统论的观点，对设备整个寿命过程的各个环节进行管理，追求设备一生的最佳效益；③对设备进行管理时，不仅仅采取技术方面的措施，更要运用经济的和组织的措施进行管理，追求最经济的设备寿命周期费用和最高的设备综合效率；④在设备运行时，要进行污染预防，尽量减少设备对环境的污染；⑤实行设备的全员管理，明确各职能部门和层次的人员在设备管理中的职责和义务。

（二）设备综合管理的特点

（1）设备先进，技术要求高。

（2）现代管理，综合能力强。

（3）商品性强，管理效率高。

（4）条件限制，人员素质高。

四、酒店设备的使用和维护

（一）设备的技术状态

1. 设备完好的标准

酒店的设备是为了满足各部门经营和客人使用需要而配置的。设备技术状态是否良好，直接关系到酒店的服务质量和经济效益。

设备技术状态完好的标准可以从技术性能是否良好、设备运行是否正常、运行耗能是否正常三个方面来衡量。

2. 设备完好的考核

设备管理的目标之一就是要保持设备良好的技术状态，以确保设备发挥正常的功能。设备完好的考核是指对设备所具有的工作能力，包括对性能、精度、效率、运行参数、安全、环保、能源消耗等所处的状态及变化情况进行定期的检查、核实，因此必须在系统设备使用前建立完好的考核程序。

（二）设备的使用

1. 设备使用规章制度

设备使用的规章制度主要有：设备管理岗位职责制；设备使用程序；设备操作维护制度；凭证操作制度；交接班制度。

2. 设备使用的基本要求

设备负荷运行并发挥其规定功能的过程，即为使用过程。设备在使用过程中，由于受到各种力的作用和环境条件、使用方法、工作规范、工作持续时间长短等影响，其技术状态会发生变化而工作能力会逐渐降低。要控制这一时期的技术状态变化，延缓设备工作能力下降的进程，除应创造适合设备工作的环境条件外，还要用正确、合理的使用方法和工作规范，控制持续工作时间，精心维护设备，而这些措施都要由设备操作者来执行。设备操作者直接使用设备，采用工作规范，最先接触和感受设备工作能力的变化情况。因此，正确使用设备是控制技术状态变化和延缓工作能力下降的基本要求。

保证设备正确使用的主要措施是明确使用部门和使用人员的职责，并严格按规范进行操作。设备操作人员都应达到"四会"的要求，即会使用、会维护、会检查、会排除一般故障。

（三）设备的维护保养

设备的维护保养是操作人员为了保持设备的正常技术状态，延长使用寿命所必须进行的日常工作。设备的维护保养是设备管理中的重要内容。设备维护工作做好了，可以减少设备故障，从而节约维修费用，降低成本，保证服务质量，给酒店和员工带来良好的经济效益。

1. 设备维护保养的四项要求：整齐、清洁、润滑、安全

（1）整齐。整齐体现了酒店的管理水平和工作效率。酒店内所有非固定安装的设备和机房的物品都必须摆放整齐；设备的工具、工件、附件也要整齐放置；设备的零部件及安全防护装置要齐全；设备的各种标牌要完善、干净；各种线路、管道要安装整齐、规范。

（2）清洁。设备的清洁是为设备的正常运行创造一个良好的环境，以减少设备的磨损。因此，必须保持机房内设备周围的场地清洁，不起灰，无积油，无积水，无杂物；保持设备外表清洁，铁无锈斑，漆显光泽，各滑动面无油污；保持设备各部位不漏油，不漏水，不漏气，不漏电。

（3）润滑。保持油标醒目；保持油箱、油池和冷却箱的清洁，无杂质；保持油壶、油孔、油杯、油嘴齐全，油路畅通。应为每台需要润滑的设备制定"五定"（定点、定质、定量、定期、定人）润滑图表，按质、按量、按时加油或换油。

（4）安全。遵守设备的操作规程和安全技术规程，防止人身和设备事故。电气线路接地要可靠，保证绝缘性良好。限位开关、挡块均灵敏可靠。信号仪表要指示正确，保持表面干净、清晰。

2. 酒店重要设备的使用维护要求

（1）实行定人定机、凭证操作制度，严格遵守安全技术操作规程。

（2）经常保持设备的清洁，按规定加油润滑，做到没完成润滑工作不开机，没完成清洁工作不下班。

（3）认真执行交接班制度，做好交接班记录、运转台时记录。

（4）管理好工具、附件，不能遗失及损坏。

（5）不准在设备运行时离开岗位，发现异常的声音和故障应及时停车检查，不能处理的要及时通知维修工人检修。

（四）设备常规维护保养的类别和内容

设备维护保养分两个层次：一是设备的日常维护保养；二是设备的定期维护保养。

1. 日常维护保养

（1）日常维护的基本要求：整齐、清洁、润滑、安全、完好。

（2）每班保养：设备的每班保养，要求操作人员在每班工作中必须做到以下几项内容：

1）班前对设备的各部分进行检查，并按规定润滑加油。

2）做好班前检点，确认设备正常后才能使用。

3）按设备操作、维护规程正确使用设备。

4）下班前必须认真清洁、擦拭设备。

5）办好交接班手续。

（3）周末保养：周末保养要求用 1~2h 对设备进行彻底清洁、擦拭和加润滑油，并按

照设备维护的"五项要求"进行检查评定及考核。

2. 定期维护保养

设备的定期维护保养是由维修人员进行的定期维护工作，是工程部以计划的形式下达的任务。设备定期维护工作主要针对的是重要的机电设备。定期维护的间隔时间视设备的结构情况和运行情况而定。设备的定期维护保养根据保养工作的深度、广度和工作量可分为一级保养和二级保养。二级保养的工作量比一级保养要大。

定期保养的内容主要包括以下几个方面：

（1）拆卸设备的指定部件、箱盖及防护罩等，彻底清洗、擦拭设备内外。

（2）检查、调整各部件配合间隙，紧固松动部位，更换个别易损件。

（3）疏通油路，增添油量，清洗滤油器、油标，更换冷却液，清洗冷却液箱。

（4）清洁、检查、调整电器线路及装置。

第五节 酒店能源管理

一、酒店能源管理的意义

进入21世纪以后，节约能源和环境保护越来越引起人们的广泛关注。由于传统能源的不可再生性，能源就成了经济可持续发展的重要制约因素。众所周知，建筑是能源消耗的大户。有资料介绍说，全球建筑物每年要用掉40%的能源和16%的净水，而高星级酒店由于其豪华、舒适的特性更成为建筑类型中的耗能大户。因此，研究和落实节能理念在高星级酒店策划、建造、运营及星级评定标准中的体现，无疑是一项关系到高星级酒店未来生存和发展的现实课题。

要把全生命周期的广义建筑节能观念作为指导酒店策划和建设的原则之一。广义建筑能耗由建筑材料能耗、建筑间接能耗（包括交通运输、设备制造、能源加工等）、建筑运行能耗三个主要方面组成。所谓建筑物的全生命周期，是指自建筑物开始建造，直至建筑物废除或建筑物生命终止。去除人为的拆除因素，通常建筑物的生命可高达百年。面对如此漫长的建筑生命周期中的巨大能耗，我们有理由把节能观念贯彻到星级酒店策划和建设的全过程之中。对酒店能源进行有效管理能够保护自然环境和缓解能源的供需矛盾，促进技术进步，保护生态环境，在提高企业经济效益的同时也提高顾客的满意度。

二、酒店节能管理

调查显示，我国部分酒店能源（电、煤、油、气、水等）费用已占总收入的20%左右，大大超过目前酒店建设可行性研究能源消耗费用按营业收入的6%~8%的预测标准，以及国际星级酒店平均能耗占营业收入的5.5%~6.6%的数据。这说明，我国酒店业能源管理的水平还很低，节能降耗大有潜力可挖。

（一）节能的概念

《中华人民共和国节约能源法》中规定：节能，是指加强用能管理，采取技术上可行、经济上合理以及环境和社会可以承受的措施，从能源生产到消费的各个环节降低消耗、减少损失和污染物排放、制止浪费，有效、合理地利用能源。

(二) 酒店能源使用概况

酒店是一个耗能大户，4万 m^2 以上的高星级酒店年耗能在5000t标准煤以上，能耗费用占营业收入的8%~18%。但长期以来，酒店的能源管理是一个薄弱的环节，能源使用无计量，能源消耗无定额，致使能源利用率不高、浪费严重，大大影响酒店的经济效益。酒店的能源利用率是反映酒店能源利用状况的综合指标。能源利用率的高低，部分取决于供能和用能设备的技术状况，但更多取决于酒店的管理状况，它们对能源的利用率所起的作用，并不亚于技术因素所起的作用。目前，许多酒店的设施设备现代化程度不断提高，因此更需要运用科学的方法和先进的技术手段进行管理，从而达到能源利用更合理、更有效的目标。酒店的能耗主要包括电力、热能、水能（包括消耗和排放污染等问题）等。

(三) 酒店节能的基本观念

1. 市场观念

我国酒店发展多年来一直存在着一种追求"高、大、全"的思想，即追求高档次、高星级、高层建筑，大空间，设施、设备齐全。事实上，"高、大、全"同时也意味着高成本、高能耗。如果需求不足，势必导致能源的浪费、经济效益的下降。"高、大、全"并不意味着高利润。除了高星级酒店以外，在调查过程中我们还发现中、低档酒店在新建、改建、扩建过程中有的不是以市场需求，而是以星级酒店评定标准为导向进行设施、设备配置规划，也有的以所谓满足顾客需求、创造优质服务或特色服务为出发点，盲目规划设施或超标准建设某些设施，配置某些设备。

经验教训告诫我们在酒店规划建设阶段，一定要树立能源管理的市场意识。通过深入的市场调查研究、详尽的市场分析，选择具有一定规模、一定成长性、一定盈利潜力，并具有竞争优势的目标市场。然后根据目标市场需求去选择建店地址、规模、档次、类型、建筑结构、服务设施组合和设备，坚决避免一味追求"高、大、全"。

2. 建筑节能观念

建筑节能有十分悠久的历史，人们具有坐北朝南、依山傍水可以尽可能多地享受到以阳光为主的大自然赋予人类的能量，同时又抵御大自然对建筑物的能量损耗等朴素的节能知识已有上千年了。人们以理论研究为指导发展了一系列建筑结构、空间结构、建筑材料、建筑空调系统等方面行之有效的节能技术。酒店所有者和经营者一定要具备建筑节能意识，并努力去学习、掌握尽可能多的基本知识，了解已普遍推广并行之有效的技术和措施，从而去指导、监督、审查、检验酒店建筑各方面的规划和建设。

3. 设备节能观念

相对于建筑节能而言，酒店管理人员一般对设备节能有更强的意识，但往往只局限于在对特定设备类型的品牌、型号选择时注意其节能性，而忽视了节能潜力更大的设备不同种类的选择及其组合设计。因此，在酒店新建、改建、扩建或设备更新时就应从档次及目标市场需要出发，对能耗大的采暖、通风、空调、电梯、洗衣、照明及厨房设备等产品重新审查定位。对能耗小的吸尘器、碎纸机、电熨斗、计算机等运营设备和办公设备也应慎重选择，将能源消耗作为选择指标之一，增强规划建设阶段设备节能意识。

4. 发展观念

能源管理的发展意识要求我们不能简单地从酒店管理几年或十几年的运营需要出发制定规划建设阶段的能源管理决策，而要求我们从酒店整个生命周期通盘考虑做出能源管理决策。因此，一定要搞好预测工作，对宏观环境、微观环境和市场需求变化趋势和能源科学研究的发展趋势做出详细分析，对经营期间的建筑、设备、网络更新换代及技术改造做出详细分析。以发展的眼光、以生命周期理论等进行能源管理规划。例如，针对酒店将来用能设备的增加，预先设计选用较粗的电缆；先选用小型设备，但预留较大的安装空间，以备将来酒店发展后购置安装大型设备等。发展意识的树立可以使我们超前思考，超前决策，尽量减少巨大的配套工程浪费。总之，能源管理的目标是使酒店在整个生命周期的能源消耗及配套改造工程费用降到最低。

三、酒店能源消耗预算控制方法

使能源消耗得到合理控制，是酒店管理者的中心任务。酒店对能源指标控制感到非常困难，由于各酒店规模、客源结构、客房出租率、客房价格、设备系统及地理位置、气象条件等的差异，能源消耗差异较大，难以判断酒店的能耗是否合理。各酒店横向相互了解较少，它们制作能源消耗预算的主要依据是历年同期能耗经验。各酒店一般使用直观的单位费用指标来比较，考核的标准使用总能源费/建筑面积、总能源费/房间数、总能源费/总营业收入这三个指标。在酒店管理中，特别要明确的是总能源消耗的合理性、能源消耗的使用范围，以及各大系统的能源费用所占比例是否合理。避免过量地消耗能源来控制客房服务区域的环境温度和湿度，有效使用酒店总的能源费用支出。下面是北京某两家酒店能源消耗的相关数据。

（一）确定酒店能源消耗的使用范围

生活服务办公区 + 客房服务区 = 酒店能源消耗量。

其中生活服务办公区能源消耗量在正常营业情况下相对稳定，客房服务区能源消耗量随出租率以及餐厅上座率变化而变化。总能源费/总营业收入中涉及客房的销售单价、客房的出租率等影响因素，当市场很好时客房销售单价和客房出租率以及餐厅上座率都会相对较高，再由于各酒店的采暖方式不同等，使该比值相对减小或增大，但这样并不意味着能源的消耗是合理的，很大程度上会出现在营业收入大幅提高的掩盖下，造成能源使用浪费的现象。

由于客房收入的年均单价和各酒店的能源使用方式不同，因此用总能源费/总营业收入进行横向比较时会因前两个因素带来较大误差。

（二）能源预算的一般步骤

1. 制定酒店每月能源消耗的范围

首先获得酒店每月销售营业收入预算，然后利用修正系数求出各月的合理性能源费使用范围，将9.2%作为计算能源费范围的均值，取11%作为计算能源消耗范围的上限，小于9.2%能源消耗作为节能空间。

2. 制定酒店每月各部门能源指标消耗量

在新开业的酒店中可以按照上述酒店能源消耗平均值，预算总能源费，然后按比例定出各部门消耗量，最后求出总的能源消耗指标，作为第一年的预算。第二年的预算要根据第一年统计的客房出租率与能源各项指标消耗量的关系，计算出各项能源费用比例，再参考周边酒店的能源消耗，制定出本酒店的各项能源指标。在对各部门的能源费用预算中，要参考各部门预算的营业收入制定各部门的能源消耗指标。

在预算中，显然总能源费用中电的消耗比例最大，其中空调系统年平均用电占总用电的35%左右，照明用电占40%左右，其他用电如输送设备、给水排水设备占25%左右。其次是蒸汽的消耗比例,冬季平均来说,空调系统北方采暖、加湿使用蒸汽量占总量的40%左右,洗衣房占30%左右,厨房占20%左右,洗澡用热水占10%左右。水的使用量比例夏季平均来说,厨房占20%左右,洗衣房占20%左右,空调用补充水占5%左右,内部人员用水占15%左右,其余40%为客房使用。在实际运行中,空调系统耗能比例最大,在改善室内空气质量的同时应注意合理地使用能源。

四、酒店能源管理的措施

1. 开展节能宣传教育

节能观念目前已经成为中国建设发展的全民观念。各行各业的发展都应该立足于长远的、可持续发展的角度。酒店业从一线员工到高级管理者都应该注重节能环保意识的培养,把节能宣传教育作为企业员工培训的重要内容之一。

2. 做好能源管理的基础工作

做好能源管理的基础工作主要是使设施、设备经常保持良好的机能和状态。目前酒店冷凝水回收系统多数均不正常,处于病态工作状况,很多酒店忽略了冷凝水的回收是一项重要的节能措施。另外,酒店业对水质的处理仍不够重视,进而影响设备的热交换,浪费大量能源。

3. 开展酒店能量平衡

开展酒店能量平衡最重要的是更新耗能大的设备。酒店对于一些过于陈旧的设备,应下决心更新。最有效的方法是:考虑购进的设备能节省多少钱,而不是着重考虑买设备要花多少钱;着重结算时的盈亏,而不是最初的成本。

4. 积极采用先进技术

积极采用先进技术,如楼宇自动化系统(BAS)、节能开关、定时开关、感光开关、节能灯、节水龙头、能量回收装置、智慧型节能控制器等。

[关键概念]

酒店物资管理　物资定额管理　设备管理　消耗定额　仓储定额

[课堂讨论]

某酒店有100间客房,全部为标准间。客房经理需为客房卫生间布件确定消耗定额。预计客房出租率为80%,每间客房需卫生间布件4套,布件年度更新率为30%。那么该酒店客房卫生间布件消耗定额应为多少套?

[复习思考]

1. 简述酒店物资管理的任务。
2. 简述酒店仓储管理的工作内容。
3. 酒店设备的使用与维护包括哪些方面?

[拓展训练]

由3~5位同学组成一个考察小组,到一酒店了解该酒店的设备概况,同时对某一设备系统的构成、运用特点进行详细的调查,写出调查报告。

第九章 酒店安全管理

[学习目标]

通过对本章的学习，学生要认识酒店安全管理的重要性，了解酒店安全机构的设置，掌握酒店安全的概念和酒店安全管理的特点，熟悉酒店安全工作计划的内容，并掌握一些紧急事故的应对和处理方法。

◆ [案例导入]

案例一：哈尔滨太阳岛景区北龙温泉休闲酒店的安全管理缺失

2018年8月25日凌晨，哈尔滨市松北区太阳岛景区北龙温泉休闲酒店发生火灾事故，造成20人死亡23人受伤。起火原因是温泉区二层平台顶棚悬挂的风机盘管机组电气线路短路，形成高温电弧，引燃周围塑料、绿植及装饰材料并蔓延成灾。此次火灾过火面积约400m^2。

火灾发生后，哈尔滨市公安局迅速立案，依法开展侦查工作，控制相关负责人。

应急管理部消防救援局召开遏制重特大火灾紧急调度会议，会议分析指出，哈尔滨"8·25"重大火灾充分暴露出了一部分社会单位消防安全责任不落实的问题，教训十分惨痛。

企业工商信息显示，事发酒店成立于2015年4月15日，注册资本为3000万元，经营范围包括餐饮服务、旅馆经营、室内娱乐场所经营、会议服务、洗浴服务等。

多名曾入住该酒店的游客表示，楼道好似迷宫，且堆有木头、塑料管、胶垫等易燃物品。

据当地媒体2017年8月报道，北龙温泉景区接待大厅消火栓门被木质雕塑遮挡，门框上"安全出口"指示灯不亮；更衣室内未设"安全出口"指示灯，也未看到灭火器；温泉区通往客房的两处台阶上贴有"安全出口"字样，但指向的大门却被封住。

此外，《新京报》记者从黑龙江省公安消防总队网站查询到，从2017年12月到2018年4月，当地对哈尔滨北龙温泉休闲酒店有限公司共进行了六次消防监督抽查。结果显示，两个月内四次抽查不合格，时间分别为2017年12月21日、2018年1月10日、2018年1月25日、2018年2月23日。

案例二：快递人员乘坐宾馆电梯要付费

小飞（化名）是负责在江南区域内送餐的美团骑手，很多单子都会被派送到附近的酒店和宾馆中。近日，他接到一单"兰溪牛肉面"，要求送至某宾馆。"等商家出餐后，我想着是汤面，就马上给客人送去了。一走到宾馆的电梯口，我傻眼了。"小飞说，当时该宾馆的电梯口贴了一张纸，上面写着"送外卖走楼梯通道，乘坐电梯一元一次"。

"以前我去其他宾馆或是酒店，还有写字楼里送餐的时候都没有碰到过这样的情况。"小飞说，乘坐电梯送餐也是想更快地把餐送到客人的手中，说到底也是为住在宾馆的客人服务，乘电梯还要收费的确有些过分。另外他还表示，外卖骑手每送一单只能赚四五元钱，如果还要交一元的乘电梯费，就真的没什么赚头了。

看到这一情况，小飞当即联系了住在宾馆里的住户，问他能否自己下来取餐，并向客人解释了相关原因。当时客人也很不理解为什么还要收电梯费，并给宾馆前台打了电话，说道："我们点外卖不就是为了图方便，还让我们下楼拿算怎么回事？"当时宾馆负责人却坚持按照"自己的制度"执行。僵持不下，为了不影响送单，小飞只能"飞奔"上楼，先给客人送餐。

"虽然层数不高，时间充裕的情况下爬一爬楼梯也没什么，但是乘电梯还要另外付钱真的是很'奇葩'。"小飞说，当时他特别气愤，就想到了找媒体曝光，并将该宾馆的不当行为发到了网上，让网友们评评理。

当天下午，记者来到该宾馆核实情况发现，这是一部需要刷卡才能乘坐的电梯，电梯门口贴纸的内容也由原来的"送外卖走楼梯通道，乘坐电梯一元一次"改成了"本宾馆电梯只为本店客人服务，其他一切外来人员走楼梯通道，腿脚不便的人请吧台开门，其他外来人员乘坐电梯一元一次"。该宾馆管理员表示，当时只是因为外卖员经常来乘坐电梯，才贴出了原来的内容，针对外卖小哥的确有些不妥，但规矩还是要有的。

该管理员还表示，首先"锁定"外卖小哥也是事出有因。"我这是私人电梯，只为我的客人服务，而外卖小哥并不是我的客人，没必要为不相干的人服务。"他说，之前他的电梯也曾通用过，大部分时间都是外卖小哥在用，有的时候有些人送餐赶时间而嫌弃电梯慢，就用脚踢电梯门，还被踢坏过一次，花了3500元的维修费。

管理员还说，作为这部电梯的安全员，他有责任为所有乘坐电梯人员的安全负责。"我们的客人坐电梯，我都会亲自送上去，如果其他人坐电梯出了问题，谁都负不起这个责任。"他说按照有关部门要求，如果有一个人被困在电梯里，那他就要赔付一笔高额的赔偿款。

第一节 酒店安全管理概述

一、酒店安全的概念

酒店安全是指在酒店范围内所涉及的人、财、物的安全及所产生的没有危险、没有威胁的安全环境。

酒店安全的概念包含以下四个层面的内容：

（1）酒店本身以及酒店客人、酒店员工的人身和财产，在酒店所控制范围内不受侵害。

（2）酒店内部的服务及经营活动秩序、公共场所秩序以及工作秩序等内部秩序保持良好的安全状态。

（3）酒店内部不存在会对酒店客人及其员工的人身和财产以及酒店财产产生侵害的各种潜在因素。酒店安全不仅包括宾客的人身和财产安全，还要考虑宾客的心理安全需求。如果宾客在住店期间感到恐慌，比如设施、设备安装得不合理，客房内部设备有漏水、漏电现象，地面没有明显标识却光滑容易摔倒等，都会造成宾客的心理不安全。

（4）现代酒店安全还应包括酒店信息网络的安全。酒店应建立自己的网络管理中心，防止黑客和病毒的入侵，确保酒店网络系统的正常工作和酒店的正常营业。

二、酒店安全管理的特点

酒店安全管理有其特殊性，主要表现在以下几个方面：

1. 政策性

酒店安全管理涉及的范围很广泛，且内容相对复杂，因此管理工作要有政策性。酒店的安全管理应严格按照国家和政府的有关政策和法规进行，酒店内部的安全管理工作人员也应了解《中华人民共和国消费者权益保护法》《中华人民共和国治安管理处罚条例》以及相关的消防安全管理规定等法律法规和一些相应的案例，以把握酒店安全管理工作的尺度。酒店安全管理既要维护顾客的合法权益，又要对一些触犯法律法规的人员进行处理。酒店应根据国家和有关部门的规定，结合酒店的实际情况，制定出相关的安全管理制度，并在处理一些安全问题时，将其落到实处。

2. 预防性

酒店安全管理工作应体现以预防为主的方针。特别要坚持"安全第一，预防为主"的方针策略，建立健全安全保卫部门，完善各项安全设施装备，建立各种与酒店安全相关的管理制度，以预防和制止各种可能出现的不安全因素。

3. 全员性

酒店的安全工作涉及酒店内的各部门，涉及每个工作岗位与每个员工。因此，酒店安全管理工作不是仅仅靠安全保卫部门就能做好的，还要求各个部门的全力配合，必须依靠全体员工的共同努力来完成。酒店的安全工作带有明显的全员性，只有将安全工作与各个部门及岗位的职责结合起来，树立起酒店整体安全的观念，酒店的安全工作才能有保障。

4. 服务性

酒店是以服务为宗旨的。在开展安全保卫工作的过程中必须贯穿服务的思想。因此，酒店安全保卫部门的员工在工作时，既要做好酒店的安全工作，又要遵从服务的理念。要遵循外松内紧的原则，即在酒店内部提高警惕，如果发生事故，只在局部范围内解决，以增加客人的安全感。在酒店安全管理的各个环节，都应体现出以服务为本的宗旨。特别是在处理与客人有关的事件时，既要按照政策、原则、制度办事，又要保持友善的服务态度。酒店安全管理工作也是酒店服务性特征的一个重要体现。

三、酒店安全管理的内容

现代酒店安全管理包括以下三个方面的内容：

1. 建立健全和有效的安全组织

现代酒店安全管理工作通常设有专门成立的安全部门，有的称安全部，有的称保安部，有的酒店还专门成立了安全委员会。鉴于酒店安全管理的复杂性，酒店安全管理工作除去安全管理部门负责外，还应根据酒店具体的实际特征建立有效的安全组织。其组织可以由各级管理人员和一线员工组成，与相关安全保卫部门共同完成安全管理工作。管理工作内容包括酒店的治安管理、消防管理以及日常的楼层安全管理。

2. 制定相关的安全管理计划和制度

考虑到酒店安全管理对象的复杂性，酒店应拟订各项安全管理计划和相关制度，明确管理目标、管理内容，以文字为表述形式使之成为酒店内部的法律法规，体现其权威性。酒店可根据部门和岗位来拟订计划和制度，如前厅、客房、餐厅等一线部门的安全管理制度。此外，还应明确相关岗位人员的安全职责。

3. 对酒店紧急情况的防范和处理

紧急情况一般是指酒店中一些突发的、重大的或不安全事件或事故。酒店中很容易发生的紧急情况一般有酒店内部设施设备事故、客人伤亡事故，甚至涉及刑事案件等。酒店应考虑到这些突发情况，做好紧急情况引发因素的控制与管理工作，这是酒店安全管理部门的重要任务。

第二节　酒店安全工作的计划管理

酒店安全工作计划应是完整的计划，包括明确的政策及精心设计的程序、过程和活动，旨在防止犯罪、减少损失和降低酒店中犯罪活动的可能。酒店安全工作计划的内容必须符合国家的有关法规，又必须符合酒店所在地的有关地方性法规及社会治安条例，还必须能被酒店的客人所接受。

酒店安全工作计划的内容可分为客人安全计划、员工安全计划、财产安全计划、消防安全计划和紧急事故处理计划等。

一、客人安全计划

酒店承担着保证住店客人的生命、财产安全的职责，为保证客人人身及财产安全的有关安全程序及活动包括以下几个方面：

（一）入口控制

酒店是一个公共场所，除衣冠不整者外，任何人都可以自由出入。这便使不法分子有了可乘之机，也给酒店安全工作带来了更大的难度。因此，酒店的入口控制显得尤为重要。

1. 酒店入口数量不宜过多，每个入口都应有安保人员巡视

在酒店大门入口处的礼宾员也应承担安全员的职责，保证酒店内部宾客和员工及其财产的安全。在夜间，最好只使用一个入口，以便保安部的值班人员巡查。

2. 酒店要特别注意区分客用入口和员工入口的控制

员工入口是酒店员工上下班的主要通道，也是员工为客人提供服务的主要通道。酒店应严格要求各部门员工上下班时打卡出入，以确保酒店的安全性。

3. 星级酒店应根据国家要求在大门入口处安装闭路电视监视器（摄像头）

星级酒店要安装闭路电视监视器，对入口处进行监视，还要有专职人员在监控室进行 24 小时不间断的监视，对酒店各入口进行安全控制，保证入口处安全。

（二）电梯控制

电梯是通往各楼层的主要通道。现在绝大多酒店设有客用电梯和员工用电梯。为了确保酒店的安全，必须对专用电梯加以控制。一般采用的方法是安装闭路电视监视器，即在电梯内安装摄像头以达到监视效果。必要时也可以设立电梯服务岗位达到人员控制的目的，一般在酒店有大型集会活动时，出入人员较多，人员流动性较大，可设置电梯服务员岗位。这就要求服务人员应接受相应的安全培训，当发现可疑人物时，能及时通知安保人员，对电梯出入人员进行有效的监督和管理。

（三）客房走道安全

酒店保安部人员、客房管理人员和服务人员应每天例行对客房走道巡视，这是保证客房安全的一个有效措施。在巡视时，应注意在楼层走道里是否有外来的陌生人或不应该进入楼层的酒店员工，也应注意客房的门是否锁好，如发现有客房门没关好，保安人员可打电话给该客房。如有客人在房间内，则提醒他关好门；如果客人不在房内，则可以直接进入房间检查是否有异常情况。而且，客房管理人员和服务人员都应该在其岗位中起到安全控制的作用，配合安全保卫部门的巡视工作。此外，在楼层走道的照明设施是否工作正常及地毯铺设等方面也应注意，以保证客人及员工的行走安全。

（四）客房安全

客房是客人入住酒店享受的主要酒店产品，也是得到充分休息的地方，对于客房的安全控制管理应更加谨慎。一般来说包括以下几方面的内容：

1. 客房内设施设备的安全控制

客房内的各种电器设备都应保证其安全。其安全控制包括：电视机、各种灯具和开关控制插座的防漏电，火灾报警探头系统、蜂鸣器、自动灭火装置以及空调水暖设施设备的安全等。

2. 卫生间和家具设施的安全控制

卫生间的地面及浴缸都应有防止客人滑倒的措施，如在地上铺设防滑垫，特别注意在墙上或卫生间内明显位置标上告示或提醒的标记，以免客人在毫无意识的情况下发生危险。此外，客房内家具的安全使用，如床、办公桌、办公椅等的牢固程度，应定期定时检查，以免客人受到伤害。

3. 其他方面的安全控制

客房应设置"请勿卧床吸烟"标志，放置《宾客安全须知》，张挂《消防疏散图》，以及提醒客人安全使用客房内的设备和装置。客人退房后，服务人员应及时检查房间内有无遗留火种、危险物品及其他物品。客房服务人员应有明确的责任区，不得擅自离岗。客房服务人员打扫房间时应将清洁车堵住客房门口，禁止无关人员入内，应本着"开一间清扫一间、完一间锁一间"的观念，同时认真登记进出客房时间。

(五) 客房门锁与钥匙控制

现在酒店客房大都使用电子门锁，即由计算机控制的新式门锁，钥匙为磁卡或 IC 卡，卡上可记录客人的多种信息，一卡多用。客房门上的安全装置很重要，其中包括能双锁的锁装置、安全链及广角窥视警眼。除去正门之外的其他能进入客房的入口都应上锁或上闩。

客房门锁装置是保护客人人身及财产安全的关键。现在多数酒店采用磁卡及电子门锁，其安全系数相对较高。酒店管理机构应根据酒店自身实际情况设计出一个可行的客房钥匙发放与控制程序，以保障客房的安全。其内容包括以下三个方面：

1. 电子磁卡钥匙的配制与管理应有严格的制度和措施

酒店总服务台是电子磁卡钥匙制作和发放的地方。当客人完成入住登记手续后，服务人员就发给其该房间的钥匙。客人居住期间，应由自己保管钥匙。一般来说，电子磁卡钥匙本身不宜标有房间号码，以免客人丢失钥匙时，被其他不良分子利用。

2. 万能钥匙应由专人保管，认真履行使用登记手续

酒店工作人员，特别是客房服务人员掌握的万能钥匙，应注意不能随意丢放。在打扫房间时，客房服务人员应按要求将钥匙随身携带，如遇到自称忘带钥匙的客人要求打开房门时，应与前台人员核查清楚客人身份，绝不能随意为其打开房门。

3. 客人丢失电子磁卡钥匙时，可以到酒店总服务台补领

补卡时，工作人员应要求客人出示酒店卡表明身份。服务员核对身份后才能补发重制的电子磁卡钥匙。对于一些特殊人员要特殊处理，如果对方是酒店包租房的长住户或其身份能确认的，可以直接予以补办，以免引起客人的反感。

(六) 旅客财物安全保管箱

按照我国的相关法律规定，酒店必须设有旅客财物安全保管箱，并建立相应的一套登记、领取和交接制度。一般来说，旅客财物安全保管箱有两类：①设在酒店总服务台内，由酒店总台统一保管。客人如果想把贵重物品存放在总台，总台服务人员和客人各执一把钥匙，领取时，需两把钥匙一起使用才能开启保险箱。②客人客房内使用的保险箱，由客人自行设定密码，进行开启与关闭。酒店应将保险箱使用方法及客人须知以书面告示形式告知客人，以方便客人使用。同时，还要注意时常检查保险箱的密码系统，如保险箱出现问题或客人忘记密码，必须由大堂副经理或相关的管理人员带着解码设施予以解决。

(七) 客人失物处理

客人在住店期间或离店时，难免会遗忘或丢失物品，酒店应严格规定客房部门员工在酒店范围内发现客人的失物，必须如数上交，并做好记录。具体操作步骤如下：当客房服务人员在客人离店后查房时，发现客人遗忘或丢失物品，应在第一时间上报部门主管以上的管理人员，及时联系客人，并与客人确认是不是其遗忘的物品。若一时无法联系上失主，客房服务人员应据实填写一份酒店的失物登记单，并在一定时期内予以保留，时间过后如无人问询，酒店可做出相应处理。

(八) 行李保管

客人寄存行李的地方可在酒店大堂或行李房，由相应的工作人员负责办理登记、领取工作。行李房及贵重物品寄存处应具备防火、防盗条件；行李寄存应有严格的交接手续，发现行李破损、丢失，应及时报告并查明原因；客人在大堂暂存的行李，要集中堆放，加盖网罩，设人看守；客人寄存贵重物品应放入客用保险柜，钥匙应有专人保管，有严格的存取手续。

(九) 客人伤病处理

酒店应做好各种预防措施，避免客人受伤病的侵害。一旦客人受伤或生病，酒店应有相应的处理措施以及能胜任的急救工作人员。

酒店应设有专门的医疗室及专业医护人员，如不具备这些条件，也应选择合适的员工接受急救的专业培训，并配备相应的器材及药品等。如发现伤病客人：一方面要进行现场急救，另一方面则需迅速安排病人去附近医院进行救治。酒店本身要对此类事件有详细的原始记录，必要时应写出伤病事件的处理报告。

二、员工安全计划

对酒店来说，员工与客人一样都需要有安全感，法律上酒店有责任和义务保障员工在工作岗位上的安全。员工安全应是酒店安全工作计划的组成部分。员工安全计划包括以下内容：

1. 劳动保护措施

员工工作岗位应设有劳动保护和安全标准。酒店应根据各个部门及岗位工作的特点制定安全操作标准。酒店服务工作主要以手工操作为主，各个岗位的安全操作标准也不尽相同。例如，酒店前厅接待人员要有防袭击和防骚扰的意识，餐厅服务人员要防烫伤，客房服务人员在使用清洁剂时要防止喷溅等，这都需要有相关的安全工作操作标准。

2. 保护员工的个人财物安全

酒店员工的个人财物安全主要包括员工个人财产和员工更衣室个人衣物保管箱的安全保护两方面。有些酒店为员工提供住宿，员工应注意个人财产的保护，最好不要在宿舍存放过多的贵重物品，以免丢失。更衣室的保安巡视工作也是必要的，以防止酒店内部员工或外来人员的偷盗行为，保护员工的财产安全。

3. 保护员工免遭外来的侵袭

现在酒店大堂都设有结账台，前台的收款员有可能成为犯罪分子袭击的目标。为保护酒店财产和员工的安全，酒店大堂一般都设有报警器和闭路电视监视器。酒店收款人员在交接现金时，应由保安人员陪同。客房服务人员应注意一些行为不当的客人的侵扰。如有发生，应立即通知保安人员或楼层管理人员进行处理。

另外，酒店员工食堂内部的饮食安全也属于员工安全计划的内容。

三、财产安全计划

酒店是拥有大量财产及物品的企业，这些财产及物品为酒店的正常运行提供了良好的物质基础。酒店安全计划中应包括周密制定的政策、方法和措施，在实施过程中并加以控制，从而保证酒店财产免遭损失。保证酒店财产安全的内容包括以下几个方面：

1. 防止员工的偷盗行为

酒店员工在日常服务中，直接接触到酒店的设备和贵重物品，很有可能产生偷窃行为。防止员工的偷盗行为时，应考虑的一个基本问题是员工的素质与道德水准。这就要求酒店人事部门在录用员工时严格把关，对进店员工进行经常性的教育并制定严格的奖惩措施。另外，酒店应采取相应措施减少员工偷盗行为发生的可能性。如员工在工作岗位上应穿着工作制服，佩戴号牌，以方便管理人员及安全人员识别。在员工出入口，保安人员应严格照章办事，检查员工携带的物品。对财务部门，要严格执行财务制度，防止相关工作人员出现不法行为。

2. 防止客人的偷盗行为

客人偷盗的对象往往是客房内的物品，以及采取逃账及冒用信用卡、支票等欺骗行为。现在酒店设施设备的档次提高，客房内经常装饰一些稀有物品，如工艺品、字画等，甚至有些外国客人会对中国仿古的茶具有兴趣，也许客人会因为一时喜欢而带走。遇到此类事件，酒店应采取一些必要措施，防止客人偷盗行为的发生。例如，对一些目标物品可以印上酒店特有的标志，而有些客人感兴趣的物品可以出售，可在"住客须知"中标明。由此，客房服务员在客人离店后，应及时查房，如果发现有客房物品及设备遗失或损坏，应立即通知保安人员。

3. 防止外来人员的偷盗行为

酒店要加强出入口的控制，防止不法分子趁机进入作案。对于一些酒店访客和公务人员的进入，安全管理部门应核查清楚其身份并进行登记，然后才能放行。酒店经常发生以下类似情况：一些访客趁客人不备时使用客房内的一些付费项目，或带走一些高档用品等。酒店应对各类物品进行登记和有效管理。

四、消防安全计划

近年来，我国颁布、修订了一系列的消防法律法规，如《中华人民共和国消防法》及各省市区出台的消防条例等。很多酒店发生火灾都是在不同程度上违反了有关的消防法规。酒店一旦发生火灾，损失就会极为严重。酒店发生火灾的主要原因有：旅客酒后躺在床上吸烟，乱丢烟蒂和火柴梗；厨房用火不慎和油过热起火；维修管理设备和进行可燃装修施工等动火违章；电器线路接触不良，电热器具使用不当，照明灯具温度过高烤着可燃物。酒店最易发生火灾的地方是：客房、厨房、餐厅以及各种机房。

1. 消防安全告示

在法律上，客人办理完入住登记后，就成了酒店的客人，酒店对每位客人都负有法律责任。有的酒店在客人登记时发给客人一张房卡，卡上标有酒店内的紧急出口。在酒店客房内，应当在明显位置安置楼层的火灾紧急疏散示意图，如门后或插卡取电处。在图上应标有本房间的位置及最近的疏散路线，用明显标记指出。

2. 火灾警报

《中华人民共和国消防法》规定：消防工作贯彻预防为主、防消结合的方针。在制定出一系列的防火措施与制度的同时，还要有严格的安全检查制度。酒店还要按国家要求，配备各种消防设施，如自动灭火系统、多种灭火报警器、防火门、防火卷帘门、消防泵、喷淋泵、正压送风及排烟系统等，同时还需建立通信联络系统，采用无线通信器材，形成联络网络，一旦出现险情，可与房务、餐饮、工程等部门进行群呼，使酒店的消防系统具有快速反应能力。酒店发生火灾时，应立即报警，有关人员接到报警后，应立即抵达现场，组织扑救。酒店应视火灾情况而定，火情严重时应立即通知消防部门，火情较小时，只需向酒店的消防中心报警，并组织人员进行扑救，以免造成整个酒店的混乱。

3. 火灾发生时各部门应采取的行动

当酒店发生火灾或听到火灾警报时，要求所有员工保持冷静并坚守岗位，不能惊慌失措。所有部门及岗位都应按照火灾应急预案采取行动。

4. 火灾疏散

（1）火灾疏散计划是指在酒店发生火灾后，酒店人员和财产撤离到安全地带的措施。做好火灾疏散计划，是保证把酒店内的人员和重要文件及财产撤离到安全地方，把酒店内部人员伤亡和财产损失降到最低的重要工作。

（2）酒店建筑内应按照有关建筑设计防火规范设置防烟楼梯间或封闭楼梯间，保证在发生火灾时疏散人员、物资，扑救火灾。疏散命令一般由警报器发出或由广播通知，在疏散时，客房服务人员要注意每一位客人，并通知客人走安全通道，千万不要乘坐电梯。有些客人在慌张的情况下会躲进电梯里，而这种情况往往是造成火灾现场人员死亡的一个重要因素。服务人员应确定客人全部安全疏散后，再撤离。

五、紧急事故处理计划

酒店安全管理包括对一些紧急情况的处理，主要包括以下内容：

1. 客人死亡的处理

客人死亡事故是指客人在住店期间伤病死亡、意外事故死亡、自杀、他杀或原因不明的死亡。除第一种属正常死亡外，其他几种均为非正常死亡。

保安部门在接到客人死亡的报告后，应问清客人死亡的地点、时间、原因，以及客人的身份、国籍等，并立即向保安部经理报告。保安部经理接到报告后，要立即会同大堂经理和医务人员前去现场。经医务人员检查，确定死亡的，要派保安人员保护好现场；不得移动现场的任何物品，严禁无关人员接近现场，同时向公安部门报告。酒店保安部门应对客人死亡事故处理全过程做好详细记录并存档。

2. 客人违法的处理

客人违法一般是指客人在住店期间犯有斗殴、盗窃、抢劫、赌博、走私等违反我国法律的行为。酒店一旦发生此类事件，保安部门应在接到报案后迅速赶到现场，查明情况，保护现场，并立即向值班经理报告。对情节严重的事件，保安部经理要亲自赶到现场进行调查，对于违法的行为，要查明情况，在征得总经理同意后，向有关部门或公安机关报案。

报案后，保安部人员要对现场进行监控，等待公安人员的到达，并积极协助公安人员开展调查工作。事件处理完后，保安部门需做好备案，把事情发生的时间、地点、当事人、主要原因、经过、结果及处理情况进行记录并存档。

3. 食物中毒事故处理

酒店客人食物中毒大多以恶心、呕吐、腹痛、腹泻等急性肠胃炎症状为主。如发现客人出现以上症状，应立即报告值班经理，值班经理接到报告后应立即通知医生诊断。如果诊断确定客人为食物中毒后，要迅速通知总经理，保安部经理，前厅、餐饮等有关部门的人员。医务室应立即对客人进行紧急救护，并将中毒者送往医院抢救。而餐饮部门的工作人员要对客人所用的食物进行取样、化验，确定中毒原因。

此外，酒店应协助公安机关和卫生防疫部门进行调查。前厅部和销售部通知中毒客人所在单位或家属，并向他们说明情况，协助做好善后工作。

4. 遇到自然灾害时的处理

酒店若遭受自然灾害的侵袭，总经理要分析当前形势，考虑具体因素的处理。一方面，要清楚整个事件将持续多长时间，可以从天气预报部门得知。客人在酒店逗留的时间越长就越容易引起事故,酒店要做好安顿店内客人的工作,以免出现混乱或加剧灾情的局面。酒店内的工作人员应承担起巡视工作,防止发生客人情绪激动闹事的现象,更多的是保障酒店财产和人员的安全。另一方面,酒店还要做好灾情结束后的恢复工作,对酒店的损失和设备的损坏进行统计,做好准备工作,把利润损失降到最低。

5. 停电事故的处理

酒店的停电事故是由酒店内部或外部供电系统问题引起的。该事故发生的可能性比火灾或自然灾害的可能性要高。因此,现在的大、中型酒店企业均应配备良好的紧急供电装置。若酒店发生停电事故,酒店各工作岗位人员应坚守岗位,酒店应向顾客和员工及时说明事故原因。维修人员要尽快找出停电原因,并立即排除故障。如果是外部供电系统的问题,应立即联系相关部门,予以解决。在停电期间,酒店注意派遣保安人员巡逻,以及时发现停留在电梯里的顾客,将其转移到安全地方。此外,工作人员要注意保护酒店的财产安全,以防有人趁机作案。

6. 酒店防爆

根据我国《旅馆业治安管理办法》的规定,酒店应明文规定严禁客人将易燃、易爆、腐蚀性和放射性等危险品带入酒店。若有发现,要动员交出,代理保管,同时要报告主管和酒店保安部门及时处理,严重的应及时向公安机关报告。

第三节　酒店安全工作的组织管理

酒店安全管理部门是酒店安全计划、制度与安全管理措施的执行机构,负责酒店的安全工作,要根据酒店安全管理特征,履行酒店特有的安全职责。酒店安全管理工作的展开应该制度化和具有规范性。酒店应在符合我国法律的基础上,建立起一套完善的酒店安全管理机构。

一、酒店安全管理工作的机构设置

酒店安全管理机构是指酒店安全计划、制度与安全管理措施的执行机构。酒店应设立专门的安全管理部门。

(一) 酒店安全机构的设置

酒店安全管理机构的设置,主要视各酒店的具体情况而定,以符合本酒店的实际为适度的标准。常见的酒店安全部门岗位设置有警卫组、内保组、消防组等,如图9-1所示。

(二) 酒店安全机构的工作职责

酒店总经理是酒店安全工作的总负责者,酒店安全部门是酒店经营者管理酒店安全工作的职能部门,其主要职责为:

(1) 协助酒店经营者制订、实施和管理本酒店的安全计划。

(2) 指导并协助酒店内各部门的安全工作。

(3) 对新入店的员工进行岗前安全培训,对在岗员工进行安全知识教育与安全素质考核,对义务消防队及专职保卫人员进行专业技能培训。

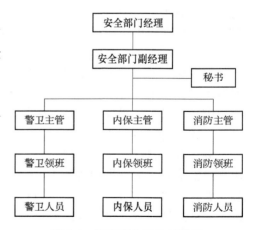

图9-1　酒店安全机构的设置

（4）保证各种安全设备及器具始终处于良好的使用状态。

（5）执行日常的安全任务。及时向领导或上级主管部门报告酒店发生的重大事故或隐患，并迅速、及时研究、制定防范措施。

（6）保存有关安全工作的完整记录和档案。

（7）对宾客的入住登记状况进行监督指导，对公安机关布控的重点可疑人员实行监控。

（8）在公安机关的有效指导下，查破案件，打击卖淫、赌博、贩毒等违法犯罪活动。

二、警卫组

酒店安全部门还要设立警卫组，一般由受过专业培训的人员组成，警卫人员一般负责酒店整体的日常安全保卫工作，以保障酒店的安全。其主要职责为：

（1）维护酒店门前、大堂、公共场所的治安秩序，注意发现可疑情况以及可疑的人和事。

（2）负责酒店的门卫工作，对进出酒店的员工和宾客进行查包验证工作（对客人仅验证）。

（3）负责酒店的安全巡逻、检查工作。

（4）负责酒店每天的提、送营业款的押送工作。

（5）接到火警后迅速赶赴现场，进行检查，要求能够识别火情并负责扑灭小火。

（6）做好在酒店举办的大型宴会活动的警卫工作和交通疏导工作。

（7）负责酒店停车场的管理工作。

三、内保组

酒店内保人员的主要活动范围在酒店内，负责保护酒店内的人身财产安全。其工作内容主要为：

（1）处理日常发生在酒店内的一般性治安事件，并协助有关治安管理部门查处刑事案件和与酒店有关的各种重大案件。同时，要保卫酒店的安全，执行上级交办的各项安全保卫工作。

（2）负责对客房、餐饮、娱乐等区域的巡逻检查，发现事故隐患，及时处理，并向上级汇报处理情况。

（3）对酒店内部和外部车辆进行疏导，保证交通畅通。

（4）对来访人员进行询问登记。

（5）负责检查询问零点以后进入客房区的有关客人的钥匙牌和住房卡。

（6）阻止无关、闲散人员进入酒店。如有流氓、滋事人员及可疑人员进店，除采取控制外，应立即报告给有关部门。

（7）制止一切发生在酒店内的客人争吵、打架、斗殴等不良情况，及时处理，防止事态恶化。

（8）协助财务部做好押送有关款项的工作。

（9）制止入住人员携带易燃易爆、剧毒、放射物品进入酒店区域，发现后应将物品扣留。

（10）熟练掌握灭火器材的正确使用方法。

四、消防组

消防组即酒店设立的消防管理委员会，由其负责管理酒店的消防管理工作，一般由酒店客房部、安保部、工程部及相关部门的领导组成。酒店总经理担当其主要负责人。由于酒店的消防工作涉及整个酒店的工作范围，每个工作岗位的员工都应有代表参与工作，以便消防安全工作在各个楼层区域展开。

消防管理委员会的主要工作职责有：

（1）贯彻执行有关公安消防管理部门的工作指示和规定，重视酒店内部的防火工作。在日常管理中，不能忽视任何细节的操作，做到有计划、有组织，认真贯彻实施消防工作任务。

（2）实行"预防为主，防消结合"的方针，制定完善的防火、灭火及疏散计划，并定期检查酒店的消防工作。

（3）每个酒店员工都要发挥作用，实施岗位责任制，保障酒店消防工作计划的落实与实施。

（4）注意检查消防器材的维修、保养和管理工作，确保消防设施设备的完好，使其处于良好的使用状态。

五、安全部门与其他部门的关系

由于酒店作业为客人提供综合性服务的特殊性，要求各个部门团结协作。在酒店安全管理方面，更需要安全部门与其他部门紧密合作。各部门领导都应该有意识地配合工作，安全部门经理更有责任、有义务与其他部门经理搞好关系。在安全管理工作中，安全部门经理需要或多或少地了解各个部门的经营情况和特点，从而更好地开展预防措施。例如，酒店的前厅、餐厅和客房等一线部门，在为客人服务时，与客人直接接触，因此，从安全管理工作方面来看，这些部门也是容易发生事故的部门。酒店安全部门人员需熟悉各部门的工作内容和性质，以便更好地实施保卫措施。

[关键概念]

酒店安全管理　酒店安全工作计划　消防安全计划　紧急事故处理计划

[课堂讨论]

1. 酒店员工需要掌握哪些服务知识？如需要培训的话，在哪些方面需要进一步提高？
2. 在提高住店客人的安全意识方面，大家有哪些建设性的建议？
3. 讨论一下我国现阶段有关酒店安全管理专业对人才培养的要求。

[复习思考]

1. 试分析酒店安全管理的特点。
2. 简述酒店安全管理计划工作的内容。
3. 酒店安全工作计划包括哪些方面？
4. 酒店消防安全计划包括哪些内容？
5. 酒店出现紧急事故应如何处理？

[拓展训练]

组织学生演练紧急情况的处理。

第十章 酒店信息管理

[学习目标]

本章重点介绍了酒店信息管理、信息化酒店建设的相关内容。通过对本章的学习,学生要掌握酒店信息处理的基本过程、信息化建设的要求和主要内容,理解酒店内部管理信息系统的优势及结构和酒店网上预订系统,了解信息技术在酒店中的实际应用的相关知识。

◆ [案例导入]

酒店人工智能时代的来临

近几年,人工智能(AI)技术发展迅速,越来越多的酒店将人工智能应用到酒店管理和酒店经营上,以提升客户体验感和酒店口碑。

1. AI技术之母语预订体验

酒店应用的Chatbot语音聊天机器人正改变传统的酒店预订模式。

Chatbot机器人通常负责代替传统的网站预订聊天机器人和前台工作人员,这种机器人能选定语言,用客户母语与客户对话,实现人机简洁、有效的交互。

数据表明,现在人们已经习惯于接受数字平台的智能推荐,因此在酒店预订环节采用Chatbot机器人不会面临其他技术障碍。而Chatbot机器人在酒店预订环节与客户互动也能够极大地提升客户的体验感:24小时随叫随到,秒回信息,根据客户需求推荐产品。Chatbot机器人在无形中就将访客转化成了客户。

2. AI技术之机器人的自动化学习

在酒店管理和酒店经营中,酒店需要制定精确的客户服务流程,以优化运营和降低服务成本。机器人的学习功能能够自动集成并升级服务流程,并根据客户的品位、行为模式做出相应的调整。

机器人自动化学习倾向于观察趋势的变化和信息中的一致性,在自动化学习中机器人会分析历史响应,并根据历史响应及大数据制定个性化建议。因此,人工智能不仅可以帮助提高对客户的服务水平,还可以在海量数据的基础上做出完美的决策。

3. AI 技术之物联网

由于 AI 技术的普及和物联网的出现，可佩戴 AI 设备也逐渐平民化，而这些可佩戴 AI 设备能够测量佩戴者的体温、心血管情况和呼吸频率，以获得定制的健康解决方案。而实际上，这一技术也可用于酒店。

2018 年，雅高酒店集团推出了名为 Seeker 的生物识别技术项目。客户只需佩戴 Muse EEG⊖ 耳机和 Empatica E4 手环，Seeker 就能利用专门开发的应用程序测量脑电波活动、心率和皮肤反应等数据，然后通过算法，将其和六个关键的心理、个性、目的地和风格指标进行匹配，包括城市与乡村、冒险与放松、情侣与家庭、乡村与现代、热与冷、外向与内向。最终，客户能收到一份独一无二的视觉心理图和旅行档案，以及相应的目的地推荐。

Seeker 通过测量生物特征、分析客户行为以了解其真正的需求，并相应地定制体验。这一技术能够针对性地为客户提供优质服务，包括建议书籍或音乐，推荐酒店附近游乐设施，提醒酒店员工为客户提供个性化膳食选择等。

人工智能的这种分析能力可以帮助酒店确定产品和服务产品的下一个趋势，可以用于评估、识别旅行者或客户角色，以便将其与酒店提供的相关服务和套餐相匹配。根据分析结果，酒店可以确定客户群体的需求，并在客户提出要求之前就为客户提供个性化建议，以此来取悦客户。

4. AI 技术之语音助手

随着语音识别技术日渐成熟，酒店经营者发现通过语音技术也可以为客户提供更好的服务。自亚马逊推出语音助手 Echo 之后，越来越多的酒店为房间配备了具有语音识别系统的智能设备。

语音助手能够帮助客人控制房间里的灯光和温度、打电话到前台、播放音乐、查看天气，或者在电视上播放娱乐节目。一些酒店的语音助手还支持与客户手机端相连，访问客户自己的移动端媒体内容，譬如音乐或有声读物等。酒店客人可以直接通过与语音助手相连接的应用程序办理入住或退房手续，某些酒店的语音助手还支持自动点餐、自助订票、推荐玩乐旅游目的地等服务。

通过使用语音助手，客户减少了与酒店员工之间的互动，而智能化的语音助手一方面避免了客户与酒店员工之间的冲突，另一方面也保护了客户隐私。

第一节　酒店信息管理概述

一、酒店信息

（一）现代酒店经营管理新趋势

新技术、新知识在酒店企业经营管理中的含量和趋势正发生着日新月异的变化，这对于改善我国旅游企业的经营状况、提高经济效益、增强国际竞争能力、迎接知识经济时代的到

⊖ EEG 为 Electroencephalogram 的简写，译为脑电图。

来，具有重要的现实和长远意义。

1. 企业增长知识化

知识的概念有着深刻的内涵和广泛的外延，包括信息、数据、图像、想象、态度、价值观以及其他社会象征性产物。企业增长知识化的趋势，引发了酒店企业管理新的变革，酒店企业管理信息化系统应运而生。

2. 经营管理虚拟化

虚拟企业运作是计算机网络技术在酒店企业中的具体运用。只有计算机网络化的酒店才能迅速对市场做出反应，才能利用共享信息相互驱动、共同工作。酒店通过 Internet，发展并加强企业的核心能力；通过 Extranet（外联网），灵活变更，重塑业务合作伙伴关系，以适应市场的需要。

3. 营销手段网络化

传统的营销方式是通过广告宣传的手段使客人认同企业设计或研制的产品，其效果往往难尽如人意。网络既是包含丰富知识的浩瀚海洋，又是高速传输的信息通道。通过网络，酒店企业可快速准确地了解市场动向和几乎每一个客人的需求，同样，客人也可以将自己的意见反馈给酒店。这样不仅提高了生产者与消费者之间的协调合作水平，提高了产品质量，而且大大降低了酒店企业的销售成本，运用网络进行营销有着巨大的现实和潜在的市场。

（二）酒店信息的界定

美国经济学家、诺贝尔经济学奖获得者西蒙（H. A. Simon）指出："管理就是决策。"酒店企业经营管理，首先是决策管理。正确的决策必须建立在大量收集、整理、加工和运用各个方面有关信息的基础之上，没有信息就没有决策。酒店企业的业务管理也必须建立起稳定、迅速的信息反馈机制，依据反馈信息及时调整或改变经营策略和管理方式、服务方式，以保证酒店经营目标的实现。酒店信息管理是酒店经营管理有机的、不可缺少的组成部分。

酒店企业作为一个经济主体，在进行日常经营管理活动过程中，要时刻与外部环境进行物质、能量和信息的交换；与此同时，酒店为完成自身作为经济主体的职能，内部又有财务、人事、库房、商场、餐饮、前厅、康乐、客房、保安等部门相互衔接，人、财、物、信息等资源相互配合，以实现企业的共同目标。酒店信息的界定是指对酒店信息所包括的内容范围加以界定，形成研究管理酒店信息的范围。因此，酒店信息有广义和狭义的区别。

1. 广义的酒店信息

从广义上讲，酒店信息既包括酒店企业自身日常业务活动中所产生和输出的信息，也包括酒店管理和决策所需的客源市场、原材料市场、各种资源市场、各个竞争对手状况以及与此相关的社会经济活动的有关信息。这是从满足酒店企业经营管理信息需求的角度，以酒店作为信息的接收者来界定酒店信息的含义。我们可以把酒店自身业务活动信息称为内部信息，其他的称为外部信息。内部信息产生酒店经营管理服务的反馈信息，外部信息产生酒店经营管理的环境信息，如图 10-1 所示。

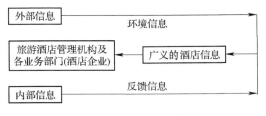

图 10-1　广义的酒店信息

2. 狭义的酒店信息

从狭义上讲，酒店信息是指酒店经营管理业务活动过程中所产生的各种输入、输出信息，如酒店前厅接待过程中的客人姓名、性别、国籍、结算方式等。这些信息为中、高级管理人员提供管理依据和决策支持。这种狭义上的酒店信息概念实际上也是从信息的产生者和发出者的角度来界定的，如图10-2所示。

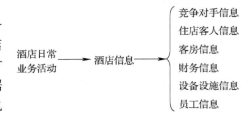

图 10-2　狭义的酒店信息

酒店信息有广义和狭义之分，本书主要研究的是狭义的酒店信息。酒店经营管理的过程，从某种意义上说就是连续不断地搜集、加工、转换和交流反馈信息与业务信息的过程。从狭义上理解酒店经营管理信息，有利于更好地理解和把握酒店日常业务的范围和内容，理解酒店计算机管理系统的实际应用，具有可操作性和应用性。

（三）酒店信息的特征、分类及其作用

1. 酒店信息的特征

信息具备客观性、滞后性、不完整性、共享性、扩散性及可塑性的特点。酒店信息作为信息的一种，既具有一般信息所固有的特征，又具有其本身所特有的特征。

（1）目的性。酒店信息能够明确反映酒店经营管理中某个方面的情况，对人们从事酒店经营活动是有用的。无目的、无用的信息对酒店来说价值等于零。酒店信息目的性的特征还表明，酒店信息的收集、加工、发送、传递都是人的一种有目的的行为，有着很强的针对性。在酒店信息工作中必须防止目的性的模糊，避免出现差异化。

（2）真实性。酒店信息的真实性，也称准确性，主要是指它应真正客观、准确地反映酒店经营活动过程中的本质特征和变化。这主要表现在以下两个方面：①对酒店业务活动某一时刻、某一部分的动态或静态情况都要进行客观如实的反映，既不能凭主观臆想人为地夸大或缩小，也不能在信息的加工整理中夹杂主观评价，以免发生变异；②酒店业务活动的状况、特征和变化是错综复杂的，因而要求这部分信息必须是第一手的实际资料和原始状态的信息。

（3）系统性。虽然酒店各部门业务量庞大，信息交流频繁，但其主要的服务对象、业务种类及业务操作程序一般都是比较固定的。酒店的日常业务活动及信息交流在相对固定的框架之下，很自然地形成了一种条理化、系统化的结构。这个特征表明酒店各部分之间存在着相互依赖、相互协作、相互衔接的关系，而其内部信息则以财务为主线，以客房信息和客人信息为辅助形成了一个有机整体。

（4）时效性。时效性是酒店信息的重要特征。一个临时住店客人的姓名、习惯、消费信息，与一个长住客人的这些信息的时效有很大区别，对酒店经营决策、服务的作用也大不相同。

（5）连续性。酒店企业的服务管理是一项周而复始、连续不断的活动，这就决定了酒店信息具有明显的连续性。

（6）经常性。酒店各部门管理人员和服务人员每天要进行大量的服务工作和劳动，具体的事实或结果都应记录下来，如每日客房卫生检查记录、餐厅客人用餐记录等。

（7）广泛性。酒店管理的各部门甚至各个环节都有其相关业务的数据信息，通过对这些数据资料的整理分析，就可以对各部门经济责任制和管理的好坏做出全面、正确的评价，从而提高管理水平。

(8) 群众性。酒店数据信息范围广泛，涉及组织系统中的各部门、各班组、各环节。因此，只靠专职统计人员是不够的，必须有各部门、各岗位的兼职人员参与。但是，群众性并不意味着每个人都可以随便地采集信息，而是要把原始数据采集落实到人，建立原始数据记录网络，以保证原始记录的准确性和及时性。

2. 酒店信息的分类

信息分类是信息管理的基础性工作。信息经过分类整理后，形成条理化、系统化的结构，为信息的采集、加工、储存和传递工作提供必要的前提。

酒店信息的大量性、复杂性和多变性决定了酒店信息管理工作的艰巨性。为实现有效的管理，首先要对酒店信息进行合理、细致的分类。可根据不同的目的，采用不同的分类标准对酒店信息进行分类。

(1) 按酒店业务组织机构划分。按照这一标准，酒店信息可分为前厅部业务信息、客房部业务信息、餐饮部业务信息、销售部业务信息、财务部业务信息、工程部业务信息、人事培训信息和其他各部门业务信息等。这种分类可以比较明确、细致地反映酒店经营管理过程中各业务部门的活动、特点及其规律，并在这些基础上进行各种对比分析。

(2) 按信息产生者和发出者的不同划分。酒店信息是在经营管理过程中产生和发生的，信息源相对比较复杂，但排除干扰因素，可以将酒店信息划分为客房信息（如房价、客房出租率、客房状况等）、客人信息（如客人姓名、职业、习惯、消费状况等）和财务信息。财务信息是一种动态的连续复杂信息，如账号、消费、各种财务报表、财务汇总、经济分析。另外，还有员工信息、工程设备信息等。

(3) 按信息动态变化时间划分。根据这一标准，酒店信息可分为近期动态信息、远期动态信息和基本静态信息，也可分为动态更新很快的信息、动态更新较慢的信息和动态更新慢的信息。这里的快、慢都是在狭义酒店信息范围内比较，是一个相对概念。

(4) 按数据信息共享程度划分。按此标准，酒店信息可分为共享信息、部分共享信息和非共享信息。一般说来，基本的业务信息都属于共享信息，某些管理信息属于部分共享信息，涉及酒店商业机密的信息属于非共享信息。

(5) 按信息的作用划分。据此标准，酒店信息可分为决策信息、监控信息和作业信息（指维持酒店系统日常业务活动所需的信息）。

3. 酒店信息在现代酒店经营管理中的作用

(1) 酒店信息是加强酒店经营管理的前提和基础。酒店管理与酒店信息密不可分，管理者在运用计划、组织、指挥、监督与协调等各项管理职能进行管理决策时，信息始终渗透其中，起着神经与纽带的作用。实践证明，酒店经营管理过程实际上也是酒店信息的循环过程，对管理过程中信息的分析有助于提高管理过程的组织水平。

(2) 酒店信息是增强酒店市场经营活力的依据和条件。市场营销活动能否顺利开展，酒店信息是极其重要的条件和依据。酒店企业只有掌握了酒店客人的不同需求、年龄组成、地域特点、消费状况、季节变化等信息，并把握竞争对手的地位、品牌效应、商圈大小、设施设备档次和特点、顾客组成、服务项目、价格、服务档次、服务质量等信息，才能确定市场营销的一系列策略。

(3) 酒店信息是提高服务质量的关键。酒店经营的灵魂是服务，而优质服务所要做到的礼仪礼貌、服务技能、效率、设施舒适、清洁卫生、安全、环境优雅、食物优质等都离不开信息的支持。

（4）酒店信息能够提高经营管理人员的素质和管理水平。提高酒店经营管理人员的素质有许多内容和途径，其中智力水平是不可忽视的一个重要方面。开发酒店信息资源，实际上就是开发员工及管理者的智力资源。酒店信息资源开发程度越高，作用发挥得越充分，经营管理人员的智力水平提高得也就越快。

（5）酒店信息是整个酒店系统的基本要素和神经。酒店系统是一个由前厅子系统、财务子系统、餐饮子系统、客房子系统、康乐子系统、工程子系统、人事子系统等组成的有机整体。为了使各子系统的活动协调于系统整体之中，必须把客房信息、客人信息、财务信息、设备信息和员工信息等送到每一个员工（管理者）手中，并把每一个下属单位重要的经验和问题及时反映到有关部门，实现纵向和横向的多方面联系，沟通系统内部与外部各方面的情况。这个建立在管理、服务、技术和知识基础上的经济管理服务系统，正是依赖于信息资源的开发和利用才充满了活力。如果没有组成这个系统的信息这一基本要素发挥"神经元"作用来沟通，整个酒店系统的运作就会停滞。

（四）酒店信息管理的特点

旅游酒店业是国家的窗口行业，客人覆盖面广，遍及世界各地，24小时业务不间断，提供的服务种类繁多。所有这些都决定了旅游酒店业的计算机应用是一个有着鲜明特色的领域。

1. 实时性

酒店客人产生的费用需立即记入系统，所以高效、准确地办理结算业务对于酒店的服务非常重要。如果由于系统反应迟缓而耽误了宾客的航班或商务客人宝贵的时间，那么将会给客人和酒店双方带来经济损失。另外，酒店信息系统必须能够反映企业当前的经营状态和变化趋势，包括最新的客人住店情况、客人消费情况、客人预订情况等。这是管理者根据酒店现状正确制定决策的基本保障。

2. 技术密集

许多高新技术在酒店中都能得到应用，如智能门锁、人脸识别、Wi-Fi、互联网支付、客房智能集成控制系统等。在酒店实施计算机管理的过程中，系统需要以计算机为核心将多种系统协调为统一的整体。

3. 综合协调性

酒店内部门与部门之间、员工与员工之间、员工与部门之间的工作应协调一致，保证酒店向住店客人提供满意的服务。酒店的信息系统必须将当天预计要到达的预订客人和团体信息及时提供给接待部门，使其做好接待准备工作，并同时通知其他有关部门做好接机、餐饮等准备工作。客房清洁员在打扫房间的过程中发现房内设施设备损坏时应及时报告主管人员，填写工作单通知工程部修理。财务部编制的经营费用月报表应同酒店当月接待客人的业务量相符合，如不一致，在没有特殊情况发生时，则说明某些部门有浪费经营资源的现象。这些信息都是管理者协调各部门工作的依据。

4. 容量大

酒店的经营管理除了需要内部的员工信息、设备信息、财务信息、产品信息外，还需要客人的消费信息、客源市场构成信息、社会的消费趋向信息等，而且要使这些信息不但能够反映当前的状况，还应体现过去的状况和变化过程。这些信息种类繁多、数量庞大、处理复杂。以客人消费信息为例，信息系统应能够记录VIP客人，对回头客进行预测，记录客人的消费历史、爱好、习惯等。这些信息数量十分庞大，单纯地用手工作业方式难以胜任。

5. 网络化

酒店作为一个商业社会中能够独立运转的企业组织，关键在于它的整体性，而酒店企业的整体性又以其内部完整、畅通的信息流动渠道作为保障。酒店内的信息流通渠道是一个纵横交错的网络，既有部门与部门之间、小组与小组之间协调工作的报表、报告、单据等的交流，如客房部需要更新布置时应向采购部提交采购申请表，厨房在食品加工器发生故障时应向工程部提交工作单等，也有上下级之间决策及其反馈等信息的上传和下达，如每天早晨由财务部的夜间稽核人员向总经理和主要营业部门经理提交前一日营业报表、客房销售日报表等。内部信息流动的畅通程度决定了酒店企业整体的工作效率。现代化的企业无不在想方设法采用现代的信息处理手段提高企业内的信息网络工作效率。

6. 安全性

酒店 24 小时不间断服务，大型酒店一天要面对成百上千人次的入住和结算。任何时候系统出现故障，都会给酒店带来经济损失，这对酒店信息系统的硬件质量和数据备份方案都提出了较高的要求。

(五) 酒店信息的处理

信息处理是酒店管理活动的最基本内容，一般酒店信息处理不涉及复杂的数学计算，但要求处理的信息量很大，因此，进行信息处理时需要考虑以下几个方面的问题：信息以何种方式存储在计算机中；采用何种数据结构有利于信息的存取；采用何种方法从已有的信息中检索信息。

1. 酒店信息的收集

酒店信息的收集是酒店信息组织管理工作的重要开端，是信息加工、存储、检索、传输、利用等工作的基础。信息收集工作的好坏直接关系到信息的质量，是酒店业务运行和管理的关键。

（1）酒店信息收集的范围和主要内容。酒店信息可分为客房信息、客人信息、财务信息、员工信息和工程设备信息，就酒店管理信息系统的现状来看，多为前三种信息，其信息收集范围如图 10-3 所示。

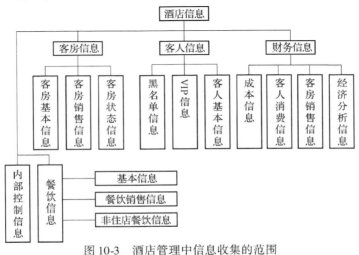

图 10-3　酒店管理中信息收集的范围

一般酒店系统的组织机构如图 10-4 所示，以财务为中心（控制），以接待为主线，各子系统信息收集既相互独立，又相互联系。其信息收集主要包括：前厅部业务信息、餐饮部业务信息、客房部业务信息、康乐部业务信息、工程部业务信息、安保部业务信息、销售部业务信息、采购部业务信息、人力资源部业务信息、财务部业务信息等。

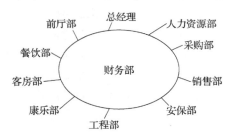

图 10-4 一般酒店系统的组织机构

（2）酒店信息收集的原则。酒店信息的收集，要坚持针对性原则、可靠性原则、系统性和条理性原则、全面性原则、严谨性和衔接性原则、简单性原则、经济性原则。

（3）酒店信息收集的基本步骤。酒店信息收集的关键是试营业期间的信息使用状况评价，在这个阶段必须按适当程序进行，进入正常营业后，转化为重复性实际收集工作。酒店信息收集初期工作的基本过程如图 10-5 所示。

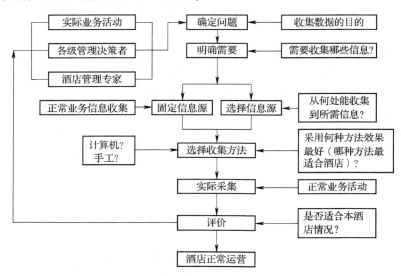

图 10-5 酒店信息收集初期工作的基本过程

2. 酒店信息的加工和存储

（1）酒店信息的加工。酒店信息由业务部门来收集，一般数量庞大且零散杂乱。其中，各部门、各岗位对直接的服务性信息可以直接利用，而对于其他的大量信息（客账、客房、客人）在实际利用之前，还需要一个合理、科学的加工过程。

信息的加工有两重含义：①整理加工，就是根据信息使用目的的要求，对收集到的数据信息资料进行科学的筛选、分类和汇总，从而使之条理化、系统化的过程；②分析加工，就是在整理加工的基础上，运用各种分析方法，进行提炼和重新组合而产生新信息的过程。整理加工是分析加工的基础和前提，分析加工是对经过整理加工的信息资料的深化。整理加工旨在得到一种条理化的信息结构，它本身并不带来信息的增值，而分析加工则要带来信息的增值，这是两者的根本区别。

酒店信息的加工过程及层次如图10-6所示。很多酒店信息加工中大部分为数据信息的汇总，这是同酒店业务经营管理的特点相对应的。就目前的酒店计算机系统功能来看，大致情形也是如此，其中财务部门整理分析及高层决策涉及很少，甚至没有。

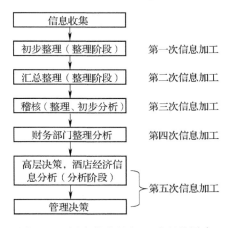

图10-6 酒店信息的加工过程及层次

酒店信息加工的基本原则如下：

1）准确。由于信息收集过程涉及的人员较多，很难保证不存在造成数据虚假的因素，因此，在信息加工的过程中，必须对数据信息的真实性和准确性重新予以认定。

2）简明。大量零散的信息资料本身缺乏一种条理化的结构，无法直接用来进行有关问题的分析和研究。加工的基本目的之一就是使之变得条理化、有序化，简明易懂。

3）及时。信息具有时效性，如果加工的时间过长，信息就会变得陈旧而失去使用价值，不能发挥应有的作用。酒店信息管理工作必须掌握熟练的信息加工技术，要有一套成熟的加工方法和步骤，以提高工作效率。

（2）酒店信息的存储。信息的收集、加工、存储、传递、检索构成了酒店信息管理的全过程，存储是酒店信息的保管工作，没有这一过程，酒店信息就不可能被多次利用。就目前来看，酒店信息主要有两种基本表现形式：文件资料与数据。对于这二者的存储，前者主要是指如何做好档案管理工作，后者是指如何进行计算机数据库的管理。

3. 酒店信息的传递

信息的收集、加工、分析与存储过程，并未完全发挥信息的作用，信息只有在传递过程中才能真正发挥作用。广义的信息传递包括信息的反馈过程，对酒店信息管理工作来说，这种信息反馈十分重要，它使信息真正在微观层面上循环流动。

（1）酒店信息传递的特征

1）具有明确的目的性。一般的自然信息传递是一种自发随机的传输活动，带有较大的盲目性，而酒店信息传递是酒店企业经营管理过程中一种有意识的业务管理行为，它是为某种特定的目的而进行的。

2）具有特定的方向性。酒店信息的传递总是遵循特定的传输通道，沿着规定的轨迹运动，并最终实现指定的目标。这一特征是由其明确的目的性特征所决定的。

3）运动过程受系统目标控制。酒店信息传递遵循规定的目标轨迹运动，在传递过程中不能偏离系统目标，必须在时间上和空间上进行有目的的控制。

4）具有连续性。酒店信息的传递随着酒店经营管理活动的开展而持续，在时间上是不间断的。

（2）酒店信息传递的原则。酒店信息传递的原则包括：快速性原则，可靠性原则，针对性、适用性原则，保密性原则。

（3）影响酒店信息传递的因素。要实现酒店信息的有效传输，首先要研究影响信息传输有效性的因素。从酒店信息传输的全过程来看，影响传输有效性的主要障碍是噪声和畸变。

信息在整个传输过程中所受到的一系列干扰都称为噪声。畸变是指在信息传输过程中发生偏差或走样，使信息改变了原来面貌而出现畸形，畸变也称为信息失真。

在酒店信息传输过程中，要尽量避免产生噪声和畸变。

（4）提高酒店信息传递有效性的措施。酒店信息范围广泛，进行酒店信息传输时，除了要解决噪声和畸变问题外，还要不断地克服传输中存在的其他障碍。这些障碍主要是语言文字障碍、专业知识障碍、各种人为障碍等。酒店企业要通过各种培训，提高信息工作人员的素质，克服语言文字障碍和专业知识障碍，通过管理体制改革和加强部门之间、人员之间的横向联系来克服各种人为的障碍。克服这些障碍的过程，是排除噪声、减少畸变的过程，也是提高酒店信息有效传输的过程。其具体措施如下：

1）改革酒店经营管理体制，精简机构，减少层次。

2）改变领导作风，改进工作方法，提高工作能力。

3）通过岗位技术培训，提高信息工作人员的知识水平和业务水平，使他们具备时代发展所要求的信息工作人员的综合素质。

4）健全信息传输系统，建立岗位责任制和信息工作流程，加强系统控制，使信息传输工作纳入现代化、科学化轨道。

5）采用先进的信息传输工具，选择适当的信息传输方式，提高信息传输的速度，明确酒店信息传输的目的。

（5）酒店业务流程三个环节的信息循环传递过程。酒店业务流程的三个主要环节分别是：各部门业务处理过程、账务处理过程和管理决策过程，这三个环节的信息循环传递过程如图10-7所示。

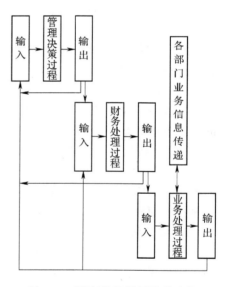

图10-7　酒店信息循环传递过程

二、酒店信息化与信息化酒店

随着信息技术的发展和普及，计算机及其他信息技术在酒店中的应用越来越多，越来越广，越来越深入。酒店信息化与建设信息化酒店已经成为酒店发展的重要方向之一。

酒店信息化的发展使以往的经营理念和竞争模式发生了很大变化。店内装潢、客房数量、房间设施等质量竞争和价格竞争将退居其次。酒店信息化主要体现在三个方面：①酒店管理者和决策者能够及时、准确地掌握酒店经营各个环节情况的信息技术；②针对酒店的经营，采用节省运营成本、提高运营质量和管理效率的信息化管理和控制技术；③直接面对客人所提供的信息化服务包括电子商务、智能管理和个性化服务。

（一）酒店信息化

现代酒店是旅游行业最先使用计算机信息技术且使用较成熟的企业。酒店管理者利用计算机自动化数据处理能力协助处理规范化的酒店业务数据,并且应用的计算机系统日趋完善。回顾酒店信息化的发展历史,国际酒店业信息化应用的产生与发展大体上经过了电算化阶段、自动化阶段、网络化阶段、集成化阶段和协同化阶段五个阶段。

国际酒店业信息协同化应用主要糅合了企业资源计划(ERP)、客户关系管理(CRM)、供应链管理(SCM)和电子商务的观点。从企业资源计划的角度,优化酒店价值链,对企业业务流程、组织结构再造,提升酒店管理水平;从供应链的角度,实现社会资源配置最优化,控制采购成本,保障供应质量;从客户关系管理和电子商务的角度,把企业关注的焦点逐渐转移到客户上来,帮助酒店最大限度地利用以客户为中心的资源,不断开发现有客户和潜在客户,通过改进客户价值、客户满意度以及客户的忠诚度,打造酒店竞争优势。

在我国,酒店业也是旅游业中最早对外开放的行业之一。20世纪80年代初,很多酒店就开始应用计算机网络技术进行内部信息管理和业务操作。今天,信息技术已广泛应用于前厅接待、收银、问询、客房预订、销售、餐饮、保安、报表、门锁等各个方面,已经有越来越多的酒店认识到旅游网络和电子商务所能带来的巨大商业利益。随着信息技术的广泛运用和不断更新,旅游酒店管理也应向更广、更深层次发展。

目前,高效运作的现代酒店在进行管理时,离不开信息技术的支持。信息技术能够协调酒店各部门的工作,做到高效、准确,同时又能减少员工的工作量,节省人力、物力,使组织机构扁平化、反应更灵活、迅速,在现代酒店活动中起着举足轻重的作用。网络信息咨询提供各种实时、详尽的参考资料,帮助决策者及时了解市场,准确把握形势,迅速做出准确判断。

随着互联网、电子商务、网络预订、网络宣传的发展与实用化,信息技术将世界推向了"让世界了解酒店""让酒店走向世界"的酒店管理新时代。同时,又使得酒店集团、单体酒店及各种规模的酒店在很多方面处于同一起跑线上。如何利用好信息技术整合新的酒店产品,怎样提高酒店信息化水平已成为影响酒店经营管理成败的关键因素之一。酒店信息化对酒店运作的影响主要有以下几个方面:

(1)利用信息技术与客户需求的有效集成,实现大众化、个性化、定制化、一对一的服务,使每个客人都成为VIP。

(2)更好地杜绝酒店管理过程中许多人为的弊端,如采购回扣、物流难以控制等。同时,可减少误差和失误等一些人工操作中难以避免的问题。

(3)改变服务和管理模式,实现电子点菜、电子预订、电子自助入住、自助查询、电子结算等。

(4)有效保障消防安全报警系统,包括中央监视、电子巡更、紧急呼救、可视对讲、停车安全和24小时保安在线等。

(5)建设网络化酒店,使服务与管理社会化。

(6)提供智能中控系统及Wi-Fi覆盖。

(7)建立电子商务平台,有效实现网上查询、网上发布、网上采购、网上销售、网上订房和网上订餐等。彻底改变传统营销模式,实现个性化营销和全球性营销服务。

综上所述,酒店信息化是酒店经营管理过程中全方位、全过程、全角度的信息化、技术化、网络化和现代化,不只包括计算机硬件、软件、信息技术、信息产品的应用和普及,还包括酒店经营管理模式的提高、创新、再造和完善过程以及人力资源培训、信息意识和信息技术利用水平的提高等,它是建立现代酒店的重要组成部分。

（二）信息化酒店

建设信息化酒店是酒店信息化的直接目标之一，是酒店信息化的外在表现形式。从目前来看，狭义的信息化酒店建设主体内容见表 10-1。

表 10-1　狭义的信息化酒店建设主体内容

前台管理系统	前台信息管理系统
	客人一卡通系统
	客人电子自助入住系统
	客人自助查询系统
房务管理系统	管家服务系统
	电视视频点播（VOD）系统
	智能化客房迷你吧管理系统
	客房 Internet 网络系统
	空调自动控制系统
餐饮管理系统	智能化餐饮成本控制系统
	电子菜单与电子点菜系统
	智能化餐饮销售控制系统
	智能化厨房出品管理系统
	智能化厨房顾客监控系统
	品牌餐饮多媒体促销系统
娱乐管理系统	视频点唱系统
	多媒体娱乐系统
消防安全管理系统	电子巡更系统
	智能化消防系统
	智能化监控系统
人力资源管理系统	员工一卡通系统
	人力资源智能库管理系统
	酒店 Internet 与员工网上园地
电子物流管理系统	智能化采购管理系统
	智能化仓库管理系统
	物流控制系统
财务管理系统	
办公自动化系统	
酒店 Internet	无线网络覆盖整个酒店区域
酒店 Extranet	
酒店网络宣传与预订系统	
酒店网络营销联盟系统	
酒店营销管理系统（含数据库营销系统）	
其他扩展的系统	

(三) 进行酒店信息化建设的要求

1. 外部环境日益复杂多变,要求信息的采集、分析和处理技术不断提高

世界经济全球化进程的加快,特别是快捷、准确的全球预订网络和旅游电子商务,使得酒店的经营管理建立在一个范围更广、效率更高、竞争也更为激烈的基础之上。企业所面临的竞争对手的时空概念发生了根本性变化,企业竞争的实质已经从产品、市场的竞争转向信息和时间的竞争。互联网的开放性、国际性和多媒体性使得酒店的经营范围扩展到全球,电子商务拓展了酒店业的竞争领域,使企业从常规的广告竞争、促销手段、产品设计等领域的竞争扩大到无形的虚拟竞争空间。传统的以市场为导向的营销模式转变为网络化的以宾客为导向的模式,从而加剧了市场竞争的激烈与深化。

2. 要求内部结构日趋灵活高效,更加强调信息的交流、共享和时效性

环境的复杂多变,要求企业的组织更富有弹性,其弹性主要反映在企业组织内部的沟通和组织之间的协调。信息技术可以通过提高组织的适应能力和反应能力来增强企业组织对外部环境反应的灵敏度,以及组织内部各部门之间沟通和协调的能力。在传统的酒店组织体系中,层级分明、中间层次过多,通过严格的分工形成纵向等级制的金字塔结构,决策信息从金字塔顶端向底部纵向一层一层地传递。网络时代信息化将使酒店的组织结构职能化分工向一体化、综合化方向发展,并形成以宾客为中心、以宾客为导向的新的组织结构体系。其管理信息的下达和获取均不需要通过中间层,从而将金字塔的组织结构压扁,形成一个扁平化的组织结构模式。其信息传输是全方位、立体式的,任何一个部门都能及时、便捷地发送和接收信息。酒店的高层管理者可以通过网络直接了解情况,把握动态,而一线员工也可以将最新的需求信息、服务情况及时向上反映。而且,网络为过去那些缺乏沟通的各部门业务人员提供了快速便捷的交流方式,从而使部门与部门之间可以更加协调、有效地开展工作。酒店营销战略的时效性、灵活性随之增强。

3. 要求酒店管理模式不断变更

信息技术的广泛运用使企业的内部管理更加公开化、民主化,传统酒店管理模式因此也将受到强烈冲击。网络的实时性特点要求酒店的管理更加务实、高效。信息技术的运用对酒店中的经营管理人员提出了更高的要求,不仅要求管理者要掌握科学的管理思想和管理方法,而且还要求其运用先进的手段处理每天日益复杂的内外部信息,正确及时地对客源市场信息做出反应,制定正确的经营决策。越来越多的酒店鼓励一线员工参与质量的改善,把更大的权力下放给员工,在对工作效率及服务质量有影响的日常工作方面,让员工更多地参与决策。这样,一方面员工有更高的积极性与责任感;另一方面酒店能更快速地对需求的变化做出正确的反应。运用现代信息技术在原有酒店管理系统上建立一个高效、互动、实时的内部信息管理系统,可以使原有组织结构打破部门界限,使用跨部门的团组,把决策权放到最基层。而酒店的整个服务过程,可以以宾客为中心来设计工作流程。在这个过程中,员工能够了解整个服务过程,了解他们的决策如何影响整个酒店的绩效。随着信息技术的不断更新和在酒店中的广泛应用,酒店管理的一个重要倾向是酒店员工与管理层之间建立一种战略伙伴关系。

目前,旅游电子商务的发展与应用再次推动了酒店的信息化建设,从客户管理、网络营销、组织结构与计算机辅助决策等多方面,对传统的酒店经营管理模式进行变革更新,全面提高企业的竞争力。新形势下,酒店的组织结构将呈现扁平化、柔性化的特点,信息化、网

络化、知识化的特征更加突出。学习型组织、网络型组织将成为未来酒店的主要形式。当前盛行的多种管理思想，如企业流程再造、虚拟企业、学习型组织等思想都同现代化计算机信息网络的出现和发展相联系。

第二节　酒店管理信息系统

经过几十年的发展，我国酒店业已成功地将管理信息系统引入酒店经营管理活动之中，酒店内部大部分数据信息的管理使用了计算机技术，是旅游业中计算机应用最成熟、最完善的行业。

一、酒店管理信息系统应用的优势

1. 加快信息处理速度，增强信息的准确度，提高酒店经营管理的效率

酒店管理实质上是对酒店运营过程中人流、物流、资金流、信息流的管理，计算机信息系统管理就其表现形式看是对酒店大量的常规性信息的输入、存储、处理和输出。因此，信息的处理速度大大加快，经营管理的效率也随之提高了，可以说计算机管理是人工管理的最大协助者。例如，每天对客房状况的统计，对订房信息、登记信息的记录，提供查询、为宾客提供结算账单等的业务量很大，用手工方式进行上述业务运作，速度慢，需要的人手多，出现错误的可能性也大，计算机管理则可以大大提高业务运作的速度和准确性。酒店管理信息系统可以简化员工经营管理活动的操作程序，减少工作强度。在该系统中，酒店员工对财务、工资、人事、库房、设备等的管理操作都简便易行，极大地降低了工作强度。

2. 压缩财务和人力资源成本，使酒店的经济效益得到提高

应用酒店管理系统，可通过节省大量的人力、物力，增加酒店的服务项目，提高酒店的服务档次，减少管理上的漏洞，从整体上提高酒店的经济效益。例如，完善的预订功能可以防止有房不能租或满房重订的情况出现，可以随时提供准确的房间使用和预订情况，从而提高客房出租率。客人费用的直接记账，可有效防止逃账的发生。完善的分析功能可用于市场销售，如确定宣传的重点地区和掌握价格的浮动等。此外，酒店管理信息系统可以帮助酒店正确控制房价，控制客人优惠，从而减少管理漏洞，提高客房收入。

在酒店管理信息系统的支持下，酒店管理机构可以得到精简。一方面可减少中间管理层次，实现扁平式酒店组织结构；另一方面，工作性质相近的部门可以合并，有利于节约人力资源成本，简化酒店经营管理的操作程序，提高效率。应用计算机管理信息系统还可以节省大量的物力，酒店业务信息化使酒店大量节省运营成本。一方面，酒店利用信息系统可以更好地统筹安排各项服务，最大限度地压缩因酒店产品闲置而造成的损失，并及时增加酒店的服务项目，提高酒店的服务档次，从总体上提高酒店的经济效益；另一方面，酒店的报表、库存、商场、餐厅等均可做到日清月结，处理及时，跑、冒、滴、漏问题得到根本解决。酒店还可以会同厂商研发一些网络控制系统和辅助设备，通过与酒店现有系统的连接，实现对酒店设备的远程控制。

3. 为酒店提供多方面的信息，有利于提供反馈，辅助酒店决策规划

酒店信息系统能提供完备的历史数据，又可提供各种分析模式，可使管理人员很方便地完成复杂的统计分析工作，并加强对酒店运营的内部控制，增强管理人员的控制决策水平。

全面的信息采集和处理可以辅助提高酒店的决策水平,面对市场的激烈竞争,要加强对各种营业指标进行预测分析,对酒店经济状况进行全面分析,而酒店计算机管理信息系统既能及时提供历史资料和当前数据,又能提供同期对比分析及其他分析的模式,使管理人员很方便地完成复杂的分析工作。酒店的管理者需要对酒店运营进行内部控制,如控制客房数量、餐饮原料数量、客房消耗品数量,由于酒店计算机管理信息系统提供了更加及时准确的信息和数据,因此它可以极大地帮助管理者做出控制决策。

4. 为宾客提供高效、方便的服务,有利于酒店实现"以客人为中心"的服务理念

由于计算机处理信息的速度很快,可以大大减少客人入住、结账的等候时间,提高对客人的服务质量。快速的客人信息查询手段,可使客人得到满意的答复。餐费、电话费、洗衣费等费用的一次性结账,不仅方便了客人,也提高了酒店的管理水平。回头客自动识别、黑名单客人自动报警、VIP客人鉴别等功能均有利于改善酒店的形象。清晰准确的账单、票据、表格,使客人获得高档次的享受。完善的预订系统,使客人的入住有充分的保证。完善的客史档案管理更使个性化服务得以很好的实施。利用计算机保存大量的客人历史资料,通过统计分析,可对常客或消费额达到一定数量的客人自动给予折扣;也可对客人的消费特点进行分析,总结出客人生活方面的要求和特点,研究如何为客人提供更合适的个性化服务,如安排房间、提供就餐等,甚至细致到给客人送什么报纸杂志、送什么生日礼品等。

酒店内的电子商务借助宽带网络成为现实,它把客人能够在网络平台上进行的所有活动,包括购物、订餐、订票和预订娱乐设施等,全部以多媒体指南的形式在客房内的终端机上呈现出来。这样,酒店服务被更直接地推销到客人身边。以客人在酒店购物为例,客人入住酒店后往往习惯留在客房内,而酒店内的商品部经营面积本来就很小,不可能让所有客人都像在超市一样方便地选购商品。但是,在网络的帮助下,客人却可以在自己的房间里进行网上购物,方便地选购酒店所提供的商品,而商品部也不再受到柜台区域的限制,可以发挥出其最大潜能。

二、酒店管理信息系统的结构和功能

科技手段是推动酒店企业管理升级的重要手段,运用酒店管理信息系统进行酒店业务经营管理是行业发展的必然趋势。酒店计算机管理信息系统不仅仅记录客人信息,提供查询统计,更重要的是系统本身能带来一种先进的管理方式,这种管理方式将带动整个企业的运作,所以说一套好的酒店计算机系统必须是一个管理型的系统。

(一) 系统结构

系统结构分为软件结构和硬件结构。

1. 软件结构

一般酒店管理信息系统的结构如图10-8所示。

(1) 前台管理子系统:可以分为散客预订子系统、团体预订子系统、散客接待子系统、团体接待子系统、问询子系统、结账子系统、稽核子系统、电话计费子系统。

(2) 客房管理子系统:可以分为房态管理子系统和客房消费收费子系统。

(3) 餐饮管理子系统:可以分为用餐预订子系统、菜单管理子系统、点菜子系统、账务处理子系统、客史档案管理子系统等。

(4) 康乐管理子系统:可以分为客人消费收费子系统、酒水管理子系统等。

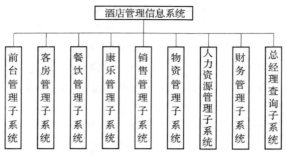

图 10-8　酒店管理信息系统的结构

（5）销售管理子系统：可分为客史（客户）档案管理子系统和数据库营销子系统。

（6）物资管理子系统：主要为库房管理系统。

（7）人力资源管理子系统：分为人事管理和工资管理两个子系统。

（8）财务管理子系统：符合一般财务系统规则。

（9）总经理查询子系统：分为查询子系统和经济信息分析子系统。

2. 硬件结构

酒店业务量较大，高度的信息资源共享将产生大量的数据资源流通，因此对网络的带宽有较高的要求，一般酒店可以采用交换式快速以太网技术、宽带网络技术介质，网络拓扑结构采用树形、星形连接，以减少非关键设备的单点失效对整个系统的影响。采用双机备份，确保系统数据安全。一般酒店管理信息系统网络拓扑结构如图 10-9 所示。

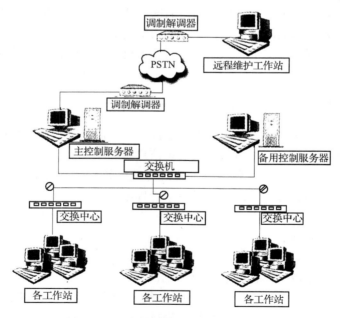

图 10-9　酒店管理信息系统网络拓扑结构

（二）系统功能

酒店管理信息系统的系统功能与系统结构密切相关，主要子系统基本功能既相互独立，又有联系。

1. 前台管理子系统

前台管理子系统较多，主要有预订、接待、问询、结账、稽核、电话计费等子系统。

（1）预订子系统（见图 10-10、图 10-11）：实现散客、团体、会议预订登记，实现对客房、餐饮、康乐、会议室等的预订。预订子系统应能查询客房、餐饮、康乐等子系统，了解客房、餐饮、康乐设施在未来特定时段内的占用或空闲状态。

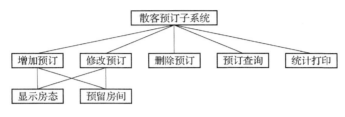

图 10-10　散客预订子系统功能结构

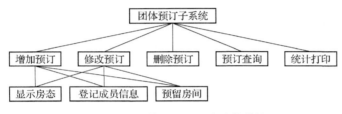

图 10-11　团体预订子系统功能结构

（2）接待子系统（见图 10-12、图 10-13）：主要完成散客、团体入住登记管理，设立客人姓名、性别、住店事由、入住日期、预计离店日期、房间号、换房记录等项目。

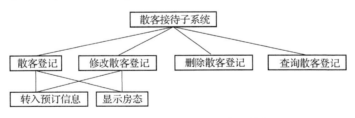

图 10-12　散客接待子系统功能结构

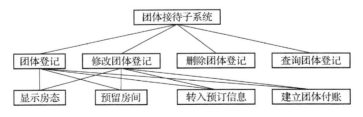

图 10-13　团体接待子系统功能结构

（3）问询子系统：提供酒店服务指南，供客人查询酒店所在的交通位置，酒店外景，酒店楼层平面分布，酒店内部客房、餐厅、KTV 包房、会议室的内景等，甚至可以查看各餐位的灯光效果、各种菜品的彩色照片等。

（4）结账子系统：提供散客、团体单项消费结账及一次性离店结账服务，具有预订金管理及杂项消费入账功能，能查询客人的账务情况并在欠账等情况下通知客人，结账时可以打印正式收据和账单明细。

（5）稽核子系统：一般具有核对房价、核对收入、过账、夜间处理、打印报表、查询等功能。

（6）电话计费子系统：与程控交换机连接，提供对自动电话计费、自动记录客人账目或结账、打印正式话费收据等的管理。

2. 客房管理子系统

提供对客房占用或空闲状态、客房物品种类及状态、客人姓名、客人留言、客人客房消费等的管理。客房管理子系统功能结构如图 10-14 所示。

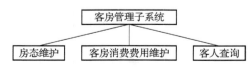

图 10-14　客房管理子系统功能结构

3. 餐饮管理子系统

餐饮管理子系统具有零点功能、宴会管理功能、酒水管理功能、信息查询功能、报表统计功能和餐饮账务管理功能。从目前来看，餐饮账务管理功能是最基本的系统功能，其系统功能结构如图 10-15 所示。

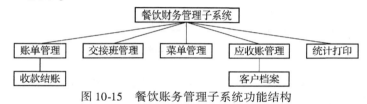

图 10-15　餐饮账务管理子系统功能结构

4. 康乐管理子系统

例如 KTV 包房，提供对点歌、乐曲播放、入账或结账等的管理。

5. 销售管理子系统

销售管理子系统包括客户档案管理、销售协议管理、Internet 接口等功能。

6. 物资管理子系统

物资管理子系统用于库存管理，可对每日出入库物品数量及金额进行管理，同时，自动控制物品的库存数量及金额，并可根据需要显示或打印出各种账目及统计报表。其功能结构如图 10-16 所示。

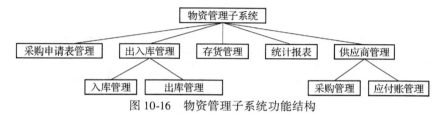

图 10-16　物资管理子系统功能结构

7. 人力资源管理子系统

人力资源管理子系统提供对员工姓名、性别、年龄、学历、职务、考勤、工作绩效、工资等的管理。其功能结构如图 10-17 所示。

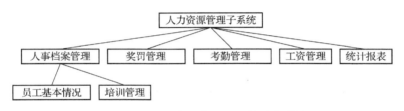

图 10-17 人力资源管理子系统功能结构

8. 财务管理子系统

财务管理子系统根据会计制度设置一级、二级明细科目,汇总入账,形成总账、各明细科目账,生成各种财务报表。其功能结构如图 10-18 所示。

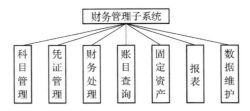

图 10-18 财务管理子系统功能结构

9. 总经理查询子系统

总经理查询子系统提供对客源、经营状况、内部管理等多方面的查询和统计分析,如客人年龄构成、酒店收入构成、酒店员工与房间数的配置比例等方面的统计分析。其功能结构如图 10-19 所示。

(三)酒店管理信息系统的扩展

酒店管理信息系统就系统本身来说已经发展得相当成熟,随着信息技术在酒店中应用的发展,系统的扩展速度很快,内容也更加深入。主要表现在前台管理子系统中预订子系统与 Internet 连接,构成酒店网上预订系统;企业内部网与公安局网络、银行系统、电视系统等连接,形成了基于 Internet 环境的酒店计算机管理信息系统。此外,部分酒店还实现了自己的 Intranet(企业内部网)和 Extranet,如图 10-20 所示。

图 10-19 总经理查询子系统功能结构

扩展后的基于 Internet 环境的酒店计算机管理信息系统主要具有以下功能:

(1)进行远程预订。

(2)进行互联网企业注册。

(3)通过计算机或 PDA[⊖] 远程访问企业网络,查询经营情况,发送电子邮件,进行运营控制。

(4)汇总传送企业集团经营数据。

(5)对外发送电子邮件,进行预订确认。签订销售、采购合同,发送订单、贺卡等。

⊖ PDA 为 Personal Digital Assistant 的简写,直译为个人数字助手。

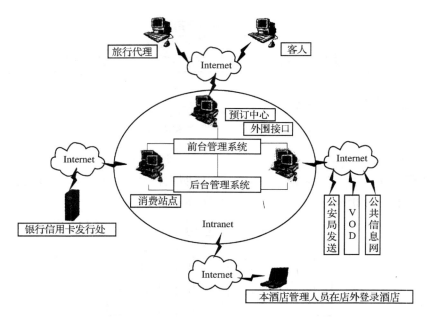

图 10-20　酒店管理信息系统的扩展（Internet/Intranet）

（6）进行电子促销，如客房、餐饮、娱乐销售。
（7）进行信用卡确认、支票确认、一卡通确认。
（8）实现电子对账，如银行电子对账、旅行代理电子对账。
（9）提供金融信息查询，如汇率、股市行情、政策法规。
（10）查询商情信息、旅游信息、时事政治信息。

扩展后的酒店 Intranet 计算机管理信息系统主要具有以下功能：
（1）发布企业规章、政策、人事制度。
（2）作为企业动态数据库（DBS）。
（3）发布企业文化。
（4）发布经营数据。
（5）作为电子论坛。
（6）审批文件。
（7）建立、保存、打印文档。
（8）划分层次，划分部门。
（9）按责权查询信息。
（10）利用内部电子邮件进行数据通信。

最后要说明的是，酒店管理信息系统的好坏取决于酒店系统开发人员是否具备酒店行业先进的管理思想以及该系统是否与自己的酒店管理模式相协调，这是学习酒店管理信息系统时必须理解的一个问题。从目前来看，国际管理模式的特点是：具有严谨的财务体系和层次分明的核算方法；以销售为龙头，重视历史数据的使用；采用灵活多样的预订和数据库营销理念；实施动态的房态控制；全面统计、分析数据；酒店前台紧紧围绕财务这个核心。总之，管理细致、控制严格、功能全面，实现实时、动态、一体化管理是酒店管理信息系统应该具有的基本功能。

第三节　酒店网上预订系统

酒店业要提高国际竞争力,参与国际市场的竞争,必须赶上信息时代的发展形势,广泛利用网络进行宣传促销活动。因此,打破酒店传统的营销预订方式,加速发展网上预订系统,成为我国酒店业持续、健康发展的重要任务。

近两年来,网民构成了酒店营销的一个不可忽视的市场。除了网民人数这个绝对数目的急剧增长外,至少还有两个理由加强了这个市场的诱惑力:①网民多数是受过高等教育,并有较高收入的群体,如公务员、公司管理人员、技术人员、自由职业者等,这个群体对酒店市场具有相当大的购买力;②网络正在改变人们的生活习惯,比如订房,目前越来越多的人采用网络订房,酒店也越来越依靠预订系统进行营销。

一、酒店预订方式

酒店产品的特性决定了客房预订(即提前销售)是酒店经营管理的一项重要内容。随着市场竞争的加剧,酒店预订系统的作用日益明显。酒店预订的方式大体上可分为传统方式和网络方式两种。

1. 传统方式

传统酒店预订方式主要包括当面预订、信函预订、电报预订、电话预订、传真预订等,主要是在各地设立订房中心、销售办事处,通过免费电话(或者是拨打国际长途只收市内电话费)和传真接受客人的预订。采取这些方式所需的投入较少,但存在一些不足与缺陷。对酒店来说,只适用于回头客或对酒店有充分了解的消费者,促进销售的意义不甚明显,容易造成客房资源的大量闲置,进而影响整个行业的整体资源浪费;对消费者来说,选择范围小,经济性不能得到保证,方便、快捷程度较低。

2. 网络方式

网络预订是随着现代信息技术的发展而出现的一种现代预订方式,特别是随着移动互联网技术的普及,它能有效地解决传统预订方式的种种弊端,受到国内外酒店业界的高度重视,因此它在酒店国际化的过程中扮演着"市场拓展"与"保持市场份额"的重要角色。计算机订房网络系统的优势在于以下几个方面:

(1) 极大地方便旅客。当一位旅客要到外地或外国旅游时,他只需通过计算机"链接"订房网络就可以快速完成客房预订。这种方式让旅客有多种选择,既方便,又能保持私密性。

(2) 赢得旅客的信赖。旅客在预订客房时,不仅要做价格、设施、服务、口碑等方面的比较,更关注该酒店的预订销售网络。因为销售网络的规模反映了连锁酒店的经营规模和整体实力。网络是效率最高的信息传递系统,可以极大地弥补酒店产品难以展示的不足。网络可以逐步提高客人对酒店的知晓度、认可度、信任度和忠诚度。凡拥有全球订房网络的酒店,其市场营销更容易获得客人的信任,也增强了其市场营销的核心竞争力。

(3) 酒店信息的时效性强。一般的媒介系统,如电视、电台、报纸、户外广告,传递和反馈信息都有滞后期和局限性,并存在即时性的技术障碍。有的难以更新,有的更新周期较长，有的只能在局部范围内传播。而网络是全球性的，是一种人机交互系统，可以即时变更信息，并得到瞬时反馈。

二、酒店网上预订系统

（一）酒店网上预订系统的目标

酒店网上预订系统可以为旅游市场（消费者市场和组织市场）提供当地各类酒店的查询、预订服务，最大限度地沟通酒店与消费者之间的关系，为全球各地的消费者提供异地查询预订服务；在重要的车站、码头、机场设立服务窗口，为无法进行异地查询预订的消费者提供落地服务。

（二）酒店网上预订系统设计的基本思路

1. 系统设计原则

根据当前国内外旅游信息系统发展的现状和趋势，以及酒店预订业务的需求，酒店网上预订系统的设计应做到以下几个方面：

（1）动态性。充分考虑酒店与旅游市场之间的双向沟通，实现便捷的网上预订。网上所有数据实行动态管理。

（2）开放性。注重系统总体方案设计。在网络操作系统和数据库选型方面重点考虑标准、开放的原则，搭建灵活、可扩充的应用系统平台，确保与国际 CRS、GDS 等外部预订网络及 Internet 接轨。

（3）先进性。采用先进的系统结构和高起点的计算机通信技术，如数字高清电视系统、多媒体等。

（4）实用性。在考虑先进和完善的基础上，考虑实用性，满足旅游企业种类众多的管理层次和模式的不同需求，力求用户界面美观大方，操作简便、实用。

（5）可靠性。要有数据备份、数据日志管理、故障处理等功能。主机要具有备份功能，要选择可靠性高的硬件设备，并采用操作权限控制、密码控制、系统网络监督等手段。

（6）通用性。参数初始化定义和生成方式保证普遍适用性，如房况参数、消费者国籍（地区）、性别、团队代码等参数要统一标准。

（7）可扩充性和可维护性。软件结构和模块构造有较好的可扩充性和可维护性；硬件方面，分站系统结构首选微型计算机局域网（PCLAN）结构，拓扑结构选择星形。

（8）经济性。网络硬件基础结构尽量使用增值方式，不需另建专用物理网络信道。

2. 系统实体逻辑模型

（1）系统实体逻辑模型设计。酒店网上预订系统由酒店内部管理系统、窗口服务中心、网络管理中心、信息管理中心、电话信息台及 Internet 用户、电话用户等组成。网络管理中心负责酒店客房资源数据库的维护、Internet 网站的维护、入网酒店的注册和注销；窗口服务中心负责接待无法直接上网预订的用户；酒店内部管理系统负责酒店主页信息的维护和客人的抵店、离店处理。酒店网上预订系统实体逻辑模型结构如图 10-21 所示。

（2）系统结构。系统结构类似于一个普通的 Internet 服务提供者（ISP），利用宽带接入技术，保证各入网酒店与网络管理中心之间的高速和不间断的通信能力，避免通过拨号入网方式的长延时所造成的数据库数据不一致的问题。另外，通过语音接口处理板和语音数据库服务器，处理来自公共交换电话网络（PSTN）的查询和预订。系统结构如图 10-22 所示。

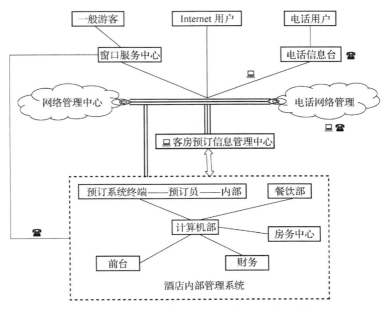

图 10-21　酒店网上预订系统实体逻辑模型结构

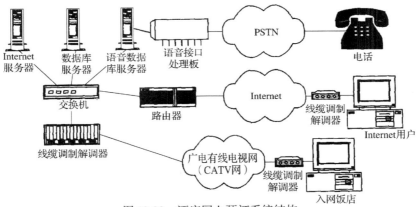

图 10-22　酒店网上预订系统结构

（3）系统功能模块结构。系统功能模块由用户查询子系统、预订中心子系统、酒店管理中心子系统和网络管理中心子系统构成，如图 10-23 所示。

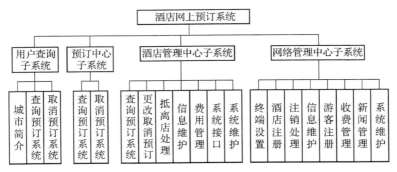

图 10-23　酒店网上预订系统功能模块结构

3. 网络系统

酒店网上预订系统是一个利用 Internet 技术开发的客房资源动态预订系统。首先，该系统应建立在 Internet 上，因此需在网上申请独立的域名并设立网络管理中心，在各入网酒店设立酒店管理中心，在当地火车站设立一个预订中心。

在网络管理中心子系统，建立域名服务器，进行域名解析；建立数据库服务器，负责管理各入网酒店的客房资源信息；建立 WWW 服务器，利用 WWW 方式发布动态客房资源信息，并可实时查询和预订；建立电子邮件服务器，负责处理整个网络上的邮件传递和与 Internet 的邮件传递；建立代理服务器，进行地址转换和 Internet 访问控制、计费。大容量服务器和高速宽带传输，大大提升了网络预订的效率。

4. 软件配置

基于 Web 服务器／客户浏览模式的 WWW 服务是一种最基本的 Internet 服务。要实现在 Internet 上查询预订酒店客房，可采用 Web 服务器／客户浏览模式：客户端接受用户输入的信息，将信息以合适的方式送到服务器。服务器调用相应的应用程序，依据客户端的请求对存放在服务器上的由酒店信息形成的数据库进行相应操作，并将处理结果送至客户端。

（三）酒店网上预订数据的处理流程

1. 酒店信息发布与用户查询流程

酒店信息发布流程主要包括旅游酒店登录、发布本酒店客房房价及相关详细信息，同时说明本次价格发布的有效期。房价可分为平季价格、旺季价格、淡季价格，对散客和旅行社报价。

用户查询流程包括旅游者、旅行社访问酒店预订系统平台，按一定的条件和次序检索查询，查到符合条件的酒店列表，单击酒店信息列表名称和价格，查出自己需要的酒店介绍和详细价格等信息。酒店信息发布与用户查询流程如图 10-24 所示。

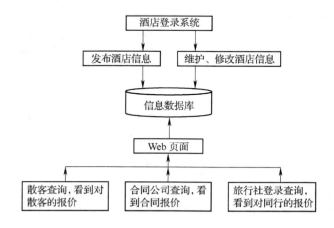

图 10-24　酒店信息发布与用户查询流程

2. 用户预订数据处理流程

（1）散客/合同公司/旅行社在 Web 前端登录。

（2）酒店查询：按目的地、价位、档次、酒店位置等进行查询。

（3）酒店信息了解与酒店选择：查看酒店详细信息，做出预订选择。

（4）预订：按程序要求填写订单和用户名、密码等信息，提交订单。

（5）订单入库：在经过用户信息校验和系统按预订要求自动检查后，订单进入订单数据库，并标记为原始记录，等待系统（自动和人工）鉴别，同时系统自动（或人工）给预订者发送电子邮件表示收到订单。

（6）预订系统后台处理：酒店预订人员登录系统，查看当日新订单。

（7）对新订单筛选，删除假订单和恶意预订订单。

（8）对真实订单以电子邮件、电话、传真等形式通知预订者，达到确认目的。

（9）散客/合同公司/旅行社确认，预订成功。

（10）订单后期处理。

（四）酒店网上预订系统网站建设方式选择

酒店网上预订系统网站建设一般分为酒店自建网站、加盟酒店预订网络联盟和加入当地城市旅游信息网三种方式。酒店自建网站投资大，管理困难，对技术人员的要求高，其服务器建设与管理又可分为自建自管、自建托管、租用虚拟主机等形式。酒店网上预订系统网站建设三种方式各有其优缺点，见表10-2。

表10-2　酒店网上预订系统网站建设三种方式比较

建设方式		优　点	缺　点
酒店自建网站	自建自管	• 作为企业的宣传促销窗口，增强企业形象 • 可体现整体营销理念 • 对网站结构和内容有自主控制能力	• 人力、物力、财力投入大，风险较大 • 专业人员缺乏，日常维护费用很高，宣传费用高 • 网站硬件系统档次一般较低 • 网站知名度低，访问量少 • 宣传效果较差 • 网站建设周期长
	自建托管		
	租用虚拟主机		
加盟酒店预订网络联盟		• 无须自备技术力量 • 设备投入少 • 费用经济，只需交纳会员费用和预订金 • 网站建设简单，周期短 • 易于进行市场开发 • 可进入网络营销主流系统	• 酒店信息格式标准化，难以体现酒店个性信息 • 酒店信息多且雷同，不易引起访问者注意
加入当地城市旅游信息网		• 可得到政府的支持 • 权威性和可信度强 • 可与本地旅游资源组合宣传 • 旅游信息表现形式多，类型全 • 可参加城市或政府整体推出的宣传营销活动	• 浏览量无法保障 • 市场目标性不强

第四节　信息系统在酒店中的其他应用

一、IC卡技术在酒店管理中的应用

IC卡是集成电路卡（Integrated Circuit Card）的英文简称，它是一种将具有微处理器及大容量存储器的集成电路芯片嵌装于塑料等基片上而制成的卡片，在有些国家也称之为智能

卡、智慧卡、微芯片卡等。相对于其他种类的卡来说，IC卡具有存储量大、使用寿命长、安全可靠、对网络要求不高的特点。IC卡的安全可靠性使其在应用中对计算机网络的实时性、敏感性要求降低，适于进行脱机操作。从全球范围看，现在IC卡的应用范围已不再局限于早期的通信领域，而广泛地应用于金融财务、社会保险、交通旅游、医疗卫生、政府行政、商品零售、休闲娱乐、学校管理及其他领域。

1. IC卡电子门锁系统与酒店计算机管理系统的结合

以IC卡作为"钥匙"的电子门锁系统，以其安全可靠、使用方便等优势，在宾馆酒店中得到了广泛的应用。以前大多数IC卡电子门锁系统与酒店计算机管理系统是两套各自独立的系统。这种结构使IC卡只能用做房门钥匙，未能使IC卡的优势和特点得到充分的发挥。目前已经实现了IC卡电子门锁系统与酒店计算机管理系统合二为一的IC卡酒店管理系统，使一卡多用成为现实。该系统可实现整个酒店的出入口、客房门锁、消费、娱乐一卡通用，使各消费点的收费和记账实现自动化管理。

酒店实现"一卡通"管理后，可以进行科学的统一管理。取消独立的IC卡"钥匙"发行系统，不但节约了设备，同时也免去了操作人员重复录入的操作负担、减少了发卡过程中可能出现的人为错误。IC卡不只作为门钥匙，也可作为消费卡、优惠卡、会员卡等供宾客长期使用。IC卡的使用可减少酒店内部现金的流通，堵塞可能的漏洞，减少人为挂账的错误，提高工作效率，减轻劳动强度。IC卡的使用也方便了宾客消费，可使宾客得到合理的优惠，吸引更多的回头客。另外，由于IC卡的安全性及整个系统是建立在计算机实时网络之上的，从而可最大限度地减少漏账和跑账，提高酒店的经济效益。

2. 酒店"一卡通"管理系统的实现

酒店"一卡通"管理系统一般由IC卡电子门锁系统、IC卡电子门锁发卡系统、IC卡消费系统、酒店计算机管理系统和客房相关设备等构成。系统结构如图10-25所示。

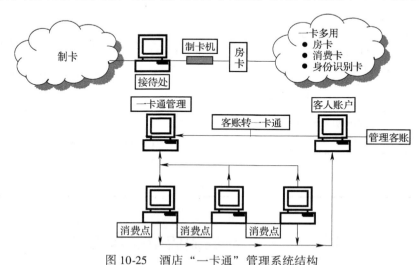

图10-25 酒店"一卡通"管理系统结构

二、客房VOD视频服务系统

客房VOD视频服务系统是目前酒店信息化的热点技术之一。它通过电视屏幕界面和极其简单的操作向用户提供交互式的信息服务，包括影视节目、卡拉 OK、音乐、广告和培训等。酒店使用 VOD 系统服务后，客人可以通过遥控器和电视机享受系统提供的影视点播和多种个性化的服务。酒店可通过点播收费、客房基本收费及向发布信息的单位收取信息费而获取收益。一般客房 VOD 视频服务系统的功能主要有以下几种：

（1）开机欢迎界面。
（2）影视节目轮播。
（3）旅游信息服务。
（4）酒店服务指南。
（5）网络点菜、订票和购买。
（6）账单查询及电子留言。
（7）音乐欣赏。
（8）产品信息发布。

三、电子菜单与电子点菜

菜单设计是一项复杂而细致的工作，它体现了酒店的管理水平和菜肴特色及厨师水平，对餐饮产品的推销起着至关重要的作用。由于传统的点菜方式纯属人工操作，人为的错误严重影响工作效率，同时，烦琐而重复的点餐程序也为客人带来了很大不便。利用无线全智能的餐饮信息服务系统，可完成从配菜、炒菜到传菜的全部管理过程。

传统菜单在品种、类别、定价、方案设计、有形展示以及美术设计等方面都进行了大量卓有成效的工作，基于多媒体技术的电子菜单使之更加丰富多彩。

（一）电子菜单的内容

（1）编码与分类。每一道菜肴不管如何组合都有其独立的编码，并根据菜肴特性及类别进行多级分类。

（2）名称。名称可分为菜肴全称或原材料和烹调方法组合名称。一般菜肴全称多用于酒店的特色菜肴或常见菜肴。

（3）价格。电子菜肴价格分为小、中、大盘价，个位价以及重量价。小、中、大盘价，个位价一般由成本控制部门根据酒店的毛利率以及对原、辅材料的成本进行核定后，输入价格；重量价一般为时价，其价格由进货价及设定毛利率自动生成，随进货价变化而变化。

（4）菜肴类别。电子菜单分为团队菜单、零点菜单和厨师特价菜单等不同功能、不同模式的菜单。

（二）电子菜单和电子点菜的功能

（1）多层次个性化组合。由于电子菜单的多层次性和灵活性，客人可以根据自己的口味对菜肴进行实时组合。例如，单击"豆腐"后，系统就会出现"红烧""麻婆""干炸""酿制"等多种烹调方法，客人可根据自己的口味进行"红烧豆腐"或是"麻婆豆腐"的菜式组合。同时，系统还可实现深层次的组合。例如，对"大龙虾"，可选择"奶油焗""清蒸""蒜蓉焗""蛋黄焗"或"刺身"等；又如，选择"刺身龙虾"后，又会出现"龙虾肉刺身""龙虾尾"等与其他烹调方法的组合。对某些带麻辣味的菜肴，还可选择麻辣的程度。

（2）有形展示，明码标价。价格是影响餐馆销售的重要因素。由于电子菜单的展示性和标价特性，在整个点菜过程中，客人能很清楚地了解到菜单的总计价格。同时，对不了解的菜肴，还可以通过图片及文字了解到菜肴的色、形，以及主要原、辅材料的烹调方法。

（3）快速落单，及时上菜。由于网络的功能，厅面的菜肴及酒水的落单确认，能分别实时地传递到备餐间、厨房及吧台并打印出来，大大缩短了落单和人工传递的时间，提高了上菜速度。

（4）网上点菜。电子点菜的另一强大功能是网上点菜，客人可以通过互联网访问酒店网站，实现网上点菜功能。

[关键概念]

酒店信息　酒店信息管理　酒店信息化　酒店管理信息系统
酒店网上预订系统

[课堂讨论]

1. 酒店信息系统哪些地方需要完善和更新？
2. 信息化社会对酒店经营管理产生了怎样的影响？
3. 想一想，信息技术在酒店业中还有哪些应用？

[复习思考]

1. 什么是酒店信息？
2. 酒店信息的特征及作用各有哪些？
3. 酒店信息管理的特点有哪些？
4. 酒店信息是如何处理的？
5. 进行酒店信息管理应注意什么问题？
6. 酒店信息化对酒店运作有哪些影响？
7. 信息化酒店建设主要包括哪些内容？
8. 酒店管理信息系统在应用中有什么优势？
9. 简述酒店管理信息系统的结构。
10. 简述酒店网上预订系统的目标和系统设计原则。
11. 酒店网上预订系统的网站建设有哪些方式？它们之间有何区别？
12. 信息系统在酒店管理中还有哪些应用？

[拓展训练]

组织学生了解当地酒店的入住和预订系统。

下篇

酒店产品品牌提升的管理

几个世纪以来,酒店大都以单体的形式存在。虽然少数的经营者也具有树立并宣传自己酒店品牌的意识,但是由于酒店本身不可移动的特性,又囿于特定区域的酒店品牌一直没有得到足够数量的消费者的认可,因此酒店业在相当长的一段时间内都未实现经营体制的突破。但在经济全球化和需求多样化的影响下,伴随着酒店联号在全球范围内的扩张,国际酒店业的品牌经营已经从过去的单一品牌的区域内经营转化为现在的多品牌跨国经营,使针对每一个细分市场的每一类酒店都具有自己独特的品牌,并最终形成了成熟、庞大的品牌体系。例如,我们熟悉的凯悦(Hyatt)酒店集团、万豪(Marriott)国际集团、洲际(InterContinental)酒店集团、希尔顿(Hilton)集团、雅高(Accor)酒店集团、圣达特(Cendant)国际集团、香格里拉(Shangri-La)酒店集团、半岛(The Peninsula)酒店集团等无不拥有众多的酒店品牌,形成庞大的品牌体系,存在于我们的生活当中。

21世纪经济全球化以及市场经济的高度发展使得国际酒店集团之间的竞争由价格竞争、质量竞争、规模竞争转向了品牌竞争。品牌竞争极大地加速了国际著名酒店集团扩张全球市场的步伐。纵观世界著名酒店的发展历程,品牌在酒店核心竞争力塑造以及在拓展市场网络中扮演着极其重要的角色。

本篇基于品牌视角,共分为酒店战略管理、酒店文化建设、酒店品牌打造三章,旨在通过对这三章的学习,学生掌握提升品牌竞争力的策略,了解酒店运营品牌提升酒店竞争力的意义。

第十一章 酒店战略管理

[学习目标]

本章重点讨论酒店战略管理的基础理论,通过对本章的学习,学生要认识战略的概念、特征、层次及过程,了解企业集团的一般理论和经营战略、国外酒店集团的组织形式及其经营战略,掌握酒店发展的三种基本发展战略、酒店的竞争战略和我国酒店企业在发展过程中应着重关注的经营战略。

◆ [案例导入]

经济型酒店开创者锦江之星谋转型,欲凭白玉兰品牌再造新市场

1997年,锦江之星锦江乐园店在上海开业,这是国内的第一家经济型酒店,当时的客房均价是158元。20多年过去了,这家被业内誉为中国经济型连锁酒店原点的门店,在升级成为"白玉兰"品牌之后,房价与同期对比提升了30%多。在增速放缓、租赁物业到期、租金人工上涨、入住率和客房平均收益下滑的市场环境下,经济型酒店的黄金时代一去不返,从业者在现有的存量物业上动脑筋,换牌翻新或改建客房价较高的新酒店,一来顺应消费升级的时代和市场,二来给已显现衰退之势的经济型酒店寻找转型出路和新的盈利增长点。因此,锦江之星也着手进行改版升级,重新拥抱市场。

1. 锦江之星转型为何弃中端酒店,选择优选服务?

锦江之星旅馆有限公司首席执行官(CEO)昝琳女士透露,优选服务酒店介于中端酒店和经济型酒店之间,主要是看中二者之间的蓝海市场,顺势弥补经济型酒店产品的不足和中端酒店市场的短板。

从锦江之星到白玉兰的转变,并非简单地进行翻牌,而是从硬件、软装、公区和客房的重新设计,到配套服务和设施的创新,乃至品牌形象和行销方式的全面转变,这是一次全方位的蜕变。

近几年,酒店市场流行一种论调——经济型酒店转型中端酒店是未来酒店业的头等大事,也有业内人士认为,中端酒店会是未来酒店市场的刚需。作为经济型酒店的开创者,锦江之星之举另辟蹊径,放弃转型升级为中端酒店,而是选择打造优选服务酒店。

"作为一个经济型酒店,如果和中高端型酒店拼市场,锦江之星在物业条件方面有一定的局限性。而且现在各大品牌都争相涌入中端市场,蓝海已经变成红海。我们不想在中端市场盲目跟随,而是提出以服务提升和产品功能提升为核心的细分市场概念,在原本略显粗犷的市场划分中,找到新的细分市场定位,来服务这个市场的消费人群。"昝琳女士对锦江之星的转型升级为优选服务酒店如此表示。

2. "优选服务酒店"能否引发投资新热点?

优选服务酒店的准入门槛比中端酒店的门槛低,对业主而言投资压力小一些,但盈利能力却接近中端酒店。这对业主和加盟商而言无疑是巨大的利好。作为锦江之星顺势转型之作,白玉兰自2017年10月发布,到2018年第二季度末,品牌总储备项目已接近百家。继在桂林阳朔西街的酒店开业之后,"白玉兰"位于惠州、葫芦岛、潍坊、海口等地的新店陆续开业。截至目前,"白玉兰"共正式开业9家门店,平均出租率达到87%,平均房价最高达到346元,比升级之前的锦江之星平均房价同期上涨31%(价格涨幅超过100元)。RevPAR[①]都显著高于周边经济型酒店,客户在各大渠道上进行了褒奖。

目前,"白玉兰"品牌未来的发展策略是以一、二线城市和三线城市的核心位置为主要区位地段,并有选择性地进入有特色的四线及以下城市。未来,锦江之星将会加快升级转型的力度和速度,而"白玉兰"品牌也计划在3~4年发展至300家以上。"白玉兰"通过优化产品设计和建造流程,使造价在经济型酒店的基础上降低20%,通过调整产品和提升舒适度使客房房价上升20%,通过降低运营费用、建造费用,提升营业收入使投资回报期缩短40%。"我们希望能够将市场发展的新趋势,将客户消费需求的新痛点,将更具投资价值的酒店产品,分享给我们的合作伙伴,携手共创新的业务增长点。"昝琳女士表示。

据悉,"白玉兰"品牌新建酒店单房造价控制在8万元左右,而翻牌改建酒店的单房造价约为4万元。"两降一升"使"白玉兰"品牌更加务实、更接地气,投资者也能共享红利。

3. 经济型酒店转型"生活方式"酒店成住宿业主流

锦江之星"白玉兰"酒店正属于迎合时下市场"生活方式"范畴的酒店品牌。它以酒店空间为核心,围绕娱乐、办公、社交功能提升客户在酒店停留期间的旅宿体验。在空间设计上,"白玉兰"整体装修以淡清蓝为主色调,从酒店大堂到客房明亮清新,很明显是冲着千禧一代消费者的需求设计的。昝琳女士介绍,该品牌核心主打灵动空间,即打造一个专属于消费者的城市会客厅,让住宿的消费者从客房走出来,路上的行人走进来,无论是办公、会客抑或是社交的需求,都可以在酒店大堂区进行。"白玉兰"品牌要构建的是一个结合咖啡、书籍、文创等的综合体。

为构建酒店品牌的生活圈,"白玉兰"品牌塑造文创IP"兰先生"和"玉小姐",与技术和会员优势强劲的WeHotel齐程网合作打造智慧客房,跨界与爱奇艺、汪裕泰茶叶等品牌合作,多维度发力经营品牌的精致生活调性。在做"白玉兰"这个全新的品牌

[①] RevPAR 是 Revenue Per Available Room 的简写,是指每间可供租出客房产生的平均营业收入。

时，无论产品的研发还是形象塑造的方式，锦江之星都已经跳出了经济型酒店的范畴，迎合市场的同时提升消费者旅行住宿的体验。酒店业市场从以前的注重功能向现在的注重体验转变，"生活方式"类酒店的存在让酒店摆脱了旅行住宿地的定义，成为旅行本身。作为酒店业的创新点，"生活方式"让传统酒店摆脱单一提供住宿的角色，逐渐发展成为旅游目的地和吸引消费者前来体验的筹码。"这一新趋势首先是酒店业各大品牌顺应新一代消费者需求做出的与时俱进的改变，是被动适应市场的结果，但同时也是高明的酒店集团主动引导市场需求的结果。"华美酒店顾问机构首席知识官、高级经济师赵焕焱先生表示。布局"生活方式"的酒店不胜枚举，战场也已进入白热化阶段，足见"生活方式"酒店市场的价值潜力和吸引力巨大。但若盲目跟风，也会陷入新一轮的同质化局面，如何让消费者认识到品牌所传递的生活方式与其他酒店的不同，敏锐地捕捉到消费者生活方式的变化与期待，从而做出有市场共鸣的旅宿产品，留住消费者是一大挑战。

第一节　酒店内外部环境分析

一、酒店的外部环境

酒店的外部环境是指酒店在经营过程中不能自身调节和控制的那些不可控因素。它主要是指酒店经营所面临的竞争者和自然、社会、经济和政治等条件。

研究酒店的外部环境，有利于发现酒店在未来发展过程中存在的机会和威胁，为制定酒店的经营战略奠定基础。根据外部环境对酒店经营影响的大小程度，可以将其分为直接因素和间接因素两大类。

（一）直接因素

直接因素又称为微观环境因素，是指对酒店经营发展有利害关系的环境因素。直接因素主要有市场因素、竞争因素、经济因素和政策因素等。

1. 市场因素

这是外部环境中最主要的因素。这个因素的主体是顾客（包括政府和社会团体），它是形成酒店市场的最基本因素。市场因素包括：市场的需求量，潜在的需求和需求变化的趋势，顾客的需求和特点，以及他们的爱好、消费水平、消费动机和习惯等。

2. 竞争因素

这个因素的主体是竞争者。它包括：酒店业的现有数目，未来发展的趋势，主要竞争对手的产品种类、质量和价格；竞争对手的市场占有率和营销能力，它们的策略变化、动向及新进入的竞争对手的状况等。

3. 经济因素

它包括旅游目的地国家的经济实力、经济状况和旅游产生国的经济发展水平等。前者决定了社会能向酒店业提供多少人力、财力和物力，使之具有多大规模的接待能力；后者决定了旅游产生国居民的生活水平，他们具有多大规模的经济能力出外进行旅游和到酒店消费。

4. 政策因素

这个因素的主体是政府。它包括政府的产业政策、税收政策、外汇政策、投资政策及有关的法律、法令对社会团体的要求等。

酒店是处在一定产业（行业）领域中进行经营的，因此，必须对构成和影响该行业的环境因素进行研究。同时，还应对所在地区的环境进行研究。

（二）间接因素

间接因素是属于更大范围的环境因素，一般是指宏观环境因素。这些因素往往通过直接因素反映出来。有些虽然不会立即发挥作用，但会产生深远的影响。

1. 宏观经济因素

宏观经济因素，如国民收入、产业结构、财政、金融、物价等。

2. 政治法律因素

政治法律因素，如政治环境，对外关系，国家的法律、方针、政策等。

3. 社会人文因素

社会人文因素，如人口数量、人口构成、职业构成、文化、信仰、风俗习惯等。

4. 科技因素

科技因素，如科技发展水平等。

二、酒店的内部环境

酒店的内部环境也称酒店内部条件，它是构成酒店内部生产经营过程的各种要素，并且体现为酒店总体的经营能力，如酒店的领导指挥能力、协同能力、应变能力、竞争能力、获利能力、开发创新能力等。酒店内部环境是可控因素，可以通过努力，创造和提高酒店能力；但也可能由于管理不善而失控和削弱。酒店的内部环境可从不同分类角度分为两大类。

（一）按构成要素划分

按构成要素划分，酒店内部环境可以分为人、财、物、技术和信息五个方面。

1. 人力资源因素

这是构成酒店内部环境中最基本和最具活力的因素。它包括领导人员的素质，管理人员、工程技术人员的素质和服务人员的素质。这些人员的素质包括政治思想素质、品德素质、文化素质、能力素质、心理素质、身体素质以及人员构成的状况，既包括个人的素质，也包括群体的素质。

2. 资金因素

它反映酒店的财力状况，包括酒店所拥有的资本金和公积金、资产负债状况、固定资产和流动资金状况、酒店的信贷能力和筹建能力等。

3. 物的因素

它包括两个方面：技术装备质量和劳动对象质量。技术装备质量是酒店进行生产经营活动的技术基础，包括现有装备的数量、技术性能、技术先进程度、磨损程度以及它们之间的构成和配套状况，它们的生产效率等。酒店的技术装备是酒店经营的凭借和依托，是酒店经营活动的必要条件，其质量高低直接影响酒店的工作效率、产品质量、管理水平和经济效益。客人对酒店技术装备质量和性能要求较高，这就促使酒店必须缩短技术装备的更新、改造周期。因此，与其他行业相比，酒店提高技术装备质量，就显得更为重要。劳动对象质量包括各种主要原材料、关键零部件和配套件、燃料和动力类物资供应的来源和供应的质量，以及酒店本身所拥有的资源状况等。

4. 技术因素

它包括酒店工程技术人员的技术水平以及服务人员的服务技能、服务技巧等。

5. 信息因素

它包括酒店所拥有的情报资料、用户资料、市场信息以及信息网络的构成状况等。

（二）按能力划分

按能力划分，酒店内部环境可以分为经营管理能力、应变能力、竞争能力、创新能力、接待能力、销售能力、获利能力、财务能力八个方面。

1. 经营管理能力

它包括酒店的领导能力、协同能力和内部的组织管理能力等，它能反映酒店整个经营机制是否充满生机和活力。

2. 应变能力

这是指酒店的产品能否适应市场需求变化的能力，其中酒店的产品包括酒店的经营方式、产品数量和质量、价格、信誉等。

3. 竞争能力

这是指同竞争对手相比较酒店所处的优势或劣势，如市场占有率、产品、成本、服务、销售渠道是否具有比竞争对手更为优越的地位和特色等。

4. 创新能力

它包括科学合理地组织酒店的业务经营活动，不断开拓新市场，创新产品，适应消费者的消费需求，实现管理现代化，谋求酒店发展的创新和自我发展能力。

5. 接待能力

它包括客房和餐厅的规模，厨房的生产能力和生产技术，酒店员工的工作效率，以及提高接待能力的策略等。

6. 销售能力

它包括销售网络、销售人员的数量和质量、运储能力、信息反馈以及所应用的促销策略等。它反映酒店是否具有较强大的经销力量。

7. 获利能力

这是指不断降低物质消耗，加强成本费用管理，力求以较少的投入取得较大的成果，使酒店盈利不断增长的能力。

8. 财务能力

它包括酒店的实有资本、资产负债的比例、流动资金的变动状况等。

第二节　酒店经营战略管理

一、酒店经营战略概述

（一）战略的概念

中国古代常称战略为谋、猷、韬略、方略、兵略等。西晋曾出现司马彪以"战略"命名的历史著作。英语中与"战略"相对应的词"strategy",源于希腊语"strategos",原意是"将兵术"或"将道"。近代,战略在世界各国先后发展成为军事科学的重要研究领域。企业经营作为一种博弈性的活动,和战争有类似的地方,但是经营和战争最大的不同就在于:战争是为消灭战争本身而进行的,战争的战略问题是为结束战争而规划的,它有一个终点的展望,而经营是为延续经营而进行的,希望能够永远地延续下去,这就使得企业的战略研究不能完全借用战争的战略模式,而体现出自身的独特性。

企业战略在第一层意义上,可以说是企业为了永续经营所做的筹划和谋略。"筹划和谋略"是企业的一种主观活动,企业作为一种营利性的组织,在市场竞争中获取收益是证明企业有继续存在下去的必要的证明。企业的发展深受环境变化的影响,环境可能给企业提供机遇,也可能给企业带来威胁,企业只有战胜威胁,把握机遇,才有永续经营的可能。"筹划和谋略"就是要主动地适应环境,从这个角度来说,战略是企业希望主动把握自己命运的一种主观努力,也是创造和提高企业价值,是对企业自身的一种经营。

企业价值的竞争优势由三个方面构成,即企业自身的资源状况、市场的竞争状况和企业在市场中的位置。那么企业战略通过培育竞争优势来提升企业价值,内容也包括三个方面:如何提升企业的资源素质,如何发现有利可图的业务,如何建立匹配。

企业经营不是一个短期的行为,面对动态的竞争环境,战略的内涵表现为远景的经营思考和经营决策。按战略在经济管理活动中的地位和作用,依据战略的本质特点,企业战略可以定义为:根据市场状况,结合自身资源,通过分析、判断、预测,设立远景目标,对实现目标的发展轨迹进行的总体性、指导性谋划。它界定了企业诞生的使命、经营范围、远景目标、发展方向、经营方式等坐标,明确了企业的经营方针和行动指南。因此,可以这样来理解企业战略:企业战略是企业为了永续经营和不断发展壮大而对未来的企业资源配置和市场业务所做的规划。

(二) 战略的特征

企业战略是设立远景目标并对实现目标的发展轨迹进行的总体性、指导性谋划,属于宏观管理范畴,具有指导性、全局性、长远性、竞争性、系统性、风险性六大主要特征。

(1) 指导性。企业战略界定了企业的经营方向、远景目标,明确了企业的经营方针和行动指南,并筹划了实现目标的发展轨迹及指导性的措施、对策,在企业经营管理活动中起着导向的作用。

(2) 全局性。企业战略立足于未来,通过对国际、国家的政治、经济、文化及行业等经营环境的深入分析,结合自身资源,站在系统管理的高度,对企业的远景发展轨迹进行了全面的规划。

(3) 长远性。"今天的努力是为明天的收获""人无远虑、必有近忧"。在兼顾短期利益的同时,企业战略着眼于长期生存和长远发展的思考,确立了远景目标,并谋划了实现远景目标的发展轨迹及宏观管理的措施、对策。同时,围绕远景目标,企业战略必须经历一个持续、长远的奋斗过程,除根据市场变化进行必要的调整外,制定的战略通常不能朝夕令改,要具有长效的稳定性。

(4) 竞争性。竞争是市场经济不可回避的现实,也正是因为有了竞争才确立了"战略"在经营管理中的主导地位。面对竞争,企业战略需要进行内外环境分析,明确自身的资源优势,通过设计适宜的经营模式,形成特色经营,增强企业的对抗性和战斗力,推动企业长远、健康地发展。

（5）系统性。立足长远发展，企业战略确立了远景目标，并需围绕远景目标设立阶段目标及各阶段目标实现的经营策略，以构成一个环环相扣的战略目标体系。同时，根据组织关系，企业战略需由决策层战略、事业单位战略、职能部门战略三个层级构成一体。

（6）风险性。企业做出任何一项决策都存在风险，战略决策也不例外。市场研究深入，行业发展趋势预测准确，设立的远景目标客观，各战略阶段人、财、物等资源调配得当，战略形态选择科学，制定的战略就能引导企业健康、快速地发展。反之，仅凭个人主观意识判断市场，设立目标过于理想或对行业的发展趋势预测存在偏差，制定的战略就会误导管理，甚至给企业带来破产的风险。

二、酒店经营战略的层次

一般来说，一个现代化企业的企业战略可以划分为公司战略、竞争（事业部）战略和职能战略三个层次。

1. 公司战略

公司战略（Corporate Strategy）的研究对象是一个由一些相对独立的业务或事业单位（Strategic Business Units，SBU）组合成的企业整体。公司战略是一个企业的整体战略总纲，是企业最高管理层指导和控制企业一切行为的最高行动纲领。公司战略主要强调两个方面的问题：①"我们应该做什么业务"，即确定企业的使命与任务，产品与市场领域；②"我们怎样去管理这些业务"，即在企业不同的战略事业单位之间如何分配资源以及采取何种成长方向等。

2. 竞争战略

竞争战略也称事业部战略（SBU Strategy），或者是分公司战略，是在公司战略指导下，各个SBU制定的部门战略，是公司战略之下的子战略。竞争战略主要研究的是产品和服务在市场上的竞争问题。

3. 职能战略

职能战略（Functional Strategy）是为贯彻、实施和支持公司战略与竞争战略而在企业特定的职能管理领域制定的战略。职能战略的重点是提高企业资源的利用效率，使企业资源的利用效率最大化。职能战略一般可分为营销战略、人事战略、财务战略、生产战略、研究与开发战略、公关战略等。

公司战略、竞争战略与职能战略一起构成了企业战略体系。在一个企业内部，企业战略的各个层次之间是相互联系、相互配合的。企业每一层次的战略都构成下一层次的战略环境，同时，低一级的战略又为上一级战略目标的实现提供保障和支持。所以，一个企业要想实现其总体战略目标，必须把三个层次的战略结合起来。

三、酒店经营战略的过程

（一）战略管理的概念

战略管理是一门新兴的管理科学，20世纪70年代中期在美国初步形成了科学体系，80年代中期传入中国。所谓战略管理，是指制定组织目标、目的和为实现这些目标、目的所必需的政策或计划的方式。任何一个单位、一个企业乃至个人都离不开战略管理。战略管理对酒店同样具有重要作用。

（1）有战略目标才会有成功，战略管理是酒店成功的前提。不知道自己要什么的人，是永远不会成功的。对一个人来说是这样，对一个企业也是如此。没有战略的组织就像没有舵的船一样会在原地打转，像流浪汉一样无家可归。正因为目标管理具有如此重要的作用，成功学家拿破仑·希尔（Napoleon Hill）将它作为成功学十七条原则的首要原则。

（2）战略管理有利于员工认清酒店使命，动员大家为实现使命而奋斗。战略管理的作用不仅在于解决当前的问题，更重要的是着眼于未来，着眼于酒店的使命，引领团队向着未来美好的远景前进。因此，企业发展战略是企业经营管理活动的方向，是企业经营活动取得成功的关键，是企业实现目标的前提，是企业快速发展的基础，是企业充满活力的保证，是企业和员工行动的纲领。

（3）战略管理把战略目标和当前工作紧密结合，使人产生积极性。制定酒店的发展战略目标，就是要确定发展目标和方向，设计酒店的美好蓝图，并动员员工解放思想、转变观念、坚定信心、同心同德、开拓创新，以坚忍不拔的精神和毅力把目标一步一步变为现实，这个过程必将极大地调动员工的积极性。

（4）战略管理有利于对酒店发展进行正确的评估、调整和决策。战略管理是考核、评价酒店中长期经营效果的重要工具。有一家国有酒店企业，由于长期无目标管理，每年亏损几百万元，且越亏越多，经营七年，近1亿元的投资缩水60%多，最终被拍卖。这家酒店如果实施战略管理，上级主管部门按目标进行测评和监管，对经营早决策，对领导班子早调整，就不至于使国有资产如此大幅减值。

（5）战略管理为日常经营管理提供了方向、目标和灵魂，日常经营管理是为了实现战略目标。二者是纲和目的、长远和当前的关系。

（二）战略管理的过程

战略管理是制定、实施和评价能保证组织实现目标且超越不同职能的决策方案的科学。战略管理被用来规划酒店的中长期发展，一般为5～10年。战略管理描述：酒店现在是什么样子；将来想变成什么样子；为什么要变成这个样子；采取哪些途径、方式、措施和行动才能变成未来理想的样子。

一个规范的、全面的战略管理过程可大体分解为以下三个阶段：

1. 战略分析

战略分析包括企业外部环境分析和企业内部环境分析两部分。

（1）企业外部环境分析的目的是适时地寻找和发现有利于企业发展的机会，以及对企业来说所存在的威胁，做到"知彼"，以便在制定和选择战略时能够利用外部条件所提供的机会来避开对企业的威胁因素。

（2）企业内部环境分析的目的是发现企业所具备的优势或弱点，以便在制定和实施战略时扬长避短、发挥优势，有效地利用企业自身的各种资源。

2. 战略选择及评价

战略选择及评价过程的实质是战略决策过程对战略进行的探索、制定以及选择。应当解决的两个基本战略问题是：

（1）企业的经营范围或战略经营领域，即规定企业从事生产经营活动的行业，明确企业的性质和所从事的事业，确定企业以什么样的产品或服务来满足哪一类顾客的需求。

（2）企业在某一特定经营领域的竞争优势，即要确定企业提供的产品或服务，要在什么基础上取得超过竞争对手的优势。

3. 战略实施及控制

企业的战略方案确定后，必须通过具体化的实际行动，才能实现战略及战略目标。一般来说可在以下三个方面来推进一个战略的实施：

（1）制定职能策略，如生产策略、研究与开发策略、市场营销策略、财务策略等。在这些职能策略中要能够体现出策略推出步骤、采取的措施、项目以及大体的时间安排等。

（2）对企业的组织机构进行构建，以使构造出的机构能够适应所采取的战略，为战略实施提供一个有利的环境。

（3）要使领导者的素质及能力与所执行的战略相匹配，即挑选合适的企业高层管理者来贯彻既定的战略方案。在战略的具体化和实施的过程中，为了使实施效果更好要对其进行控制。这就是说要将实际成效与预定的战略目标进行比较，如二者有显著的偏差，就应当采取有效的措施进行纠正。当由于原来分析不周、判断有误，或是环境发生了预想不到的变化而引起偏差时，需要重新审视环境，制定新的战略方案，进行新一轮的战略管理过程。

第三节　酒店的经营战略

一、酒店发展战略

（一）密集型发展战略

密集型发展战略是指企业在原有业务范围内，充分利用在产品和市场方面的潜力来求得成长的战略。它将企业的营销目标集中到某一特定细分市场，这一特定的细分市场可以是特定的顾客群，可以是特定的地区，也可以是特定用途的产品等。由于企业目标更加明确，可以集中精力降低成本和实现差异化，使自己的竞争优势变得更强。它是在现有的业务领域里，加强对现有的产品与市场的开发与渗透来寻求企业未来发展机会的一种发展战略。这种战略的重点是加强对现有市场的开发或对现有产品的开发。其具体形式有市场渗透战略、市场开发战略和产品开发战略。

1. 市场渗透战略

市场渗透战略是指实现市场逐步扩张的拓展战略，该战略可以通过扩大生产规模、提高生产能力、增加产品功能、改进产品用途、拓宽销售渠道、开发新市场、降低产品成本、集中资源优势等单一策略或组合策略来开展。其战略核心体现在两个方面：利用现有产品开辟新市场实现渗透，向现有市场提供新产品实现渗透。

市场渗透战略是比较典型的竞争战略，主要包括成本领先战略、差异化战略和集中化战略三种最有竞争力的战略形式。

成本领先战略是通过加强成本控制，使企业总体经营成本处于行业最低水平的战略；差异化战略是企业采取的有别于竞争对手经营特色（体现在产品、品牌、服务方式、发展策略等方面）的战略；集中化战略是企业通过集中资源形成专业化优势（服务于某一专业市场或立足于某一区域市场等）的战略。成本领先战略、差异化战略、集中化战略也可称为经营战略、业务战略和直接竞争战略。

市场渗透战略是一种立足于现有产品，充分开发其市场潜力的企业发展战略，又称为企业最基本的发展战略。由于市场渗透战略是由现有产品和现有市场组合而形成的，因此企业战略管理人员应当系统地考虑市场、产品及营销组合的策略，以达到促进市场渗透的目的。

市场渗透的目标是扩大现有产品在现有市场上的销售，以维护或巩固其市场地位。某种产品的销售量可用如下公式表示：销售量＝产品使用人数×每个使用人的平均使用量。该公式以最直接的方式告诉我们实施市场渗透战略的两大主要途径是：增加产品使用者的数量，提高每位顾客的使用量。

为正确地进行市场渗透，企业必须明确：进行市场渗透的基础是现有产品满足市场上顾客需求的能力，淋漓尽致地将这一能力进行发挥是市场渗透战略的目标；市场渗透是市场导向，而不是推销导向。深刻理解"产品任务"，是企业进行市场渗透的出发点和最终归宿。

2. 市场开发战略

市场开发战略是由现有产品和新市场组合而产生的战略。它是发展现有产品的新顾客群或新的市场从而扩大产品销售量的战略。市场开发可以分为区域性开发、国内市场开发和国际市场开发等。日本松下公司曾将国内已饱和的黑白电视机和老型号彩色电视机推向国外市场，维持其增长速度，就是市场开发战略的一个成功范例。

市场开发战略是企业利用现有的产品开辟新的市场领域的战略。如果市场上企业现有的产品已经没有进一步渗透的余地，就必须设法开辟新的市场，例如将产品由城市推向农村，由本地区推向外地区等。

3. 产品开发战略

产品开发战略是指在现有市场上通过改良现有产品或开发新产品来扩大销售量的战略。产品开发战略是建立在市场观念和社会观念的基础上，企业向现有市场提供新产品，以满足顾客需要，增加销售的一种战略。这种战略的核心内容是激发顾客新的需求，以高质量的新品种来引导消费潮流，并保护人类及一切生物赖以生存的环境和实现可持续发展所必需的资源。企业以现有顾客为其新产品的销售市场，应特别注意了解他们对现有绿色食品的意见和建议，根据他们的需要去开发新的绿色食品，增加产品性能或者开发不同质量、不同规格的绿色食品系列产品，充分满足他们的需要，达到扩大销售的目的。

产品开发战略是企业对市场机遇与挑战、内部资源能力的优势和劣势所进行的全面的、前瞻性的思考和认识，也是做出的深思熟虑的选择和决定。产品开发战略是企业产品开发的路线图，指引产品开发的方向。

企业开发什么样的产品，这是一个重大的战略选择。产品开发的角度不同，便可以形成不同的产品开发战略类型。

（1）按产品开发的新颖程度进行分类，有以下四种战略可供选择：①全新型新产品开发战略；②换代型新产品开发战略；③改进型新产品开发战略；④仿制型新产品开发战略。

以上四种产品开发战略中，第一类开发战略，一般企业较难实施，只有大型企业或特大型企业在实行"产学研"联合开发工程的条件下，才能仿效；第二、三、四类开发战略，多数企业选择和实施较为容易，且能迅速见效。多数企业应着重考虑选择第二、第三和第四种新产品开发战略。

（2）按产品开发新的范围和水平进行分类，有以下三类战略可供选择：①地区级新产品开发战略；②国家级新产品开发战略；③国际级新产品开发战略。

以上三种新品开发战略，可以由低向高逐级选择和实施，即先选择第一级地区级新产品开发战略，实施成功后再选择第二级即国家级新产品开发战略，这一战略实施成功后，再选择第三级即国际级新产品开发战略。条件好的，也可跳跃式开发，企业在还没有地区级新产品时，可直接开发国家级新产品；有些企业拥有地区级新产品，但还没有国家级新产品，只要条件允许，可选择开发世界级新产品。

（二）一体化发展战略

一体化发展战略是指企业利用社会化生产链中的直接关系来扩大经营范围和经营规模，在供产、产销方面实行纵向或横向联合的战略。企业发展在战略上可分为一体化扩张和多样化扩张。一体化扩张又可分为横向一体化（水平一体化）和纵向一体化（垂直一体化），纵向一体化又可分为后向一体化和前向一体化。

1. 横向一体化战略

（1）横向一体化战略概述。横向一体化战略也叫水平一体化战略，是指为了扩大生产规模、降低成本、巩固企业的市场地位、提高企业竞争优势、增强企业实力而与同行业企业进行联合的一种战略。其实质是资本在同一产业和部门内的集中，目的是实现扩大规模、降低产品成本、巩固市场地位。国际化经营是横向一体化的一种形式。

（2）横向一体化战略适用的准则

1）规模的扩大可以提供很大的竞争优势时。

2）具有成功管理更大规模企业所需要的资金和人才。

3）竞争者经营不善而发展缓慢或停滞。

2. 纵向一体化战略

（1）纵向一体化战略概述。经济学上，沿产业链占据若干环节的业务布局叫作纵向一体化。纵向一体化是一个战略性的计划，它是组织核心能力在企业内部扩张的一种形式。

纵向一体化战略又叫垂直一体化战略，是指企业将生产与原料供应，或者生产与产品销售联合在一起的战略形式，是企业在两个可能的方向上扩展现有经营业务的一种发展战略，是将公司的经营活动向后扩展到原材料供应或向前扩展到销售终端的一种战略体系。纵向一体化战略包括后向一体化战略和前向一体化战略，也就是将经营领域向深度发展的战略。

前向一体化战略是企业自行对本公司产品进行进一步深加工，或者对资源进行综合利用，或公司建立自己的销售组织来销售本公司的产品或服务。例如，钢铁企业自己轧制各种型材，并将型材制成各种不同的最终产品即属于前向一体化战略。

后向一体化战略则是企业自己供应生产现有产品或服务所需要的全部或部分原材料或半成品。例如，钢铁公司自己拥有矿山和炼焦设施；纺织厂自己纺纱、洗纱等。

纵向一体化战略的目的是：加强核心企业对原材料供应、产品制造、分销和销售全过程的控制，使企业能在市场竞争中掌握主动权，从而增加各个业务活动阶段的利润。

（2）纵向一体化战略的优势

1）带来经济性。采取这种战略后，企业将外部市场活动内部化有如下经济性：内部控制和协调的经济性；信息的经济性（信息的获得非常关键）；节约交易成本的经济性；稳定关系的经济性。

2）有助于开拓技术。在某些情况下，纵向一体化提供了进一步熟悉上游或下游经营相关技术的机会。这种技术信息对基础经营技术的开拓与发展非常重要。例如，许多领域内的零部件制造企业发展前向一体化体系，就可以了解零部件装配的技术信息。

3) 确保供给和需求。纵向一体化战略能够确保企业在产品供应紧缺时得到充足的供应，或在总需求很低时能有一个畅通的产品输出渠道。也就是说，纵向一体化战略能减少上下游企业随意中止交易的不确定性。

4) 削弱供应商或顾客的价格谈判能力。如果一个企业在与它的供应商或顾客做生意时，供应商和顾客有较强的价格谈判能力，且该生意的投资收益超过了资本的机会成本（为了得到某种东西所必须放弃的东西），那么，即使这笔生意不会带来其他益处，也值得企业去做。因为纵向一体化战略会削弱对手的价格谈判能力，这不仅会降低采购成本（后向一体化），或者提高价格（前向一体化），还可以通过减少谈判的投入而提高效益。

5) 提高差异化能力。纵向一体化战略可以通过在管理层控制的范围内提供一系列额外价值，来改进本企业区别于其他企业的差异化能力。例如，葡萄酒厂拥有自己的葡萄产地就是实施纵向一体化战略的例证。又如，有些企业在销售自己技术复杂的产品时，也需要拥有自己的销售网点，以便提供标准的售后服务。

6) 提高进入壁垒。企业实行一体化战略，特别是纵向一体化战略，可以使关键的投入资源和销售渠道控制在自己的手中，从而使行业的新进入者望而却步，防止竞争对手进入本企业的经营领域。企业通过实施纵向一体化战略，不仅保护了自己原有的经营范围，而且扩大了经营业务，同时还限制了所在行业的竞争程度，使企业的定价有了更大的自主权，从而获得较大的利润。IBM公司就是采用纵向一体化战略的典型。该公司生产微处理器和记忆芯片，设计和组装计算机，生产计算机所需要的软件，并直接销售最终产品给用户。IBM采用纵向一体化战略的理由是，该公司生产的许多计算机零部件和软件都只在公司内部生产，这样，竞争对手才不能获得这些专利，从而形成进入障碍。

7) 进入高回报产业。企业现在利用的供应商或经销商有较高的利润，这意味着它们经营的领域属于十分值得进入的产业。在这种情况下，企业通过纵向一体化战略，可以提高其总资产回报率，并可以制定更有竞争力的价格。

8) 防止被排斥。如果竞争者们是纵向一体化企业，一体化就具有防御的意义。因为竞争者的广泛一体化能够占有许多供应资源或者拥有许多称心的顾客或零售机会。因此，为了防御，企业也应该实施纵向一体化战略，否则将会面临被排斥的处境。

（三）多角化发展战略

1. 多角化发展战略的概念

多角化发展战略又称多元化战略，属于开拓发展型战略，是企业发展多品种或多种经营的长期谋划。实施多角化经营的企业需要尽量增加产品大类和品种，跨行业生产经营多种多样的产品或业务，扩大企业的生产经营范围和市场范围，充分发挥企业特长，充分利用企业的各种资源，提高经营效益，保证企业的长期生存与发展。

2. 多角化经营的分类

企业多角化经营的形式多种多样，但主要可归纳为以下四种类型：

（1）同心多角化经营战略。同心多角化经营战略也称为集中多角化经营战略，是指企业利用原有的生产技术条件，制造与原产品用途不同的新产品。同心多角化经营的特点是，原产品与新产品的基本用途不同，但它们之间有较强的技术关联性。

（2）水平多角化经营战略。水平多角化经营战略也称为横向多角化经营战略，是指企业生产新产品销售给现有市场的顾客，以满足他们新的需求。水平多角化经营的特点是，原产品与新产品的基本用途不同，但它们之间有密切的销售关联性。

（3）垂直多角化经营战略。垂直多角化经营战略也称为纵向多角化经营战略。垂直多角化经营的特点是，原产品与新产品的基本用途不同，但它们之间有密切的产品加工阶段关联性或生产与流通关联性。

（4）整体多角化经营战略。整体多角化经营战略也称为混合式多角化经营战略，是指企业向与原产品、技术、市场无关的经营范围扩展。例如，美国国际电话电报公司（ITT）的主要业务是电信，后扩展经营旅馆业。整体多角化经营需要充足的资金和其他资源，故多为实力雄厚的大公司所采用。

3. 多角化经营的特质

（1）多角化是企业的一种经营方式和成长模式。

（2）多角化是企业能力与市场机会的一种组合。并且多角化有静态和动态两种含义：前者是指一种企业经营业务分布于多个产业的状态，强调的是一种经营方式；后者是指一种进入新的产业的行为，即成长行为。

所以，多角化发展战略是公司在现有经营状态下增强市场或行业差异性的产品或产业的一种经营战略和成长方式。多角化经营属于公司层的战略，是公司成长到一定阶段的必然产物。

4. 多角化经营的作用

企业运用多角化发展战略，可以起到以下三方面的重要作用：

（1）分散风险，提高经营安全性。商业循环的起伏、市场行情的变化、竞争局势的演变，都直接影响企业的生存和发展。如果某企业的生产经营活动仅限于一类产品或集中于某个行业，则风险性大。所以，一些企业采用了多角化经营，如生产耐用消费品的企业兼营收益较稳定的酒店行业，以分散风险、增强适应外部环境的应变能力。

（2）有利于企业向前景好的新兴行业转移。由于新技术革命的影响，一些高技术新兴产业陆续产生。企业实行多角化经营，在原有基础上向新兴产业扩展，一是可减轻原市场的竞争压力，二是可逐步从增长较慢、收益率低的行业向收益率高的行业转移。

（3）有利于促进企业原业务的发展。不少行业有互相促进的作用，通过多角化经营，扩展服务项目，往往可以收到促进原业务发展的效果。

二、酒店竞争战略

（一）竞争战略概述

市场竞争空前激烈，如何在竞争中求发展，是每个企业都在思考的课题。根据迈克尔·波特（Michael Porter）教授的竞争战略理论，企业的利润将取决于：同行业之间的竞争，行业与替代行业的竞争，供应方与客户讨价还价的共同作用。

竞争战略就是一个企业在同一使用价值的竞争上采取的进攻或防守行为。流行的战略是降价，既打到对方，也损害自己，形成负效应，进入恶性循环。正确的竞争战略为：

（1）总成本领先战略。

（2）差异化战略，又称别具一格战略。

（3）集中化战略，又称集聚战略、目标集中战略、目标聚集战略、专一化战略。

企业的竞争战略如何确定，要根据企业所处环境与企业本身的具体情况而定，没有一成不变的格式。一些学者认为，企业所处环境为"不确定时代"，有众多难以预料的变化会给企业造成前所未有的困难。

因此，企业目前的许多观念和战略思想都应进行相应的调整。企业已经很难按照自己的意志去按部就班地实施制订好的战略计划，由顾客意志（满意程度及需求变化等）引发的不确定因素常常会让企业措手不及。同时，科技的迅速发展会使科技含量较多的产品生命周期缩短，更新换代加快。而信息技术的广泛应用使消费者的信息量激增，造成对某一品牌的专注程度明显下降。这些无疑都会给企业的营销活动及长远战略带来不少麻烦。不过，与此同时，应当看到这种不确定性也加剧了行业内的竞争，使新兴企业打破旧格局，迅速崛起的可能性大大增加。在这种情况下，各个企业无论是为了保持领先的优势，还是力争后来居上，都无一例外地面临着重新调整在竞争中的行为和观念的问题，因此，应不断加强企业竞争战略的研究与调整。

1. 总成本领先战略

总成本领先战略也许是三种通用战略中最清楚明了的。在这种战略的指导下，企业决定成为所在产业中实行低成本生产的厂家。企业经营范围广泛，为多个产业部门服务甚至可能经营属于其他有关产业的生意。企业的经营面往往对其成本优势起着举足轻重的作用。成本优势的来源因产业结构不同而异。它们包括追求规模经济、专利技术、原材料的优惠待遇和其他因素。例如，在服务业，成本优势要求极低的管理费用、源源不断的廉价劳动力和因人员流动性大而需要的高效率培训程序等。

如果一个企业能够取得并保持全面的总成本领先地位，那么它只要能使价格等于或接近于该产业的平均价格水平就会成为所在产业中高于平均水平的超群之辈。当成本领先的企业的价格相当于或低于其竞争企业时，它的低成本地位就会转化为高收益。然而，一个在成本上占领先地位的企业不能忽视使产品别具一格的基础，一旦成本领先的企业的产品在客户眼里不被看作与其他竞争企业的产品不相上下或可被接受，它就要被迫削减价格，大大低于竞争企业的价格水平以增加销售额，这就可能抵消了它有利的成本地位所带来的好处。

总成本领先战略的成功取决于企业日复一日地实际实施该战略的技能。这样，成本即使不会自动下降，也会偶然下降。它是艰苦工作和持之以恒地重视成本工作的结果。企业降低成本的能力有所不同，甚至当它们具有相似的规模、相似的累计产量或由相似的政策指导时也是如此。要改善相对成本地位，与其说需要在战略上做出重大转变，还不如说需要管理人员更多地重视。

2. 差异化战略

差异化战略又称别具一格战略，是将公司提供的产品或服务差异化，形成一些在全行业范围中具有独特性的产品。应当强调，差异化战略并不意味着公司可以忽略成本，但此时成本不是公司的首要战略目标。

如果差异化战略被成功地实施了，那么它就会成为在一个产业中赢得高水平收益的积极战略，因为它会建立起防御阵地对付五种竞争力量，虽然其防御的形式与总成本领先战略有所不同。波特认为，推行差异化战略有时会与争取占有更大的市场份额的活动相矛盾。推行差异化战略往往要求公司对于这一战略的排他性有思想准备。这一战略与提高市场份额两者不可兼顾。在建立公司的差异化战略的活动中总是伴随着很高的成本代价，有时即便全产业范围的顾客都了解公司的独特优点,也并不是所有顾客都将愿意或有能力支付公司要求的高价格。

产品差异化带来的较高收益可以用来对付供应商压力,同时可以缓解买方压力。当顾客缺乏选择余地时其价格敏感性也就不高。最后,采取差异化战略而赢得顾客忠诚的公司,在面对替代品威胁时,其所处地位比其他竞争对手将更为有利。

实施差异化战略的意义在于:

(1)建立起顾客对企业的忠诚。

(2)形成强有力的产业进入障碍。

(3)增强企业对供应商讨价还价的能力。这主要是由于差异化战略提高了企业的边际收益。

(4)可削弱买方讨价还价的能力。一方面,企业通过实施差异化战略,使得买方缺乏与之可比较的产品选择,降低了买方对价格的敏感度。另一方面,企业可通过产品差异化使买方具有较高的转换成本,使其依赖于企业。

(5)差异化战略使企业建立起顾客的忠诚,因此使得替代品无法在性能上与之竞争。

3. 集中化战略

集中化战略又称为集聚战略、目标集中战略、目标聚集战略、专一化战略。该战略主攻某个特殊的顾客群、某产品线的一个细分区段或某一地区市场。正如差异化战略一样,集中化战略也可以有多种形式。虽然总成本领先战略与差异化战略都是要在全产业范围内实现其目标,但集中化战略的整体却是围绕着很好地为某一特殊目标服务这一中心建立的,它所开发推行的每一项职能化方针都要考虑这一中心思想。

这一战略依靠的前提思想是,公司业务的专一化能够以更高的效率、更好的效果为某一狭窄的战略对象服务,从而超过在较广阔范围内竞争的对手。这样做的结果是企业或者通过满足特殊对象的需要而实现了差别化,或者在为这一对象服务时实现了低成本,或者二者兼得。这样的公司可以使其盈利的潜力超过产业的普遍水平。这些优势能够保护公司抵御各种竞争力量的威胁。

(二) 我国酒店企业的竞争战略

竞争是一个古老的经济学话题,也是市场经济常见的企业行为。随着我国酒店业向成熟转化,酒店业市场竞争日益激烈,竞争的手段日益多样化。酒店企业的竞争超越了单纯的价格、产品、功能、质量的范畴,而延伸至服务、产品的设计、品牌、形象、营销、公共关系、人力资源等全方位的对抗。激烈的市场竞争要求企业应高瞻远瞩,将日常管理与战略管理相结合,在一个非常长的时间内审时度势,进行企业内部条件与外部环境的动态平衡,谋求在竞争中的长期生存和发展。

1. 近年来我国的酒店业供求及经营环境出现了一些新的变化和特点,对我国酒店企业的竞争战略带来深刻影响

(1)从总体上看,激烈的市场竞争使酒店管理者具有更强的忧患意识,酒店高层管理者面临着从未有过的竞争压力。经营者素质的提高,外方管理者成熟的市场操作的示范作用,市场经济大潮的磨炼和冲击,使我国涉外酒店的管理者比以前更多地有意识地关注市场环境的细微变化和供求趋势,从而更为主动地运用经营竞争战略。

(2)从供求变化来看,与酒店产品有一定替代作用的房地产业的发展对旅游酒店的供

给类型、供给总量产生了一定的不利影响，而国内游客和国内外商务散客成为酒店业新的重要客源市场。商务形势对酒店业的影响越来越大，旅游形势对酒店业的影响越来越小。国内旅游的兴起使针对国际游客的住宿市场与针对内宾的住宿市场将部分趋于整合，造成我国酒店市场的统一与扩大。这不仅需要对酒店客源市场进行重新审视，而且将对酒店企业的营销渠道、产品组合、促销、经营竞争战略等都带来深远的影响和变化。

（3）随着我国酒店市场对外开放程度的提高，我国酒店企业加入国际竞争的范围将更加深入和宽广，国外酒店集团将更全方位地进入中国，它给我国酒店业既带来挑战，也带来跨国经营、更深层次地加入国际市场竞争的机会。

总之，酒店产业的成熟化、客源结构的变化、新技术的应用等使我国酒店企业进入更深层次的竞争环境，竞争手段日益多样化，竞争具有前所未有的深度和广度，企业必须调整自己的竞争战略，以适应未来环境的变化。

2. 我国酒店企业竞争战略的调整与变化

根据产业经济学的一般原理，酒店业作为一种成熟产业的标志及对竞争战略的影响有：①成熟产业需求平稳，不会有市场需求大幅度增长的机会，增长放慢；②随着需求下降，企业更加注重市场份额和市场占有率的竞争；③消费者也日益成熟和有经验，消费选择余地大；④供给相对平稳，不易产生新产品和服务，竞争已转向成本和服务。根据成熟产业中企业所采用的一般竞争战略，结合我国酒店业目前实际，我国酒店企业竞争战略将有以下调整和变化：

（1）酒店市场日益细分带来服务、产品的差异化，尽可能地区分需求，对某一或某几个细分市场实施专一化战略，差异营销将取代无差异营销。

与过去几年相比，旅游酒店单一的境外游客的客源构成模式早已转变为客源构成的多元化：旅游团队、商务散客、会议团体、内宾度假者等。客源构成的多元化所带来的需求的差异化已明显地呈现出来，例如：①商务旅游者对完善的通信设备有了更高的需求，如对留言服务，电子邮件发送专线，全球互联网络，快速的入住（Check-in）、退房（Check-out）服务的需求；②会议组织者将能否有设施和能力来接待会议视为首要标准；③对于普通的旅游团成员，安全、卫生、经济、舒适将是首要标准。

客源构成的多元化、需求的差异化决定了未来酒店产品、服务的多品种、个性化的特点，酒店业必须以产品、服务差异化战略来适应这一市场趋势。客源的多元化、服务的专业化也带来酒店类型的分化，在适应市场需求的基础上，酒店业供给也有细分、类型不断分化的倾向。例如，酒店被进一步细分为旅游酒店、度假型酒店、商务型酒店、机场酒店、汽车旅馆等类型。每一个酒店企业都在尽可能地区分需求，在差异化营销的基础上，应进行准确的产品和市场定位，选择与自己的产品、服务相一致的目标市场。

（2）未来酒店业的竞争将更加注重品牌的竞争，深层次的竞争将是品牌和赢得顾客忠诚的竞争。

迈克尔·波特于1980年提出了三个基本竞争战略：低成本战略、差异化战略和集聚战略。这三种基本竞争战略的实施需要不同的资源和技能，也意味着在组织安排、控制程序和创新体制上的差异。成熟产业，竞争更加激烈，对战略的正确决策要求更高。

实施差异化战略可以有许多方式，如产品设计、服务质量、技术特点、客户服务、经销网络及其他方面的独特性，其中品牌是实现标新立异战略的选择之一。随着商务散客、国内游客的增多,他们对当地住宿业的情况较为了解,他们中的回头客的比例也较高。因此,酒店面对的是日益有经验的顾客,顾客的注意力从决定是否购买产品转向在不同品牌之间进行选择。

品牌策略包括品牌的认知、品牌的联想和建立顾客忠诚等。良好的品牌意味着广泛的知名度、良好的产品质量和信誉,从而使企业在竞争中占据有利地位。我国酒店业群体中已有一批知名度较高的四、五星级酒店,如北京的王府半岛酒店、广州的中国大酒店等,它们长期所提供的优良产品和服务赢得了消费者的青睐和信任,为自己树立了良好的品牌声誉和较高的知名度,从而获得了稳定的客源和较多的回头客。未来酒店业深层次的竞争也将是品牌和赢得顾客忠诚的竞争。然而我国多数酒店缺乏树立品牌、宣传品牌的意识,因追求一些直观的利润而放弃了品牌和形象宣传,致使品牌知名度不高,市场萎缩。

(3)建立在质量、效益、成本控制基础之上的价格或低成本战略是适应我国酒店业发展的策略。一般来讲,成熟产业更多地注重成本、客户服务和真正的营销行为(与销售相对),在成熟产业中可能要求更紧缩的预算、更严格的控制,以及新的以绩效为基础的激励机制。

尽管每一个酒店企业都避免价格战,价格不应是酒店主要的竞争手段,但酒店产品不可储存,酒店经营固定成本比例高、变动成本比例低,以及酒店业退出壁垒、资源转换成本较高,如果同档次酒店不能够有效地建立起品牌差异、形象、感知差异,以及产品、服务质量的差异,就不能形成强有力的移动壁垒,则价格往往成为酒店企业常见的最后的竞争手段。因此,对酒店企业来说,仍需寻求高质量的服务过程,努力发展和优化现有的产品和服务,进行内部资源的有效使用,这样,建立在质量、效益、成本控制基础上的低成本无疑将使酒店企业取得有利的竞争地位。

(4)从营销战略的运用上看,以往单纯地运用某一营销因素造成酒店不少的经营失误,单一地使用某一营销因素将转变为各层次营销因素的分析和各营销因素的综合配套使用。在企业战略管理中,营销组合具有特别重要的意义,营销组合的产品策略、销售渠道策略、价格策略、促销策略及其构成的整体营销战略使企业定位具体化。未来酒店的营销组合战略将更加重视各营销因素的综合效果,重视各营销因素的交互作用,而不是单一地使用某一营销因素,而且应根据酒店的不同特点侧重使用不同的营销因素,如中低档酒店应用营销组合战略应将重点放在价格、网络、销售渠道、促销上,而高档酒店则应更重视服务、产品、质量、品牌的竞争。

(5)高新技术的应用带来酒店营销活动创新和服务生产过程的创新。随着高新技术的迅猛发展,酒店是否采用或采用多少高新技术,已影响到服务水平。当今服务水平的体现,光靠微笑服务已远远不够。高新科技,特别是先进的通信技术给酒店的经营方式带来巨大影响。例如,CRS 或 GDS 使酒店传统的促销方式、促销效率发生变化。未来酒店业的竞争也将体现在高新技术的应用上。

(6)未来我国酒店业的市场集中度将进一步提高,酒店企业间的竞争也将表现在企业的网络化经营、规模扩张能力的竞争,酒店管理市场将被重新分割和占有。

我国酒店企业连锁经营的比例仍很低,随着酒店企业制度创新、公司制的改造,将形成新的市场竞争主体和优势企业。我国酒店市场的集中度进一步提高,为我国酒店企业的规模扩张提供了契机,未来的中国酒店企业将呈现进一步分化、聚合的过程,酒店管理市场将被重新分割和占有，酒店业的竞争也将体现在企业的资本经营能力、网络化经营能力、规模扩张能力等方面。

综上所述，我国酒店业的内外环境发生了许多深刻变化，酒店产业日益成熟，竞争向纵深发展。深层次的竞争将体现在服务的专业化、品牌的竞争、质量与效率控制、网络化的经营能力等方面，尽管未来的某些发展趋势目前仍不明朗，但前瞻性的探索无疑将使企业审时度势，居安思变，为未来的变化做好准备。

三、酒店集团化战略

（一）企业集团一般理论与酒店集团的经营战略

企业集团战略是指以一个实力雄厚的大型企业为核心，以产权为主要联结纽带，并以产品、技术、经济、契约等多种纽带，把多个企业、事业单位联结在一起的战略。其组织结构层次分为：集团核心企业（具有母公司性质的集团公司）、紧密层（由集团公司控股的子公司组成）、半紧密层（由集团公司参股企业组成）、松散层（由承认集团章程并保持稳定协作关系的企业组成）。紧密层、半紧密层同集团公司的关系以资本为纽带，而松散层同集团公司的关系是以契约为纽带的。集团公司同紧密层组合就可以构成企业集团，集团公司与企业集团的区别在于：集团公司是法人，企业集团是法人联合体，不具法人资格；集团公司内部各成分间属紧密联合关系，企业集团各成分间属多层次联合关系。

企业集团战略的主要特征是：以产权为纽带，以母子公司为主体；有一个能够起主导作用的核心企业，该企业称为集团公司（或称母公司、控股公司）；一般一个企业集团分三个层次，即集团公司、子公司和孙公司。

集团化管理的优点在于：资源共享；优势互补；创新能力和综合竞争能力强。

酒店集团是自20世纪60年代以来，随着世界酒店业的发展，在全球酒店业规模不断扩大的同时，酒店业的集中化程度明显提高的产物。所谓集中化程度，就是指酒店企业的平均规模。

酒店企业生产要素与发展要素的有机组织才能被称为一个酒店集团的合理结构。其中，资金、土地、人才、技术要素称为硬要素，制度、品牌、市场、环境要素可以称为软要素。从世界各类酒店集团的发展过程来看，核心问题在于整合，以管理模式作为中心，把各类要素在这个平台上重新加以整合，这样才可能创造新的生产力，从而进一步创造酒店集团自身的核心竞争力。

当前国际酒店业中单体酒店的比例有逐渐下降的趋势，而以资本为纽带的自建、购买、租赁、合并及以非资本（如管理、品牌等）为纽带的联号、特许经营等方式的酒店经营正日益成为酒店业的主流发展方向。酒店连锁经营的必然结果是促使酒店集团的产生，酒店连锁集团利用规模经济、范围经济降低交易成本，通过内部资源整合降低管理成本，继而取得持续竞争优势。

（二）国外酒店集团的组织形式

1. 国外酒店集团化的主要形式

（1）连锁经营。连锁经营在酒店业常称其为品牌联号，是指有两个或两个以上的子公司隶属于同一母公司的经营形式，该母公司对于子公司的控制可通过完全拥有、租赁、租借建筑物或土地的方式来实现。连锁经营是国际上通行的酒店扩张形式。

（2）特许经营。特许经营是指酒店附属于某一已经经营的酒店连锁集团并同时保持一定水平的所有权。

（3）委托管理。委托管理又称管理合同，是非股权式集团化的一种营运方式，指酒店业主委托酒店管理公司全权代理管理。

（4）战略联盟。战略联盟是指酒店为了保持和加强自身的竞争力，自愿与其他酒店或集团在某些领域进行合作的经营形式。

（5）软品牌。软品牌是介于单体酒店和品牌连锁酒店之间的一种模式。加盟软品牌，酒店不受品牌标准的束缚，业主方可以保留酒店名字的独立性和自己的品牌身份，使用软品牌或酒店集团的中央预订系统、营销和销售渠道、顾客忠诚计划等。软品牌还可提供后台管理系统、收益管理系统、人员培训、集团采购等。

2. 特许经营是目前酒店集团化经营的有效途径

相对于目前单体酒店的巨大存量，特许经营形式将是有效整合酒店业资源的较好方式之一，这是因为：

（1）特许经营的无资产联系特征，化解了业主对酒店控制权的担忧，较易获得业主对该酒店集团化的支持。

（2）特许经营这种形式同样能使该酒店获得最缺乏的资源：知名品牌的使用权、规范的经营管理模式及获得广告和网上订房系统的支持等，弥补其竞争劣势。

（3）特许经营形式还能继续发挥该酒店现有经营管理团队的积极性，并使其在酒店集团的指导下得到提高，减少实施集团化战略来自员工的阻力。

（4）利用该形式集团化，所花费用较少，并且在以后的运行过程中所需费用也较低，不会对该酒店正常的经营造成太大影响。

（三）国外酒店集团的经营战略（以希尔顿集团为例）

希尔顿是20世纪60年代美国的酒店大王，在高档酒店市场上独领风骚。以希尔顿冠名的希尔顿酒店公司和希尔顿国际都是国际著名酒店连锁集团。

1. 希尔顿的起源

1919年，康拉德·希尔顿在得克萨斯州与其母亲、一位经营牧场的朋友和一位石油商合伙买下仅有50间客房的莫布雷（Mobley）旅馆，从此开始了希尔顿的成长之路。

莫布雷旅馆是一家经营状况良好的廉价客栈，希尔顿买下后对其进行了改造：关闭了餐馆，增加客房数量。通过降低无效经营面积，如将服务台缩小一半，客房大小仅容下一张床和一个梳妆台，并将节约出来的空间用来出售报纸和香烟，改变了资产的经营结构、挖掘闲置的空间，获得了高额回报。从第一家经济型酒店开始，希尔顿就实施了挖掘酒店价值的经营做法。

2. 希尔顿的成就

随后希尔顿收购了德朗、沃斯堡的梅而巴旅馆（68个客房），租赁了得克萨斯州达拉斯市中心的华道尔夫酒店、沃斯堡特米诺酒店、可西卡纳的比顿酒店、沃瑟姆酒店等，一共获得了8家定位于经济型的酒店。

自1925年开始，希尔顿逐渐将经济型酒店转手，以自建（租赁）的方式，拓展高档酒店领域。希尔顿进入高档酒店领域时，期间经历经济危机、珍珠港事件，但希尔顿都以其独到的战略眼光进行投资，并用其"微笑服务"在危机过后迅速复苏，到1946年建立希尔顿酒店公司的时候又恢复到了9家。

从此希尔顿在高档酒店领域站稳了脚跟，通过并购、租赁、管理输出等方式，一步一步地成为美国高档酒店领域的"酒店大王"。不过，希尔顿的发展速度一直不快，如果从1919年算起，希尔顿在80年内，所建高档酒店还未超过250家。由于希尔顿是豪华型酒店，而当时豪华型酒店的市场相对狭小，增长速度也慢，导致了希尔顿发展速度较慢。不过，从1999年希尔顿并购Promus酒店集团开始，酒店数量就迅速超过了1700家。希尔顿通过收购获得经济型连锁酒店和部分规模不大的高档酒店品牌。到2004年，希尔顿酒店数量已经接近2300家。

3. 希尔顿的经验

（1）独立自建的方式将导致丧失机遇。就希尔顿的发展速度而言，它在20世纪50年代后期就已经有了60家高档酒店，但在以后的40余年里，平均每年新增5家酒店。到20世纪90年代，希尔顿已经放弃了赖以迅速发展的"管理合同"发展策略，代之以"特许经营"的方式，再次使用"兼并收购"武器，迅速进入美国酒店市场前五强。但是，自有酒店将起到定海神针的作用，是兼并扩张的资金池和抵押物；缺乏酒店实体资产的酒店管理公司将无法有效地应对和化解财务危机。诸多酒店集团被并购的原因，很大程度上在于财务危机。在并购Promus酒店集团后，希尔顿通过出售自有酒店而保有酒店管理权的方式，逐步降低了因并购带来的大量债务负担。

（2）品牌多元化是国际酒店集团的必经之路。希尔顿发展高端市场，仅在美国本土，其单一品牌就达到250家酒店（平均每州5家），已经成为希尔顿品牌的发展极限（2004年，经过优化后为230家）。因此，品牌多元化成为未来酒店集团的必经之路。希尔顿的发展历程表明，只做高端市场不仅影响企业的发展速度，而且其在与综合性集团竞争时，还会陷入"高、低端两头同时受到冲击"的竞争困境。

（3）特许经营模式渗透到高端市场。从2004年希尔顿的经营模式看，希尔顿品牌的特许经营比例已经超过70%，因此，特许经营的模式不再限定在经济型领域；高端市场的特许经营也已经成为主流。虽然中国市场上特许经营还没有成为主流，但是随着酒店集团规模的扩张，品牌优势逐渐显现，高端酒店品牌的扩张将逐步由自建转向管理合同，进而转向特许经营。

（4）高端酒店管理公司的核心价值在客源。对希尔顿建立的"希尔顿荣誉"常客奖励计划效果进行分析可以发现，希尔顿有近250万名常客，这些常客和支撑常客的奖励计划，成为希尔顿拓展酒店领域的有力武器。

希尔顿酒店公司作为在美国成熟市场上领先的酒店集团，其经营方式已经从早期（20世纪60年代）创立的管理合同方式，转移到了以特许经营的方式进行拓展，逐步将自有的酒店出售（也为了降低负债率），只保留管理权和特许品牌权利。这也揭示了在酒店成熟市场上，特许经营方式已经延伸到高端市场上，酒店管理公司逐步将业务重点转移到品牌维护、市场促销等能够保有专业化优势的领域，不再自建投资酒店，不再承担酒店资产更新和维护的成本负担，只保有经营的高端利润区。

希尔顿的成功可以归结为：通过经济型酒店积累资金，以自建、租赁、合作等方式进入高端酒店市场；利用当时有利的经济环境，并购当时著名的高端豪华酒店，提升品牌知名度；并通过积极扩张，以管理合同的方式构筑高端酒店网络，而后转向特许经营。

（四）我国酒店集团的发展与经营战略

1982年，中国第一家中外合资酒店——建国饭店开业并首家引进了境外酒店管理公司（香港半岛管理集团），这标志着中国酒店集团化管理的开始。香港半岛管理集团进入内地，从思想观念、管理方式、用工制度、促销手段等方面给中国的酒店业带来了全新的变化，并且在经营上获得巨大成功，开业当年前七个月就盈利110万元。随后，假日酒店、喜来登等其他国际知名酒店管理公司纷纷在中国抢滩登陆。境外酒店管理公司在为中国酒店业带来规范的管理方式的同时，也为我们培养造就了一大批酒店管理人才，一些开业较早的酒店也由此积累了完整的管理经验和制度。

迄今为止，国内酒店管理公司数量已不少，但还少有过硬的品牌。一些管理公司对管理模式的理解简单化，以为管好一座酒店就能输出管理，缺乏成熟的产品和真正的模式，包括组织制度、企业文化，自身没有把酒店管理当成一项技术性很强的工作来对待，或者不愿在这方面投资。同时，绝大多数酒店业主及员工情感上能接受国外酒店管理公司的管理，却难以接受中国公司的管理。这种心态与观念，连同发育不成熟的酒店市场现状，共同制约着中国自己的酒店管理公司的发展。

由此可见，我国酒店集团要想在日趋激烈的市场竞争中生存发展，必须认真分析现状，了解世界酒店行业发展动向，学习行业领先者的先进经验，探索适合我国酒店集团发展的道路。在此主要从以下三个方面进行分析：

1. 有效的资本运营

我国酒店业在经历了40多年的发展历程后，数量已具相当规模，在全国各地均呈现供大于求的趋势，应该说，我国酒店业进入了质量的提高期和结构的调整期，这给酒店集团的发展带来了良好的契机。

酒店业资本运营是酒店集团发展的必由之路，它可以通过多种方式运作。

（1）兼并联合，即将拥有"名牌"的酒店建立为核心企业，然后收购、兼并其他酒店，使之成为酒店集团成员，从而达到壮大优势酒店、带动其他集团成员的目的。酒店集团的发展，一定要突破地域的限制，只有这样，才能够逐步建立一批能冲出国门、走向世界、在国际上享有盛誉的酒店集团。

（2）发展股份制酒店集团。股份制是现代企业最为典型的组织形式。酒店集团是以资本联合为特征、产权主体多元化的复杂经济联合体。酒店集团建立和发展的重要条件是，要科学地处理产权关系及相适应的权益与义务的方式方法。而股份制的本质内容和基本特征正好科学地处理了这些关系。因而，我国酒店集团可通过控股和相互持股的方式组建，从而达到集团内酒店之间的深层次联合。同时，股份制酒店集团还有利于促进不同所有制、不同地域、不同国度间全方位的酒店经济联合。

（3）委托经营。这类集团以经营合同的方式联合而成。严格地讲，委托经营是一种非资本运营的联合方式，但这类以酒店经营为主、以品牌及管理输出为纽带的酒店集团也是我国酒店集团发展的一条途径。它的基本特征是利用品牌与管理优势，通过特许联号经营、独立联盟与委托管理的方式扩张规模。但这种集团发展最大的障碍来自于内部无股权关系，成员之间的联合紧密度低，缺乏稳固的联合基础。

2. 以资金为纽带的规范化操作

企业集团的组织机构是指集团中各企业、各部门和人员的构成以及这些企业、部门和人员之间的关系。这种关系又表现为一种经济关系。一般而言，企业集团是由两个及以上具有所有权投资关系的法人资格的企业所组成的，表现为以资金为纽带的相互间投资关系，并以此来带动其他业务关系。企业集团的另一种组织机构形式是由两个及以上具有业务关系法人资格的企业组成的联合体。在这种企业集团中，企业间不存在相互投资的经济关系，仅存在一种业务关系。例如：在生产联系方面，由供、产、销几方面形成的业务联系；在科研联系方面，由产、学、研几方面形成的协作关系；在酒店业，还有为带动其他酒店发展，以向集团缴纳一定管理费而形成的酒店集团等。从以上两种企业集团的组建模式可以看到，以资金为纽带而组建的企业集团，由于存在共同的经济利益关系，集团内各企业的合作才有可能建立在牢固的经济基础之上。

企业集团是一种具有多层次组织结构的经济联合组织，集团的组建应有一定的规范性，不是几个企业任意组合就可以成为企业集团。一般而言，组建酒店企业集团，都应以一个市场声誉高、经营状况好、经济规模大、管理水平高的酒店为核心企业，由若干个酒店进行自愿联合，形成优势互补、发挥整体功能的一体化经济实体。事实证明，只有以资金为纽带组建的企业集团才有生命力。我国酒店集团才步入发展阶段，在组建模式上，一定要吸取其他行业企业集团成功的经验，少走弯路，使得酒店集团的发展按规范化程序操作。

3. 重视品牌效应

一般而言，企业集团的组织结构是多层次的，它由核心企业、控股成员企业层、参股成员企业层、协作成员企业层构成。核心企业在企业集团中的主导作用是至关重要的。核心企业除了必须具有相当强的经济实力，通过参股、控股而拥有对子公司的控制权，进而掌握成员企业的市场营销、投资决策、人事安排以及发展规划等活动外，它成为核心企业的另一必备条件是，一定要拥有品牌，而使众多企业向它靠拢，借助其品牌效应促进子公司的发展。

酒店品牌有许多功能，但它的基本功能就是识别。现代社会，酒店品牌已从简单的识别功能发展成为一个整体的概念，它体现着酒店服务的个性和消费者的认同感，象征着酒店经营者的信誉，从而被用来与其他酒店进行区别。从酒店品牌的基本功能分析，一个好的品牌能促进酒店销售，争取更多的客源。由于消费者，特别是来自于异国他乡的消费者，在对一国酒店业不了解的情况下，常常是根据酒店品牌来选择住宿和餐饮服务，因而品牌就具有了一种促销功能，它可以通过各种宣传媒介，建立相对稳定的客源国和客源群体，并且不断发展新的客源市场。建立有名的酒店品牌，要经过不懈的努力才能实现，有时甚至需要几代人的艰苦工作才能取得一个"品牌"美誉。而消费者对名牌酒店的期望值不断提高，市场的激烈竞争也令名牌酒店不断面对新的挑战，因此，品牌就又有了一种刺激功能。它不断刺激酒店经营者关心品牌和声誉，提高服务质量，强化创新的服务意识，从而保证自己的品牌效应。

发展酒店集团，必须以一个拥有"名牌"的酒店为核心企业，只有这样，酒店集团才有可能被社会公众所认同，为众多成员酒店带来客源，从而得到成员酒店的认可。同时，也使酒店集团自身规模不断发展，知名度不断提高，而与国外酒店集团相抗衡。自20世纪80年代以来，我国酒店业的规模急速膨胀，现已呈现供大于求的态势。我国酒店业下一步发展的重心应转移到如何提高服务质量方面。而我国酒店集团的发展，才步入初始阶段，全国已形成的酒店集团屈指可数，并且具有很强的地域性特征。我国酒店业培育出的可以让国内市场、国际市场认同的名牌还很少。已经有不少酒店集团因没有品牌效应而夭折，也有不少酒店集团因没有品牌效应得不到发展，而陷入解散的境地。因此，我国酒店业发展的当务之急是要尽快培育出能够带动酒店业发展的名牌，以发挥品牌效应，保证酒店集团的蓬勃发展。

[关键概念]

战略管理　密集型发展战略　一体化发展战略　多角化发展战略　酒店竞争战略　酒店集团化战略

[课堂讨论]

1. 结合我国住宿业现状，谈谈我国住宿业发展模式的演变。
2. 结合实例，讨论国外酒店集团的经营战略。

[复习思考]

1. 战略管理的概念是什么？它对酒店有哪些重要作用？
2. 酒店发展的三种基本战略是什么？
3. 什么是酒店竞争战略？正确的竞争战略包括哪些？
4. 国外酒店集团的组织形式有哪些？为什么说特许经营是目前酒店集团化经营的有效途径？
5. 我国酒店集团化发展的道路如何？

[拓展训练]

雅高带来的启示

榜样的力量是无穷的。可以说，当年如家创始人季琦正是通过对标杆性的公司进行研究和对企业发展历史的研读，才使如家有一个如此良好的发展过程。国内经济型连锁酒店和其他模式的商务酒店的投资热自从 2005 年开始一直持续到目前，背后"热钱"众多。然而，又有几个连锁企业拥有伟大的愿景——成为中国的雅高？

事实上，从雅高的发展可以看出，如果真正想做一个世界酒店集团，它首先必须是具备高、中、低端酒店品牌的公司。雅高先从酒店行业中端的诺富特做起，然后开发出了低端经济型酒店宜必思，通过收购索菲特、希尔顿等进入了高端豪华酒店领域，通过收购 6 号旅馆、一级方程式等又进入了更低端的领域。

什么能够支撑雅高在全球 140 多个国家运营 4000 多家酒店？答案四个字：系统、标准。酒店行业是传统的服务业，规模化的服务越来越要求其有一套良好的系统。可以说酒店行业标准化要求越来越高，对于连锁型企业来说，全面的质量控制和质量管理是一道迈不过去的坎儿，如何使所有的连锁酒店都能按照一个标准来管理是一门学问。

从国内看，各大酒店集团基本处于中端，高端酒店基本被国外品牌所管理，低端酒店目前还没有形成良好的品牌化。从这个角度来看，海航酒店、开元、金陵的酒店集团要发展成具有一定品牌影响竞争力的酒店，必须使自身的品牌线丰富，在高、中、低端都具备优势。

拿如家来说，目前基本上还集中于做经济型酒店的中端产品，往高一点的商务型连锁酒店和更低端、更市场细分的百元左右的低端连锁酒店应是发展方向。我们欣喜地看到，如家的和美酒店品牌可能将是未来走向中、高端的一个伏笔，同时莫泰在原有的 MOTEL168 基础上推出的 MOTEL268 也是这样一个趋势。

对于经济型酒店来说，管理是规模的基础，品牌高于有形资产。只有在若干个知名品牌的旗下聚集了一定规模的企业群，才可以说经济型酒店已经发展到了相对成熟的业态。在未来的连锁化经营中，布局连锁化、客源系统的连锁化、标准化是支撑连锁化最重要的三个因素。中国的如家、锦江之星的品牌影响力，相对来说还是比较弱的，规模相对来说也是比较小的，这就要求它们建立起本土优势，实现品牌经营和连锁经营的全国化。

除了雅高的成功经验，雅高在其几十年发展中所遭遇的失败和挫折也是值得学习的。雅高在酒店和其相关的领域，具有很多良好的创意，也发现了很多商业机会，然而，最终的尝试可谓得失参半。中国的酒店行业从 20 世纪 90 年代的中后期才开始真正走向市场化，在企业的发展过程中，可能面临着很多发展机会，也可能在目前的商业模型的基础上面临着很多诱惑。保持"定力"，保持自身品牌和服务的特点，并不断地给品牌注入新的内涵，集中精力发展具有自身竞争力的领域，等待时机成熟通过收购等方式进入高、中、低领域，可能是明智之举。

案例讨论：
雅高的成功带给了我们哪些启示？

第十二章 酒店文化建设

[学习目标]

本章重点讨论企业文化价值观及如何进行企业文化建设。通过对本章的学习,学生要认识企业文化的概念、酒店企业文化的功能及跨文化管理的重要性,了解企业文化的产生和发展、企业文化的特征和影响因素及酒店跨文化管理的指导思想,掌握酒店企业文化的概念、结构体系,及企业文化的构成要素,在企业文化价值观的基础上,结合跨文化管理的策略,学会根据企业自身的情况和特点建设具有特色的酒店企业文化。

◆ [案例导入]

锦江国际集团的企业文化

锦江国际集团是上海市国资委全资控股的中国规模最大的综合性酒店旅游企业集团之一,是中国最具影响力的本土酒店集团,会员超过1.5亿,也是唯一跻身全球酒店集团前五强的中国酒店企业。

锦江国际集团酒店业之所以在我国酒店业独占鳌头,与其多年的企业文化建设密切相关。在锦江国际集团的企业文化中,员工牢记并贯彻执行以下理念和思想:

(1) 核心价值观:人和锦江,礼传天下。"和"包含和谐、融合、和睦、平和、合作等思想内容。"礼"是指锦江酒店的管理制度、行为规范、职业道德、礼节礼仪、服务标准等。

(2) 企业理念

1) 服务承诺:热心用心,细心精心。

2) 管理原则:有序有效,有理有情。

3) 经营思想:市场为先,品牌为魂。

(3) 愿景:成为客人向往、员工自豪、股东满意、社会赞誉的世界知名品牌酒店集团。

(4) 使命:为客人优化服务,与员工共同成长,向股东贡献价值,对社会承担责任。

（5）行为准则：敬业、诚信、合作、礼仪、感恩

在以上理念的指引下，锦江的超越常规"主动服务"常常给客人留下深刻的印象。例如，在锦江和平饭店的餐厅里，为了防止就餐客人放在椅背上的衣服沾上油污，服务员会主动用干净的布给遮上；下雨天，客人下车进店，宾馆迎接员为客人逐个撑伞；等等。在无数的小细节中，由于锦江人秉承优秀的服务理念，他们的一言一行赢得了顾客的满意。

第一节 酒店企业文化概述

一、企业文化的产生

（一）企业文化产生的历史背景

企业文化这个概念的提出，并不意味着以前的企业没有文化。企业的生产、经营、管理本来就是一种文化现象，之所以要把它作为一个概念提出来，是因为当代的企业管理已经冲破了先前的一切传统管理模式，呈现出一种全新的文化模式，只有企业文化这个词汇才能比较贴切地反映这种新的管理模式的本质和特点。企业文化的产生和发展过程是企业管理由传统走向现代的过程。可以说，企业文化的兴起是现代企业管理发展的一个新里程，是管理思想的一次革命。但追根溯源，关于企业文化的形成，必须从日本经济的崛起和美国的反思谈起。

第二次世界大战结束时，日本的政治、经济、文化都受到严重冲击。就是这样一个经济基础几乎为零的国家，20世纪60年代经济起飞，70年代安然度过石油危机，80年代成为经济强国。在不足20年的时间内，日本不但赶上了西方发达国家，而且一跃成为世界经济大国。一些大公司的商品广告传遍世界各地。日本的商品潮水般涌向世界市场，并以锐不可当之势冲击着世界，冲击着美国，以三菱地所公司购买洛克菲勒财团的洛克菲勒中心大厦为标志，在美国掀起了购买狂潮。美国人惊呼：日本在太平洋战争时曾企图夺取美国而遭到失败，而现在却拿着钱来购买美国了！

在震惊之余，美国人不得不开始考虑是什么力量促使了日本经济的持续、高速增长，日本人是凭借什么来实现经济崛起的。20世纪70年代末80年代初，美国派出了由几十位社会学、心理学、文化学、管理学方面的专家组成的考察团，前往日本进行考察研究。研究发现，美国经济增长速度低于日本的原因，不是科学技术不发达，也不是财力、物力缺乏，而是美国的管理没有日本好。在进一步进行了管理学方面的比较研究之后，专家们发现，美国倾向于战略计划、组织机构、规章制度等方面的硬件管理，缺乏对人的重视，因而管理僵化，阻碍了企业活力的发挥。管理原因也还只是表象，背后的真正原因是文化差异。日本经济的崛起，是因为在日本企业内部有一种巨大的精神因素在起作用，这就是日本的企业文化、企业精神。

美国人在研究了日本之后，把目光放回到本国的企业文化上，发起了追求卓越、重塑美国的热潮。他们以日本企业文化为镜鉴，结合自身文化背景、经济体制等因素致力于调整本国的企业文化。

当然，从最根本的原因来看，企业文化的兴起乃至形成，归结为一点就是原有的管理科学陷入了困境。

正是在这样的形势下，善于标新立异的美国人，给日本人的这种管理方式起了一个响亮的富有时代感的名字，即"企业文化"。于是企业文化这个名词响彻了全世界。

可以说，企业文化的实践开始于日本。日本运用企业文化指导企业经营管理，并取得了成功经验。美国学者对日本的企业文化实践经验进行了调查、总结、研究，并进行了理论上的概括，将其上升到一个理论高度，使之成为可以指导美国企业管理改革的管理理论。其后，日本学者又从美国学者的研究出发，致力于企业文化研究，试图从本国的企业文化实践中提取理论。西欧各国也纷纷开始致力于企业文化研究。全世界范围内的企业文化研究得以兴起和发展。

（二）企业文化的基本学说

1. 五因素论

迪尔（T. E. Deal）和肯尼迪（A. Kennedy）认为，企业文化是由企业环境、价值观、英雄人物、习俗和仪式、文化网络五个因素组成的。

（1）企业环境。企业环境由内部环境和外部环境构成。其中，外部环境包括市场、顾客、竞争者、政府、技术等。企业环境是形成企业文化唯一的而且又是影响力最大的因素，企业文化则是企业在这种环境中为了获得成功必须采取的全部策略的体现。

企业是一个开放系统，它不能脱离社会环境而存在。自然，企业文化也不能脱离社会环境而生成。因此，要塑造良好的企业文化，就必须认真分析影响企业文化生成的环境因素。一个企业只有很好地把握了企业内部和外部环境的特性，才能提出有效的企业文化建设方案，从而推动企业文化的健康发展。

（2）价值观。企业价值观是指企业在经营过程中推崇的基本信念和奉行的目标，是为企业绝大多数成员共有的关于企业意义的终极判断，是企业文化的核心或基石。对于任何一个企业而言，只有当企业内绝大部分员工的个人价值观趋同时，整个企业的价值观才可能形成。与个人价值观主导人的行为一样，企业所信奉与推崇的价值观，是企业的日常经营与管理行为的内在依据。

企业价值观的作用主要表现在：①企业价值观为企业的生存与发展确立了精神支柱；②企业价值观决定了企业的基本特性；③企业价值观对企业及其员工行为起着导向和规范作用；④企业价值观能产生凝聚力，激励员工释放潜能。

塑造企业价值观的途径包括：①以企业领导人的言传身教来树立统一的价值观；②健全配套机制，将企业价值观渗透到企业日常经营管理过程中的每一个环节；③塑造企业精神。

（3）英雄人物。一个企业的英雄人物是企业为了宣传和贯彻自己的价值系统而为企业员工树立的可以直接仿效和学习的榜样。英雄人物是企业价值观的人格化体现，更是企业形象的象征。许多优秀的企业都十分重视树立能体现企业价值观的英雄模范人物，通过这些英雄人物向其他员工宣传企业提倡和鼓励的东西。

（4）习俗和仪式。习俗和仪式是在企业各种日常活动中反复出现、人人知晓而又没有明文规定的东西，它们是有形地表现出来且程式化了的并显示内聚力程度的文化因素。

习俗就是企业的风俗习惯。根据迪尔和肯尼迪对美国企业的研究，那里的习俗类型有游戏、聚餐、"训人"。

仪式是指企业按照一定的标准、一定的程序进行的时空有序活动。根据迪尔、肯尼迪的研究，美国企业中常见的仪式有问候仪式、赏识仪式、工作仪式、管理仪式、防患于未然的仪式、庆典、研讨会和年会等。

（5）文化网络。文化网络是指企业内部以逸事、故事、机密、猜测等形式来传播消息的非正式渠道，是和正式组织机构相距甚远的隐蔽的分级联络体系。

2．四类型说

迪尔和肯尼迪认为，企业文化的类型，主要取决于市场的两种因素：①企业经营活动的风险程度；②企业及其雇员工作绩效的反馈速度。据此，他们提出由市场环境决定的四种文化类型。

（1）强人文化。这种文化形成于高风险、快反馈的企业。强人文化对员工的要求是坚强、乐观、具有强烈的进取心，树立"寻找山峰并征服它"的牢固信念。

强人文化的特征是：崇尚个人明星，急于扮演重要角色。

（2）"拼命干、尽情玩"文化。这种文化形成于风险极小、反馈较快的企业。

"拼命干、尽情玩"文化的特征是：工作数量扮演重要角色，崇尚优胜群体，着迷于更有刺激性的活动。

（3）攻坚文化。这种文化形成于风险大、反馈慢的企业。

攻坚文化的特征是：崇尚创造美好的未来；权威、技术能力、逻辑和条理性扮演重要角色；以企业例会为主要仪式。

（4）过程文化。这种文化形成于风险小、反馈慢的企业。

过程文化的特征是：崇尚过程和细节；小事扮演重要角色；仪式体现严格的等级观念。

3．学习型组织说

学习型组织说是美国麻省理工学院的学者和企业家合作研究后提出的一种管理理论。他们研究成果的结晶在彼得·圣吉（Peter Senge）写的《第五项修炼》著作中有所体现。该理论的核心内容是：

（1）学习型组织。学习型组织就是一个具有持续创新能力、能不断创造未来的"文化组织"。在组织内部建立起完善的学习机制，将成员与工作持续地结合起来，使组织在个人、团体及整个系统三个层次上得到共同发展，形成"学习——持续——建立竞争优势"的良性循环的企业文化。

（2）五项修炼——建立学习型组织的关键。

第一项修炼是自我超越。"自我超越"的修炼是学习不断理清并加深个人真正的愿望，集中精力，培养耐心，并客观地观察现实。它是学习型组织的基础，因为只有个人不断地学习，组织才能学习，个人学习对组织来说是一个必要条件。

第二项修炼是改善心智模式。"心智模式"是根植于我们心中，影响我们如何了解这个世界，以及如何采取行动的许多假设、成见或图像、印象。对于个人而言，心智模式对于提高学习能力和智力水平具有重大影响。在许多管理决策模式中，决定什么可以做、什么不可以做的也常常是一种心智模式。

第三项修炼是建立共同的愿景。共同愿景就是共同的目标理想和共享价值观。共同愿景是个人愿景的延伸。共同愿景对于学习型组织来说是至关重要的，它为学习提供了焦点和能量，在缺少共同愿景时，其学习只是适应型的学习，而不是创新型的学习。

第四项修炼是团体学习。团体学习是发展成员整体搭配与实现共同目标能力的过程。它是建立在"自我超越"和"共同愿景"基础上的。在现代组织中，学习的基本单位是团体而不是个人。当团体真正在学习的时候，不仅团体整体会产生出色的成果，个别成员成长的速度也比其他学习方式快。

第五项修炼是系统思考。系统思考是以系统动力学为理论基础的一种思考方式，它要求人们掌握事物整体运作的本质，是一种使人们重新认识自己所处的世界的新的方式，是一种心灵的转化。系统思考引导人们从关心局部到关心整体，从看到事物表面洞察其变化背后的结构，以及从静态分析认识各种因素的相互影响到寻找事物发展的动态平衡。

以上五项修炼缺一不可。系统思考，恰恰是能把五项修炼融为一体的理论和实务。每习得一项修炼便是向组织的理想跨进一步。学习是一个终身过程。一家公司不可能达到永恒的卓越，它必须不断学习，以求精进。

除了以上的学说外，还有"文化四指标说""7S管理框架说""H论"等。随着社会的不断发展，企业文化处在不断的完善和发展之中。

二、企业文化和酒店企业文化的概念

文化是人类的一种生活方式，是人类在长期斗争中积累下来并世代相传的关于如何适应环境，与自然做斗争，协调人类内部关系的行为模式。它反映了人类对于物质和精神世界的全部认识，并且通过人类的道德、价值、知识、信仰、风格、习惯、才能等多方面表现出来。文化是人类历史的沉积物，是人类宝贵的精神财富，也是人类区别于其他生物的标志。

由此可见，文化首先是一种复杂的行为模式；其次，文化不是指个别人，或者少数人，而是指某一群体共同的行为模式；再次，文化是一个综合的概念，它几乎包括人类的所有行为领域，但其核心是人们的价值观念。最后，根据不同的价值标准，又可把文化划分为不同类型的子文化或亚文化（在一个比较小的社会中的文化）。

（一）企业文化的概念

对于什么叫企业文化，国内外众说纷纭，莫衷一是。总体来说，西方学者们比较统一的看法是：企业文化的主要内涵是价值观，一个企业组织内部所形成的独特的文化观念、价值观念、信念、历史传统、价值准则、行为规范等，并且依赖于这些文化，企业内部的各种力量统一于共同的指导思想和经营哲学之下。

从管理思想的角度来看，企业文化是企业管理部门通过自己的管理实践，精心培植、倡导、塑造的一种为全体成员共同遵守、奉行的价值观念、基本信念和行为准则。从实践的角度来看，其构成要素主要包含企业宗旨、价值观念、行为规则、道德规范、人员素质、企业形象等。

还有的人认为，企业文化分广义和狭义两种。广义的企业文化是指企业在生产经营过程中形成的企业物质文化、制度文化和精神文化的总和。狭义的企业文化是指企业在长期经营实践中形成，并为本企业员工自觉遵守和奉行的共同价值观念、经营哲学、精神支柱、伦理道德、典礼仪式及智力因素和文娱生活的总和。

也有人认为，企业文化包括企业在长期生产经营过程中形成的管理思想、管理方式、群体意识和行为规范。其出发点和归宿是尊重和坚持员工的主人翁地位，提高员工的思想道德水平和科学文化素质，从各个环节调动并合理配置有助于企业以经济建设为中心的全面发展的积极因素，形成合力，推动企业实现社会物质文明和精神文明的共同进步。其中含"人"和"物"两方面的管理，以"人"的管理为主；"软"管理和"硬"管理兼备，以"软"管理为主。其中群体意识包括企业价值观、企业精神、心理态势等，行为规范是指企业规章制度、道德规范、行为标准、风俗习惯等，是现代企业制度的有机组成部分。

总体来说，企业文化是在企业长期的经营活动中，不断总结成功经验和失败教训后逐渐形成和发展起来的，其核心内容是企业精神和企业价值观。企业作为一种以营利为目的的经济组织，它作为经济存在，同时也作为文化存在。

因此，企业文化就是企业作为一个社会群体特殊存在的样式，是企业的生存和发展方式。企业文化具体表现为企业整体的思想、心理和行为方式，通过企业的生产、经营、组织和生活的运营而表现出来，是企业内部全体成员共同认可和遵守的价值观念、道德标准、企业哲学、行为规范、经营理念、管理方式、规章制度等的综合，以人的全面发展为最终目标。

（二）酒店企业文化的概念

酒店企业文化是指酒店员工在从事经营活动的过程中所共同具有的理想信念、价值观念和行为准则，是外显于店风店貌、内蕴于员工心灵中的以价值观为核心的一种服务意识。

目前有关酒店企业文化的表述，最有代表性的说法是：酒店企业文化是全体员工的思想观念、思维方式、行为方式以及企业规范、企业生存氛围的综合。这一说法几乎涵盖了所有方面，涉及了企业战略、人才、制度、规范、服务、营销、产品、品牌、公关宣传、形象设计等。又有人把这个体系分为精神层、行为层和物质层三个层面。精神层有一系列的表述，如共同目标、价值观、企业道德、企业精神、企业理念、企业氛围等。行为层是指各种规章制度、经营活动，它基于制度体现思想。物质层是企业文化结构的表层部分。它是企业通过长期生产实践及不断完善和发展获得的一种战略性资源，也是物质文明建设的外在表现，包括企业生产经营的物质条件，如企业设备、产品质量、企业建筑和企业服务等。作为有形物，它是人们可以直接感受到的。物质层虽然以物质形态存在，但往往能够反映出企业的精神状态。这一理论很全面，但对于具体的酒店定位、具体的酒店文化行为不适用。酒店企业文化的目标主要指向酒店员工的精神状态文化。

酒店企业文化建立的目的，就是要在酒店员工内部倡导和营造一种积极健康、活泼和谐的精神氛围，将酒店的各项工作都集中指向这一核心点，对酒店的各方面起到推动作用，以体现酒店的文化价值。

丽思卡尔顿酒店是酒店企业文化定位最为科学、合理的典型例子之一。丽思卡尔顿酒店提出："真诚的关心与顾客的舒适是我们的最高宗旨，我们发誓为我们的顾客提供最个性化的设施与服务，让顾客享受温暖、放松而高雅的环境。"

针对服务型企业员工的精神状态，丽思卡尔顿酒店的座右铭是："我们是为淑女和绅士服务的淑女和绅士。"这一简单的表述，颠覆了传统的"顾客是上帝"的服务文化理念，使员工的思想和精神状态得以解放。

在具体的服务过程中，丽思卡尔顿酒店提出了以下三个步骤的服务程序：

（1）热情真诚地迎接，尽可能称呼客人的名字。
（2）能够预见客人的需要并满足客人的需要。
（3）深情地向客人告别，热情地说声"再见"，尽可能地称呼客人的名字。

更为重要的是，酒店告诫员工："我们不希望你们为本公司工作，而是希望你们成为公司的一部分。我们共同的目标是建立卓越的酒店，控制世界酒店业的高端细分市场。这需要大家的帮助，酒店的未来掌握在你们的手中。"

然而，对于目前我国国内酒店业来说，在酒店标准化服务理念尚未完全有效地实施之前，一味地追求"顾客是上帝"不一定可取，强调"员工与顾客的平等"也未必可行，这需要管理者根据自身的实际有选择地定位自身的酒店文化。

三、酒店企业文化的结构体系

要真正理解酒店企业文化的概念，需要把握以下三点：①文化构成是多要素的，既有精神的也有物质的；②文化是分层次的，精神方面是酒店文化的内蕴存在，物质方面是酒店文化的外显存在；③文化是在长期生产实践中形成的、员工共同认可和遵守的行为规范，需要内化为人们的共同信仰才能发挥最大作用，因而具有时间性。酒店企业文化具体表现在以下四个方面：

1. 表层物质文化

酒店的物质文化就是酒店文化的物质层，它是由员工的服务和各种物资设备等构成的文化，如酒店提供的产品或服务、建筑物、设施设备、标志、氛围等工作环境和生活环境。

酒店物质文化的建设要符合两个标准：①满足顾客的需要，从顾客角度思考问题是市场竞争取胜的关键；②酒店物质环境的营造要与当地文化融为一体，向顾客传递温馨、舒适和美感，使入住酒店消费成为顾客难忘的经历。

2. 浅层行为文化

酒店行为文化是酒店员工在生产经营、人际关系中产生的活动文化，是以人的行为为形态的文化。酒店行为文化，一方面不断地向人的意识转化，影响精神文化的生成；另一方面，又不断地向人的物质文化转化，最终物化为酒店的物质文化。

3. 中层制度文化

制度文化是组织为了实现特定目标所制定的行为规范，亦即一种程序化、标准化的行为模式和运行方式。由于它规定了哪些行为应受到赞扬，哪些行为要受到批评，从而具有鲜明的强制性。

制度一般包括组织制度和运营制度。

（1）组织制度文化是企业权力结构体系文化。酒店要争取竞争优势，就必须以顾客需要的满足为核心，设计组织制度文化；以面向顾客的价值观为指导，将顾客满意作为衡量组织制度结构合理性的首要标准；压缩权力层级，以方便顾客为基本目标，设计扁平化的组织结构，建立完善、高效的组织制度文化。

（2）运营制度文化是酒店的运营程序与标准执行系统，以保证酒店运营质量的一致性和稳定性。世界知名酒店集团的品牌建立过程，很大程度上得益于它们严格规范的操作标准和执行系统，这是创建服务个性化的基础。

4. 深层精神文化

精神文化是最深层次的文化，它既是其他文化层次的结晶和升华，也是其他文化层次的支撑。精神是无形的力量，能推动组织和员工不断向前。精神反映核心价值观、态度和各种信仰，能影响员工对自己、对顾客、对企业、对世界的看法，并使他们按照这种看法采取行动。精神文化的内核是企业价值观，企业价值观决定企业的命运。所有杰出的公司都很注重企业文化的建设，都具有崇高的信念和价值观。

酒店的价值观是一种以酒店为主体的价值观，是酒店人格化的产物。酒店企业的价值观，是酒店全体员工共有的、内化的、判断事物的标准和处世行事的原则。如同银行的金库里装的是钱币，服务企业的宝库里保存的是优秀的价值观。价值观反映了企业管理者的思想和企业的追求。这种意识是企业的核心思想、资产和经营哲学，是受保护和推崇的，它揭示了企业的实质和精髓。

例如，万豪经营理念中最核心的思想是"员工第一"。为了将这一思想贯彻在经营管理中，万豪要求每位管理者在工作中必须体现以下原则：能够善待员工，积极帮助他们发挥潜力；从员工满意出发，达到客人满意的结果；善于听取员工的建议，关心员工的生活、工作，企业永远要感谢员工；使员工对自身满意，有信心并以工作为荣；始终如一地培训员工，为其创造发展机会；倡导团队精神，营造互尊互帮的工作氛围。

由于管理者始终能够贯彻万豪的核心理念，员工在"以人为本"的万豪文化氛围中感受到自我价值和受尊重，便自觉地将企业的服务理念转化为优质的服务行为，吸引忠诚顾客。

四、酒店企业文化的功能

酒店企业文化在酒店管理过程中表现出的功能是多方面的，每个方面表现的内涵也是多方面的，有表面的、有深层的、有积极的、有消极的。酒店企业文化在酒店经营过程中的贯彻程度主要取决于管理者及其员工对它的理解认识程度和认同性。认识与认同的深浅、差异，其表现出的效果是截然不同的。酒店企业文化的功能主要表现在以下五个方面：

1. 导向功能

员工年龄、经历、文化的差异与酒店统一的服务标准及服务意识，员工的个人利益和酒店的整体利益，员工的自我发展或个性发展与酒店的整体发展，部门的局部利益、局部发展与整体利益、整体发展，部门的局部经营与整体经营等均受酒店文化的主体文化的导向作用，而且也只有酒店文化才能起导向作用。深层的文化影响形成强有力的共同目标，在这个共同目标的主体文化导向下，酒店员工将会自觉地按照这个目标而努力。因此，牢牢地把握酒店文化的导向功能，是酒店经营管理成功的前提。

2. 教育功能

新酒店的建设、老酒店的改造及酒店在其经营过程中，首先就是教育和培训员工，但这种教育和培训，包括专业院校的教育，只是将主要精力放在专业方面，还没有一个完整系统的、从理论到实践的课程来进行酒店文化的专门教育。专业知识及操作规程是基础，是必需和必要的，但这些只表现在酒店企业文化的中层结构方面，而表现在深层结构方面的内涵更需要挖掘。一家文化氛围比较浓厚的酒店，员工表现出的素质、知识面、文化修养程度、服务意识、服务技巧、服务水准都是高人一等的。因此，酒店企业文化管理所产生出的形象教育、环境教育、直观教育是比学校教育更具体、更现实、力量更大、内容更丰富的教育。酒店企业文化对酒店、管理者、员工、宾客都有深刻的影响，它可以潜移默化地改变人的特点，培育出一批优秀人才。

3. 凝聚功能

先进的酒店企业文化培养出良好的酒店工作环境，如同强有力的磁场一样，将众多的员工吸引在这里。这是因为酒店企业文化和实施酒店企业文化管理所产生的高水准的服务质量、优秀的企业精神、良好的企业形象、温馨的人际关系、融洽的工作氛围、丰富的文化内涵等使人感到在这里工作能够体现人生价值，收获工作的荣誉感和自豪感。现代人择业，除了工资福利待遇外，还要看工作的环境是否能够让自己的才能和潜力得到发挥，充分体现人生的价值。酒店企业文化正好为他们创造和培育了这种自我发展的环境，使他们能为酒店的发展尽其才。

4. 辐射功能

一个好的含有文化内涵的表现形态将会被人们广泛地借鉴、仿造、复制，因此，它产生的效应已超出了原来的范围，具有很强的辐射功能。酒店文化孕育出的无论是物质的还是精神的各种表现形态，只要它代表着时代，代表着先进，就会有很强的生命力和影响力，它就能由局部辐射到全局，由内部辐射到外部，发挥广泛的效应。酒店企业文化培育出的精神文化和物质文化已逐步被我国和世界各方面越来越多的人士认可。

5. 稳定功能

一个企业的企业文化总是与企业的发展相联系的，企业文化的形成是一个渐进的过程。它一经形成，并为全体员工所掌握，就都具有一定的稳定性，不因企业产品、组织制度和经营策略的改变而立即改变。没有质的稳定就没有特定的企业文化，企业文化的存在和发展，也就失去了客观基础。

五、企业文化的影响因素

1. 社会文化背景

中西不同文化传统影响下所形成的企业文化也表现出不同的特点。

西方社会在基督教主流文化的影响下，形成了强调平等权利的企业观与功利主义思想，形成了从人本平权出发，强调进取、效率与控制的企业文化。文艺复兴时期，得到强化的另一个西方社会文化传统是个人主义传统，这是西方文化发展的核心之一，个人主义强调以个人为中心，表现为利己主义、自由主义和无政府主义。为了规约个人主义，西方企业逐步发展并建立了企业管理的契约关系和市场法则。有效的契约关系和市场法则促进了西方酒店业的集团化发展，发展出了连锁经营、特许经营和战略联盟的经营模式，使酒店经营走上了品牌化、连锁化与集团化之路。

中国的文化背景是以伦理为核心，以人本主义为特征，崇尚和谐、谦让、勤劳、节俭的本性，在价值认知上注重传统权威，在社会评价方面注重名声与家风。百姓特别重视血缘、地缘关系，重视差序的伦理观，讲求天人合一的企业自然观，强调安分守己、乐天听命，因而缺乏改革的冲劲。在这些传统文化的影响下，中国的企业组织形成了一种"差序关系与家庭伦理式"的管理方式：等差有序，仁和中让。其解决危机与冲突的方法是"让""恕"与"无争"。这种管理方式导致在企业管理中形成一种建立在孝道文化基础上的权威人格，这种权威人格容易形成因袭惯例、遵守习俗、追求权势与独断专行的企业管理体制。

中国传统管理的最大缺陷是缺乏效率与创新，而西方的管理方式易产生劳资对抗；中国传统思想的安土重迁有利于员工对企业忠诚，而西方的个人主义与契约关系易导致员工高度流动。因此，要在中国特定的土壤中创造出全新的符合中国国情的企业管理思想，应当把西方现代管理技术与当前我国特有的企业管理环境及我国固有的文化传统三者有机结合起来，形成新的企业管理思想，在中外酒店企业文化差异中寻找自身的目标。

2. 企业创业者和领导者的素质

酒店最高领导人的素质和品质在某种程度上决定了企业的成败。

在企业文化完善之前，可以说，企业之间的竞争实际上是企业家的竞争，是企业一把手的竞争。然而，如果把一家酒店的成败系于一人，则该酒店难免失败，企业经营的风险太大。

因此，企业家的使命除了经营管理好一家企业之外，更为重要的是要成为企业先进文化的塑造者、创新理念的创造者、企业形象主旨的设计者、企业精神的倡导者、企业文化建设的率先垂范者和身体力行者。

可以说，没有卓越的管理者，就不会有卓越的企业文化，没有卓越的企业文化，也就不会有卓越的企业。企业家在企业文化建设中的地位是任何人都无法替代的，是至关重要的。在市场经济环境下，企业管理者不但是市场舞台的主角，而且还是企业的掌舵人，在企业文化建设及其形成过程中起着举足轻重的作用。酒店的创业者和领导者，除了具备一般企业家所需要的能力，如创造性思考问题的能力、解决问题的能力、团队精神、道德准则等基本素质外，还应具备广博的知识，坚持原则，善于控制自己的情感，随时准备迎接挑战，保持年轻的心态，善于为他人着想，有较强的人际关系能力等。

3. 企业成员的素质

企业成员的素质反映着一定的社会文化内容，会对企业文化建设产生很大的影响。一个企业若员工的基本素质不高或缺乏良好的职业道德，那么生产力的健康发展是不可能的，企业文化建设也只能是纸上谈兵。素质高的员工，积极参与企业文化建设，能很快领会企业文化内涵并在实践工作中自觉地贯彻执行，形成一定的影响力。因此，不断加强培训，不断提高企业员工素质是建设企业文化的基本保证。

员工素质和企业文化建设之间并不存在逻辑上的相互决定与派生。员工素质高的企业，未必就一定会形成好的企业文化；员工素质较低的企业，也未必没有良好的企业文化。员工素质只是建设企业文化的基础，却不是企业文化建设是否导入和能否成功的先决条件。

六、企业文化的特征

企业文化是一个系统，它是由相互联系、相互依赖、相互作用的部分和层次构成的有机整体。首先，它是人的观念的有机整体。其次，它是企业形态的有机整体。构成企业文化的，有物质形态、制度形态、意识形态等不同的层次和内容，虽然它们各有特点和相对独立，但又紧密结合成为一个整体。企业文化与社会文化也是一个有机的整体，社会文化处处时时在渗透、影响和制约着企业文化的发展，使其成为社会文化新的生长点。可见，企业文化不是企业诸因素的简单叠加，而是相互影响、相互渗透的有机系统，综合对企业管理和企业进步产生作用。

企业文化的内容是极为丰富的，而不同企业的企业文化又是千差万别的。总的来说，它包括两个方面：一方面是作为构成企业文化基本元素的企业文化质点（特质）具有的特征；另一方面是作为整体、作为综合的企业文化具有的特征。

(一)企业文化的本质特征

1. 人文性

企业文化作为一种管理哲学,是以人为中心的,这也是企业文化与传统的以物为中心的管理思想的根本区别。工业文明是诞生于西方的,企业管理的传统思想带有浓厚的西方科学主义色彩。这样的管理把企业看作单纯的经济组织,把生产过程看作单纯的物的运作过程,管理的主要对象是物,人被看作物(机器、产品)的附属品。这其中的见物不见人的片面性随着经济的发展越来越成为阻碍企业进步的桎梏,而企业文化理论这一充满东方人文色彩的管理哲学应运而生,有效地弥补了西方传统管理思想中的先天不足。

所谓企业文化的人文性,就是从企业文化的角度来看,企业内外一切活动都应是以人为中心的。从企业内部来看,企业不应是单纯地制造产品、追求利润的机器,员工不应是这部机器上的部件;企业应该是使员工发挥聪明才智,实现事业追求,和睦相处、舒畅生活的大家庭。从企业外部来看,企业与社会不应该单纯是商品交换关系,企业生产经营的最终目的是满足广大人民的需要,是为了促进人类社会的发展。

2. 社会性

企业文化是企业这个经济社会群体的共同的价值取向、行为准则、生活信息等。它是一种社会群体心理文化、物理文化、行为文化。到"丰田村"工作的员工,往往都以有"丰田精神"而自豪,他们的观念、行为、文化因此更加紧密地联结为一个整体,因此,企业文化必然是社会性的。

3. 集体性

企业文化是企业在生产经营过程中,逐步将自己的价值观、规范和制度积淀下来形成的。这不是哪个企业成员或哪一部分人所能完成得了的一个长期的过程。企业的价值观念、道德标准、经营理念、行为规范、规章制度等都必须是由企业内部的全体成员共同认可和遵守的。企业文化是依靠一个企业全体成员的共同努力才建立和完善起来的,因此,企业文化具有集体性。

4. 个异性

许多企业管理理论,往往总是试图寻找一种适合于一切情况的企业运行模式。这种共性化的管理模式尽管在今后也不应被完全抛弃,但它的确是以往"一刀切"弊病的原因之一,而企业文化理论则更强调把握企业的个性特征,强调按照企业自身的特点进行有效的管理。实际上,任何企业都有自己的特殊品质。从生产设备到经营品种,从生产工艺到经营规模,从规章制度到企业价值观,都有各自的特点。即使是生产同类产品的企业,也会有不同的文化设施、不同的行为规范和技术工艺流程,因此,每个企业的企业文化都具有其鲜明的个体性、殊异性特色。任何一般的、空洞的企业文化,都不可能有持久的、强大的生命力。

5. 社区性

企业文化是企业作为一个社会群体的存在样式,企业不是一个单纯的经济机构或生产机构,不是个人的简单集合。企业是一个社会组织,是现代社会的一种社区类型。企业对员工来说,不仅是工作环境,而且是生活环境、交往环境。企业不只为员工提供谋生手段,同时也为员工提供人生舞台,提供满足多种需求的条件。

6. 综合性

企业文化不但具有个异性,而且也具有综合性。文化本身因为有用、有价值,特别是当一种文化的价值是另一种文化所不具有的时候,它的这种价值便会被别种文化所吸纳。不管何种文化,它作为民族的、社区的共同体验的结晶,都含有特殊的价值。当这些文化相遇的时候,它们彼此相互吸取、融合、调和各个个异文化中有营养的部分,重新构筑新的个体企业文化的机制和特征。这即企业文化的综合性。企业文化的综合性大体上可划分为三个层次:①对不同民族、不同地区、不同城市的宏观文化的吸纳性的综合,这里还包括选择的成分;②对不同企业的微观文化的吸收性的综合,把别的企业的文化中适于本企业文化吸取的部分拿来,汇合成本企业的新文化;③对企业各基层单位、广大员工群众中新萌生出的文化胚芽进行概括、加工性的综合。这三个层次,实际上是不能截然分开的,是一个统一体。

企业文化的综合性,不能简单地理解为平面的集中,它实质上是精华的吸收与再造,包括生成新的文化。企业文化的综合性越强,生命力就越强。

7. 规范性

企业文化是由企业内部全体成员所创造出来的,企业文化具有整合功能。这就要求企业内个人的思想行为,至少是与企业利益密切相关的思想和行为应当符合企业的共同价值观,与企业文化认同一致。当企业员工的思想行为与企业文化发生矛盾时,应当服从企业整体文化的规范要求,在这一规范下,企业力图使个人利益与集体利益、个人目标与企业目标统一起来。

8. 时代性

任何企业,都是置身于一定时空环境之中的,受时代精神感染,而又服务于社会环境。企业的时空环境是影响企业生存与发展的重要因素,企业文化是时代的产物。因此,它的生成与发展,它的内容与形式,都必然会受到一定时代的经济体制和政治体制、社会结构、文化风尚等的制约。由众多因子构成的时代精神在企业文化中反映出来,即构成了企业文化的时代特征。

企业文化是时代的产物,又随着时代的前进而不时地演化着自己的形态。一方面,不同时代具有不同的企业文化;另一方面,同一个企业在不同时代,其文化也有不同特点。每一个时代的企业文化都深刻地反映了那个时代的特点和风貌,反映了它们产生的经济和政治条件。经济、政治体制改革日益深入,市场经济日益发展,改革开放,开拓进取,竞争、效率等观念、文化都必然成为未来企业文化的主旋律。可见,时代特点感染着企业文化,企业文化反映了时代风貌。

9. 民族性

所谓民族,就是"人们在历史上形成的一个有共同语言、共同区域、共同经济生活以及表现于共同文化上的共同心理素质的稳定的共同体"。在世界文化体系中,民族区域生态环境不同,文化积累和传播不同,社会和经济生活不同,处于不同民族群体之中的人们,由于共同参与一种文化制度,共享一种文化制度,久而久之,形成了一个民族的人们共同的精神形态上的特点,如特定的民族心理、风俗习惯、宗教信仰、伦理道德、价值观念、行为方式、生活方式等,形成了自己独特的民族文化。

任何工厂、商店等,都是一定国家、一定民族的生产经营单位,因此任何企业文化,从一定意义上说,都必定是某一民族文化的微观(经营单位)的表现形式。因此,民族性也就成为企业文化必然具备的一个重要特征。

(二) 企业文化的从属特征

用辩证的观点来分析企业文化,它具有以下从属特征:

1. 无形性与有形性相统一

企业文化的核心是精神文化，精神文化是作为一种文化心态和氛围存在于特定的人群之中的，因此它是无形的，是看不见、摸不着的。然而，任何无形的事物都是寓于有形事物之中的，它们通过有形的载体体现出来。企业文化的内核中所包含的无形文化通过人的行为方式、公司的规章制度或者经营政策等体现出来。无形性是就内容而言的，有形性是就形式和载体而言的。因此，企业文化是内容与形式、载体的统一。

2. 观念性与实践性相统一

企业文化在形态上表现为一种观念、一种认识、一种群体意识。认识来源于实践。同样，企业文化的核心内容——价值观念作为一种认识，是通过企业长期的生产、经营实践活动形成的，它既来源于实践，同时又指导实践，为实践服务。因此，企业文化是观念性和实践性的统一。认识企业文化的这一特点对于克服企业实践中脱离实际、拔苗助长，或束之高阁、只做表面文章的倾向也具有重要的意义。

3. 抽象性与具体性相统一

优秀的企业文化引导企业追求卓越，追求成效，追求创新。但它只给人们提供一种指导思想，一种行为准则，只会告诉人们应该用什么样的指导思想去处理每个具体问题。因此它是一种抽象性的概念。但是企业文化又是具体的，它是由各种具体的观念、习俗、习惯、传统等浓缩、凝结、升华而成的。

4. 超前性与滞后性相统一

企业在生产经营活动中所形成的企业文化，相对于社会文化是超前的，能最先反映时代的新观念、新思想、新气息。但企业文化相对于科学技术的发展，相对于企业设备的快速更新和组织的急剧变革等，往往显得变化缓慢，具有一定的滞后性。因此，要解决企业文化的滞后性就要使科学技术的发展、设备的更新、组织的变革等能及时推动企业文化的变革和进步。

5. 吸收性和排他性相统一

优秀的企业文化形成以后，对外来的优秀文化具有很强的学习吸收能力，能把社会变革中的积极因素和其他企业在实践中形成的好的思想和经验融会到自身的文化之中，丰富和发展自身的文化。同时，对于与本企业文化主流相悖的其他思想意识也有相应的抵御能力。

6. 经济性和社会性相统一

企业文化是一种经济文化，它反映了企业的经济伦理、经营价值观与目标要求，以及实现目标要求的行为准则和传统习惯等。同时，企业还作为社会的一个细胞而存在，从其功能来讲，它不仅有推动创造物质财富的功能，而且也具有社会功能。而且企业在开放的社会环境下无时无刻不受社会大文化的感染和熏陶，因此，企业文化既有经济属性，也有社会属性，是二者的完美统一。

第二节　价值观——企业文化的核心

一、企业价值观的含义与作用

(一) 企业价值观的含义

企业价值观是指企业在长期的经营管理实践中，处理各种关系时所形成和遵循的最基本的价值理念和行为准则及所追求的目标，是企业对自身存在和发展、对企业经营目的、对企业员工和顾客的态度等的基本观点及评判企业和员工行为的标准。

价值观的主体可以是一个人，也可以是一个群体。企业价值观就是一种以企业为主体的价值观念，是企业人格化的产物。具体地讲，企业价值观就是一个企业在追求经营成功的过程中，对生产经营和目标追求以及自身行为的根本看法和评价。简单地说，它解释了企业秉承什么、支持什么、反对什么。

1. 从形式上看是属于思想范畴的概念

价值观是人对事物的根本看法和观点，是人对客观事物的理解，它属于人的思想范畴，是人的价值理念。这种价值理念和社会道德属于同一范畴。我们在治理社会的时候，首先提出来要依法治国，但是当完善的法律失效的时候，靠什么约束？靠社会道德。所以既要依法治国，同时也要以德治国。管理企业也一样，首先要依靠企业制度，但是企业制度失效了靠什么约束？靠价值观念约束。价值观念是人们在思想理念上的自我约束，是对外在约束的一种补充，因而从形式上看，价值观是属于思想范畴的概念。

2. 从内容上看是反映企业行为的价值理念

作为企业文化的核心，价值观在内容上是对企业的现行运行过程的反映。具体来讲，它是企业的制度安排，以及企业的战略选择在人的价值理念上的反映。可以说，企业的所有相关活动都会反映到人的价值理念上。所以说，价值观从内容上看是反映企业行为的价值理念。例如，一个企业如果在体制安排上要拉开人们的收入差距，那么这个企业就应该有等级差别的价值观念；如果一个企业准备采用扩大经营的经营战略，那么这个企业就要具有诚信的理念；等等。总之，价值观从内容上看是反映企业行为的价值理念。

3. 从性质上看是属于付诸实践的价值理念

价值理念如果从其实践性的角度上看，实际上可以分为两大类：一类是信奉和倡导的价值理念；另一类是必须付诸实践的价值理念。价值观既属于信奉和倡导的价值理念，又属于必须付诸实践的价值理念。也就是说，价值观必须为全体员工所认同，并且在员工的日常工作中得到体现，而不仅仅是得到倡导或者信奉。

4. 从属性上看是属于企业性质的价值理念

对于价值理念来说，如果从其拥有的主体上来划分类别，则可以分为自然人的价值理念、民族的价值理念、国家的价值理念、法人的价值理念和企业的价值理念等。企业文化是企业的灵魂，企业价值观是企业文化的核心，企业价值观是属于企业性质的价值理念。

企业价值观是作为企业自身的价值理念而存在的，它可能会受到民族的价值理念、社会的价值理念以及其他有关方面的价值理念的影响，但是就它的属性来看，它是属于企业性质的价值理念。

5. 从作用上看是属于规范企业行为的价值理念

企业价值观作为企业的价值理念，是对企业真正发挥作用的价值理念，核心价值观对企业的行为以及员工的行为起到非常好的规范作用。例如，企业文化中关于责权利对称性管理的理念，规范着员工的责权利关系；企业中的共享、共担理念，规范着企业与员工在风险承担及利润分享上的相互关系。

（二）酒店企业价值观

酒店企业价值观是以酒店中的个体价值观为基础，以酒店经营管理者价值观为主导的群体价值观。酒店企业价值观是酒店的灵魂，是企业文化的核心，它决定和影响着企业存在的意义和目的，为企业生存和发展提供基本的方向和行动指南，为企业员工形成共同的行为准则奠定基础。

（三）企业价值观的作用

企业价值观如同"一只看不见的手"，在企业经营管理过程中发挥着重要的作用和影响，具体表现在以下七个方面：

1. 定向作用

企业价值观是以企业中各个个体价值观为基础，以企业家价值观为主导的群体价值观念。企业不可能脱离社会而独立存在，必然会受到不断发展的社会价值观的影响，企业中的每一位成员也是社会中的一分子，社会价值观必然通过影响个人价值观间接作用于企业价值观。因此，企业价值观在经营中如能将企业的目标和个人的目标、社会价值观联系起来，并使之服务于社会的利益、人类的利益，那将是成功的企业价值观。

2. 决定作用

企业价值观是企业的行为骨架，当价值观被员工理解并付诸行动之时，价值观就为员工的行动提供了准则和依据，也就决定了企业的基本特征，决定了企业的生产经营特色和管理风格。

3. 支柱作用

企业价值观是从最高决策者到每一名基层员工所共享的核心价值观，企业宣示的价值观和大家共同遵守、心照不宣的价值观是一致的。员工的行动应该符合企业价值规范。企业价值观对于企业全体成员具有强大的精神支柱作用，并将成为满足精神追求的驱动力。

4. 规范作用

企业价值观告诉人们企业提倡什么，反对什么，什么是该做的，什么是不该做的，使企业员工有统一的、规范的、自觉的行动。

5. 激励作用

企业价值观必然昭示未来的发展景象，未来景象的作用就是推动变革与进步。它明确而有力，是人们努力的焦点，是团队精神的催化剂，通过对宏大远景目标富有激情而坚定的描述，激发员工的热情和动力。这种企业价值观灌输着一种积极向上的信念，激励着员工去追求这种信念和为实现这一理想而奋斗。

6. 整合作用

企业价值观一方面体现员工、顾客、股东价值观的贯彻与统一。例如，联想提出：为客户提供信息技术、工具和服务，使人们的生活和工作更加简便、高效、丰富多彩；为员工创造发展空间，提升员工价值，提高员工的工作、生活质量；为股东回报长远利益。另一方面，企业价值观提供了内部员工行为准则整合的基础和纽带，企业内部的组织冲突、人际关系等都可以通过共同的价值观得到解决和整合。

7. 培养作用

企业价值观规定了企业的核心信仰，是企业最基本、最持久的信念，具有内在性，独立于环境变化、竞争要求和管理时尚之外。企业的核心信仰必须为企业的所有成员所共享，是每一个员工都必须重视的价值观。它在企业的形成过程是一个组织的自我实现过程，一旦形成将会产生一种无形的"势能"，形成一种无形的压力，对全体员工起到感化和暗示作用，从而使其自觉地按照企业价值观来塑造自我。

总之，企业的主要文化现象、文化特征、文化创新都是以企业价值观为源泉的；企业的基本选择、行为规范都是以企业价值观为轴心加以调节、变动的；企业的存续、发展都是以此为核心而得以实现的。因此，只有搞清楚并把握企业价值观，才能对那些表面上杂乱无章或井然有序、令人迷惑不解或顺理成章的企业经营作风、管理方式有透彻的理解和把握。

二、企业价值观的构成

企业价值观以个体价值观为基础，以经营管理者价值观为主导。如果细分酒店企业价值观，它分为四个层次，也可以说是这四个层次影响了企业的整体价值观。

1. 员工个人价值观

人的价值观取决于世界观，个人价值观是在家庭教育、学校教育和社会活动中逐步积累形成的。价值观不但影响个人行为，还影响群体行为和整个组织的行为，进而影响企业的经济行为，最终影响企业的经济效益。

酒店员工在参加工作之前都有着各自的经历，带着形形色色的价值观进入酒店。正如进入酒店工作的大学生，有人怀抱理想，要把酒店作为一项事业来做，有人把它作为一项普通的工作，有人把酒店工作作为一种临时性的安排，价值观不同，目的不同，行为方式必然不同，在工作过程中当然也会有各种不同的表现。在同一客观条件下对于同一个事物，由于人们的价值观不同，不仅会产生不同的行为，即使对待同一个规章制度，有人会认真贯彻执行，有人会拒不执行。这两种截然相反的行为，将对组织目标的实现起着完全不同的作用。

因此，酒店管理者只能通过了解他们的价值观，才能解释他们的行为，并作为工作培训的依据。与此同时，为了获得良好的经济效益，酒店经营者在确定企业目标时，需认真考虑酒店中各方人员和群体的价值观，只有在平衡各方面价值诉求的基础上才能确立合理的企业目标，并利用共同的企业目标来建立酒店企业的价值观。

2. 经理人价值观

经理人价值观就是企业领导者的价值观。经理人价值观是企业价值观的主导。经理人是一个企业的灵魂和主导。经理人引导着企业文化发展的方向。经理人的领导风格、领导艺术和个人风采对企业文化建设具有重要作用。一个企业的文化必然会打上经理人的个性烙印和人格烙印。经理人是企业文化的创造者和精心培育者，是企业文化的传播者，是企业文化建设的"教练"。

经理人是价值观付诸实施的龙头，是倡导、宣传和实践企业价值观的先行者，经理人的表率作用和模范行为是一种无声的昭示，对员工起着示范作用。从某种程度上说，企业价值观就是经理人的企业价值观，特别是企业决策层价值观的群体化。

3. 社会价值观

企业是社会经济组织，企业经理人和员工无一不是成长、工作和生活于社会环境之中的，他们的价值观以及企业价值观也就自然受到社会的制约和影响。既然企业不能脱离社会，那么企业价值观就必须与社会的价值观融合在一起。这也就是为什么那么多的著名企业要把社会责任、社会关注的焦点纳入企业价值观之中的缘由。

4. 整体价值观

企业整体价值观是企业文化建设的核心，企业精神则是企业整体价值观的集中体现。企业整体价值观决定着企业的经营目标、经营方向，规范着员工的行为，因此，培育企业整体价值观是建设企业先进文化、提高员工素质的重点。

三、企业价值观的演变及其价值取向

（一）企业价值观的演变

企业价值观是企业文化的核心，是企业生存的基础，也是企业追求成功的动力。企业要形成全体员工认同和共享的价值观，获得强盛的生命力，必须引导企业核心竞争力的方向。

企业价值观经历了三个发展阶段：第一个阶段是追求最大利润的价值观，盛行于18世纪至20世纪初的西方发达的工业化国家；第二个阶段是经营者与投资者分享利润的价值观，盛行于20世纪20年代至70年代；第三个阶段是利润共享和履行社会责任的价值观，在20世纪70年代后兴起并成为主流。

（二）企业价值观的价值取向

1. 经济价值取向

经济价值取向主要表明企业对利益的看法。企业是经济实体，必然以盈利作为经济价值取向和行为规范。但企业不是单纯的谋利组织，必须文明经营，适合市场要求，满足消费者需求。利润是企业为顾客提供服务后所得到的报酬。

2. 社会价值取向

社会价值取向表明企业及其成员对索取与风险、自我与社会关系的看法。企业是社会的细胞，是社会大系统的子系统，企业要为社会做贡献，增进社会利益，改善社会环境，促进社会发展。企业要确认并积极处理企业生产、经营活动造成的社会影响，确认社会问题的存在并积极参与社会问题的解决，既满足社会的需要，又为企业的发展奠定基础，树立良好的企业形象，创造无形价值。

3. 伦理价值取向

伦理价值取向主要涉及企业所有者、经营者、员工之间，企业和消费者之间，企业和合作者之间等关系的确立与维持。企业应遵循伦理道德规范，以正直、善良、诚实、守信的企业行为，确立和各方的良好关系，以实现持续的发展。

4. 人文价值取向

企业即人，去"人"则"止"。企业必须以人为本，一切为了人，依靠人，要具有人文关怀。企业在发展时让员工也得到全面发展，充分调动全体员工的积极性，使其发挥主动性和创造性，实现自身的价值。企业要维护人权，尊重人的个性，形成良好的人文环境。

第三节　酒店企业的管理文化与组织文化建设

一、企业文化的构成要素

企业文化的实质是指企业的价值观。一个完整的企业文化系统通常包含以下五个要素：

1. 种子要素

种子要素是企业的中心要素，抽象地说，是一种价值观或理想，它决定了整个企业文化的内容和方向。整个企业文化的生成，是某种价值观念、精神境界、理想追求的发育与成

熟，也是它们的展开与实现。

2. 催化要素

任何一个种子要素，都必须展示出来，充分地"化"开来，变成全体员工（至少是大多数员工）认同的群体意识，才能作为企业文化的种子要素真正发挥作用。而这一过程可以发挥教育培训、科学技术、文学艺术、规章制度的作用，并且也只能依靠它们。

3. 品质化要素

品质化要素是指普遍存在于企业员工身上的各种素养，如文明素养、道德素养，或者企业员工已普遍牢固树立的各种意识，如协作意识、服务意识、质量意识、竞争意识、创新意识等，这是种子要素在催化要素的作用下，在每个员工心中萌发、生长的过程，是价值观念、精神境界、理想追求的认同过程，是一个长期潜移默化的过程。

4. 物质化要素

物质化要素一方面是精神目的和理想追求的部分实现，另一方面是社会需要的部分满足。物质化要素主要是指企业提供的物质产品、技术服务、环境保护、社会赞助和企业内部的厂房设施、环境布置等。物质化要素是促使种子要素的"种子"本质继续展开，催化要素的催化功能继续发挥，是使人们的思想激情转化为热情的行动的必要因素。简单地说，它就是一种激励因素。

5. 习俗化要素

习俗化要素是指企业的风俗、习惯、传统、仪式、非正式信息渠道等。企业活动一旦习俗化，执行起来便极为自然，既不需要从外部施加压力，也不需要从内部准备动力。因此，企业文化生长发育的最终目标，就是种子要素转化成为习俗化要素。

这五个要素之间的时空顺序、主次地位与结合方式，形成了企业文化的整体模式，直接决定企业文化的结构层次，直接影响企业文化功能的发挥。因此，只要一个企业文化的五个要素得以充分的实现，就可实现企业的经营目标。

二、企业文化建设的程序

一般说来，创立企业文化需要经过一定的程序，才可能逐步实现。综合考察企业文化创立的过程，一般分为六个阶段：调查分析阶段、总体规划阶段、论证试验阶段、传播执行阶段、评估调整阶段、巩固发展阶段。

（一）调查分析阶段

企业文化的调查研究同其他社会调查不同，它是以企业发展、企业生产经营为中心，对企业文化因素进行考察，为创立企业文化提供参考信息。

1. 企业文化发展史的调查分析

每个企业都有自己的企业文化发展史，区别在于文化的个性和特色。企业在创立企业文化时，实质上都在自觉与不自觉地受过去已有的企业文化的影响，新文化是在旧文化的基础上发展起来的。因此，创立企业文化需要总结过去，继往开来。

2. 企业文化发展的内在机制的调查分析

企业文化生成与发展的核心机制是内在的对企业活动信息进行加工的机制。它的现实形态表现为企业的经营活动机制。这是创立企业文化调查分析的中心环节。

3. 企业价值观的调查分析

企业价值观是企业文化的中心环节，是核心。对现在企业价值观的调查分析，是确定新价值观的基础。价值观文化是企业文化中最难确定的部分，其稳定性最好、影响力最大。因此确定企业价值观是企业文化建设的首要任务。

4. 企业文化发展环境的调查分析

企业文化的形成和发展离不开文化环境。文化环境是影响企业文化的外部因素。

5. 企业文化发展战略的调查分析

调查分析企业文化过去、现在的发展轨道，预测企业文化未来的发展道路。结合企业的经营发展战略，对企业文化未来发展可能产生的影响进行战略性分析。将企业文化看成是未来企业竞争的焦点，文化的力量决定企业竞争的力量。

6. 企业人的素质分析

企业文化是企业人群体加工企业信息后的产物。企业人是企业文化生成与发展的产物。群体素质的高低直接影响企业文化水平的高低。创立企业文化，必须调查分析企业人的素质。

（二）总体规划阶段

创立企业文化是一系列的行为，需要制订总体的规划方案，总体规划建立在调查分析的基础之上，不是主观臆测的，科学性和灵活性是制定总体规划的保证。

总体规划是企业文化的倡导者根据企业文化现实和未来文化发展的设想，在调查分析的基础上制订的文化发展方案。

（1）提出创立企业文化的目标、宗旨及其意义，从宏观上提出未来文化发展的走向，给本企业文化进行定位。

（2）提出高品位的文化价值观。企业文化价值观要科学、简练、明确，让所有企业人都能正确理解企业文化价值观对他们的要求。

（3）依据企业的个性特色，以企业文化价值观为中心，提出企业精神、企业哲学、文化信念等精神文化目标。

（4）结合企业经营战略目标，明确物质文化将要实现的指标，提出有针对性、指导性的措施。

（5）提出切实可行的行为方案。强调企业人的文化自觉力和自我约束力，依据企业人的素质来确定强化或淡化制度和规定的制约机制。

（6）对企业原有文化给予客观公正的评价，并提出需要继承和发扬的文化传统。

（三）论证试验阶段

总体规划制定之后，需要进行论证，并在经过选择的区域内推行，从经验和实践两方面充分论证总体规划的可行性。通过论证与试验，寻找创立企业文化的突破口，以较小的代价获得理想的收益。如果说调查分析、总体规划还只是文化的倡导者及其助手们的企业阶层行为，那么到论证试验阶段则需要全体企业人的介入。前两个阶段大部分内容建立在事实和理念层面，第三个阶段的工作需要在实践中进行。

（1）选择传播宣传工具，将总体规划渗透到企业基层，让文化假设接受检验。

（2）通过座谈会、抽样问卷调查、个别谈话、提合理化建议等形式，收集反馈信息。

（3）确定试验区域，进行实地调查，记录数据和材料。

（4）集中所有的信息进行科学分析，总结出文化"闪光点"。

(5) 修正总体规划中不符合实际的部分。

(6) 将修正后的总体规划进行再一次的论证试验，直到被大多数企业人认可为止。

（四）传播执行阶段

传播执行是在总体规划经过论证试验，被大多数企业人认可以后，将文化计划变成文化现实的过程，这一阶段是最为复杂、最为多变的阶段，也是最为漫长的阶段。从创立企业文化的意义上讲，显然这一阶段是最为关键的，因为文化现实要比文化计划重要得多。

（五）评估调整阶段

企业文化的评估调整，就是根据文化特点、总体规划要求以及客观执行状况，对总体规划、传播执行效果等方面进行衡量、检查、评价和估计，判断其优劣，调整目标偏差，避开文化负效应，保证正效应，使创立企业文化工作向健康、稳定、正确的方向发展。

（六）巩固发展阶段

巩固发展就是在初步建立企业文化的基础上，稳定已取得的文化成绩，进一步突出文化个性，发挥企业文化的效能，以新的企业文化为动力，加入企业竞争和社会竞争。

这六个阶段不是截然分开的，它们之间存在着前后继承的关系，前一阶段是后一阶段的前提，后一阶段是前一阶段的文化发展的继续。每一阶段的工作并不独立存在，它可能与其他阶段的工作交叉进行，在空间上并存。同时，在这些阶段都存在着信息反馈，企业要根据反馈信息，不断地修正自己，使整个文化创立工作处在良性循环之中。

三、企业文化建设的原则

1. 以人为本原则

以人为本，是企业文化建设的第一原则。任何文化都离不开人，人既是文化的创造者，又是文化的享受者。在创立企业文化时，重视人的因素已经成为成功的企业文化获益者的共识。"以人为本"可以从两个层次的含义上理解：①要充分认识到人的因素在企业发展中的决定性作用，人的因素对企业文化的整体形成至关重要，它直接影响诸如企业精神的特质、企业文化层次的高低以及这种企业文化能否保证在激烈的竞争中立于不败之地等。②要把重视人的幸福作为企业发展的重要目的。因此，发展企业文化的各项举措，要充分体现人情味，让人乐于接受。企业应该充分重视员工的意见，要善于激发员工的创造力，这样企业才能保持长久的活力。企业还应该关心全社会的人，将顾客满意、产品人性化等作为现代企业文化不可或缺的内容。尊重人、关心人、理解人、爱护人是创立企业文化的关键。

2. 兼收并蓄原则

企业文化作为一种亚文化，应当吸纳和借鉴各种有价值的文化资源。民族文化是企业文化的根基和源泉。这是企业文化中传统的一面，也是形成企业文化的基础。企业文化建设应将有用的传统文化继承过来，在扬弃的基础上创新和发展，要注重发扬本企业的优良传统，结合新的时代精神和时代要求赋予新的内容。同时，要不断地吸取、借鉴其他国家、其他民族的文化来丰富和发展自身。企业文化对外来文化的吸收、融合实质上是一种优选和创造，要在借鉴外国诸如节俭和诚实守信的经营作风，忠诚敬业，不断开拓和创新的进取意识以及企业自身发展与社会责任相一致的精神等企业文化的基础上，坚持借鉴与创新相结合。企业在创建企业文化时既要继承我国先进文化、民族文化的优秀成果，又要吸收国外文化的精华，以形成与市场经济相适应，与现代企业相连接的企业文化。同时也要借鉴国外关于企业文化研究的理论和方法，建设具有中国特色的社会主义企业文化。

3. 突出个性原则

发展现代企业文化要注重保持差异化优势。独具特色是企业的文化个性，是区别于其他企业的特征。企业只有形成了自己独特的文化，才能构建核心竞争力。如果企业的经营没有特色，产品没有特性，管理没有气质，不能使投资人、消费者、员工感知到它与其他企业的差别，那么企业在竞争中就没有优势。提到迪士尼公司就让人想到"让迪士尼乐园的每个人都成为一个尽兴游乐的孩子"的企业理念，提到沃尔玛就让人想到"低价销售，顾客满意"的企业价值观。现代企业不能仅成为纯粹的赚钱机器和经济动物，企业活动所要实现的价值不仅是物质价值，还有文化价值。纵观世界著名酒店企业，无不具有深厚的文化意蕴和独特的个性风格，企业的管理者应该认识到一个企业区别于其他企业的特征不只是在产品上、企业的外在形象上，更多的应该是在企业的文化特色上。

4. 不断创新原则

创新是企业的灵魂，由于企业是处在一个不断变化的环境中的，企业不能固守一种固定文化表现形式，既要保持其文化的本质不变，又要不断创新它的表现形式，增添新的文化内容，这是企业文化获得巩固和发展的必然要求。创新是企业文化建设的特性和生命力所在，是企业文化发展的内在动力。没有创新的文化，就没有创新的企业和创新的员工队伍，就没有创新的技术、创新的管理、创新的产品、创新的服务和市场，企业就会丧失其竞争力而败落。把创新植入企业价值观，全方位融入企业文化诸多要素和建设的全过程，培育全体员工的创新精神，使创新成为企业的品质，这是企业文化建设必须始终关注的焦点，也是所有成功企业的共同经验。

第四节　酒店跨文化管理

文化具有明显的继承性、多样性和地域性特征。不同的群体、区域、国家的文化互有差别，每个地区、每个企业都有自己的独特文化。跨国企业拥有不同国度、不同地区的子公司，它包含了许多不同的文化，因而，企业内部不同文化之间差异的矛盾和摩擦是在所难免的。当企业跨国经营时，各国企业的组织结构、技术方法、决策方式、控制程序已基本趋同。但企业员工具有不同的思维模式、行为方式，员工的不同文化背景使文化差异成为一个影响管理者的管理效果的重要因素，从而给管理者的管理带来了难度。到具有不同的文化地域、背景的国家进行跨国经营的国际企业，必然会面临来自不同的文化体系的冲突，不同的文化环境必会形成较大的文化差异。所以说文化给企业开展国际经营带来了巨大挑战。由于文化的演变是一种漫长而缓慢的过程，这种文化差异对企业来讲，在一段时间内是不会消失的，并可在一段时间内保持稳定。进行跨文化管理，是利用跨文化优势、消除跨文化冲突，是企业成功跨国运营的战略选择。

一、酒店跨文化管理的指导思想

（一）承认并理解差异的客观存在，克服狭隘主义的思想，重视对他国语言、文化、经济、法律等的学习和了解

文化冲突是一种客观现象，谁都无法回避，也无法制止，同时，文化冲突也促进着各民

族文化的发展，实现文化的交融，使人类不断取得进步。因此，从哲学的角度来讲，其负面效应远远小于正面效应。也可以说，文化冲突与文化融合是统一的，是不可分割的两个方面，文化融合是化解文化冲突的必然结果，是实现人类进步的阶梯。

导致文化冲突的主要原因有：

1. 价值观的差异

企业跨国经营时所面对的是与其母国文化根本不同的文化，以及由这种文化所决定的价值观和行为方式，文化的不同直接影响着管理的实践。人们价值取向的不同，导致不同文化背景下的人采取不同的行为方式，从而引起文化冲突。

2. 种族优越感

种族优越感是指认定某一种族优越于其他种族。持有这种观点的管理者无法被东道国的员工所接受，因而，他就无法正常管理该公司，从而形成以自我为中心的管理模式。如果片面以自我为中心，死守教条，不知变通，势必导致管理上的失败。

3. 沟通误会

沟通是人际或群体之间交流和传递信息的过程，但是许多沟通障碍使沟通变得有难度，导致沟通误会，甚至演变为文化冲突。此外，一个人独特的感性认识存在某种惯性，其变化不及环境变化的速度，一旦进入异域文化，这种惯性就会导致错误的估计和判断。

4. 管理模式的差异

任何企业内部的经营管理都必然受到民族文化的影响，民族文化模式的多样性决定了企业管理模式的多样性。民族文化所决定的文化传统、价值观念和组织观念在很大程度上影响着管理模式的形成，因此跨国公司在两种以上互不相同的管理思想下运行，必然会出现摩擦和冲突。

酒店业是一个世界性的行业，所面对的是来自世界各地的顾客，尤其是高星级酒店更容易接触来自全球的多元文化。涉外酒店每年都要接待成千上万的外国顾客，如果不了解各国的文化习俗，就必然会引起误会，影响服务质量。因此，认识不同的文化和种族价值观、传统、宗教信仰、风俗习惯是极其重要的。这就需要酒店的员工具备跨文化服务的知识和意识，不论管理人员还是普通的服务人员，只有认识和接受不同文化之间的差异，才能更好地满足不同顾客的需要。

（二）把文化的差异看成是一种优势而不只是一种劣势，恰当、充分地利用不同文化所表现的差异，为企业发展创造契机

跨国经营的管理人员要想有效地进行企业跨文化管理，首先必须端正两个对待企业文化差异的基本态度，要正确地认识管理文化差异，这两个态度是至关重要的：①企业文化只有差异而没有好坏之分。不同的企业文化都有各自的优势和不足，都是不同的国家和地区文化的产物。看待不同的企业文化要用中立和客观的眼光，放弃一切偏见。跨国企业的管理者不要试图去改变某一种文化，而是尽可能地去发挥利用不同文化的优势，互相补充。②文化差异是一把"双刃剑"，管理者不应该将企业文化差异看作眼中钉，肉中刺，谈虎色变。企业文化差异越大，发生冲突的可能性就越大，但若是取长补短，管理恰当，差异越大的企业文化结合所产生正面增值效应的可能性就越大。有些著名的企业已经有意识地引进不同的文化。成功的跨国企业，不是一个没有企业文化差异的企业，不是一个惧怕、逃避企业文化差异的企业，而是一个喜欢有企业文化差异，而且能够有效管理这种差异，使之产生巨大增值效应的企业。

事实上，跨国企业的文化交汇既是冲突的过程，也是认同的过程，而且文化认同的过程更重要。跨国经营企业文化的借鉴和吸收往往是从自身文化结构出发并按照自身文化的价值观念对外来文化做出的选择，使之与自身文化相融合并成为自身文化的一部分，同时外来文化要融入国内企业原有文化的体系中，也必须在国内企业的原有文化中寻求共同点。

在文化认同的基础上，跨国经营企业根据环境的要求和企业战略的需要建立起共同的经营理念和融合各方之长的新型企业文化，进而实现跨国企业的文化融合。

（三）要充分认识到跨文化管理的关键是对人的管理，实行全员跨文化管理

"十年树木，百年树人"，跨文化管理的关键是对人的管理。跨国企业的发展主要是依靠人才资源。谁拥有最丰富的人才资源，谁就可能掌握最尖端的科学知识，谁就能获得最有利的竞争优势。这就要求管理者必须具有强烈的人才意识，并通过企业文化这一价值观形式将优秀人才凝聚起来。因此，新经济条件下的跨国企业文化管理必须充分体现出尊重个人的人本理念。

（1）跨文化管理的客体是人，即企业的所有人员。文化的差异体现在人的思想、价值、行为等方面，因此，文化的整合实际就是人们价值观念的整合，是人们思想的整合，最终体现在人们的行为上。跨文化管理的目的就是使不同的文化进行融合，形成一种新型文化，而这种新型文化只有根植于企业所有成员之中，通过企业成员的思想、价值观、行为体现出来，才能真正实现跨文化管理的目的，否则跨文化管理则流于形式。同时，在知识经济时代，个人所进行的信息加工和知识创造都是个体的创造性思维活动，是不可见和无法强迫的。只有通过外界一定的合理刺激，才能激发员工的创造欲望。从员工的需求和发展出发，在对员工高度关心的基础上，营造一种高度和谐、友善、亲切、融洽的氛围，员工不再被动地在管制束缚下工作，而是自动、自觉地完成自己的工作，这将大大激发员工的创造力和想象力，调动员工的积极性。而企业最终也能够通过开发员工的潜能，获取充足的智力资源，从而开拓出实现自身发展的最佳途径。

（2）实施跨文化管理的主体也是人，即企业的经营管理人员。在跨国公司中，母公司的企业文化可通过企业的产品、经营模式等转移到国外分公司，但更多的是通过熟悉企业文化的经营管理人员转移到国外分公司。在跨国公司的资源转移中，除资本外就属经营管理人员的流动性最强。母公司的经营管理人员到国外分公司后，一要将母公司的企业文化与当地文化进行整合，形成一种新型文化；二要在企业的日常经营管理中，通过对企业成员的培训、教育和灌输，制定出体现新型企业文化的制度，并最终将这种企业文化根植于企业之中，从而形成一种上下和谐、内外一致的合力，对企业的经营管理产生巨大作用。

由于跨文化管理的主体和客体都涉及人，因此，在跨国公司的跨文化管理中要强调对人的管理，既要让管理人员深刻理解母公司的企业文化，又要选择具有文化整合能力的经营管理人员到国外分公司担任跨文化管理的重要职务，同时要加强对公司所有成员的文化管理，让新型文化真正在管理中发挥重要作用，促进跨国公司在与国外企业的竞争中处于优势地位。

二、酒店企业文化差异的表现

1. 经营宗旨差异

西方酒店的经营宗旨强调顾客利益、股东利益和员工利益三者之间的统一。虽然没有明确指出三者利益谁最重要，从根本利益看，当然是股东利益最大化最重要，但股东利益最大化并不作为酒店的经营宗旨，许多酒店的经营宗旨是把顾客放在至高无上的位置，其次是员工的利益，最后才是企业利润，即股东利益放在最后。如此考虑，既明确了企业经营宗旨，把员工利益放在前面，实际上也保证了股东利益的长期性和稳定性。在实际经营中，酒店把满足顾客作为企业宗旨的核心内容，一切服务管理、组织设计、人力资源配置都以顾客满足为基本依据，进而实现企业的长期利益。

中国人受儒家思想的影响，在企业经营中强调企业经营的社会效益。在改革开放后，深受西方文化思想影响的酒店业，经营者们仍然强调要物质文明和精神文明一起抓，社会效益和经济效益并举，提出经济效益是社会效益的基础，社会效益是经济效益的动力，只有两个效益同时提高，企业才能稳定长久地发展。在酒店经营宗旨上，大多数酒店都同样强调"宾客至上"，提出要创造出"宾至如归"的酒店气氛，力图建立"宾客至上，服务第一"的酒店管理体系。

但在实际经营过程中，中国国内的一些酒店经营者对企业的经营宗旨不甚明确，即使名义上把顾客利益放在企业经营的第一位，在实际操作中也有许多偏差。只有真正对顾客一视同仁，提高服务质量，才能真正实现"宾客至上，服务第一"的企业宗旨，真正实现和国际酒店业的接轨。

2. 经营标准差异

满足市场需要是酒店经营的根本标准。由于经济发展水平存在差异，反映在酒店经营标准上也有很大的差异。

标准化服务在欧美国家的酒店管理中，已经不是什么时髦的方式了。欧美国家中高端酒店绝大多数已在推行个性化服务。个性化服务的目标是满足顾客的个人需要。顾客也寻求专门为他们定做的服务，而不是普遍的规范化服务，他们寻求个人关注，越来越多的顾客在寻找"差异"，寻求难以忘怀的经历。

产品服务标准化是目前我国酒店的普遍追求。通过实现酒店服务的标准化，酒店既可以评定星级，满足大众的消费需求，又能与国际酒店业接轨。在标准化的过程中大部分酒店都取得了一定的成果，但某些酒店的服务还不太规范，产品还不太稳定，在很大程度上仍然停留在情绪化服务的水平上。因此，我国酒店业在现阶段仍然无法跳过标准化服务而直接进入个性化服务，仍然呼唤标准化服务。因为，只有真正实现了酒店服务的标准化、程序化和技术参数化，才能逐步创建个性化酒店服务体系。

三、跨文化管理的策略

跨文化冲突已成为跨国企业经营过程中不能回避的核心问题，根据实际情况采取适合本企业的跨文化管理策略是解决跨文化冲突及实现企业经营目标的重要手段。

1. 本土化策略

本土化策略是指跨国企业雇用相当大一部分的当地员工。由于当地员工熟悉当地的风俗习惯、市场动态以及政府方面的各项法规，雇用当地员工有利于跨国企业在当地发展市场，站稳脚跟。跨国公司在华企业的当地化突出表现在管理人员当地化、品牌当地化、销售渠道当地化等方面。

2. 文化相容策略

文化相容习惯上称为"文化互补",就是在跨国公司的子公司中并不以母国的文化或是开发国的文化作为子公司的主体文化。母国文化和开发国文化之间虽然存在着巨大的文化差异,但却并不互相排斥,反而互为补充,充分发挥跨文化的优势。一种文化的存在可以充分地弥补另外一种文化的许多不足及其单一性。美国的肯德基在中国的巨大成功可以说是运用跨文化优势、实现跨文化管理的成功典范。

3. 文化创新策略

在文化认同的基础上,跨国经营企业根据环境的要求和企业战略的需要建立起共同的经营理念和融合各方之长的新型企业文化,进而实现跨国企业的文化融合。

4. 文化规避策略

当母国的文化与开发国的文化之间存在着巨大的差异,母国的文化虽然在整个子公司的运作中占了主体,可又无法忽视或冷落开发国文化存在的时候,就必须特别注意在双方文化的重大不同之处进行规避,不要在这些"敏感地带"造成彼此文化的冲突。特别在宗教势力强大的国家更要特别注意尊重当地的信仰。

5. 文化渗透策略

文化渗透策略是跨国公司在世界各地的子公司的重要职位的管理人员都由母国人员担任。母国企业通过派到开发国或东道国的高级主管和管理人员,把母国的文化和习惯全盘移植到开发国或东道国的子公司中,让子公司中的当地员工逐渐适应并接受这种外来文化,并按这种文化背景下的工作模式来运行公司的日常业务。

6. 借助第三方文化策略

当母国文化与东道国文化存在巨大差异时,除了采取文化规避策略还可借助比较中性的、与东道国文化已达成一定共识的第三方文化,对设在东道国的子公司进行控制和管理。

7. 占领式策略

跨国公司的文化凌驾于其他文化之上而扮演着统治者的角色,组织内的决策及行为均受这种文化支配,而其他文化则被压制。

四、跨文化管理的有效途径:跨文化培训

企业跨文化培训包括三个主要方面:一是针对本国人员外派任职的培训;二是针对东道国人员的教育与培训;三是多元文化团队的组织与训练。

跨文化培训可通过自我学习、辅导教授、讨论交流、例会总结等方法进行。

跨文化培训的主要内容有对文化的认识、敏感性训练、语言学习、地区环境模拟等。文化敏感性训练是为了加强人们对不同文化环境的反应和适应能力,将不同文化背景下的人或在不同文化地区工作的人组织在一起,通过简短演讲、角色扮演、情景对话、实例分析等形式,试图有效地打破每个人心中的文化障碍和角色束缚,更好地找出不同文化间的相同之处,加强每个人对不同文化环境的适应性,加强不同文化间的协调相融、相互适应。

跨文化管理对跨国企业生存和发展有重要影响,对企业的生产力发挥着重要的作用。多元企业文化管理进行得成功,就会对企业产生 1 + 1 > 2 的增值效应,推动企业生产力的发展;否则,会产生负面影响,阻碍生产力的发展。跨国企业的管理不仅包含对可见因素的管理,同时还包含对企业文化差异这种不可见因素的管理。忽视了跨文化的管理,不是一种完

善的管理。跨文化管理是跨国企业管理中不可忽视、不可缺少的一部分。

[关键概念]

企业文化　酒店企业文化　企业价值观　种子要素　跨文化

[课堂讨论]

1. 简述企业文化的结构体系。
2. 试析企业价值观在企业文化建设中的地位和作用。
3. 如何进行企业文化建设？

[复习思考]

1. 简述酒店企业文化的概念。
2. 酒店企业文化的功能有哪些？
3. 应该怎样开展酒店企业文化建设？

[拓展训练]

深圳威尼斯酒店——酒店跨文化管理模式

一、基本情况

深圳威尼斯酒店是中国首家威尼斯文化主题商务度假型酒店，由华侨城集团投资兴建，于2001年开业，高17层，位于深圳湾畔的华侨城。酒店拥有376间舒适客房，其中有三层商务客房。客房设施按五星级酒店标准配置，所有房间均有卫星电视以及国际互联网服务系统等现代化设施。另外有威尼斯宴会厅、特维里厅等大小七个会议宴会厅和一系列休闲、服务设施。

二、跨文化管理模式

华侨城集团以管理合同的方式委托洲际酒店集团管理威尼斯酒店。开业以来，威尼斯酒店成功引进了国际先进酒店的管理经验，是一个逐渐本土化的成功范例。

在行业竞争日趋激烈的今天，华侨城集团把握市场脉搏，在成功建设和经营四家主题公园之后，不断创新发展，相继推出旅游主题地产概念，并以前瞻性的眼光把主题酒店作为酒店业发展的基本思路，引入威尼斯"水"文化，打造了一家独具特色的主题酒店。在创新发展的基础上，华侨城博采众长，在酒店建设初期就开始引进洲际酒店集团，采纳它对酒店布局、配套设施、客房布置等方面的意见，使威尼斯酒店无论是硬件还是软件都具备了个性化、国际化和人文化的特征，为酒店的经营打下了扎实的基础。

目前，威尼斯酒店是洲际酒店集团在亚太区旗下最好的酒店。其成功的原因之一，就是加强了跨文化管理的策略，其具体做法是：

1. 采取"双品牌"策略，优势互补，实现文化上的本土化

华侨城集团与洲际酒店集团的合作，一开始就不是一种依赖关系，而是一种双方优势互补的关系。

华侨城集团经过几十年的发展，已成为享誉中外的强势品牌，它所包含的文化性、艺术性、国际性、包容性以及环境的美誉度、社会的认知度和企业的效益，使威尼斯酒店一开始就站在较高的起点上，表现出与众不同的品质。华侨城集团旅游业的整体推广、城区资源的有效整合、配套功能的合理布局，在扩大威尼斯酒店的知名度、提高入住率以及吸引回头客等方面起到了积极的推动作用。

2. 配合双方的文化特色，打造独特的酒店文化

威尼斯酒店较好地实现了外方管理文化的本土化，形成了自己独特的酒店文化。

（1）文化上的融合就是理念的融合。华侨城集团"优质生活的创想家"的理念是其企业文化的实质，诠释着华侨城集团对生活质量的追求，而"朴实无华、诚实可靠、坚持不懈、乐观大度，加之以一种复兴者的激情"的洲际酒店管理集团的企业精神正是其企业人生活态度的写照。这两种理念的碰撞与融合成就了威尼斯酒店对生活质量和人文关怀的执着追求。无论是外籍员工还是中国员工，均表现出融洽、自信、乐观、积极向上的生活态度。

（2）文化中的开放性和包容性。接受新的理念，包容不同文化是威尼斯酒店文化的特征之一。在威尼斯酒店可以感受到亲和的文化氛围。管理方和业主间相处融洽。每月的经营汇报是业主和管理方最直接的沟通，业主可以一针见血地指出酒店管理中存在的问题，也可以毫不犹豫地接受外方提出的合理建议。而工作之余，管理者和业主之间则是朋友般友善，外方总经理还会邀请业主方的领导及员工到他家做客。正是这种开放的心态成就了威尼斯酒店开放的文化。

（3）人才的本土化和观念的国际化成就了威尼斯酒店独特的管理模式。洲际酒店管理集团的管理模式随着市场的变化在不断完善着它的本土化过程。进入中国市场之后，它吃一堑，长一智，根据中国的国情和民族的特征进行合理的调整。洲际酒店集团在与华侨城合作的过程中，更加注重管理模式的创新。例如酒店通过"人员本土化策略"，培养了一批本土管理人才，这些人员中有相当一部分来自华侨城集团，他们一方面在实践中掌握管理技术，另一方面也使外方的管理更符合中国的民风、习俗和价值观念。通过学习、融合、沟通，华侨城集团在吸收洲际酒店集团管理经验的基础上，融进了中国的文化，融进了华侨城集团的管理理念。在这种具有创造性的模式中，既有国际酒店管理集团公司严格规范的运作流程和市场经验，又不失东方管理的人文关怀、含蓄与奔放、亲和与严谨，使威尼斯酒店得到了具有不同文化背景的客人的喜爱。

案例讨论：

1. 威尼斯酒店在跨文化融合方面有什么可取的经验？
2. 在酒店跨文化经营管理中应该坚持什么原则？

第十三章

酒店品牌打造

[学习目标]

本章重点讨论酒店品牌的塑造以及酒店品牌化战略的制定与实施。通过对本章的学习,学生要掌握品牌的概念,了解世界知名酒店集团进行品牌定位、设计及推广的特征和经营策略,掌握酒店发展的三种基本品牌战略,并结合实际,展望我国酒店业的品牌化发展之路。

◆ [案例导入]

喜达屋并入后,万豪旗下30个酒店品牌的"前世今生"

成功收购喜达屋酒店集团(Starwood Hotels & Resorts)之后,万豪国际集团已经成为全球最大的连锁酒店集团,截至2017年3月初,旗下酒店品牌总数为30个。万豪当时强调,其拥有的所有品牌都会继续运营,至少短期内都保持现状,但部分重叠品牌的定位问题一直是酒店人关注的热门话题。

万豪官方重新整理了这30个品牌的分类和定位,下面为大家解读一下万豪及其旗下每个品牌的"前世今生"(截至2017年3月初)。

一、万豪发家史

1927年,J. Willard Marriott 和 Alice Sheets Marriott 夫妇在华盛顿创立了一间只能坐九个人的啤酒小店,后来又在菜单里添加了辛辣风味的墨西哥菜品,就把店名改成了 Hot Shoppe,并扩张为连锁店。1936年,他们开始在路边为司机提供路边停车的车上餐饮服务(Car-side service)。1937年,他们开始为各大航空公司配送机餐,而之前人们都是买上一份三明治端着一杯咖啡上飞机的。1952年,又开始提供车上用餐服务(In-car dining),接着在1956年开创了直升机旁的餐饮服务(Propeller-side Service)。

1957年,J. Willard Marriott 的儿子 Bill Marriott 经营的第一家汽车旅馆开业,至此万豪家族才从餐饮业进军酒店业。1982年,万豪的第100家酒店在夏威夷开业。

2016年,万豪收购喜达屋,至此旗下共拥有30个酒店品牌、5700多家酒店,约110万间酒店房间。

二、品牌分类

所有的品牌主要从三个维度分类：①酒店等级，包括奢华（Luxury）、高级（Premium）和精选（Select）；②酒店定位类型，包括经典（Classic）和特色（Distinctive）；③酒店功能，又区分出长住型（Longer Stays）和非长住型（Non-longer Stays）。因篇幅所限，下面简单列举具有代表性的部分品牌。

（一）按照酒店等级打造的品牌

1. 奢华

（1）优雅贵妇型——丽思卡尔顿（The Ritz-Corlton）酒店。丽思卡尔顿酒店最早是丽思卡尔顿投资公司的一系列投资挂牌酒店，到1940年时仅剩下波士顿的唯一一家，而这家因为引入奢华理念，掀起了美国酒店业的革命。1983年，丽思卡尔顿酒店有限责任公司成立。1993年，亚洲第一家酒店在我国香港开业。1998年，被万豪收购。它的酒店标识皇冠代表皇室贵族，狮子代表财富。酒店特色包括高质量的床品，亲密、较小型的厅堂和公共区域装饰大量的鲜花等。

全球酒店数量：103家。

（2）绅士贵族型——瑞吉（St. Regis）酒店。瑞吉酒店起源于黄金时代的纽约，第一家于1904年在五十五街和第五大道交汇处开业，创始人Colonel John Jacob是贵族阶层埃斯特家族的幼子，他致力于为绅士名流和家人打造一个可以享受私人豪华房产的乐园，后来他丧命于沉船泰坦尼克号。1934年，酒店的调酒师总管打造了一款口味独特的特色鸡尾酒，这就是后来我们熟知的"血腥玛丽"。20世纪60年代，瑞吉酒店被当时的ITT喜来登集团收购。亚洲的第一家瑞吉酒店是20世纪末开业的北京国际俱乐部饭店。2006年，瑞吉酒店推出私人体验瑞吉Aficionado计划，包括顶级拍卖和收藏的参加资格、精美葡萄酒的私人品尝和全球最佳时装屋的定制游览等。之后瑞吉酒店一直在"定制"和"鉴赏"方面做足文章，包括管家服务、爵士乐计划、独家杂志和瑞吉香水等多领域。

全球酒店数量：58家。

（3）精致典雅派——JW万豪（JW Marriott）。1984年，第一家为纪念集团创始人J. Willard Marriott而创立的JW万豪酒店在华盛顿开业。这个品牌主打品质，如用芭蕾舞培训员工，聘用冠军巧克力师且只选用上乘当地食材，每个细节都精心打磨。装修风格高贵典雅，这个品牌就是万豪集团最形象化的缩影。

全球酒店数量：86家。

（4）年轻潮人最爱——W酒店（W Hotels）。1998年，纽约第一家W酒店开业，短短两年内成为业界瞩目的焦点，新增11家酒店。它主打现代化的时尚风格，标志是大字报式醒目的中英文网站、标识、宣传资料，黑白搭配桃红色的主题色和酒店特色相得益彰。这里的所有服务和设施都为年轻一代服务，帮顾客从家里打包行李，能带宠物入住，有最时髦的酒吧餐吧、瑜伽课，还有最神秘莫测的随时/随需（Whenever/Whatever）服务。

全球酒店数量：83家。

（5）特色奢华（Distinctive Luxury）——丽思卡尔顿隐世精品度假酒店。

全球酒店数量：6家。

（6）体验独特的奢华度假——豪华精选酒店（The Luxury Collection）。

全球酒店数量：122家。

（7）奢侈品酒店典范——宝格丽（Bvlgari）。

全球酒店数量：8家。

（8）设计只此一家——艾迪逊酒店。

全球酒店数量：4家。

2. 高级

（1）舒适旅行享受派——万豪酒店。

其宣传语为Travel brilliantly，即智慧旅行。这是万豪母牌，采用现代精致的装潢，主打现代时尚轻松的旅行方式，不奢不贵却舒适现代。

全球酒店数量：553家。

（2）革新酒店业的领头羊——喜来登。其宣传语为Do more, see more, learn more 即多做、多看、多学。1937年，在美国马萨诸塞州创办首家酒店，一直保持着变革的形象。1947年，成为纽约证券交易所挂牌的第一家连锁酒店。1958年，公司推出的"预订系统"是行业内第一个自动化的电子预订系统。1965年，喜来登第100家酒店——波士顿喜来登酒店开门营业。1985年，喜来登成为第一家在中国运营的国际连锁酒店。1998年，喜达屋集团收购喜来登。2012年，拥有3896间客房的澳门喜来登开业，成为当时喜达屋旗下最大以及全球最大的酒店。2016年，喜达屋被万豪收购。

全球酒店数量：548家。

（3）分时度假先行者——万豪度假会（Marriott Vacation Club）。1984年，第一家万豪度假会开业，万豪首次尝试推广分时度假（Time Share）的理念。随着集团的发展，相对于丽思卡尔顿的隐世度假，万豪的度假会几乎开遍了世界上所有热门目的地，提供度假场景中所需要的各种场地和服务。

全球酒店数量：64家。

（4）极简细节控最爱——Delta酒店（Delta Hotels）。其宣传语为Simple made perfect，即简约造就极致，强调细节到极致的品质要求，房间的酒店整体风格和官网一样简单精致。注重床品、浴室设施、工作区域环境等，适合不追求奢华装饰却看重环境、设备品质的顾客。

全球酒店数量：47家。

（5）特色高级（Distinctive Premium），法国小清新精致代表——艾美（Le MERIDIEN）。1972年，法航创办艾美酒店品牌，立足于为旅客提供温馨舒适的"家外之家"，旗下首家酒店是位于巴黎的星辰艾美。2005年加入喜达屋，2013年把为客人提供最出人意料的精彩体验作为目标。同年，喜达屋为该品牌投资10亿美元开设11家新酒店，规模扩张到原来的三倍。

艾美的整体风格非常法式，不一味追求华贵，却加入了现代艺术元素，俘获了不少品位不俗的客人。酒店主题里常融入画廊、摄影、音乐和精致甜点等。

全球酒店数量：145家。

(6) 健康有机舒适型——威斯汀（Westin）。1930 年，两家互为竞争对手的酒店展开谈判，最终结成强大联盟，威斯汀酒店就此诞生。1969 年率先推出 24h 客房服务。1983 年，威斯汀成为首家采用全面信用卡预订和退房系统的大型酒店。1997 年，威斯汀被 ITT 喜达屋收购。1999 年威斯汀推出天梦之床（Heavenly Bed），改变了业界对于顶级睡眠体验的传统认识。

威斯汀越来越强调健康和活力，从金牌床垫、有机食品、健身计划到为客人提供可租借的跑鞋、运动服，营造的环境让人放松、愉悦。

全球酒店数量：271 家。

3. 精选

（1）傲途格精选（Autograph Collection）酒店。傲途格精选酒店强调精品酒店的独特设计和与目的地的融合，每一家都由不同的设计师和业主独立打造，各具特色。

翻新美国犹他州的滑雪山庄、米兰的老教堂、悉尼的港口酒店，每家都有一个完全不同的故事。

全球酒店数量：134 家。

（2）精选设计酒店（Design Hotels）。原属喜达屋旗下的精选设计酒店，与傲途格精选酒店定位相似，由内心具有工匠品质的酒店经营者打造而成，强调大胆的设计和与当地特色的融合。

全球酒店数量：144 家。

（3）历史感最重的酒店品牌——万丽（Renaissance）。万丽最早属于华美达品牌之一，后期由于集团变更而独立出来。1997—2005 年间，万豪完成了对大部分万丽酒店的收购。万丽酒店大都很具有历史感，因为它们往往坐落于世界各大名市的中心位置，毗连旅游景点，建筑本身也是城市以前的重要地标。

全球酒店数量：171 家。

（4）年轻务实派最爱——万怡（Courtyard）。1983 年，第一家万怡酒店在美国亚特兰大开业，专门服务于商务出差旅客。1989 年，香港万怡酒店开业。万怡很强调社交空间，大堂和一楼的餐吧 Bistro 总是设计得舒适、雅致，让人放松，并且想多待一会儿。从商务酒店转型强调生活和工作平衡的酒店，万怡无论是客房还是健身房都设施齐全、现代，深得务实客人的欢心。

全球酒店数量：553 家。

（5）喜来登衍生副牌——福朋喜来登（Four Points by Sheraton）。福朋是喜来登的下一级衍生品牌，特色包括 1 美元早餐、会显示天气的智能镜子、自家酿的啤酒等。这一品牌符合对住宿有基本需求但不追求酒店独特设计或特别体验的客人。

全球酒店数量：373 家。

（6）精选独立酒店——Tribute Portfolio 酒店。

全球酒店数量：26 家。

（7）地标型大规模酒店——盖洛德（Gaylord）。

全球酒店数量：6 家。

（8）区分工作和生活的套房酒店——SpringHill Suites 酒店。

全球酒店数量：903 家。

(9) 非洲最大的酒店品牌——Protea 酒店。

全球酒店数量：93 家。

(10) 农场庄园自然主题酒店——万枫。

全球酒店数量：903 家。

(11) 特色精选（Distinctive Select）——时尚设计派 AC 酒店。

全球酒店数量：116 家。

(12) 年轻人的轻奢选择——雅乐轩（Aloft）。

全球酒店数量：253 家。

(13) 进阶版青年旅社——Moxy 酒店。

全球酒店数量：17 家。

(二) 按照酒店定位和功能打造的品牌

1. 经典长期住宿

(1) 行政公寓标杆——万豪行政公寓（Marriott Executive Apartments）。

全球酒店数量：26 家。

(2) 本土化高端公寓——Residence Inn 酒店。

全球酒店数量：760 家。

(3) 温馨实用派——TownePlace Suites 酒店。

全球酒店数量：333 家。

2. 特色长期住宿

轻型环保酒店——源宿（Element）。

全球酒店数量：84 家。

重叠定位、各品牌的营销与管理成本，都是这个世界最大酒店集团面临的重点课题。

第一节　酒店品牌塑造

一、酒店品牌概述

(一) 品牌

品牌分两个层面：一是其实体层面，如质量、功能、价格与外观等；二是其精神层面，如价值、文化、个性、信誉、形象与时尚等。"现代营销学之父"菲利普·科特勒（Philip Kotler）认为："品牌的精神层面更重要，品牌最持久的含义是它的价值、文化、个性，它们确定了品牌的基础，只有'形神兼备'的品牌才能成为具有长久生命力的'意深品牌'"。

品牌是企业持续发展所需要的一种无形竞争手段，是企业通过自己的产品及服务与消费者建立起来的、同时需要企业开发和维护的一种关系。它是企业内在物质在消费者层面的一种外在表现。承认品牌的价值，将品牌从标识上升为资产，这是传统的定义方式。现代意义的品牌是指消费者和产品之间的全部体验。品牌向消费者传递一种生活方式，人们在消费某种产品时被赋予一种象征性的意义，最终改变人们的生活态度及生活观点。

（二）品牌要素

从企业的角度出发，品牌要素是指品牌的各个组成部分，是形成和支持整体品牌形象的相关因素的总和。品牌形象作为一个比较抽象的概括的印象，并不能直接作用于消费者的品牌认知。企业要想让消费者形成与品牌形象一致的品牌认知，就必须依靠具体的品牌要素。其具体做法是：企业围绕欲建立的品牌形象，有意识地构思和设计品牌要素，并通过与消费者进行沟通，或经由消费者体验，使消费者在头脑中形成若干品牌联想。品牌要素一旦进入消费者头脑，就会转变成品牌联想。在若干品牌联想的作用下，消费者最终得以形成一个总体的品牌认知。

（三）酒店品牌

完整的酒店品牌包含以下含义：①属性，即酒店带给消费者的特定属性，如客房应是给予客人安全、宁静、舒适、温馨的住宿设施与环境。②利益，即消费者购买酒店产品和服务是为了追求某种或某组利益。对属性的需求可转化为功能和情感利益，如酒店舒适的环境和舒心的个性化、人性化服务，能让消费者在消费后产生明显的优越感、自豪感、满足感。③价值，即酒店品牌能体现某些价值观，如希尔顿酒店的"一切尽在希尔顿"（It happens at the Hilton）的口号和"为我们的顾客提供最好的住宿和服务"的宗旨，便体现了高水平的服务以及对人性的关怀。④文化，即酒店品牌象征着一种文化，如洲际酒店管理集团以制度见长，雅高集团以历史见长。⑤个性，即酒店品牌应具有一定的个性，这不仅体现在酒店硬件设计上的个性，更体现在酒店服务上的个性化。⑥消费者，即购买不同酒店品牌或服务的消费者便代表了不同的酒店品牌。

（四）酒店品牌的特征

酒店产品和服务的行业特点，决定了酒店品牌具有以下三个特征：

（1）产品和服务高度同质化。这也决定了酒店品牌的个性化更为重要。酒店的设施相仿、服务程序相近、产品功能趋同，因而能区分的只有品牌。因此，没有个性特征就没有酒店品牌。

（2）主打情感牌。由于酒店产品和服务是设施与人的结合，人的因素具有决定因素，因而酒店品牌更多的是体现人性化特征和人文关怀。

（3）酒店产品直接体现建筑文化、装饰文化和服务文化。因此，文化在酒店品牌中具有更突出、更直接、更重要的作用。

二、酒店品牌定位

（一）酒店品牌定位相关概念

1. 品牌定位

1969年，艾·里斯（Al Ries）和杰克·特劳特（Jack Trout）在美国营销杂志《广告与时代》上发表文章，首次提出了"定位"这一概念。他们认为："定位是要从一个产品开始，这个产品可能是一种商品、一项服务、一个机构，甚至是一个人，也许就是你自己。但是，定位不是你对产品要做的事，而是你对预期顾客要做的事，即要在预期顾客的大脑里定位。"

因此，品牌定位意味着以某种策略使产品或服务适合于广泛市场中的一个或几个细分市场，要通过定位，使消费者在纷繁复杂的市场上实现快速的消费信息搜索和消费决策选择，使消费者对该品牌所代表的产品和服务从功能性需求和情感性需求等多个角度来感受、思考和感觉与竞争者品牌的区别，从而在消费者心里形成一个有别于其他品牌的形象，以至在消费者心里占据有利位置，最终使消费者对品牌形成忠诚，实现企业利润目标的最大化。

2. 酒店品牌定位

酒店品牌定位就是确定酒店品牌在市场中的适当位置及其发展方向。定位的目的在于创造和渲染酒店及产品的个性化特色，从而确定出一个独特的位置，借助传播手段在消费者心中打上深深的印记，建立起强有力的联想和独特印象。

(二) 酒店品牌定位的策略选择

1. 功能定位

功能定位即将酒店品牌与一定环境、场合下产品的使用情况联系起来，以唤起消费者在特定情景下对该品牌的联想。例如日趋成熟的主题酒店，此类型酒店通过不同客房的主题装潢设计或整体酒店的主题文化来吸引不同背景消费者的眼球。消费者一旦消费过一次该酒店品牌的产品，便会在心中留下深刻的印象，任何与之相似的因子都会引发消费者对此主题酒店的联想。此类型酒店便取得了功能定位的成功。

2. 消费者定位

消费者定位即将酒店产品与某类消费者的生活形态和生活方式的关联作为定位的基础，深入了解目标消费者希望得到什么样的利益和结果，然后针对这一需求提供相对应的酒店产品和利益。以韩国华克山庄喜来登酒店为例，从2006年开始，该酒店便和世界五大玩具品牌之一的美泰玩具集团强强联手，在韩国首次推出了童话般的芭比世界——"芭比娃娃"客房，它一直深受"小公主"们的青睐，被视为必去（MUST GO）指定场所。

3. 情感定位

情感定位即运用产品直接或间接地冲击消费者的情感体验而进行定位。市场营销专家菲利普·科特勒认为："人们的消费行为变化分为三个阶段：第一是量的阶段，第二是质的阶段，第三是感情阶段。在第三个阶段，消费者所看重的已不是产品的数量和质量，而是与自己关系的密切程度，或是为了得到某种情感上的渴求满足，或是追求一种商品与理想自我概念的吻合。"显然，情感定位是品牌诉求的重要支点，是维系品牌忠诚度的纽带。

情感定位具有以下三个基本特征：

（1）情感定位的品牌溢价能力强。对于消费者具有情感需求的同一类产品，使用情感定位的品牌的价格敏感度比使用产品属性定位的品牌低。只要品牌的情感诉求被消费者认同，该品牌就为消费者创造了产品功能以外的更多利益，消费者对价格的关注程度就会降低。

（2）情感定位更容易为消费者所记忆。一个触动消费者内心世界的情感诉求往往会给消费者留下深刻而长久的记忆，在消费者做出购买决策时激发出一种直觉，增强消费者的品牌忠诚度。"我喜欢"往往比"我需要"的吸引力更持久。

（3）情感定位为品牌延伸提供了更广阔的空间。情感的包容力比产品属性的包容力大得多，能为品牌向其他领域的延伸创造更多成功的机会。例如，著名服装奢侈品牌范思哲投资建造的酒店范思哲酒店如今已成为澳大利亚黄金海岸小有名气的景点，更吸引了不少范思哲服装品牌忠诚"粉丝"的指定入住。

4. 文化定位

将某种文化内涵注入品牌之中形成文化上的品牌差异，称为文化定位。这一点与主题定位有着相同之处，将文化元素注入酒店品牌之中，既提高了品牌的品位，又使品牌形象独具特色。例如，希尔顿集团旗下称为"Scandic"的酒店品牌，从其名称就可知它与欧洲斯堪的纳维亚半岛有着密切的联系，事实也确实如此，所有的 Scandic 酒店均位于斯堪的纳维亚半岛，酒店的外观构造、室内设计和服装风格都在很大程度上体现了斯堪的纳维亚的风情与文化。

5. 价格定位

价格是消费者选择酒店时考虑的重要因素，是酒店品牌档次的体现。但由于受传统"4P"营销组合的影响，价格一般被当作独立于产品和品牌之外的因素，并常用于作为调节销售量的重要手段。其实，酒店服务的无形性和服务质量的难以考量性使得价格要素与品牌定位更加密切地结合在一起。在很多时候，价格也被消费者当作酒店服务质量的替代指示器。价格要素，不仅仅是指酒店服务的绝对价格水平，也包括酒店一贯的价格政策和价格调整策略。较高且稳定的价格体现了酒店对服务质量的自信，往往能向消费者传递正面的品牌信息。也正因为如此，国际联号酒店集团或酒店管理公司，都将价格要素与酒店品牌紧密结合起来，将其作为一个重要的品牌定位要素。例如，万豪在其品牌发展规划当中，给旗下各个品牌规定了价格范围，只有当某个酒店项目未来预测房价能达到品牌价格范围的底线时，万豪总部才会同意输出管理，接管项目。例如 21 世纪初，JW 万豪品牌，房价须达到每晚 120 美元/间；万豪品牌，房价须达到每晚 100 美元/间；而万丽品牌，房价须达到每晚 100 美元/间。消费者通过住宿和消费体验，就能逐渐掌握各个酒店品牌所代表的价格水平，形成对于品牌的价格认知。

除此以外，目前，酒店品牌定位的内容体系还有其他划分方法，如：以产品特色和属性定位；以公司信誉和形象定位；以竞争定位等。无论采取哪种定位策略都须遵守如下原则：第一要简明；第二要以情动人，情理交融；第三要反映品牌某方面的竞争优势，要与众不同。

（三）酒店品牌定位实例（以洲际酒店集团为例）

洲际酒店集团（IHG）下属的一些品牌定位描述见表 13-1。

表 13-1 IHG 下属的一些品牌定位描述

洲际酒店集团下属品牌	品牌描述	品牌定位（市场）
洲际（InterContinental）	提供全面、高品质的设施和服务项目，房价高，一般位于主要城市的中心地带	主要针对高端商务客源
皇冠假日（Crown Plaza）	高品质的、提供全面服务的酒店，房价属于中上等，部分酒店不提供诸如金钥匙服务之类的服务	主要针对城市商务客人，也吸引部分休闲散客
假日（Holiday Inn）	提供全面服务，但设施和服务项目比头等酒店少；房价比头等酒店相对较低	主要针对国内商务和休闲旅行客人
快捷假日（Holiday Inn Express）	廉价酒店，提供基本住宿服务，设施非常有限	主要针对国内旅行客人

资料来源：根据 IHG 网站资料归纳整理。

三、酒店品牌设计

(一) 酒店品牌创意

随着物质生活的进步,人们开始追求精神生活的满足,消费者购买产品的诱因已经由原来的产品质量、产品特性转化为更高层次、复杂多变的品牌体验上,其中包括品牌认知、品牌理念、品牌文化、品牌创意等。消费者对品牌创意的要求往往是新鲜的、玩味的、明确的、深刻的。因此,品牌创意是生产厂商与消费者沟通互动的桥梁。创意的优劣能直接引起消费者和目标群体的共鸣或反感,好的创意能为品牌直接加分。品牌创意潜移默化地影响着人们的消费观念和生活方式,它往往在人们的意识中留下深刻烙印,从而转化为有形的商业价值。因此,品牌创意开始受到重视,也有人预言创意文化是品牌向上跃升,与成熟品牌齐头并进的契机。创意已成为企业发展最重要的资本,创意时代已经悄然来临,创意产业俨然已成为主流发展趋势。

成功的品牌创意总能出奇制胜,层出不穷,而且能够带动产品迅速造势,并且掌控市场。成功的品牌有充分的创意空间,如创意的预算充足,品牌创意意识强,创意任务明确,目标受众清晰等。品牌创意要深入全面了解消费者、市场、渠道,通过对消费习惯、价值取向、文化背景、沟通方式等的调查分析,从产品本身、顾客服务、质量体系、形象传达等方面进行系统分析,为产品品牌传播建立标准体系,树立产品品牌在消费者心目中的良好形象,通过品牌营销创造更多的消费需求。

在国际酒店业激烈竞争的环境下,各酒店业主与管理者们都在力求把自己的酒店做得既舒适又有创意。例如在客房设计上,万豪宣布开发"弹性套房"(Spring Field Suites)这一品牌的做法便是一个很好的案例。当时,万豪将弹性套房的价格定在 75~95 美元之间,并计划到 1999 年 3 月 1 日时建成 14 家,在随后的两年内再增加 55 家。弹性套房源自公平套房(Fairfield Suites),而公平套房原来是公平旅馆(Fairfield Inn)的一部分。公平套房始创于 1997 年,当时,《华尔街日报》是这样描绘公平套房的:宽敞但缺乏装饰,厕所没有门,客厅里铺的是油毡,它的定价是 75 美元。实际上,对于价格敏感的人来讲,这些套房是公平旅馆中比较宽敞的样本房。存在的问题是:公平套房的顾客可能不喜欢油毡,并愿意为装饰得好一点的房间多花一点钱。于是,万豪通过增加烫衣板和其他令人愉快的东西等来改变公平套房的形象,并通过铺设地毯、加装壁炉和增设早点房来改善客厅条件。通过这些方面的提升,万豪吸引到了一批新的目标顾客——注重价值的购买者。但后来,万豪发现对公平套房所做的提升并不总是有效的——价格敏感型顾客不想要,而注重价值的顾客对其又不屑一顾。于是,万豪考虑将公平套房转换成弹性套房,并重新细分了其顾客市场。通过测算,万豪得到了这样的数据:相对于价格敏感型顾客为公平套房所带来的收入,那些注重价值的顾客至少可以为弹性套房增加 5 美元的收入。万豪一直致力于寻找其不同品牌间的空白地带。如果调查显示某细分市场上有足够的目标顾客需要一些新的产品或特色服务,那么万豪就会将产品或服务进行提升以满足顾客新的需求;如果调查表明在某一细分目标顾客群中,许多人对一系列不同的特性有需求,那么万豪将会把这些人视为一个新的顾客群并开发出一个新的品牌。

国际著名酒店品牌的创意企业文化见表 13-2。

表 13-2　国际著名酒店品牌的创意企业文化

酒　店	核心价值观	创意企业文化
丽思卡尔顿	高档、一流	我们是为淑女和绅士服务的淑女和绅士
香格里拉	好客、殷勤	殷勤好客香格里拉情
索菲特	高雅的生活模式	我们创造微笑
凯悦	舒适、满意、回报社会	时刻关心您
瑞吉	超一流的服务	绝对私人的高水准服务
喜来登	关怀、体贴	关怀体贴式服务
精品国际	自由、方便、满意	长久入住、超值享受
假日	温暖	热情式服务

资料来源：根据百度网搜索整理而成。

（二）酒店品牌命名

一般说来，酒店品牌命名应遵循以下四条原则：

（1）合法。合法是指能够在法律上得到保护，这是品牌命名的首要前提，再好的名字，如果不能注册，得不到法律保护，就不是真正属于自己的品牌。米勒公司（Miller）推出一种淡啤酒，取名为 Lite，即"淡"字的英文"light"的变异，生意兴旺，其他啤酒厂纷纷仿效，也推出以 Lite 命名的淡啤酒，由于 Lite 是直接描绘某类特定产品的普通词汇，法院判决不予保护，因此，米勒公司失去了对 Lite 的商标专用权。由此可见，一个品牌是否合法即能否受到保护是多么重要。

（2）尊重文化与跨越地理限制。世界各国、各地区的消费者，其历史文化、风俗习惯、价值观念等存在一定差异，使得他们对同一品牌的看法也会有所不同。在这个国家是非常美好的意思，可是到了另一个国家其含义可能会完全相反。例如蝙蝠，在我国因"蝠"与"福"同音，被认为是美好的联想，因此在我国有"蝙蝠"电扇，而在英语里，蝙蝠的英文"bat"却有吸血鬼的意思。因此，酒店品牌在设计品牌命名时，除了考虑其创意性与朗朗上口之外，还需考虑到文化与跨越地理限制。

（3）简单易记忆。品牌取名，也要遵循简洁的原则。今天，我们耳熟能详的一些品牌，莫不如此，如7天、如家、假日等，都简洁且容易记忆，这样更有利于品牌的传播。IBM 是全球十大品牌之一，身为世界上最大的计算机制造商，它被誉为"蓝色巨人"，全称是"国际商用机器公司"（International Business Machines），这样的名称不但难记忆，且不易读写，在传播上首先就给自己制造了障碍。于是，国际商用机器公司设计出了简单的 IBM 的字体造型，对外宣传，打造了其高科技领域的领导者形象。

（4）预埋发展管线。品牌在命名时就要考虑到，即使品牌发展到一定阶段时也要能够适用，对于一个多元化的品牌，如果品牌名称和某类产品联系太紧，就不利于品牌今后扩展到其他产品类型。通常，一个无具体意义而又不带任何负面效应的品牌名，比较适合于今后的品牌延伸。例如7天（Seven Days），不论是中文名还是英文名，都没有具体的内涵，仅从名称上看，不会让人联想到任何类型的产品，这样，品牌可以扩展到任何产品领域而不至于作茧自缚。

（三）酒店商标设计

（1）商标的概念。著名营销学教授菲利普·科特勒对商标的定义是："商标最初是基于将本企业产品与竞争产品相区别的需要而产生的,是商品经济发展的产物。它本身是商品生产者或经营者为使自己的商品与其他商品相区别,而使用于商品或其包装上的由文字、图形或其组合所构成的一种标记。"由此可知,从构成上来看,商标有两个组成部分:一为可发音部分,是商品的名号;二为无声部分,如符号、图形、色彩等。二者合称为商标。

商标如同个人的名字一样,在没有同具体标记对象结合之前,它本身只有文字、符号上的含义。但当它与特定产品结合之后,它就成为这种产品的观念上的替代物,慢慢地就具有其标记对象所赋予内涵。虽然发达的资本主义国家近年来也出现了诸如声音商标、气味商标和立体商标(麦当劳叔叔)等商标形式,但包括我国在内的大多数国家立法上暂未承认。因此,菲利普·科特勒的关于商标的定义仍具有普遍性。一般认为品牌是一种名称、标记、符号或设计,或是它们的组合运用,其目的是借以辨认某个销售者或某群销售者的产品或劳务,并使之同竞争对手的产品或劳务区别开来。它包括品牌名称、品牌形象和商标。由此我们可以认识到,产品(企业)品牌形象从它的创立开始,就是围绕品牌视觉形象——商标的塑造来展开的。通过塑造良好的产品形象,唤起广大公众的注意和识别,进而使其产生认同感,并激发其购买欲望,最终促成实际购买行为。

一个良好品牌形象的形成,包括商标设计、品牌定位、品牌管理等多方面内容。首先必须有一个便于消费者识别并能与其他商标区别开来的商标设计。其次是对品牌的定位,即定位于高档、中档或低档。再次是对品牌的管理:①必须有良好的产品质量,无此便无法建立品牌形象;②必须有长期的有计划的关于品牌的广告宣传;③必须有包括生活方式、价值观念等观念层次的精神文化。唯有如此,才能在消费者心中建立一个良好的品牌形象。一个强势品牌的树立,需要经过品牌管理者几代人的努力,如可口可乐经历了100多年的风雨历程才有了今天的辉煌,雀巢、麦当劳等强势品牌的造就也非一朝一夕之功。随着社会分工的细化,信息传播的速度加快,商标在塑造品牌形象方面的地位越发重要。

(2) 商标设计在品牌形象中的重要作用

1) 优秀的商标设计具有更好的识别功能,这是商标设计最基本的功能。商标是商品的标记,也是消费者识别商品的重要依据。商标设计的最终表现是一种包含文字、图形与色彩的符号,然而它不是对某种信息简单的表述,而是将抽象概念加以浓缩、提炼、概括,将多种符号形式进行视觉形象化的综合。对于酒店品牌而言,酒店集团利用商标将酒店产品的特性以及酒店的企业文化等具体可见的外观形象与抽象理念融为一体,通过商标这种具有激烈冲击力的视觉符号使自己的产品与竞争对手的产品相区分,并通过各种宣传手段向市场传播一致的、可靠的和能够产生差别利益的信息,使酒店集团的产品和竞争产品有所区别。对消费者而言,在购买酒店产品时,可以以商标作为选择的依据,根据商标识别出商品的属性功能,辨别商品的好坏,从而做出购买决策。

2) 优秀的商标设计更容易形成视觉习惯而导致品牌忠诚。优秀的商标设计可以使品牌拥有一大批忠诚的消费者,即常说的品牌忠诚。消费者对产品认可后,对商标所使用的图形、文字、色彩等已认可并熟悉甚至习惯,在购买产品时,会有意识地寻找带有自己所熟悉的商标的产品。优秀的商标设计是一种高度凝结的商品符号,它代表着产品、酒店集团的形象和信誉。当消费者长期使用某产品后会对该产品产生独特的偏好与感情,会在较长时期内偏爱该产品的商标,并形成重复购买带有该商标的产品的倾向,而不会轻易被其他酒店集团的产品所打动,这无形中大大提高了产品的市场竞争力。

3）优秀的商标设计可以提升产品的品质形象。品质形象以产品的实际质量为基础，但最终是通过消费者对产品或商标的总体质量或印象逐步形成的。在实际生活中，同一品质产品用不同的商标推出，即使由同一个消费者使用，他感受到的品质差异可能也会很大，原因在于不同的商标具有不同的品质形象。优秀的商标设计，浓缩、积淀了所传递的产品的信息、特点和特色（如产品的包装、颜色、性能、价格、消费群体等），还包括消费者过去使用该产品的体验，同事朋友对这一产品的评价，以及传媒关于这一产品的宣传等，商标无形中给无生命的产品赋予了生命力，并为企业树立了鲜明的形象，给信息接受者以深刻的印象，进而增强产品本身的美感，提升产品的品质形象。有人做过试验，将"可口可乐""百事可乐"两种饮料去掉包装分别倒入不同的杯子里，给一些消费者品尝，大多数人都难以区分其口味上的优劣。然而当人们在购买饮料时，"可口可乐"却成了第一消费选择。这种消费行为不能不归结为商标设计和品牌形象的作用。例如，当提到酒店品牌"文华东方"时，人们会联想到许多与这个品牌相关的信息，其不同的扇子类型代表品牌不同城市所在地，进而再联想到其品牌精神、文化内涵等，有利于提高品牌集团广告宣传的效果，从而提高产品的市场竞争力。

四、酒店品牌推广

（一）品牌推广的概念

品牌推广就是品牌贩卖，它是品牌建设的最终目的，即将品牌最终送到消费者手中，从而实现品牌价值。这时候的品牌推广已经拥有了前期一系列大量工作的铺垫，它将促使消费者最后做出购买决定。

品牌推广是品牌树立、维护过程中的重要环节，它包括传播计划及执行、品牌跟踪与评估等。品牌创意再好，没有强有力的推广执行做支撑也不能成为强势品牌。而且品牌推广强调一致性，在执行过程中的各个细节都要统一。品牌推广的关键点是要以品牌核心价值统率一切营销传播活动。著名品牌战略专家翁向东说过："消费者最讨厌的是言行不一的品牌。"品牌推广的任何一次营销广告活动，如产品研发、包装设计、广告、渠道策略、终端展示、街头促销，甚至接受媒体采访等任何一次与公众沟通的机会，都要演绎出品牌的核心价值。只有这样，才能使消费者在任何一次接触品牌时都能感受到品牌统一的形象，也就意味着每一分的营销广告费都在加深消费者对品牌的记忆。这方面做得比较好的企业是麦当劳，全世界麦当劳快餐店的装饰都是一种风格，无论在哪个国家、哪座城市，只要走进麦当劳快餐店，就会强烈地感受到品牌的亲和力和感染力。它以相对较低的投入换取了相对较高的回报。

（二）酒店品牌推广策略

1. 品牌导入期推广策略

品牌的第一个发展阶段是导入期，即企业品牌第一次面对顾客或第一次参与竞争的阶段。这时的推广策略是：①要使品牌内涵准确；②广告和宣传要连续；③要使产品具有差异性和功能的适应性；④渠道布局要合乎顾客的最高期望；⑤营销规划要以品牌化为基准。竞争者对于一个新品牌面市所表现出来的态度也会因企业的市场动作而存在较大差别，但总会有个普遍性的态度，那就是密切关注和企图探寻企业的市场图谋。很显然，企业在进行品牌推广时，一些策略将完全暴露在竞争者面前而难有隐秘，这势必成为竞争者制订下一步阻击计划的依据。因此，企业有必要故意露一些假象给竞争者以拖延其阻击计划的即时实施，让企业争取更多时间来获得使竞争者深感意外的市场空间和品牌知名度。对于媒体而言，它们会对新品牌的面市抱有一定的兴趣，一般视企业的市场作为给予不同程度的关注。媒体进行报道的目的无非是吸引读者，因此，营造焦点或新闻效应是企业品牌推广的重头戏。例如构建品牌初期在企业内部导入品牌经营理念时，可采用一些诸如军训、发布会、演示和推广会等非常规的做法，以吸引媒体的注意。利用企业有关技术、产品、服务等的创新举措，邀请媒体给予报道，推广和传播时挖掘与品牌有关的社区、企业和员工的新闻题材，借媒体之力扬品牌之名。

丽江铂尔曼度假酒店在开业典礼之际，便邀请了国内外一些知名媒体与会并提供免费的住房体验，期间，更是安排了一些丽江当地颇具吸引力的免费游玩项目，并向各媒体客人提供诱人的免费 SPA 体验机会。这一系列针对媒体的推广策略无不增加了酒店的知名度与曝光度。之后，与会媒体都陆续报道或刊登宣传了丽江铂尔曼度假酒店的开业信息，推广效果喜人。

2. 品牌成长期推广策略

（1）品牌在导入期阶段可能已经收集到顾客反馈的有关产品、定位和推广方式的信息，对这些信息的及时收集十分有利于企业的自我改进。而如果没有这些信息或顾客不愿将自己的消费感受如实地告诉企业，这说明品牌可能已经进入死胡同。因此，在这一阶段，企业必须对品牌要素进行重新审视并调整，以适应顾客或超越竞争者。另外，企业应就该品牌产品的技术、外观、包装、品质和服务等产品成分，参考顾客反馈的信息和要求进行适应性或超前性调整。同时，根据市场表现和顾客的反馈信息：①要重新审视品牌的目标市场定位；②要反思品牌的竞争个性是否与企业的经营能力和技术现状匹配，是否适合品牌的内涵定位，是否独特和具有差异性；③要检讨品牌的内涵定位中的属性、价值、利益、个性、文化和使用者特征等要素的不足，看是否有针对性和准确性。

（2）企业必须进行有效的顾客期望值管理。只有这样，品牌的美誉度和忠诚度才有可能得到同步提升，品牌价值才会逐渐显现出来。企业还可以就技术、渠道、服务和产业链升级方面与竞争者建立战略联盟关系，共同分割现有市场或合力扩展至其他市场。

3. 品牌成熟期推广策略

刚进入全盛期的品牌在竞争者的密切关注下，往往存在许多可以攻击的软肋，如品牌的核心优势、市场地位、渠道布局和顾客的忠诚度方面，甚至横向的配套生产企业都可能是竞争者在此时期的重点攻击目标和掠夺资源。品牌进入全盛时期企业应全方位地检查自己存在的劣势，应深知就是这些劣势可能使品牌遭遇滑铁卢。因此，放大优势、修补劣势，是企业此时的应对良策。微软的办公系统正是由于不断被修补、升级，才始终保持在行业内的领先地位，并难以被攻击。其实，维持上游忠诚供应和开辟第二供应源是品牌全盛时期供应链管理的重点，帮助上游供应商提高生产和作业效率、改进物流设施和程序、适当提高供应价格、描述并确立与供应商的长远合作利益点等都是可行的忠诚供应计划。

（三）酒店品牌推广途径

1. 广告推广

酒店品牌的影响推广，应注重通过广告促销来提高知名度。再好的酒店，若不进行广告宣传，或者宣传的力度不够，都将难以吸引消费者，更难以成为有口皆碑的酒店品牌。美国研究机构曾对假日酒店集团及美国豪生酒店集团两家国际联号酒店品牌资产的影响力进行了一次调查。10 年间,这两家国际联号酒店都进行了不同规模的广告投入,它们提供的有形产品基本相似,且服务水平也基本属于同一档次。研究发现,广告预算高的品牌(假日酒店集团 26.2 亿美元,美国豪生酒店集团 10.5 亿美元)明显创造了更大的品牌资产;与其相对应,顾客的偏好和购买倾向也显著增加。假日酒店集团的品牌资产迅速膨胀,继而发挥了更好的品牌效应。由此可见广告推广的重要性。

2. 活动推广

活动也是塑造品牌的有效方式,特别是企业赞助,与传统广告相比具有投入低回报高的特点。有调查表明,体育赞助对企业的回报是常规广告的 3 倍。赞助对于酒店品牌的传播作用表现为:①调动各方面对创建品牌的积极性;②使消费者亲身体验体育活动,增进消费者与品牌的联系;③展示品牌;④形成品牌联想。在目标消费群体中引起对品牌的联想是最重要的,要引起联想,最主要的是在赞助活动中有广告宣传。2014 年 APEC 会议的成功举办,让举办地北京雁栖湖国际会展中心及其周边酒店,瞬间成为北京乃至全国会展酒店中闪亮的新星。

3. 公关推广

开展各种公关活动,与本地政府各部门、行政单位、行业内其他企业、新闻媒体、客户、目标消费群体等建立广泛的联系。树立良好的公众形象,对于塑造品牌形象具有重要的作用。例如各酒店与当地政府、行政单位签署合作意向,承接各部门、单位的接待工作以及年会等会议工作,这样,在政府及行政单位的支持下,酒店的各项工作及推广活动也能积极有序地进行,知名度得到显著提高。

4. 服务推广

服务推广是在关心顾客的基础上提升服务水准进而扩大服务市场占有率的过程。酒店通过接待过程中的人性化服务、个性化服务等上佳服务给顾客留下深刻的、美好的印象,从而产生大量的回头客,即忠诚客户,或是通过这些顾客的口碑传播吸引更多的新顾客,从而在整体上提升营业额,最终结果就是获得最佳利润。以三亚文华东方酒店为例,他们从接到顾客的预订开始便时刻关注顾客的需求,如果经询问顾客住店的目的是度蜜月、过生日、家庭旅游等,酒店就会协调各部门做好迎接准备工作。从接机员送上的欢迎花环到顾客进房见到的精心布置(蜜月房布置、生日蛋糕、儿童玩具等)无不体现了酒店的上层服务,这在无形中也向顾客推广了自己的服务,由此,三亚文华东方酒店吸引如此多的忠诚客户也就不难理解了。

第二节 酒店品牌战略

一、酒店品牌战略概述

(一)酒店品牌战略的概念

21 世纪,酒店经营进入了"战略制胜"的时代,有关调查表明:90% 以上的企业家认为"最占时间、最为重要、最为困难的事就是制定战略规则"。酒店经营是一系列战略决策的结果,通过战略管理,酒店就可以选择自己在经营活动中正确的策略组合,从何更好地发挥自己的竞争优势，以谋求企业的持续发展。而要有效实施战略管理，必须了解战略的含义。何谓企业（酒店）战略，至今还没有一个大家公认的、统一的定义，以下列出了战略概念的一些代表性观点：

（1）战略就是长期目的或目标、行动过程中的抉择以及为实现目标对所需资源的分析。

（2）战略是为了实现目标、意图或目的而制定方针与计划的一种模式。这种模式界定了企业当前或未来的经营范围，并规定了企业所属的类型。

（3）战略就是将一个组织的主要目标、政策或行动按照一定的结构合成一个整体的方式或计划。

（4）战略是贯穿于企业经营与产品和市场之间的一条共同经营主线，决定着企业目前所从事的或者计划要从事的经营业务的基本性质。

（5）战略是关于计划、计策、模式、位置、观念等的某种恰当组合。

（6）企业战略从本质上来说是有关企业作为整体应该如何运行的根本指导思想，回答了企业为什么能够得到社会回报并长期生存发展下去这一根本性问题。

根据上述关于战略的解释，酒店战略是指酒店为了在市场竞争中保持或提高其竞争力，在对外部环境和内部条件分析的基础上，所确立的实现使命目标的各种战略方案及经营策略的组合。

酒店品牌战略是指酒店企业在市场经营过程中，树立长期品牌意识，以打造强势名牌、维护品牌为目标，重视品牌延伸与拓展、在滚动中寻求发展的战略。它是一种以培育和经营品牌为核心的系统工程，塑造成功的品牌是品牌战略的重要内容，而成功的品牌又是实施品牌战略的基础和保证。酒店品牌战略的核心要素是稳定的服务质量，高知名度、高美誉度、高市场占有率、鲜明的企业形象、高水准经营，较高的文化含量以及由此而产生的高效益。

（二）酒店品牌战略制定分析工具

要科学制定酒店品牌战略，须掌握基本的战略制定分析工具，在此介绍两种常用的战略分析工具。

1. 价值链构建

价值链模型是迈克尔·波特1985年在《竞争优势》一书中提出的，波特运用价值链模型剖析了企业内部的各种价值活动，深入探讨了企业竞争优势的来源与获得方式。波特认为，企业的价值创造活动可划分为基本活动与辅助活动两大类，企业所有的互不相同又相互关联的生产经营活动，构成了创造价值的整个动态过程。基本活动是指企业中与产品生产、销售、进货、发货及售后服务有关的活动，这些活动与实体产品的加工和流通有直接关系，是企业的基本增值活动。基本活动一般可细分为内部后勤、生产作业、外部后勤、市场销售、售后服务五种活动。辅助活动是指用以支持基本活动完成产品增值的活动，一般可分为四类：采购、技术开发、人力资源管理、企业基础设施。这一种活动又可以根据不同企业的状况进一步加以细化。

波特指出：为了获得相对于竞争者的优势，企业必须以相对较低的成本完成这些活动或者以独特的方式完成类似活动，从而获得更多的价值。企业为了增强自己的实力，有必要构建具有自身特色的价值链，并将每一项活动进行分解，以发现占用产品主要成本的关键活动，而且，通过比较行业中不同企业的价值链，可以发现竞争企业之间的相对价值差异，从而采取有针对性的措施，消除企业内部存在的劣势。

酒店要非常客观地评价自身的资源与能力优劣势是非常困难的。在评价自身的内部条件时，酒店常常会沉湎于过去的业绩与成功之中难以自拔。这就要求酒店经营者认真地剖析自己的主体活动与支持活动，从不同侧面分析酒店资源与能力状况。为此，必须对各项活动的优势与劣势进行相应的量化，这样才可以与主要竞争者进行比较。应该说，为了构建与保持自己的竞争优势，"高标定位"是一种重要的工具，它通过与某项价值活动的最优绩效者进行比较，以评价与提升自己的能力。一般来说，"高标定位"包括下列步骤：

（1）明确酒店内部有改进潜力的活动或薄弱的环节。
（2）确定一家酒店，它是该项活动的世界级领先者。
（3）进行相关数据比较，分析存在绩效差距的深层原因。
（4）运用从最优绩效者处学到的经验、知识或能力。

酒店企业要根据标杆企业的做法，重新设定业绩目标与业务流程，并通过内部资源与能力的重新分配，努力成为该项价值活动的业绩领先者。

2. SWOT 矩阵

SWOT 矩阵分析框架如图 13-1 所示。

		内部环境	
		优势（S）	弱势（W）
外部环境	机会（O）	SO 战略 依托内部优势 利用外部机会	WO 战略 利用外部机会 克服内部弱势
	威胁（T）	ST 战略 依托内部优势 规避外部威胁	WT 战略 克服内部弱势 规避外部威胁

图 13-1　SWOT 矩阵分析框架

SWOT 矩阵是一种系统分析外部环境中的机会与威胁，以及内部环境中的优势与劣势的框架，是一种综合考虑与评价酒店外部环境与内部条件的各种关键战略要素，从而选择合适经营战略的分析工具。其中，S 是指酒店内部的优势（Strengths），W 是指酒店内部的弱势（Weaknesses），O 是指酒店外部环境中的机会（Opportunities），T 是指酒店外部环境中的威胁（Threats）。内部优势与弱势分析侧重于酒店自身实力与主要竞争者的比较，而外部机会与威胁分析侧重于外部环境的变迁及其对酒店现有潜在能力的影响。内部优势与弱势和外部机会与威胁是密切关联的，外部环境的某种变化对于具有某种特殊竞争力的酒店企业可能是一种好机会，而对于某些酒店来说则可能是致命的威胁。酒店企业内部优势与弱势是相对于竞争者而言的，主要表现在酒店的资金、技术、专用设备、员工素质、品牌、商誉、管理技能等方面。酒店企业外部的机会是指环境中对酒店有利的因素，如市场增长迅速、新技术的运用、政府的大力支持、顾客的忠诚度高、与重要供货商的关系密切等。酒店企业外部的威胁是指环境中对企业不利的因素，如市场萎缩、政府的干预、强有力的竞争者进入、顾客偏好改变、供货商的讨价还价能力强、技术落后等。SWOT 分析根据酒店企业的使命与战略目标，从内外部环境中找出对企业长期生存与发展起决定作用的关键战略因素，根据各个要素的相对重要性给予一个合适的权重，然后进行加权求和，得出关于企业相对经营优势的评估结论，并据此选择合适的战略。根据企业内外部环境的不同状况，SWOT 矩阵为企业提供了四种可供选择的战略，即 SO 战略、ST 战略、WO 战略、WT 战略。

二、酒店品牌竞争战略

(一) 酒店品牌竞争优势

1. 企业竞争优势

所谓企业竞争优势,是指企业在产出规模、组织结构、劳动效率、品牌、产品质量、信誉、新产品开发以及管理和营销技术等方面所具有的各种有利条件。企业竞争优势是这些有利条件构成的整体,是企业竞争力形成的基础和前提条件。这里所指的企业竞争力,是指企业设计、生产和销售产品和劳务,参与市场竞争的综合能力。这种能力主要是由企业自身所拥有的竞争优势所决定的。

2. 酒店品牌的竞争优势

(1) 连锁酒店品牌的商誉优势。1986年,克雷普斯(D. M. Kreps)在《企业文化与经济理论》一文中提出了商誉的观点。这种观点认为,如果交易只进行一次,则结果很难达到高效率,因为这种情况下交易双方不可能相互信任;但如果交易是重复进行的,则双方相互不信任的情况就不可能发生,因为如果有人违约,将会影响以后的交易。所以商誉对减少交易成本有很大的作用。商誉的建立并不需要双方保持长期的交易关系,只要一方是长期存在的,而大家又可以观察它的商业行为,那么商誉就会发生作用。连锁酒店品牌的重要特征就是具有商誉,它在市场上赢得了广泛的信任和崇高的地位,成为酒店的无形资产。在信息不完全对称和消费者收集信息成本很高的情况下,商誉的作用还表现在:酒店利用其品牌和自身在公众中的良好形象,顺利销售各类产品。

(2) 酒店品牌卓越的价值创造能力,超越了一般的产品层次。英国著名品牌专家彻纳东尼(L. de Chernatony)认为:"一个成功的品牌是一个好的产品、服务、人或地方,使购买者或使用者获得相关的、独立的、最能满足他们需要的价值。而且,它的成功源于面对竞争能够继续保持这些附加价值。"他进一步研究发现:品牌中的有形的功能效用对顾客的影响力只占20%,但却占去了其生产总成本的80%;而其无形价值(附加值)部分对顾客的影响力高达80%,但其成本只占20%。因此,品牌的竞争优势表现在能够使企业增加消费者价值,同时降低成本、提高绩效。这种性质可以通过图13-2所示的因果关系来理解。

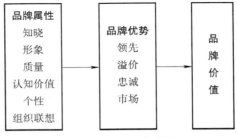

图 13-2 因果关系图

另外,酒店通过品牌优势的有效传递可以带来远远高于一般同档次酒店的经济效益。一份调查表明,上海浦东地区的五星级酒店中,国际连锁品牌酒店的客房价格比非品牌同档次酒店要高出百分之几十,乃至几倍。这种情形在中国的其他地区也普遍存在。跨国酒店集团依靠其成功的品牌经营,为顾客所熟悉和信任,借助品牌的美誉度,获得更好的价格,带来5%~10%的房价上升。酒店品牌还有一个优势,就是能获得忠实的顾客。一旦顾客对某一酒店品牌的信誉和可靠性产生信赖，将会在未来持续购买该产品或服务，并推荐给自己的朋友。同时，顾客对该酒店产品或服务价格的敏感性也会降低，使得品牌酒店的业务更加稳定，并可以节约成本、提高利润。研究发现：酒店维持一个忠实顾客的费用仅是吸引一位新顾客的20%。另一项研究发现，回头客比率增加5个百分点，就会使利润增加25%～125%。因此，为了建立顾客的品牌忠诚，进而赢得市场竞争优势，许多国际著名连锁酒店竞相推出花样繁多的忠诚顾客回馈计划，如希尔顿酒店的H—Honors计划、香格里拉酒店的金环计划以及假日酒店的全球优先俱乐部等。顾客的品牌忠诚加大了竞争对手的竞争难度，迫使竞争者必须耗费巨大的努力和投资来为顾客创造价值。而酒店与顾客之间关系及信誉的建立并非一朝一夕，而是需要长时间的市场考验和顾客体验。在当今瞬息万变的社会环境中，这一过程也就加大了竞争对手的市场风险。创建一个强势品牌的代价是十分巨大的，美国专家估计，其费用在1.5亿美元左右。在一般情况下，80%以上的新产品面市后会失败。

（3）酒店品牌的至尊精神能保证酒店长期获利。欧洲著名品牌专家杰斯珀、昆德（Jesper Kunder）认为，最理想和最成功的品牌状态是，消费者已经将你的品牌视为一种品牌精神。这种精神意味着用共同的信仰指导统一的行动，意味着紧密地相互结合和渗透。当面临不断增加和日益多样化的选择时，消费者的购买倾向就变得更加受制于其信仰。消费者信赖品牌，并极不情愿尝试除该品牌精神以外的同类产品中的其他品牌。竞争对手的产品或服务可能具有更高的知识技术含量和更高的质量，但与消费者的观念相比它仍处于次要地位，因为这种品牌精神是无法模仿的。例如半岛酒店为使顾客在接触中体会到浓浓的人情味，反映出人文关怀精神，它旗下的美国贝弗利山酒店把员工与客房的比例提高到1.5∶5，顾客有着"家中之家"的感觉，以至于多达70%的纽约客人不惜乘坐6h飞机再加半小时汽车下榻贝弗利山酒店，欧洲及日本客人也纷纷慕名而来。再举一例，"丽思"由Ritz的英文含义得来，后来其成为豪华酒店的代名词。事实上，"丽思"酒店的有形特征只是其品牌构成的一小部分，"客人是永远不会错的"这一理念以及想方设法满足客人要求、讲究效率、有条不紊和一丝不苟的服务精神才是"丽思"最深入人心的品牌精髓。因此，"丽思"体现了现代酒店精神。如果一个品牌能够为消费者带来独特的经历和独一无二的享受，那么拥有这一品牌的公司就将能够在相当长的时间内沐浴在它所创造的价值雨露之下。

（二）五种竞争战略

1. 强化品牌营销观念

在品牌的创立过程中，品牌营销观念的建立是出发点和基础。营销观念建立的关键在于：发现需要并满足需要。这里的需要包括两个层次：自己所选择的消费者的需要和满足社会的需要。在满足消费者的同时，酒店也要努力满足社会各方面的需要，如生态环境和人类文明的需要等。现在大力倡导的"绿色酒店"就大大满足了这方面的需要，从而在品牌营销方面获得了很大成功。要保持品牌强势的地位，更是需要加强营销支持。品牌是一种承诺、一种契约，是一种与消费者的关系。维持这种关系要靠各种营销手段，包括广告、价格、渠道和产品支持等。

2. 持续品牌识别和品牌定位

品牌识别和品牌定位不能轻易改变，忠实于品牌识别和品牌定位，就是忠实于消费者。因此，要保持一贯的忠实于品牌识别和品牌定位的作风，牢牢地吸引顾客。例如，假日酒店

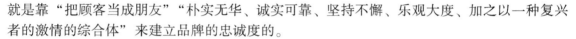

就是靠"把顾客当成朋友""朴实无华、诚实可靠、坚持不懈、乐观大度、加之以一种复兴者的激情的综合体"来建立品牌的忠诚度的。

3. 强化不同行业之间的联合与合作

酒店业与相关行业的联合与合作，可以为行业注入新鲜的活力。因此，要积极与交通业、商业、旅游业、娱乐业等多种行业进行联合与合作。其中，要特别重视与旅游业的合作，以旅游市场为纽带，组建一个消费网络，双赢互动。当然，这不仅仅局限于本国范围，也包括区域级和全球级的联合与合作。

4. 独家服务与联合服务

各酒店集团可依据自身的经营性质、特点、目标，再借鉴其他成功管理的酒店经验来形成一种独立的、具有特定个性的模式，与其他酒店集团组成联合体或友好酒店，在保持各自独立性的基础上，再推出一种融合了双方特色的并适用于双方经营的服务。这种模式就具有联合提供服务的性质。

5. 信用卡销售联盟

与银行、航空公司、机场共同组建超大规模的酒店网络销售机构——信用卡酒店网络销售联盟。联盟可以将全球范围内的热点航班航线形成互动消费，向特定银行的信用卡持卡人或是酒店集团会员卡的持卡人提供全方位的VIP服务。这种全新的销售理念将改变传统的销售方式，客源结构丰富、市场活跃，最终给酒店集团带来经济效益的显著提高。现如今，各个酒店集团纷纷加入这个市场巨大的联盟，各集团所发放的会员卡均具有入住积分能换取多家航空公司航空里程的功能，这在很大程度上吸引了顾客的眼球，忠诚度也随之提高。

三、酒店集团品牌扩张战略

(一) 酒店集团品牌扩张的概念

酒店集团品牌扩张是指酒店集团为了实现品牌战略目标，综合配置企业资源以发展、推广品牌及其包含的资本，从而实现拓展市场网络、增强集团核心竞争力的战略目标。

(二) 酒店集团品牌扩张的意义

1. 有利于酒店集团拓展市场网络

品牌扩张实现了酒店集团扩张方式的根本转变。传统的扩张方式依靠投入大量的资金兴建酒店，不仅需要占用大量的资金，降低集团的资金周转和投资回报率，而且在市场网络扩展的速度上也十分缓慢。品牌扩张则不依赖于固定资产投资，酒店通过全权管理、特许经营、开业管理、顾问管理、租赁经营等多种方式输出品牌，以拓展酒店市场网络。酒店集团依靠其强势品牌，能促使其顺利地开拓新的地域市场，成功实现低成本扩张，提高酒店集团的市场占有率，取得良好的品牌扩张效益。

2. 有利于酒店集团实现效益最大化

品牌扩张会促使酒店集团规模扩大，各种企业经营资源都实现高效配置，从而实现规模经济。规模经济能降低酒店集团的经营成本，因为酒店企业之间在生产经营模式、管理手段、设施设备等诸多方面具有相似性，从而使其能够在营销网络、信息、人才、品牌等方面资源共享，以实现资源的高效配置，降低生产成本；设施设备、原材料的集中采购可以使酒店集团从供货商那里获得更多的优惠和折扣，从而节约采购成本。规模经济能够增强酒店集团的实力，提高其在产业中的市场地位，增强其与上下游企业之间讨价还价的能力，提高效益产出。因此，品牌扩张有利于酒店集团实现效益最大化。

3. 有利于酒店集团丰富产品组合

酒店消费者具有需求多变性和多样性的特点。一方面，随着顾客消费观念的转变、消费经历的增多以及流行时尚的变化，顾客的需求也会出现不断的变化，他们希望不断尝试使用新的酒店产品与服务。如果酒店品牌的内容一成不变，消费者就容易产生厌倦情绪，从而会寻找其他的酒店品牌，出现转移消费的现象。品牌扩张可以通过新产品或产品更新、宣传新形象（核心价值不变）、增加品牌概念的新内涵来满足消费者的需求变化，让其体会到品牌在不断创新，从而形成消费者对品牌的忠诚。另一方面，随着旅游者的旅游动机变化，旅游者对酒店的需求也会出现变化。例如，当旅游者以商务旅游动机入住酒店时，他就会关注酒店的商务设施与服务，如客房是否有宽带网络，高效率的商务中心、会议室等；而当其以度假旅游者的身份入住酒店时，他就会对酒店的康体、休闲、娱乐功能要求较高。因此，不同消费者，甚至是同一消费者在不同的时间对酒店产品的功能诉求会不同。品牌扩张可以丰富酒店产品组合，通过酒店产品线延伸推出不同功能诉求的酒店产品品牌，以满足不同细分市场的需求。这些延伸品牌可为消费者提供更多、更大的选择余地，从而提高顾客的回头率，并最终使其成为集团的忠诚顾客。

4. 有利于酒店集团分散市场风险

当酒店集团的品牌结构单一、产品结构单一时，一旦外部宏观环境变动，如政治、经济环境出现波动，或者发生危机事件，就会对酒店集团的经营产生巨大的影响，甚至影响其生存。品牌扩张使酒店集团由原来的单一产品结构、单一经营领域向多种产品结构、多经营领域发展，将"鸡蛋装在不同的篮子里"，从而有效地分散经营风险和投资风险；即使某一市场业绩下滑仍有其他市场作支撑，从而将酒店集团的损失降到最低程度。

（三）酒店集团品牌扩张战略的路径

在选择酒店集团品牌扩张的路径时必然会涉及四个关键要素：业务领域、品牌结构、品牌档次以及市场区域。这四个要素既是品牌扩张最基本的要素，又是最重要的要素。在市场实践中，酒店集团在特定的战略目标指导下，可结合企业实际情况以及外部环境状况，选择这四种要素的优化组合而构成其品牌扩张的路径组合。具体路径如下：

1. 单一品牌和多品牌组合模式并存的品牌战略

单一品牌经营模式是酒店集团对其生产经营的所有酒店产品均使用同一品牌名称，其优势在于能够集中企业财力、物力塑造单一品牌，有利于准确传达企业统一的公司哲学与经营理念。国外酒店集团在运用单一品牌经营模式时主要使用公司品牌，即直接使用酒店集团的公司名称作为产品品牌名称。例如，加拿大的四季酒店集团将目标市场定位为全球高档酒店消费群体，因此运用公司品牌战略清晰地体现了豪华酒店的产品定位，从而使其在全球豪华酒店市场获得了很高的市场占有率。

多品牌组合经营模式是指酒店集团对其生产经营的不同细分市场的产品冠以不同的品牌名称。它主要有以下三种类型：独立产品品牌组合、分类品牌组合和母子品牌组合。

正确认识、把握品牌与产品的生命周期理论，不失时机地开发符合需求的高质量的新产品，并正确运用品牌延伸策略，驰名品牌就会成功地延伸、移植到新产品中去，使新产品进入市场的时间缩短，易于为顾客所接受，不断提高新产品的知名度，打开销路，扩增名牌效应，形成良性循环，提高酒店的经济效益。大型酒店集团一般在多个细分市场竞争，拥有大量的产品品牌，形成一个品牌组合。和谐的品牌组合，不是指多个品牌的简单堆积，而是指它们有机结合，不同品牌扮演不同的角色，同时又相互支持，获得协同的效果。拥有一个和谐的品牌组合，酒店集团才能有效提高知名度。

2. 在向超豪华品牌酒店发展的同时，也集中推出经济型酒店品牌

超豪华酒店品牌的目标消费群体毕竟有限，想在激烈的市场竞争中保持较高的市场份额，就必须扩大目标消费群体，推出多档次的酒店品牌。近年来世界顶级酒店品牌丽思卡尔顿、安缦、洲际、JW万豪、瑞吉、悦榕庄、华尔道夫、四季、卓美亚等纷纷落户我国，2017年开业的北京宝格丽酒店和2018年开业的上海宝格丽酒店，更是占了该奢侈品牌下全球仅有的6家酒店1/3的份额。超豪华品牌酒店落户中国，标志着中国酒店业档次更加完备，一批品质卓越、服务超群的酒店将为客人提供高度个性化的服务。在向超豪华品牌酒店发展的同时，国外酒店集团也大力推出经济型酒店品牌。较早进入中国经济型酒店市场的是美国的天天酒店集团，该集团于20世纪90年代末期进入中国市场，并与中国建设银行联手推出了11家天天品牌酒店。随后洲际、雅高等集团纷纷在拓展豪华品牌酒店的同时，也以经济型酒店品牌进入中国市场。品牌是酒店集团化的黏合剂，品牌价值是酒店集团价值中最重要的组成部分之一。调查数据显示，在酒店集团品牌数量及档次分布上，67家酒店集团约有457个品牌，多数集团选择了品牌多档次的品牌战略。中国旅游饭店业协会发布的《中国饭店管理公司（集团）2018年度发展报告》显示，从品牌档次分布来看，酒店集团整体品牌档次分布大致呈倒金字塔形。其中，高端型和豪华型酒店品牌占比为62.4%，中端型酒店品牌占比21%，经济型酒店品牌占比16.6%。然而，从酒店集团各档次客房数量占比分布来看，豪华型酒店占比19.7%，高端型酒店占比11.8%，中端型酒店占比24.9%，经济型酒店占比43.6%。由此可见，高档次酒店的品牌数量比较丰富，但低档次品牌酒店的数量规模更大。

当某品牌获得成功后，企业应抓准时机，利用品牌的知名度和声誉来推出新产品。有人形象地称品牌延伸为"搭名牌列车"，它是将某一成功品牌使用到其他产品上，凭借成功品牌产生的辐射力，事半功倍地形成系列名牌产品。酒店实施品牌战略不要局限在某个品牌，而要利用品牌资产来发展延伸品牌，进而渗透至新市场。例如假日酒店集团的品牌原限于高档品牌，现在其产品已开始向其他细分市场发展，从而延伸出Holiday Inn Garden、Holiday Inn Express、Holiday Crown Plaza等Holiday品牌家族，在中国实施了从低端酒店到高端酒店"龙的系列"的发展战略。又如雅高集团有Accor Sofitel、Accor Novotel、Accor Mercure、Accor Ibis等多个品牌延伸，分别面向豪华、中档、经济型住宿市场。我国锦江国际集团也利用其品牌资产延伸出锦江假日旅馆等项目。应注意的是，管理者在进行品牌延伸前，应分析存在的风险，正确评估实力，合理进行风险规避。

3. 采取酒店兼并、酒店收购、战略联盟等路径，实现规模扩张之路

喜达屋集团曾是全球最大的酒店及娱乐休闲集团之一，以其酒店的高档豪华著称。集团的品牌包括瑞吉斯、至尊精选（也称豪华精选，The Luxury Collection）、威斯汀、喜来登、福朋喜来登、艾美、W酒店、雅乐轩以及源宿。纵观它的发展之路，无不包含着兼并、收购等模式。例如，1998年，喜达屋集团收购了威斯汀酒店度假村国际集团（Westin Hotels &Resorts Worldwide Inc.）和它的几个分公司（包括威斯汀和威斯汀联合公司），还收购了美

国国际电话电报公司（ITT），并取名为 Sheraton Holding Corporation；1999 年 10 月，收购了维斯塔那（Vistana）股份有限公司（更名为喜达屋度假所有权股份有限公司），这一切使得喜达屋集团在众多酒店及娱乐休闲集团中处于领先地位。喜达屋集团运用直接或间接由其子公司管理的方法来经营酒店和娱乐休闲业务。1998 年，喜达屋集团完成了更名、对 ITT 和威斯汀酒店的并购三件大事，这在其发展历程中具有相当大的影响。而 2016 年，喜达屋集团又被万豪收购，万豪成为全球最大的酒店集团。由此可见，酒店集团在发展到一定规模时，适当采取兼并、收购等模式，能有效地实现其品牌发展扩张之路。

四、酒店品牌维护战略

（一）品牌维护战略相关概念

品牌维护战略是指公司为获得顾客忠诚而努力保护产品形象和声誉，维系产品感知度，采取的一系列计划和策略。这种战略是以质量导向型顾客为目标市场的。

维护品牌，就必须追加品牌成本、实施品牌推广战略。品牌的市场竞争力、影响力以及发展潜力是评估品牌价值大小的标准。例如，《华西都市报》为了维护品牌形象和品牌权威，加大二级市场的投入成本，增设分印点，增加彩色印张，提高出版时效，强化发行营销，不断开展市场攻势。同时，建立严格的广告价格制度，进一步规范广告市场和广告营销行为，制定稳定高效的价格体系；对所有广告客户一视同仁，没有亲疏远近；进一步严格执行广告代理制，确保广告市场公平、透明等。

品牌维护战略适合于品牌资产原本已相当高的产品。这些产品通常以高价位出售，主要以质量导向型市场为目标。当市场转入低迷时，由于购买力的减弱，顾客普遍倾向放弃对质量的高要求。此时这类品牌处于一个尴尬的境地：一方面，满足低层次顾客的需求似乎是大势所趋；另一方面，如果它们以更低层次的消费群体为目标，那么顾客会降低对品牌感知度和美誉度的评价，从而使品牌资产受损。此时企业该如何应对呢？市场低迷并不意味着质量导向型顾客就完全不存在了。无论经济环境变得多差，这类顾客群还是有的，只不过市场容量不如从前而已。钟情高品质产品的顾客通常会沿袭旧有的消费习惯，对购买低品质的产品存在抵触心理。所以，在低迷市场中，这些产品仍然以那些质量导向型顾客为目标市场，并尽力维护现有质量，其效果或许更好。

（二）实施品牌维护的内容

1. 品牌的经营维护

品牌发展进入成熟期后，不仅要通过自我维护使产品得到不断更新以维持顾客对品牌的忠诚度，更应该采用经营维护手段使著名品牌作为一种资源得到充分利用，使品牌价值不断提升。品牌的经营维护就是企业在具体的营销活动中所采取的一系列维护品牌形象、保护品牌市场地位的行动，主要包括顺应市场变化，迎合消费者需求，保护产品质量，维护品牌形象，以及对品牌进行再定位。

2. 品牌的法律维护

所谓品牌的法律维护，就是运用法律手段，对酒店品牌的所有人、合法使用人的品牌（商标）实施各种保护措施，以防范来自各方面的侵害和侵权行为。

品牌的法律维护包括商标权的及时获得、证明商标与原产地名称的法律保护以及品牌受窘时的反保护。"品牌受窘时的反保护"不仅因企业和产品不同而措施各异，而且使用的法律条款繁多。"原产地名称的法律保护"也有类似情况。因此，将法律维护定义为主要通过商标的注册和申请来对品牌进行保护。

加强品牌商标的注册工作，使品牌获得法律保护，这是保护品牌最为有效的手段之一。根据"注册在先"的原则，任何创建品牌的企业都必须及时注册自己的商标，切勿等产品出名之后再行注册，以免被他人抢注。随着世界市场的进一步一体化，商标不仅应在国内更应在国外及时注册，以使中国企业的名牌产品顺利销往国外，参与国际市场的竞争。为了防止假冒与侵权，企业还应在同类产品中将与自己产品商标相近的文字、图形进行注册。例如，娃哈哈集团公司除把娃哈哈在商标类别上全部注册占有外，还申请注册了与之在图形、文字及读音上相近的"娃娃哈""哈娃哈""娃哈娃""哈哈娃"等一系列防护性商标，来保护自己的品牌。注册的同时还应注意商标的管理工作，特别是加强对商标标识的印刷、保留、使用和专用权保护等方面的管理。一经发现他人申请的商标与自己注册的商标相同或相似，应及时提出异议，运用法律手段保护自己的品牌。

（三）酒店的品牌维护战略

1. 保证产品和服务质量

保证产品和服务质量作为品牌的本质和基础，直接影响着酒店品牌的生存和发展。酒店的服务质量是打造品牌、凝聚文化和提升价值的核心部分，同时高质量的产品会促进品牌的成长，为酒店带来较高的市场份额。因此，酒店集团必须严把质量关，为客人提供卫生、舒适、安全、尊重、便利、亲切的服务，以国际标准化的服务严格要求自己，尽可能为所有顾客提供最优质、最完美的服务。除此以外，酒店集团还必须创新个性化的服务方式，根据自身的客源定位，尽可能地打造和提供"投客所好"的针对性服务，通过这些为实际需求而设计的服务打造酒店品牌的美誉度和影响力。

2. 更新品牌市场形象

能否创造鲜明的品牌形象，是衡量一个品牌成功与否的重要评价指标。国际著名酒店集团品牌之所以能长盛不衰，与其成功的品牌形象维护和创新是分不开的。品牌形象是在品牌核心价值和品牌文化的指导下，通过设计品牌标识、选择品牌名称组合、定义品牌属性、制订品牌传播方案等各项品牌管理职能的执行，将品牌形象植入消费者心中。因此，酒店品牌形象的更新包括名称的更新、产品和服务项目的更新、形象宣传口号的更新、标识的更新、品牌形象核心价值的再定位等多方面，品牌形象更新必须在严谨的市场调查的基础上进行，要在随时跟踪顾客需求变化的基础上做出形象变更的决策，以更好地满足广大顾客的需求。

3. 创新品牌运营模式

掌握成熟的品牌运营和管理模式是品牌价值提升的关键，也是品牌生命力得以持续的重要手段。国际知名酒店集团非常善于运用特许经营、委托管理、战略联盟等多种品牌运营管理方式成功地进行品牌延伸和扩张，以达到提升品牌价值、获得持续的品牌竞争优势的目的。例如，第一批授予特许经营权的酒店联号中，精品国际位于第二位，仅次于现在的圣达特（Cendant）。精品国际最早起源于信誉良好的品质客栈（Quality Inn）连锁集团，这是一家以中等价格及一贯的高质量服务而闻名的酒店业先驱。1981年，随着舒适客栈（Comfort Inn）的开设和发展，精品国际开始快速发展。在相继收购了Clarion、Rodeway Inn和Econo Lodge之后，精品又对Sleep Inn和MainStay Suites进行了革命性的改造，使自身的业务范围得到全面拓展,从经济型消费到高消费,从基本服务到高档次的娱乐享受,各种服务无所不有,能够满足社会各阶层人士的需求。

[关键概念]

　　酒店品牌定位　　酒店品牌推广　　酒店品牌战略　　品牌的法律维护

[课堂讨论]

　　喜达屋集团是怎样构建自己的品牌化发展之路的?

[复习思考]

1. 酒店品牌推广还有哪些途径?
2. 酒店集团品牌扩张有什么意义?
3. 我国本土酒店集团应怎样根据国情实施自己的品牌竞争战略?

[拓展训练]

锦江品牌管理案例分析——从成立到 2011 年

一、锦江简介

　　锦江拥有悠久的历史,最早可以追溯到 20 世纪 50 年代,最初由近代企业家、中国女权运动的先驱董竹君于 1951 年创建于上海。酒店所在的原华懋公寓建于 1921 年,上海人习惯称之为"十三层楼"。旗下有锦江酒店、和平酒店、国际酒店、金门大酒店、新亚大酒店、新城酒店等多家老酒店,这些建于 20 世纪二三十年代的老酒店,半个多世纪来,先后接待过百余个国家的 400 多位国家元首和政府首脑。这些具有深厚文化底蕴的老酒店是锦江独特的优势。锦江将这些酒店整合成为"锦江酒店"的经典品牌系列,并以此带动豪华酒店的发展。

　　锦江国际集团的发展基本经历了以下几个阶段:

　　(1) 1984 年,锦江集团成立。当时的上海市政府将市府接待办拥有的数十家涉外宾馆组建成大型的国有企业集团——锦江集团。

　　(2) 上海新锦江股份有限公司(后改名为上海锦江国际实业投资股份有限公司,简称锦江投资)以及上海新亚(集团)股份有限公司(后改名为上海锦江国际酒店发展股份有限公司,简称锦江酒店)分别于 1993 年和 1994 年在上海证券交易所上市。

　　(3) 锦江集团重组和锦江之星的成立发展。1996 年 5 月,锦江之星旅馆有限公司成立,成为之后集团公司的明星产业。2001 年,锦江集团与华亭集团合并,合并后的锦江集团总资产达 95 亿元人民币。

　　(4) 2003 年—2011 年,锦江国际集团重组和快速发展。2003 年 6 月,锦江和新亚两大集团合并,并组成锦江国际酒店(集团)股份有限公司,组建后的集团是国内规模最大的旅游企业集团。到 2011 年 6 月底,锦江投资和管理了 420 余家酒店、近 7.5 万间客房,在全球 300 家酒店集团中排名第 17 位,位列亚洲第一。

二、品牌定位和品牌经营与管理

（一）品牌定位

锦江的酒店大体上可分为两类，即锦江星级酒店和"锦江之星"经济型酒店，商标分别为"锦江"和"锦江之星"。总体来说，锦江在多个细分市场拥有七大酒店品牌，见表13-3。

表13-3　七大酒店品牌及其定位

品　牌	定　位
锦江经典型酒店	融合不同西方建筑风格，文化传承丰富、气氛独特，多用于款待外国皇室显贵和国际商界巨贾。大部分经典酒店均在上海优越位置、商业和旅游旺区
锦江五星级酒店	酒店装潢华丽、服务周全，为旅客提供现代化的服务设施。临近商业区、旅游区和交通枢纽，切合高端商务旅客和游客的需要
锦江四星级酒店	价格较豪华酒店偏低，但提供全方位服务
锦江三星级酒店	酒店房价较低廉，主要为国内商务旅客和游客提供较经济的住宿服务
"锦江之星"经济型酒店	有限的服务和设施，经济型旅馆，价格低于传统星级酒店
度假村酒店	位于旅游和度假区，为游客休闲和度假提供全方位的服务
酒店式公寓	中档价格，面向较长时间居住的旅客和商务游客，设施齐全

（二）品牌经营与管理

1. 锦江星级酒店的品牌经营模式与管理方式

锦江星级酒店采用国际独立投资或双方合作投资方式，以输出管理和品牌为主。除去锦江参股和自有酒店，集团对旗下高星级酒店管理采用以输出管理为基本模式的委托管理的方式，由集团全资控股的锦江国际酒店管理公司从事高星级酒店管理业务。锦江从20世纪80年代中期开始输出管理，是我国最早开始输出管理的酒店集团，集团在全国各区域成立地区管理公司和办事处也是为了顺应这一发展需要。品牌输出管理的优势是收益稳定，可减少资本输出，也有利于酒店集团的迅速扩张。

2. "锦江之星"的品牌经营模式与管理方式

（1）连锁酒店战略。根据统一品牌对外宣传和树立品牌形象的特点，"锦江之星"连锁酒店有四个统一，即建筑规格统一、品牌统一、管理系统统一、形象标识统一。在经营管理上对外服务标准、培训等方面实行一个模式。"锦江之星"遍布全国，实行连锁经营和订房，加强品牌效应。对所有加盟酒店，先按照统一格局进行改造，然后打"锦江之星"的品牌，纳入统一管理系统，这些都是连锁品牌战略的基本特征。"锦江之星"采用连锁品牌策略正是符合了其经济型酒店的特征，不仅可以节省宣传成本，而且可以达到市场效益的最大化。

（2）"锦江之星"采用的是特许经营的管理模式，分自营店和加盟店。"锦江之星"自营店有两种发展模式，即自由资产门店和租赁门店，但由于其扩张速度快，总体上仍处于亏损状态。"锦江之星"的扩张更多的是采取加盟店的形式发展，并且管理业务是其收入的主要来源，加盟店已经超过自营店，加盟费按照首期50万元和营业收入的4.5%收取，"锦江之星"对加盟店提供技术和网络支持。

案例讨论：
1. 锦江在品牌化战略方面有哪些可取的成功经验？
2. 在酒店集团品牌定位中应遵循哪些基本原则？

参 考 文 献

[1] 丁林. 饭店管理概论 [M]. 郑州：河南人民出版社，2009.
[2] 董观志. 现代饭店经营管理 [M]. 广州：中山大学出版社，2004.
[3] 郭强. 饭店管理原理与实务 [M]. 北京：中国旅游出版社，2007.
[4] 蒋丁新. 饭店管理 [M]. 北京：高等教育出版社，2002.
[5] 丁林. 饭店管理原理与实务 [M]. 北京：经济科学出版社，2004.
[6] 郑向敏. 现代饭店管理学 [M]. 天津：南开大学出版社，2004.
[7] 姚李忠. 饭店管理实务 [M]. 合肥：合肥工业大学出版社，2005.
[8] 邓峻枫. 现代饭店管理 [M]. 广州：广东旅游出版社，2003.
[9] 国家旅游局人教司. 饭店管理概论 [M]. 北京：旅游教育出版社，2001.
[10] 薛群慧. 饭店人力资源管理 [M]. 昆明：云南大学出版社，2001.
[11] 蒋景楠. 现代企业管理 [M]. 上海：华东理工大学出版社，2003.
[12] 郭强. 饭店管理原理与实务 [M]. 北京：中国旅游出版社，2007.
[13] 李艳娥. 现代企业管理学 [M]. 广州：广东人民出版社，2004.
[14] 董大海，等. 营销管理案例点评 [M]. 杭州：浙江大学出版社，2004.
[15] 罗明义，仇学琴. 旅游饭店经营管理 [M]. 昆明：云南大学出版社，2004.
[16] 王林，谭白英. 饭店管理实务 [M]. 武汉：武汉大学出版社，2004.
[17] 何建民. 现代饭店管理经典 [M]. 沈阳：辽宁科学技术出版社，1996.
[18] 温晓婷. 现代饭店知识与管理 [M]. 北京：中国商业出版社，2000.
[19] 王彤. 饭店管理概论 [M]. 大连：东北财经大学出版社，2000.
[20] 周三多. 管理学 [M]. 北京：高等教育出版社，2000.
[21] 王方华，陈继祥. 战略管理 [M]. 上海：上海交通大学出版社，2003.
[22] 徐二明. 企业战略管理 [M]. 北京：中国经济出版社，1998.
[23] 任百尊. 中国人怎样管好饭店 [M]. 上海：文汇出版社，1989.
[24] 徐立德. 中国式管理的过去、现在与未来 [M]. 台北：永庆出版社，1985.
[25] 邹统钎，吴正平. 现代饭店经营思想与竞争战略——中外饭店管理比较研究 [M]. 广州：广东旅游出版社，2000.
[26] 林壁属，郭艺勋. 饭店企业文化塑造 [M]. 北京：旅游教育出版社，2007.
[27] 张宗道. 饭店文化与饭店管理 [M]. 广州：广东旅游出版社，1999.
[28] 时英中. 私营公司企业文化管理实务必备手册 [M]. 北京：经济科学出版社，2006.
[29] 魏星. 饭店文化建设案例解析 [M]. 北京：旅游教育出版社，2007.
[30] 吴声怡. 企业文化学 [M]. 北京：光明日报出版社，2004.
[31] 肖江南. 旅游信息管理 [M]. 福州：福建人民出版社，2007.
[32] 徐文苑，贺湘辉. 饭店管理概论 [M]. 北京：北京师范大学出版社，2007.
[33] 汤跃光. 饭店设备使用与保养 [M]. 北京：旅游教育出版社，2006.
[34] 朱承强. 现代饭店管理 [M]. 北京：高等教育出版社，2002.
[35] 张谦. 饭店服务管理实例评析 [M]. 天津：南开大学出版社，2001.
[36] 海萌辉，郭琰. 现代饭店管理 [M]. 郑州：郑州大学出版社，2004.
[37] 黄震方. 饭店管理概论 [M]. 北京：高等教育出版社，2001.
[38] 林壁属. 旅游饭店实务管理 [M]. 北京：清华大学出版社，2007.

[39] 孙涌涛. 饭店财会内部控制策略与技巧 [M]. 北京：中信出版社，1994.

[40] 徐虹. 饭店财务管理 [M]. 天津：南开大学出版社，2001.

[41] 马桂顺. 饭店财务管理 [M]. 北京：清华大学出版社，2005.

[42] 汪平. 中级财务管理 [M]. 上海：上海财经大学出版社，2004.

[43] 张克非. 公共关系学 [M]. 北京：高等教育出版社，2001.

[44] 赵西萍. 旅游市场营销学 [M]. 北京：高等教育出版社，2005.

[45] 甘华鸣. 哈佛商学院 MBA 课程：市场营销 [M]. 北京：中国国际广播出版社，2002.

[46] 密德尔敦. 旅游营销学 [M]. 向萍，等译. 北京：中国旅游出版社，2003.

[47] 牟红. 饭店管理实务 [M]. 北京：中国劳动社会保障出版社，2005.

[48] 凯萨. 旅游饭店管理概论 [M]. 徐华，等译. 杭州：浙江摄影出版社，1991.

[49] 罗宾斯. 管理学 [M]. 孙健敏，译. 北京：中国人民大学出版社，1999.

[50] GEE C Y. 国际饭店管理 [M]. 谷慧敏，译. 北京：中国旅游出版社，2002.

[51] HOFSTEDE G. Cultural Constraints in Management Theories [J]. Academy of Management Executive，1993，7（1）：81-93.

[52] KENNEDY J, KENNEDY C. Levels, Linkages and Networks in Cross-cultural Innovation System [J]. System，1998，26（4）：455-469.

[53] ORAMS M. Towards A More Desirable Form of Ecotourism [J]. Tourism Management，1995，16（1）：3-8.

[54] GRAY W, LIGUORI S. Hotel and Motel Management and Operations [M]. 2nd ed. Englewood Cliffs：Prentice Hall，1990.

[55] 波特. 竞争战略 [M]. 郭武军，刘亮，译. 北京：华夏出版社，1997.

[56] 史天林，马燕翔，范静. 企业跨国经营中的跨文化管理 [J]. 山西财经大学学报，2004（2）：89-91.

[57] 朱照君. 面向饭店集团的 CRS 功能要素分析与功能模型构建 [D]. 杭州：浙江大学，2007.

[58] 张鹏飞. 宾馆管理信息系统的设计与实现 [D]. 上海：同济大学，2006.

[59] 徐刚，陆均良，林枫. 饭店订房模式的演变及网络订房发展趋势 [J]. 信息与电脑，2006（5）：32-34，45.

[60] 中国旅游研究院. 中国旅游住宿业发展报告 2017 [M]. 北京：旅游教育出版社，2017.

[61] 薛秀芬. 中外酒店集团比较研究 [M]. 北京：北京师范大学出版社，2017.

[62] 奚晏平. 世界著名酒店集团比较研究 [M]. 北京：中国旅游出版社，2017.

[63] 李志刚. 酒店人力资源管理 [M]. 重庆：重庆大学出版社，2016.

[64] 易红燕，曾凡琪. 酒店人力资源管理 [M]. 武汉：华中科技大学出版社，2017.

[65] 李洁，李倩. 饭店管理 [M]. 上海：上海交通大学出版社，2011.

[66] 李彬，孙怡. 酒店服务质量管理 [M]. 北京：旅游教育出版社，2017.

[67] 林璧属. 饭店企业文化塑造：理论与案例 [M]. 北京：旅游教育出版社，2014.